LEONARD BELL
DER PETTICOAT MÖRDER

Fred Lemkes erster Fall

Ullstein

Besuchen Sie uns im Internet:
www.ullstein.de

Originalausgabe im Ullstein Taschenbuch
1. Auflage September 2020
© Ullstein Buchverlage GmbH, Berlin 2020
Umschlaggestaltung: bürosüd° GmbH, München
Titelabbildung: © Christie's Images / Bridgeman Images
(belebte Straße in NY);
© Kurt Schraudenbach / SZ Photo / Bridgeman Images
(Dame in Rot)
Gesetzt aus der Quadraat Pro powered by pepyrus.com
Druck und Bindearbeiten: CPI books GmbH, Leck
ISBN 978-3-548-06307-2

Für meine Familie
Dank an »Tool«

»In allem ist irgendwo ein Riss, durch den Sie tiefer eindringen können. Sie müssen ihn nur finden.«

Julius Moosbacher

Montag, 30. Juni 1958

Das Bett war weich, nicht zu weich, eben gerade richtig und nicht wie die mit Stroh gefüllte Matratze, auf der er die letzten zwei Jahre geschlafen hatte. Deren trockenes Knistern und das Pieksen der Halme, die sich von Zeit zu Zeit durch den kratzigen Stoff bohrten, hatten ihn oft genug geweckt. Und diese Decke ... Seidig und sanft umschloss sie seinen Körper mit einer angenehmen Kühle.

Ein Windstoß wirbelte durch seine Haare, schwüle Luft, die nach Benzin roch. Hatte er das Fenster nicht geschlossen? Er wollte seinen Kopf drehen, um sich zu vergewissern, es ging nicht, irgendetwas hielt ihn fest. Wieder ein Windstoß und mit ihm das Heulen eines Motors, ein Willys Jeep, ganz eindeutig. Amerikanische Soldaten? Warum konnte er seinen Kopf nicht drehen?

Fred versuchte sich aufzurichten. Die seidige Decke drückte jetzt schwer in seinen Magen. Etwas fiel polternd zu Boden. Er schreckte hoch und riss die Augen auf.

Über ihm Haltestangen, helle Leuchtstofflampen und unter ihm kein gemütliches Bett, sondern die harte, hölzerne Sitzbank einer S-Bahn. Keine Fahrgeräusche, der Zug stand, durch das geöffnete Klappfenster wehten Böen von warmem Sommerwind herein. Ihm gegenüber saßen zwei junge Frauen, die ihre Köpfe zusammensteckten und flüsterten und lachten. Zumindest eine der beiden, die andere kicherte nur auf merkwürdige Art, als gäbe es da einen

Schalter, Kichern an, Kichern aus. Wie alt sie wohl waren? Jünger als er, da war sich Fred sicher. Eine, die den Ton angab, und eine, die gefallen wollte.

Mit Mühe zog er sich hoch, sein linkes Bein war eingeschlafen, er hatte es auf einen riesigen braunen Stoffsack gelegt, der die Hälfte des Raums zwischen den Sitzbänken einnahm. Daneben auf dem Boden lag sein Koffer mit all seinen Habseligkeiten. Ja, er erinnerte sich, er hatte ihn mit beiden Händen auf dem Bauch festgehalten, damit ihn niemand klaue. Das Wirtschaftswunder der letzten Jahre hatte nicht alle Berliner beglückt, im Gegenteil, die Zahl derer, die nicht davon profitierten, war gestiegen, und es wurde wieder fast so viel geklaut wie unmittelbar nach dem Krieg.

Draußen auf einem emaillierten Schild las er »Bahnhof Botanischer Garten«. Daneben hing eine Uhr, deren Minutenzeiger in dem Moment mit einem zittrigen Ruck einen Strich weiterwanderte. 2 Uhr 17. Auf dem Bahnsteig standen Soldaten mit weißen Helmen, auf denen zwei große schwarze Buchstaben prangten: MP, amerikanische Militärpolizei, ihre Maschinenpistolen schussbereit. Weiter hinten stiegen zwei MPs in den Waggon. Einer begann, die Fahrgäste zu kontrollieren, während der andere mit den Händen an der Waffe aufpasste. Wahrscheinlich waren sie auf der Suche nach einem der vielen Spione, die ständig von Ost-Berlin herübergeschickt wurden, vom KGB, von der Stasi. Wortfetzen wehten herüber. Fred lauschte der sonoren, selbstbewussten Männerstimme mit diesem amerikanischen Akzent, den alle versuchten zu imitieren, zumindest alle, die auf Rock'n'Roll standen.

Trotz der frühen Morgenstunde war die Bahn gut besetzt, mit ein paar erschöpften Männern in grober Arbeitskleidung, die von ihren Spätschichten nach Hause fuhren, vor allem aber mit gut gelaunten Menschen, die die Nacht feiernd verbracht hatten und immer noch nicht müde waren.

Typisch Berlin-West. Inzwischen hatte der freudlose Mief des von den Sowjets verordneten Sozialismus alle Bereiche des Lebens in Ost-Berlin im Würgegriff. Ost-Berliner, die mal richtig Spaß haben wollten, fuhren rüber in den Westen, in die Tanzcafés, die Theater, die Kabaretts auf dem Ku'damm oder in eines der zahlreichen Kinos. Allerdings mussten sie bei der Rückfahrt höllisch aufpassen, nichts bei sich zu tragen, was belegte, wo sie ihren Spaß gehabt hatten. Entdeckte ein Volkspolizist bei einer Personenkontrolle eine Kinokarte oder eine Café-Rechnung aus dem Westen, wurde es unangenehm. »Devisenvergehen«, hieß es dann, »Aus- und Einfuhr von DDR-Mark sind unter Strafe verboten.« Wer nur stundenlang verhört und anschließend verwarnt wurde, hatte Glück. Allen saß noch die Angst in den Knochen, ihnen könnte es wie Joachim Wiebach ergehen, der vor drei Jahren wegen ein paar Eintrittskarten für die RIAS-Quiz-Show »Wer fragt, gewinnt« auf Weisung von Walter Ulbricht zum Tode verurteilt worden war mit der absurden konstruierten Anklage »Anwerbung von Spionen«.

»Hey, Girls, ich bin Sergeant Potter, das ist Private Gallagher. Was treibt ihr so spät nachts in der Bahn?«

»Wir waren tanzen«, antwortete die eine, und die andere

kicherte. Beide hielten wie selbstverständlich ihre Personalausweise hin. Der Sergeant warf einen kurzen Blick hinein.

»Barbara und Ingrid. Keine Angst alleine unterwegs?«

»Aber wo sind wir denn alleine?«, erwiderte Barbara und deutete in den Waggon.

Potter grinste. »Ihr wisst doch, wie gefährlich der Kommunist ist.«

»Wir sind in West-Berlin, Sergeant Potter, hier gibt's keine Russen.«

»Ah, Frollein Barbara, der Kommunist ist überall.«

Barbara lachte, als wäre das der beste Scherz gewesen, den sie je gehört hatte. Ingrid kicherte, während ihre Augen an der athletischen Gestalt von Private Gallagher hingen.

Dessen Aufmerksamkeit hatte sich längst auf Fred verlagert. Sein Blick fixierte ihn derart gelassen und kühl, dass Fred sich sofort klein und schutzlos wie ein Maulwurf fühlte, der seine unterirdischen Gänge verlassen hatte.

»Okay, Girls. Goodbye and be well.« Der Sergeant salutierte lässig und wandte sich Fred zu.

»Good morning, Sir. Was ist der Zweck Ihrer Fahrt?«

Fred war klar, dass er keinen besonders guten Eindruck machte, in seiner zerknitterten Kleidung, mit einem zerschlissenen Koffer und diesem riesigen, unförmigen Stoffsack vor sich. Er überlegte, mit welcher Erklärung die Chance am größten war, den Rest der Nacht nicht in einem Verhörzimmer der Amis verbringen zu müssen. Die Entscheidung fiel ihm leicht, zum Lügen war er ohnehin viel zu müde.

»Meine Vermieterin hat mich rausgeworfen, vor vier Stunden. Morgen muss ich mir eine neue Bleibe suchen.«

»Ihren Ausweis, bitte.« Der Sergeant deutete auf den braunen Sack. »Was ist da drin?«

»Ein Kontrabass.«

»A what?«

»An upright bass.« Englische Worte auszusprechen gaben Fred immer das Gefühl, nicht Herr seiner Zunge zu sein.

»You're a musician?«

»Nein, ich ... der Bass gehört einem Bekannten von mir. Ich bewahre ihn nur für ihn auf.«

»Warum?«

»Seine Eltern dürfen nicht wissen, dass er in einer Rock'n'Roll Kapelle spielt.«

»Kapelle?« Der Sergeant warf ihm einen misstrauischen Blick zu.

»Rock'n'Roll-Band.« Wieder dieses merkwürdige Gefühl.

Der MP studierte Freds behelfsmäßigen Personalausweis gründlich, einen regulären Personalausweis durften die Berliner Behörden wegen des Viermächtestatus nicht ausstellen. »Fred Lemke, geboren am 5. Juli 1935.« Er lachte auf. »Zu jung für die Hitlerjugend, right?«

Fred kniff die Lippen zusammen und nickte nur.

»Was arbeiten Sie, Fred?«

»Die letzten zwei Jahre war ich in der Ausbildung. Heute wird mein erster Arbeitstag sein, bei der Kriminalpolizei.«

Der Sergeant schien zu überlegen, ob Fred ihn auf den

Arm nehmen wollte. Er deutete auf den Stoffsack. »Bitte auspacken.«

Fred bemühte sich, sich seinen Ärger nicht anmerken zu lassen. Der MP machte nur seinen Job und das deutlich freundlicher, als es ein deutscher Polizist täte. Nein, sein Ärger galt seiner Vermieterin. Er hatte ihr beim Abendessen lediglich vorsichtig angedeutet, dass er sich irgendwann vielleicht und je nachdem, wie es sich in seinem neuen Leben als Kriminalassistent anließ, eine neue Bleibe würde suchen müssen, weil sein neuer Arbeitsplatz beim LKA in der Keithstraße doch recht weit entfernt lag – und sie hatte die Fassung verloren. Die erste Welle ihres Wutausbruchs hatte er noch an sich abprallen lassen, überrascht, wie sehr sie sich aufregte. Vor allem aber war er gekränkt. Er hatte ihr in den zwei Jahren, die er dort wohnte, nie Schwierigkeiten gemacht. Im Gegenteil, wie oft hatte er ihr geholfen, wenn sie mit ihren schweren Einkaufsnetzen nach Hause kam, wenn die Gardinen zum Waschen abgehängt oder ihr Fahrrad repariert werden musste.

Doch dann, als sie einfach nicht aufhören wollte, ihn zu beschimpfen, hatte auch er seinem Ärger Luft gemacht: über die schlechte Matratze, das immer noch undichte Dach, das Fenster, das bei jedem Windstoß aufsprang, und über die unsäglichen Kohlsuppen, die sie für ihre Mieter fast täglich zubereitete. »Pension Himmelbett – wohnen und essen wie bei Muttern« stand auf einem handgemalten Schild neben der Haustür. Von wegen!

Sie starrte ihn an, und anstatt mit ihren Tiraden fortzufahren, fing sie an zu weinen. »Gehen Sie«, schluchzte sie.

»Nun gehen Sie doch endlich.« Er fühlte sich in dem Moment so furchtbar elend, auch wenn seine Vorwürfe kein bisschen übertrieben waren. Er war im Recht, und das wusste sie genauso gut wie er. Aber darum ging es eben nicht. Das begriff er, als er unter ihrem anklagenden, wimmernden Weinen seine wenigen Sachen in den Koffer packte und sich an ihr vorbeischob, hinaus in den Flur zur Eingangstür. Für einen Moment erspürte er da die Frau, die ihren Mann hatte in den Krieg ziehen lassen müssen, ein Jahr später ihren einzigen Sohn, und beide waren nicht mehr zurückgekehrt. Ohne dass er sich dessen bewusst gewesen war, hatte er einen besonderen Platz in ihrem Herzen eingenommen, und sie hatte ihre Wut gebraucht, um keinen Schmerz zu empfinden. Aber dann hatte der Schmerz doch die Oberhand gewonnen. Noch konnte er umkehren, das sah er in ihrem Blick. Dann jedoch wäre er kein zahlender Gast mehr in einer Pension, sondern etwas anderes. Der Gedanke nahm ihm die Luft und erschreckte ihn, unwillkürlich beschleunigte er seinen Schritt und hastete die Treppen hinunter.

Wo sollte er hin um diese Zeit? Geld für ein Hotel hatte er nicht. Die Pension befand sich auf der nördlichen Seite der Bernauer Straße. Die Häuserzeile und die Straße selbst gehörten zu West-Berlin, die Häuser auf der gegenüberliegenden Seite hingegen zum Sowjetsektor, der hier besonders scharf kontrolliert wurde. Also war er nach Norden gewandert, bis zum Humboldthain, doch da ging es zu wie im Taubenschlag. Obdachlose, Morphiumabhängige, Halbstarke, Besoffene und halbseidene Gestalten, die begehrliche Blicke auf ihn und sein Gepäck warfen. Fred war müde, sehr müde. Er musste schlafen. Er zog weiter, zum Flakturm III, einer gewaltigen, verwinkelten Betonkonstruktion, die die Amerikaner nach dem Krieg versucht hatten in die Luft zu sprengen, was jedoch nur teilweise gelungen war. Inzwischen waren die Überreste fast komplett mit Schutt bedeckt worden. Ein trostloses Fleckchen, Mont Klamott genannt, aber immerhin ruhig. Doch dann begann Fred ein anderer Gedanke zu quälen. Was war, wenn er verschlief? Er hatte keinen Wecker und es gab keine Pensionswirtin mehr, die ihn morgens weckte. Was, wenn er gleich an seinem ersten Arbeitstag zu spät kam? Also hatte er sich wieder aufgerafft und war weitergezogen, zum westlichen Ende des Parks und weiter zur S-Bahn-Station.

Sergeant Potter nahm sich den Bass vor, klopfte ihn ab, hob ihn hoch, stellte ihn auf den Kopf, leuchtete durch die F-Löcher in den Korpus hinein. Fred versuchte sich nicht anmerken zu lassen, wie erleichtert er war, als er damit fertig war. Lothar »Lolle« Lendow, dem der Bass gehörte, nutzte das Instrument gerne als mobilen Aufbewahrungsort für sein Cannabis. Diesmal wohl nicht, zum Glück.

»Bei der Kripo fangen Sie also an. Haben Sie einen Beleg? Ein Dokument?«

»Im Koffer.« Fred wollte sich bücken.

»Stopp!«, wies ihn der Sergeant zurück. »Private Gallagher, open the suitcase.« Potter legte seine Hand lässig auf den Griff seiner Pistole am Gürtel, während der Private Freds Koffer durchwühlte.

Fred wartete ab, er war nicht beunruhigt. Es machte

eben einen großen Unterschied, ob man von der Militärpolizei der Alliierten gefilzt wurde oder von der sowjetischen. Bei den Russen hatte man immer Angst, in irgendeinem Verhörkeller zu enden, den man schlimmstenfalls nur noch in Richtung Sibirien verlassen würde, und spätestens seit der brutalen Niederschlagung des Arbeiteraufstands in der DDR vor fünf Jahren durch russische Panzer traute man ihnen jede erdenkliche Schandtat zu. Allein in dem Jahr wurden vierundfünfzig Westdeutsche aus West-Berlin in den russischen Sektor verschleppt. Kein einziger war je wieder zurückgekehrt.

»Sie werden beim Landeskriminalamt arbeiten?«

»Ja, in der Keithstraße.«

»Ich weiß, wo das LKA ist, junger Mann. Und warum sitzen Sie dann in der S 1 und fahren in die genau entgegengesetzte Richtung?«

»Ich versuche, die Zeit totzuschlagen, mehr nicht«, erwiderte Fred. Was er eigentlich vorhatte, behielt er für sich. Der Sergeant gab ihm die Einstellungsurkunde zurück.

»What department will you be working in?«

»Mordkommission?« Fred war sich nicht sicher, ob er die Frage richtig verstanden hatte.

»Homicide? A greenhorn like you? Jesus!«

Greenhorn, das Wort kannte Fred, Grünschnabel. Er war nicht beleidigt, im Gegenteil, seit er den Stellungsbefehl bekommen hatte, fragte er sich selbst, wieso ausgerechnet er der Abteilung von Kriminaloberrat Paul Mayer zugewiesen wurde. An seinem Abschlusszeugnis konnte es jedenfalls nicht liegen, das war das zweitschlechteste des gesamten Jahrgangs.

...

Eine halbe Stunde später trat Fred aus dem S-Bahnhof Wannsee heraus und machte sich auf den Weg. Das spärliche Licht der Gaslaternen auf dem Vorplatz reichte nicht sehr weit. Trotz allem hatte er keine Mühe, sich zu orientieren. Solange er den Sternenhimmel sehen konnte, befand er sich mitten auf dem von Eichen gesäumten Kronprinzessinnenweg. In manchen der vornehmen Villen rechts und links brannte schon Licht, oben, in den Dachmansarden, dort, wo die Bediensteten wohnten, deren Tag weit früher begann als der ihrer Herrschaften.

Fred näherte sich dem sumpfigen Gelände rund um den Nikolaigraben. Mücken fielen über ihn her, als hätten sie seit Tagen auf diesen Moment gewartet. Er legte ein paar Schritte zu und versuchte sich die blutrünstigen Viecher mit heftigem Wedeln seines Koffers vom Leib zu halten. Viel half es nicht, die schwüle Hitze verlieh den kleinen Biestern eine erschreckend wilde Angriffslust. Bettwanzen, Flöhe, Läuse, Zecken, Mücken – würde Gott ihm nur für fünf Minuten göttliche Kräfte verleihen, er würde diese Plagegeister in die Hölle verbannen. Zum Glück trug er eine lange Hose, trotz der Hitze, die seit ein paar Tagen alles übertraf, was der beginnende Sommer mit seinen zahlreichen Unwettern und Kältewellen bisher zu bieten gehabt hatte.

Hinter der nächsten Wegbiegung war schon das Schimmern der elektrischen Quecksilberdampflampe zu sehen, die den Vorplatz der Feuerwache Wannsee in blaugrünes Licht tauchte. Kurz davor bog Fred in die Scabellstraße ein. Auf einem hölzernen Gestell, das mit kräftigen Eisenstangen in der seitlichen Wand der Feuerwache verankert war, lagerten drei Ruderboote. Durch das Fenster daneben sah er den Feuerwehrmann, der Nachtwache hatte. Vor ihm ein Kofferradio. Irgendein Musikstück endete, dann ertönte ein Jingle. »This is AFN, American Forces Network, Berlin.« Was sonst? Alle hörten den amerikanischen Soldatensender. Zumindest alle, die sicher sein wollten, nicht von deutscher Schlagermusik belästigt zu werden, von Rudi Schurike, Vico Torriani, Lale Andersen, Peter Alexander und wie sie alle hießen. Der Moderator sprach schnell, die Silben schienen ineinander überzugehen und zu einem einzigen Wort zu werden, einem betörenden Singsang, in dem selbst das Luftholen zu einem Teil der Melodie wurde. Jim Balley, Fred hatte die Stimme sofort erkannt, »Midnight in Berlin« hieß seine Radiosendung. Was redete er da? Es klang so gut, so lebendig, so optimistisch und locker. Als wäre das Leben ein einziges Vergnügen. Da schimmerte eine unendlich verlockende Welt durch, die Fred nicht in der Lage war zu entschlüsseln. Er fluchte im Stillen, wenn er doch nur Englisch könnte!

Ein neues Musikstück begann. Die ersten sanft gezupften Gitarrentöne trafen ihn wie ein Blitzschlag. Elvis Presley, Love Me Tender. Als der Song vor zwei Jahren herauskam, hatte Fred das Mädchen, nein, die junge Frau zum ersten Mal gesehen. Ilsa hatte er sie genannt, so wie Ingrid Bergman in »Casablanca« heißt. Ilsa und Fred. Wie sehr hatte er jeden Abend gehofft, dass sie eines Tages seine Blicke erwidern, ihn anlächeln würde. Ihn, den Gaslaternenanzünder, der seine abendlichen Runden in Wilmersdorf so ausrichtete, dass er nicht zu spät zu ihrem Haus kam und Ilsas Vorhänge womöglich schon zugezogen waren. Bis zu jenem Abend, an dem sich auf grausame Weise alles änderte.

Fred schüttelte die Gedanken ab, er fühlte sich schon geschwächt genug. Zum Glück war Elvis schon nach zweieinhalb Minuten mit seinem Song fertig. Im wild wuchernden Holundergebüsch versteckte Fred den Bass und seinen Koffer, ebenso Jacke, Hemd und lange Hose. Der Einer, das Skiff, lag zuoberst. Er musste vorsichtig sein, das Poltern, wenn er mit dem Ruderboot irgendwo dagegen stieß, würde nicht zu überhören sein. Fred wollte mit niemandem reden, jetzt nicht. Mit ausgestreckten Armen ertastete er den Mittelpunkt vor der Auslegerstrebe und hob es in die Höhe, siebzehn Kilo, kein allzu großes Gewicht, aber die acht Meter Länge machten es schwer, das Boot in Balance zu halten. Als er sicher war, dass es ihm nicht mehr entgleiten würde, griff er nach zwei Ruderblättern und schlich hinunter zum Großen Wannsee.

Ein paar Minuten später stieß er sich vom Ufer ab. Schon mit dem ersten Ruderschlag nahm das Skiff gehörig an Fahrt auf. Fred liebte diese mühelose und fast geräuschlose Leichtigkeit. Im Nu trocknete der Fahrtwind den Schweiß von seiner Haut, und es dauerte nicht lange, bis sich das Chaos seiner Gedanken zu legen begann.

Er schloss die Augen, konzentrierte sich auf die gleichförmigen Ruderbewegungen und auf sein Gleichgewicht. Das Skiff war für Rennen gebaut, äußerst schmal, nur neunundzwanzig Zentimeter an seiner breitesten Stelle, einerseits flink wie ein Delfin, andererseits nervös wie eine Elritze. Eine falsche Bewegung und man landete im Wasser. Vier Jahre lang hat er jeden Pfennig, den er entbehren konnte, zurückgelegt. Natürlich war das Boot gebraucht und betagt, hatte Kratzer und Macken, aber es war ein Skiff von der Schweizer Firma Stämpfli, und die baute, so hieß es, die Stradivaris der Gewässer. Neu würde es unvorstellbare 1.200 D-Mark kosten, so viel wie viermal Urlaub an der italienischen Adria, Vollpension inklusive und mehr als viermal so viel, wie er als Kriminalassistent ab morgen verdiente.

Nach gut zwei Kilometern bog er mit einer scharfen Rechtskurve vom Großen Wannsee in die Havel ein. Jetzt begann seine Lieblingsstrecke, von hier aus konnte er mit geringen Kurskorrekturen mehr als acht Kilometer ungehindert geradeaus fahren, und an keiner Stelle war der Fluss schmaler als vierhundert Meter. Augen zu, Fahrtwind, das Geräusch des Wassers, das rhythmische Schieben und Ziehen der Ruderblätter und nichts denken.

Das gelang ihm heute allerdings nicht so gut wie sonst. Wie viel Zeit blieb ihm noch bis zum Dienstantritt? Die Konturen des sanft hügeligen Grunewalds linker Hand setzten sich inzwischen deutlich vom morgengrauen Himmel ab, bald würde die Sonne aufgehen, um 3 Uhr 48 genau gesagt. Das hatte er in seinem Kalender nachgeschlagen, den er sich zugelegt hatte, ab morgen würde er sicherlich Termine haben, die er sich merken musste. Also konnte er sich für die restliche Strecke zweieinhalb Stunden Zeit lassen, mehr als genug. Oder etwa nicht? Hatte er richtig gerechnet?

Zahlen bereiteten Fred Mühe, Zahlen hatten etwas Unfreundliches, sie waren logisch, sie waren stoisch und starr, zwei und zwei war vier, immer, daran war nichts zu ändern. In Freds Leben änderte sich ständig alles, selbst wenn er mit aller Kraft versuchte, das Bestehende festzuhalten.

...

Konrad Stehr bückte sich stöhnend. So früh morgens waren seine Knochen noch verdammt steif, und gerade heute fühlten sie sich an, als würde sich das den ganzen lieben langen Tag lang nicht ändern. Der Stock hatte die perfekte Größe und war schwer genug, um weit hinaus auf den Fennsee zu fliegen. Vielleicht sogar bis ans andere Ufer. Dreißig Meter, konnte er das schaffen? Im Gegensatz zu seinen Knien waren seine Arme noch in leidlicher Verfassung.

Sein Hugo, eine Mischung aus Pinscher und Dackel, vielleicht sogar mit einem Schuss von Zwergspitz, trippelte aufgeregt mit den Pfoten. Er liebte es, Stöcken hinterherzuhecheln, vor allem wenn Stehr sie ins Wasser warf. Zurück brachte er sie allerdings nie, und Stehr hatte es inzwischen aufgegeben, ihm das noch beibringen zu wollen.

Er holte weit aus. Bis ins Schilf auf der anderen Seite sollte der Stock schon fliegen, Hugo sollte sich ruhig ein wenig anstrengen.

In dem Moment mischten sich Schüsse in den Lärm des morgendlichen Autoverkehrs, eindeutig aus Richtung der

Parkbank am Ufer, da hatte er eine Frau und einen Mann sitzen sehen. Pistolenschüsse, ganz klar aus einer Walther P38, Parabellum 9 mm. Stehr kannte sich aus, das war seine Waffe gewesen, im Krieg, in Polen.

Acht Schüsse. Mehr geht nicht mit der P38. Stehr legte den Stock auf den Boden. Hugo winselte enttäuscht.

»Wir gehen«, flüsterte Stehr.

Schüsse im Krieg waren nichts Besonderes. Aber der Krieg war seit dreizehn Jahren vorbei. Und Schüsse, die so wie die gerade eben abgefeuert wurden, viel zu schnell und hastig, bedeuteten nichts Gutes. Stehr hatte seine Routine gehabt: Hinterkopf, Herz. Tack, tack. Aber hier war Wut im Spiel. Das hatte es damals bei ihm nicht gegeben, auch nicht bei seinen Kameraden. Wut ist nicht gut, dachte er, hob Hugo hoch, hielt ihm die Schnauze zu, damit er nicht bellte, und eilte in Richtung Barstraße, wo sie beide wohnten.

Dienstag, 1. Juli 1958

Fred stellte seinen Koffer ab und fuhr sich noch einmal mit der Rechten über die Haare, die er mit einer Extraportion Brisk gebändigt hatte. Den Bass hatte er unterwegs noch bei Lolle vorbeigebracht, was bei der Familie ein mittleres Erdbeben ausgelöst hatte. Lolles Eltern waren die größten Spießer vor dem Herrn und durften nicht wissen, dass ihr Sohn in einer Rock'n'Roll-Kapelle und nicht, wie er sie bisher hatte glauben lassen, in einem Kammermusikquartett Bass spielte. Nur deshalb bewahrte Fred das Instrument für ihn auf. Jetzt war es mit Lolles Geheimnis vorbei. Die Reaktion der Eltern war extrem gewesen. Ihnen schwebte für ihren Sohn eine Karriere als Rechtsanwalt vor, sie waren entsetzt, dass er sich auf das Niveau der »Taugenichtse« begeben hatte, die ihre Talente mit »Negermusik«, »Hottentottenlärm«, »Krawallgegrunze« verschwendeten. Lolle sackte während der elterlichen Tiraden mehr und mehr in sich zusammen, und als sein Vater zum Schluss das Urteil sprach, war er nur noch ein kleines, schwitzendes Häufchen Elend gewesen: »Solange du deine Füße unter meinen Tisch stellst, bleibst du solchen entarteten Aktivitäten fern. Andernfalls verlässt du das Haus und wirst fortan selbst für deinen Lebensunterhalt aufkommen.«

Fred war die ganze Angelegenheit furchtbar peinlich gewesen, nicht nur weil er mitansehen musste, wie dieser 22-jährige junge Mann, vor dem Gesetz ein volljähriger Erwachsener, kleingefaltet wurde, sondern auch weil er der Auslöser dafür war.

Freds Oberhemd klebte am Körper. Auch dieser Tag versprach wieder sehr heiß zu werden. Sein Blick glitt entlang der Fassade des LKA nach oben. Ein Respekt einflößendes Gebäude. Die großen, sehr hohen Sprossenfenster hätten auch zum Buckingham Palast gepasst, und die Mauern aus grob behauenen Granitblöcken suggerierten die Widerstandskraft einer mittelalterlichen Burg. Mit pochendem Herzen schob er die Eingangstür auf, die mit einem in die Türklinken eingehängten ledernen Polster vor dem Zufallen gesichert war. Aus seiner gläsernen Loge heraus beäugte ihn der Pförtner misstrauisch.

»Wo soll's hingehen, junger Mann?«

»Guten Morgen. Zum Dienstantritt in der Mordkommission.«

Der Pförtner starrte ihn an, grimmig, wie Fred fand.

»Dienstantritt?«

Fred nickte. »Bei Kriminaloberrat Mayer.«

»Kriminaloberrat Doktor Mayer«, wies ihn der Pförtner zurecht, »Leiter der Hauptabteilung Delikte am Menschen, zu der die Unterabteilungen Mordkommission eins, zwei und drei gehören.« Er griff gewichtig nach einem Blatt Papier. Erst jetzt sah Fred, dass der rechte Ärmel seines Jacketts leer hinunterhing und am Ende mit einer Sicherheitsnadel am Saum der Jacke befestigt war.

»Dann wollen wir doch einmal sehen. Zwei Neuzugänge haben wir heute. Ellen von Stain und Fred Lemke.« Er sah

Fred an, als brauchte er von ihm eine Bestätigung, nicht Ellen von Stain zu sein.

»Fred Lemke, ja.«

»Der Herr weiß, wohin?«

Fred zuckte mit den Schultern. »Ich bin zum ersten Mal hier.«

»Vordergebäude, im zweiten Stock rechts, Zimmer zwei am Ende des Ganges. Sie melden sich bei Frau Graf, das ist die Chefsekretärin der Hauptabteilung Delikte am Menschen.«

Fred griff nach seinem Koffer und zögerte. »Dürfte ich den vielleicht bei Ihnen lassen? Nur für heute, ausnahmsweise?«

Der Blick des Pförtners ruhte lange auf Fred. So lange, dass der sich sicher war, dass der Pförtner die Frage aus irgendeinem Grund nicht beantworten wollte. Fred wandte sich zum Gehen.

»Ausnahmsweise.« Der Pförtner streckte ihm seine Linke entgegen.

»Ich bring Ihnen den Koffer rein«, wehrte Fred ab und deutete auf die Tür.

»Mir fehlt ein Arm, Herr«, ein Blick auf das Blatt Papier, »Lemke. Wissen Sie, was das bedeutet?«

Fred spürte, wie er rot wurde.

»Das bedeutet, dass ich noch einen zweiten habe.«

Ungeduldig, fast wütend streckte er ihm erneut seine Linke entgegen. Beschämt reichte Fred ihm den Koffer. Der Pförtner zog ihn zu sich herüber.

»Vordergebäude, im zweiten Stock rechts, am Ende des

Ganges, Zimmer Nummer zwei«, wiederholte er und fixierte Fred mit hartem Blick.

Fred nickte, murmelte ein Danke und sah zu, so schnell wie möglich wegzukommen.

Er betrat das düstere Treppenhaus, das voller Geräusche war, Schritte und Stimmen hallten wider, ohne dass er einem Menschen begegnete. Irgendwie gespenstisch. Er hustete, der Nachhall schien lauter als das eigentliche Geräusch zu sein. Ein Schrei ließ Fred zusammenfahren, gefolgt von schnellen Schritten, Klatschen und Worten, die nicht zu entschlüsseln waren, aber bedrohlich klangen. Dann das Poltern von schweren Stiefeln und hechelndes Stöhnen. Zwei uniformierte Polizisten bogen aus einem Seitengang heraus ins Treppenhaus ein, einer hatte den Kopf eines Mannes in seinen Ellbogen geklemmt und zog ihn hinter sich her. Der Mann bekam kaum Luft und wehrte sich heftig. Als Antwort schlug der zweite Polizist mit einem Gummiknüppel zu, bis die Gegenwehr aufhörte. Ohne von Fred Notiz zu nehmen, verschwanden sie im gegenüberliegenden Gang.

Die Treppenabsätze in den einzelnen Etagen waren so groß wie Tanzsäle. Von ihnen gingen jeweils vier Gänge ab, von der Decke hingen Schilder, die in die jeweiligen Abteilungen wiesen. »Delikte am Menschen – Leitung Kriminaloberrat Dr. Paul Mayer« las Fred im zweiten Stock und darunter, klein gedruckt, »Tötungsdelikte, Entführungen, erpresserischer Menschenraub, Sexualdelikte«. Worin hatte sein zukünftiger Chef wohl seinen Doktor gemacht? Die akademische Welt war für Fred wie ein Buch mit sieben Siegeln, und wenn er »Doktor« las, dachte er an einen Arzt.

Er blieb stehen, holte tief Luft und sah an sich herunter. Vielleicht sollte er sich vom ersten Geld ein elektrisches Bügeleisen kaufen, so ein kleines, wie er es im Kaufhaus des Westens gesehen hatte. »Ist die Ehefrau zu Haus, bügelt er die Falten selbst raus – für den Geschäftsreisenden unterwegs«, so pries es ein Werbeschild.

Das ist also deine Zukunft, dachte er, als er in den hell beleuchteten, grau gestrichenen Gang hineinspähte, hier wirst du ab jetzt jeden Tag herkommen.

Dreh um und hau ab, du Idiot, wisperte eine aufdringliche Stimme in seinem Kopf, begleitet von einem unangenehmen Vibrieren im Bauch, und vielleicht hätte er das tatsächlich gemacht, wenn nicht in dem Moment ein beleibter Mann auf ihn zugekommen wäre, sehr in Eile, und hektisch an einer eben erst entzündeten Panatella saugend.

»Sind Sie der Neue?«

»Fred Lemke, ich soll mich …«

»Mitkommen.« Der dicke Mann breitete seine Arme aus, als wollte er ihn vor sich her schieben.

»Ich soll mich bei Frau Graf melden.«

»Später. Mitkommen. Sie sind mir zugeteilt.«

»Darf ich fragen, wer Sie sind?«

Der Dicke zog erneut an seiner Panatella und sah Fred mit kleinen, kalten Augen an. »Kriminalkommissar Auweiler. Los jetzt. Wir fahren zum Fennsee.« Er deutete auf Freds Kopf. »Wo ist Ihr Hut?«

»Ich trage nie einen.«

»Zu einem Mann gehört ein Hut. Ist Ihnen das nicht bekannt? Und das ist nicht allein meine Meinung, sondern opinio communis.«

Steifbeinig ging er die Treppe hinunter, Fred folgte ihm und versuchte dabei, den beißenden Qualmwolken auszuweichen, die der Kommissar unentwegt produzierte. Auweiler war ein Mensch ohne scharfe Konturen. Kopf, Hals, Schultern, Hüfte – alles schien fließend ineinander überzugehen. Ein Bild, das sich auch nicht veränderte, als er in sein tailliertes Jackett schlüpfte, das er bislang über dem Arm getragen hatte, es betonte lediglich umso mehr die Fettrollen an seinen Hüften.

Im Innenhof kam ein junger Mann auf sie zu, jünger als Fred, offener Blick, strohblonde Stoppelhaare und lebhaft wie ein neugieriger Hamster. Sein karierter Anzug saß hauteng, die Krawatte baumelte sehr weit gelockert um seinen Hals.

»Zum Fennsee, Hohlfeld«, wies Auweiler ihn barsch an.

Der junge Mann lächelte breit. »Geht nicht. Der Chef braucht den Wagen.« Er deutete auf ein fünfsitziges Motorrad, das früher vom Überfallkommando Schnelle Eingreiftruppe benutzt wurde. »Das da ist frei.«

»Sie wissen sehr wohl, dass ich kein Motorrad bedienen kann.«

Der junge Mann zuckte lächelnd mit den Schultern und wandte sich an Fred.

»Sind Sie der Neue?« Er streckte seine Hand aus. »Egon Hohlfeld. Fahrer für euch Mörderjäger.«

»Lassen Sie Ihre frivolen Sprüche, Hohlfeld. Sonst bekommen Sie irgendwann die Quittung dafür.«

»Sehr wohl, Herr Kommissar.« Hohlfeld verbeugte sich leicht.

»Und richten Sie gefälligst Ihre Krawatte. Wir sind hier nicht in einem Vergnügungsetablissement.«

Der Fahrer fasste sich an den Hals. »Dicke Mandeln. Ich brauche Luft.«

Auweiler schüttelte missbilligend den Kopf und steuerte auf einen überdachten Fahrradständer zu.

»Fred Lemke, Kriminalassistent«, stellte Fred sich vor und ärgerte sich über seine Förmlichkeit. Hohlfeld war etwa in seinem Alter. Sein Händedruck war sehr fest, aber freundlich.

»Auweiler ist der beste von allen«, flüsterte Hohlfeld grinsend und hob beide Daumen.

»Nun kommen Sie schon, Lemke!«, rief der Kommissar. »Suchen Sie sich eins aus.«

Fred winkte Hohlfeld zu und ging hinüber. »Ich kann das Motorrad fahren, wenn Sie wollen, Herr Kommissar.«

Auweiler fixierte ihn für einen langen Moment, dieses Mal war sein Blick noch kälter. »Wir nehmen die Fahrräder.«

...

Auweiler mühte sich sehr voranzukommen. Fred hörte ihn röcheln und in einem fort fluchen, weil sein Sattel zu hoch eingestellt war, weshalb er beim Treten hin- und herrutschen musste, um nicht den Kontakt zu den Pedalen zu verlieren. Und als wäre das nicht schon mühselig genug, drückte der beleibte Kommissar nebenbei mit einer Hand seinen Hut auf den Kopf, damit der Fahrtwind ihn nicht davontrug.

Die größte Herausforderung war jedoch der Verkehr. Ständig wurden sie von überholenden Autos geschnitten oder angehupt, besonders auf dem Ku'damm. Fred war damit noch aus der Zeit vertraut, als er als Gaslaternenanzünder gearbeitet hatte. Morgens, wenn er das Licht der Straßenlaternen in seinem Bezirk wieder gelöscht hatte, setzte der Verkehr ein, nervös und hektisch, als hätten die Autofahrer die ganze Nacht in den Startlöchern gestanden, um bei Tagesanbruch endlich loszupreschen. Und es gab ihrer viele in West-Berlin, allein in den letzten zwei Jahren hatte sich die Zahl der Pkw auf etwa 150.000 verdoppelt. Außerdem hielt sich kaum ein Autofahrer an die im letzten Jahr eingeführte Geschwindigkeitsbegrenzung von 50 km/h.

Als Auweiler am Fennsee von seinem Rad stieg, hatten sich unter seinen Achseln dunkle Schweißflecken gebildet. Selbst so früh am Morgen war die Hitze schon unerträglich.

Der Tatort war nicht zu übersehen. Vier Schutzpolizisten standen um einen nahe am Ufer liegenden Mann herum, oberhalb davon parkte ein Streifenwagen mit kreisendem Blaulicht. Es gab ein paar neugierige Passanten, ältere Männer, Rentner wahrscheinlich, die sich in respektablem Abstand hielten. Wenn es ein Gefühl in der Kriegsgeneration gab, das fast allen gemeinsam war, dann die Furcht, für irgendetwas zur Verantwortung gezogen zu werden. Da konnte ein wenig Abstand nicht schaden.

Einer der Polizisten kam die Böschung heraufgeeilt und salutierte. »Hauptwachtmeister Peters, guten Morgen, Herr

Kommissar. Wir wurden um 7 Uhr 53 von einer Notrufsäule in der Blissestraße informiert. Der Anrufer hat seinen Namen nicht genannt.«

»Aha.« Auweiler wandte sich an Fred, während er sich eine neue Panatella anzündete. »Und? Sie haben schon einmal einen Toten gesehen?«

Fred zuckte zusammen. ›Ja, meinen Vater, an einem Seil baumelnd, erstickt‹, hätte er beinahe geantwortet. »Während der Ausbildung waren wir einige Male in der Charité.«

Auweiler verzog sein Gesicht geringschätzig. »Ein Toter und ein Ermordeter sind nicht dasselbe.«

»Wir wissen ja noch nicht, ob er ermordet wurde«, entgegnete Fred.

Auweiler verdrehte die Augen und sah den Wachtmeister auffordernd an.

»Der Mann wurde von drei Schüssen getroffen: in die rechte Hand, in den Oberschenkel, ins Gesicht«, sagte Peters.

»Klingt nicht wie ein Tod durch Altersschwäche, oder?«, triumphierte Auweiler.

Fred nickte betreten. Warum hatte er nicht seinen Mund gehalten?

Vorsichtig und unbeholfen wie ein Flusspferd tastete Auweiler sich die Böschung hinunter. Fred fiel auf, dass der Wachtmeister sich bemühte, keinesfalls schneller zu sein als Auweiler.

»Guten Morgen, Herr Kommissar«, riefen die drei Schutzpolizisten im Gleichklang wie auf einem Exerzierplatz. Auweiler ignorierte sie und trat an den Toten heran.

Ein Geschoss hatte den Ringfinger der rechten Hand weggerissen, es war nur wenig Blut ausgetreten. Anders am Oberschenkel, die Kugel hatte die Hauptschlagader getroffen, allein diese Verletzung hätte sehr schnell zum Tod durch Verbluten geführt. Das dritte Geschoss hatte den Kopf frontal getroffen, das Gesicht war regelrecht zerplatzt.

»Ich konstatiere: Der Tote ist tot, weil er von drei Schüssen getroffen wurde«, sagte Auweiler und zwinkerte den Schutzpolizisten zu. Die lachten, für Fred klang es, als sähen sie das als ihre Pflicht an.

»Lemke, durchsuchen Sie die Taschen des Toten. Ich hoffe, Sie haben keine Phobie vor leblosen Körpern.«

Nein, hatte er nicht. »Ich hatte noch keine Gelegenheit, mich mit Handschuhen zu versorgen«, merkte Fred an. »Wegen der Fingerabdrücke.«

Auweiler zog ein paar Gummihandschuhe aus seiner Jackentasche und reichte sie ihm. Dabei fiel Fred auf, wie klein und teigig seine Hände waren.

Die Taschen waren leer, kein Ausweis, keine Geldbörse, auch trug der Tote weder Uhr noch Ringe.

»Ein Raubmord offensichtlich«, sagte Auweiler.

»Moment«, rief Fred, »hier ist etwas.« Aus der Gesäßtasche zog Fred einen zusammengefalteten, knittrigen Zettel hervor und las: ›10x1 13 m Pb 1x3 20m‹.

Auweiler winkte ab. »Selbstredend, dass ein Räuber keinen Zettel kryptischen Inhalts mitgehen lässt, Lemke, oder? Dafür dürfte er keinen Hehler finden.« Wieder lachten die Polizisten. »Gibt es eine Tatwaffe?«

»Wir konnten keine finden, Herr Kommissar.« Hauptwachtmeister Peters deutete auf den See. »Liegt wahrscheinlich da drin. Oder der Täter hat sie mitgenommen.«

»Ein Schlammsee, da findet man nichts«, beschied Auweiler und paffte großspurig an seiner Panatella. »Ich fasse zusammen: Ein Raubmord, Täter unbekannt, Opfer unbekannt. Und mit dem, was von dem Gesicht noch übrig ist, werden wir die Identität des Mannes nicht ermitteln können. Am besten, wir warten ab, bis eine Vermisstenmeldung hereinkommt, die zu dem Opfer passt.«

Auweiler warf einen Blick auf seine Armbanduhr, eine Junghans Chronometer Automatik, Fred erkannte die Uhr sofort. Letztes Jahr, 1957, zum Weihnachtsfest, hatten an jeder Litfaßsäule in der Berliner Innenstadt Werbeplakate geklebt, »nur 170 D-Mark«. Nicht gerade wenig bei einem bundesdeutschen Durchschnittsverdienst von 420 DM.

»Warten wir den Kollegen von der Spurensicherung ab.«

Fred konnte den beleibten Kommissar nicht einordnen. War er so ignorant, wie es schien? Oder hatten ihn die Erfahrungen der vielen Dienstjahre so souverän gemacht? Er erinnerte sich an die ironischen Worte des Fahrers, Egon Hohlfeld: Er ist der Beste.

»Der Zettel …« Fred ärgerte sich, warum war er so zögerlich? Er räusperte sich. »Er deutet darauf hin, es mit einem Klempner zu tun zu haben.«

Auweiler starrte ihn gereizt über seinen qualmenden Zigarillo hinweg an. Die Schutzpolizisten hielten gespannt die Luft an.

las Elementsymbol für Blei. 10x1 13 m Pb 1x3
bedeuten: 10 Bleirohre mit dem Durchmesser

von 1 Zoll und einer Länge von 13 Metern und ein Bleirohr mit 3 Zoll und einer Länge von 20 Metern. Vielleicht sollte der Ermordete neue Wasserleitungen in einem Wohnhaus verlegen.«

Der Kommissar war kurz davor, wütend zu werden. Was ihn davon abhielt, waren die anerkennenden Blicke der Polizisten für Fred.

»Nun, Lemke«, er gab sich gönnerhaft, »Pb steht für das lateinische Wort Plumbum, also Blei. Das haben Sie durchaus richtig erkannt, und Ihre Interpretation ist nicht unklug, mitnichten, ich selbst bin zu einem ähnlichen Schluss gekommen.«

»Darf ich mich umsehen?«, fragte Fred, sicher, ein eindeutiges Nein als Antwort zu erhalten.

Auweiler machte eine herablassende Geste. »Forschen Sie, kombinieren Sie, nur zertrampeln Sie mir keine Spuren, sonst können Sie gleich morgen bei der Schutzpolizei anfangen.«

Fred hätte antworten können, dass für ihn während der Ausbildung Tatortbesichtigungen das bei Weitem Spannendste gewesen waren. Er hatte es geliebt, aus kleinsten Hinweisen den möglichen Tathergang zu rekonstruieren, allerdings hatte bei ihm, zumindest nach Aussage seiner Ausbilder, die »virulente Gefahr bestanden, dass dabei zu oft die Fantasie mit ihm durchging«.

Der Tote lag vor der Parkbank, die leeren Patronenhülsen hingegen lagen dahinter, acht Stück, alle dicht beieinander. Der Täter war also von hinten an die Bank herangetreten und hatte seine Position nicht verändert, während er schoss.

War das Opfer aufgesprungen, hatte sich umgedreht, und erst dann hatte der Täter geschossen? Nein, da waren Blutspritzer auf der Lehne der Bank. Von einer weiteren Person? Oder hatte der Getötete seine Hand auf die Banklehne gelegt, als der Schuss traf?

Fred suchte im Gras unter der Bank und fand Teile des weggeschossenen Fingers. Rechter Ringfinger. Vielleicht hatte das Opfer einen Ring getragen. Sorgfältig durchkämmte er das Gras Zentimeter für Zentimeter – und wurde fündig. Der Ring war aus Gold, zumindest sah er für Fred so aus, ziemlich klobig und mit einem großen, blauen Stein mit hellen Einsprengseln und vier abgerundeten Ecken, wie ein geschrumpfter Fernsehbildschirm. Fred markierte die Stelle mit einem Stöckchen, damit die Spurensicherung ihn nicht übersah.

Fred stellte sich den Ablauf so vor: Der Täter schießt, als das Opfer noch auf der Bank sitzt, er trifft den Finger, der Mann springt auf, sieht sich um. Aber er läuft nicht weg, sonst hätte ihn die Kugel in den Rücken getroffen. Warum? Kennt er den Täter? Oder hat er versucht, ihn von seiner Tat abzubringen, weil ein Fluchtversuch bei dem geringen Abstand zum Schützen ohnehin zwecklos gewesen wäre?

Fred ging erneut zu dem Toten hinüber. Ein kräftiger Mann, schlank, einer, der besonderen Wert auf seine Kleidung legte. Der helle Leinenanzug war sicherlich nicht billig gewesen, Maßschneiderei Grockel, Berlin, las er auf einem Etikett auf der Innentasche. Auch die Budapester Schuhe schienen mit großer handwerklicher Qualität genäht worden zu sein. Keine Socken. Filmstars trugen Lederschuhe ohne Socken. Künstler, Fotografen, Kreative. Oder reiche Lebemänner, die nichts für ihren Lebensunterhalt tun mussten. Aber ein Handwerker? Wären da nicht die von jahrelanger grober Arbeit gezeichneten Hände, würde Fred daran zweifeln, es mit einem Klempner zu tun zu haben.

Er hockte sich neben den Kopf oder besser: neben das, was davon noch übrig war. Die dunklen, vereinzelt grauen Haare waren mit Blut getränkt. Eine großflächige Wunde wie diese konnte nur von einem Dum-Dum-Geschoss verursacht worden sein, dafür sprach auch, dass es keine Austrittswunde gab. Der Unterkiefer war von der Wucht der Kugel weit nach unten gedrückt worden, aber ansonsten unversehrt. Vorsichtig versuchte Fred ihn zu bewegen, doch die Totenstarre hatte bereits eingesetzt.

Rechts von der Bank, etwas entfernt, entdeckte er noch mehr Blut, zu weit entfernt, als dass es von dem Toten stammen könnte. Er suchte im weiteren Umkreis und fand tatsächlich eine Blutspur, die sich erst nach etwa fünfzig Metern verlor. Es muss also neben dem Täter und dem Toten noch eine andere Person anwesend gewesen sein, die verletzt wurde und entkommen konnte.

Auweiler hatte Freds Zusammenfassung seiner Nachforschungen belustigt zugehört. »Eines kann ich wohl mit Fug und Recht sagen, junger Mann: Sie verfügen über eine blühende Fantasie. Vielleicht sollten Sie Groschenromane schreiben.«

Fred biss die Zähne zusammen. Diese Art von Überheblichkeit hatte ihn während seiner gesamten Ausbildung begleitet, und er hatte gehofft, dass das endlich vorbei sein würde.

»Die Blutspur kann vom Täter selbst stammen«, fuhr Auweiler fort.

»Das glaube ich nicht, weil ...«

Auweiler unterbrach ihn herrisch. »Schluss jetzt. Es kann vor den Schüssen zu einem Kampf gekommen sein, bei dem sich der Täter verletzt hat. Wir wissen es nicht.«

Fred wusste, es wäre jetzt besser zu schweigen, doch er konnte nicht an sich halten. »Nein, das glaube ich nicht«, erwiderte er und versuchte sein heftig klopfendes Herz zu ignorieren. »Der Täter hat hinter der Bank gestanden und ohne seine Position zu verändern das gesamte Magazin leer geschossen, die ausgeworfenen Patronenhülsen liegen ganz dicht beieinander. Wann sollte es da zu einem Kampf gekommen sein?«

»Wir wissen es nicht, wir waren nicht dabei«, beschied Auweiler kategorisch, doch da war eine winzige Pause, bevor er antwortete, ein Moment der Unsicherheit.

Fred setzte nach, wieder ein Fehler. Warum konnte er nicht einfach mal den Mund halten und klein beigeben? Wie oft hatte er denselben Fehler während seiner Ausbildung gemacht? Zu oft, und die Quittung war das zweitschlechteste Abschlusszeugnis seines Jahrgangs.

»Acht Schüsse aus kurzer Entfernung, aus drei Metern, und nur drei haben getroffen. Der Schütze muss entweder völlig ungeübt oder sehr aufgeregt gewesen sein. Oder beides.«

Auweiler fixierte Fred mit seinen kalten Fischaugen.

»Sonst noch irgendetwas Erhellendes, vollständig aus der Luft Gegriffenes, Herr Lemke?« Da war keine Spur von Ironie oder Sarkasmus mehr, sondern nur noch Drohung und Angriffslust: Mach weiter so, Bürschlein, und ich mache dich fertig.

Das heisere Kreischen eines Lloyd P400, Leukoplast-Bomber, wie der aus Sperrholz und Kunstleder gebaute Kleinwagen genannt wurde, schälte sich aus dem allgemeinen Verkehrslärm. Der Wagen hielt oben auf der Wallenbergstraße, der Motor gab ein paar Fehlzündungen von sich, bevor er mit einem Gurgeln absoff. Ein sehr dünner, sehr großer Mann stieg aus dem Auto, zog einen arg mitgenommenen ledernen Koffer vom Rücksitz und kam mit schnellen Schritten die Böschung herunter. Keine Zeit, sagte jede seiner Bewegungen.

»Guten Morgen, die Herren.« Der Mann sah jeden Einzelnen für einen Moment an, an Fred blieb sein Blick hängen. »Julius Moosbacher, Spurensicherung. Und Sie sind?«

»Fred Lemke, Kriminalassistent.«

Moosbacher reichte ihm die Hand und studierte sein Gesicht, als wäre dort eine Gebrauchsanweisung aufgedruckt. Erstaunlicherweise empfand Fred den Blick nicht als unangenehm.

»Wer setzt mich ins Bild, was wir schon wissen?« Moosbacher klang wie ein Bayer, der sich bemühte, sich seinen Akzent abzugewöhnen.

»Selbstverständlich mache ich das.« Auweiler schob sich zwischen Moosbacher und Fred. »Hauptwachtmeister Peters, Sie und Ihre Leute klingeln an jeder Tür in der gesamten Nachbarschaft. Irgendjemand muss irgendetwas mitbekommen haben. Lassen Sie sich nicht abwimmeln. Legen Sie die Daumenschrauben an, wenn jemand nicht kooperiert. Nehmen Sie den Kriminalassistent Lemke mit. Zeigen Sie ihm, wie das geht.« Er zog einen Bleistift und einen Schreibblock aus seiner Jackentasche und hielt Fred beides hin. »Notieren Sie gewissenhaft, was wichtig ist. Die Devise lautet: So viel wie möglich, aussortiert wird später.«

Fred nahm den Block entgegen, das Deckblatt war dunkelblau, das Papier gelb und die Form ungewöhnlich schmal und lang. Auweiler schien seinen erstaunten Blick regelrecht herbeigesehnt zu haben.

»Ein ›Legal Pad‹«, erklärte er. »In Amerika werden diese lustigen Blöcke von Juristen verwendet. Der Stadtkommandant der US Army«, Auweilers rollendes ›r‹ hatte in Freds Ohren einen grotesken Klang, »war so freundlich, dem Landeskriminalamt zwanzigtausend Stück davon zu spendieren. Und jetzt schreiten Sie zur Tat, Lemke.«

»Moment. Ist die ungefähre Tatzeit bekannt?« Moosbacher bedachte den Kommissar mit einem knappen Lächeln. »Das brauchen die Herren für die Befragung.«

»Nein, das zu eruieren, überlasse ich selbstverständlich Ihnen von der Spurensicherung.«

Fred verspürte ein Kitzeln im Bauch. Dieses Mal hältst du den Mund, ermahnte er sich. Vergeblich. Auweilers herablassende Art ärgerte ihn, machte ihn wütend. Jeden einzelnen Tag in den beiden Ausbildungsjahren hatte er damit zu kämpfen gehabt: die oft sadistische Art der Ausbilder, ihre Arroganz, der übertrieben harte militärische Drill, die

Rohheit unter den angehenden Kriminalassistenten. Er hatte nur durchgehalten, weil er sich jede Minute jedes Tages darauf konzentriert hatte, zu lernen und alles andere auszublenden. Er hatte Bücher gewälzt, Fachartikel gelesen und gelöste und ungelöste Fälle studiert. Er war gut, und je besser er wurde, desto größer wurde der Widerstand gegen ihn. Alle Ausbilder hatten reingewaschene Westen, darunter jedoch verbarg sich bei fast allen der alte, eklige Nazi-Schleim von Mitläufern und Tätern. Sie hatten viel zu verbergen, und das Schlimme war, dass sie sich damit keine allzu große Mühe gaben. Freds schlechtes Abschlusszeugnis war wie ein Stempel, der sagte: Dieser kleine Mistkerl ist keiner von uns und besser wäre es, wenn es so bliebe. Einmal mehr fragte er sich, warum man ihn ausgerechnet zur Mordkommission geschickt hatte. Den mit dem schlechtesten Zeugnis hatte man als Sachbearbeiter in die Asservatenkammer der Staatsanwaltschaft geschickt.

»Zwei bis drei Stunden«, sagte Fred.

Moosbacher sah ihn aufmerksam an. Auweilers Kopf zuckte herum, sein Blick war tödlich.

»Die Totenstarre am Kiefer hat schon eingesetzt, nicht aber an anderen Gelenken«, fuhr Fred fort.

»Was ist mit den Augenlidern?«

Fred wusste, dass dort die Totenstarre zuerst einsetzte. »Der Ermordete hat keine Lider mehr.«

»Verstehe. Und andere Gelenke körperabwärts sind noch nicht betroffen?«

»Ja.«

Moosbacher nickte. »Tatzeit also etwa gegen sechs bis

sieben Uhr morgens. Gut, dann mache ich mich an die Arbeit. Herr Kollege.« Er tippte zum Abschied mit der flachen Hand gegen seine Stirn. »Lemke?«

»Fred Lemke, ja.«

Ohne Auweiler anzusehen, machte Fred sich auf den Weg. Er brauchte sich nicht umzudrehen, die Wut des Kommissars war so deutlich zu spüren wie die morgendliche Hitze des Sommers.

...

Die Befragung erwies sich als mühselig. In der Tat war es Freds erste. Peters genoss es sichtlich, mit lautem Poltern gegen Türen zu schlagen und mit herrischen Worten die Leute einzuschüchtern. Die meisten reagierten verängstigt, viele gerieten ins Stottern. Befragungen, behauptete er, sind so am effektivsten, das lehrt die Erfahrung.

Freds Gedanken wanderten immer wieder zurück zu dem Toten. Was machte ein wohlhabender, gut angezogener Mann morgens in aller Frühe auf einer Parkbank? Hatte Auweiler recht, wurde er überfallen und ausgeraubt? Aber warum sollte ein Räuber acht Schüsse aus etwa drei Meter Entfernung auf sein Opfer abgeben? Um dessen Widerstand zu brechen? Äußerst unwahrscheinlich, jeder normale Mensch würde angesichts einer auf ihn gerichteten Pistole, spätestens jedoch nach dem ersten Treffer jeden Widerstand aufgeben. Nein, hier war es um etwas anderes als Raub gegangen. Entscheidend war, die zweite Person ausfindig zu machen, die verletzt entkommen konnte. War das der Anrufer gewesen, der die Polizei benachrichtigt hatte? Anonym, um nicht hineingezogen zu werden?

Barbara Abramovski ließ sich von Hauptwachtmeister Peters' Gelärme nicht einschüchtern.

»Nu machen Se mal halblang, Herr Wachtmeister. Wenn Se mich was fragen wollen, müssen Se nicht vorher meine Tür eintreten.«

»Überlassen Sie gefälligst mir, Frau, wie ich Ermittlungen --«

»Ach, was, Männeken«, ging sie dazwischen und stemmte die Arme in ihre üppigen Hüften, Peters' Augen waren etwa auf Höhe ihrer Brüste. »Schon mal was von Unschuldsvermutung gehört? In dubio pro reo?«

Die lateinischen Worte aus dem Mund dieser einfachen Frau verunsicherten den Wachtmeister und ließen ihn umso ruppiger werden. »Jetzt blasen Sie sich mal nicht so auf, Frau. Wir üben hier hoheitliche Aufgaben aus und ...«

»Aha. Welche Hoheit gibt Ihnen denn das Recht, meine Tür einzuschlagen?« Sie machte einen Schritt auf Peters zu. »Wat wollen Se denn von mir?«

»Wir führen eine Befragung in einem Mordfall durch«, erwiderte Peters, mittlerweile leicht verunsichert.

»Und ich soll wen umjebracht haben oder wat?«

»Nein, das sagt ja keiner, Frau.«

»Da, mein Name«, sie deutete auf das Namensschild an der Tür. »Können Se ruhig benutzen.«

»Es tut mir leid, Frau Abramovski«, ging Fred dazwischen, »niemand verdächtigt Sie. Wir würden Ihnen nur gerne ein paar Fragen stellen.«

»Aha.« Sie sah Fred unfreundlich an. »Dann fragen Sie.«

»Heute Morgen wurde ein Mann am Ufer des Fennsees erschossen, etwa zwischen sechs und sieben Uhr. Haben Sie um diese Zeit irgendetwas gehört oder waren Sie draußen im Park und haben jemanden gesehen, der Ihnen aufgefallen ist?«

»Um die Zeit mach ick Frühstück, werfe meine Jungs aus dem Bett, damit die pünktlich auf der Arbeit erscheinen. Und dann muss ick mir selbst fertig machen für meine Arbeit. Da hab ich keine Zeit für Morgenspaziergänge.«

»Gut, das war's auch schon. Ich danke Ihnen. Einen schönen Tag noch.« Fred wandte sich zum Gehen.

»Fragen Se mal den Konrad Stehr«, sagte Frau Abramovski. »Eine über mir. Der geht jeden Morgen mit seinem Köter raus, damit der das Ufer vom Fennsee zuscheißen kann. Jeden Tag pünktlich um sechs, nach dem können Se'n Wecker stellen. Um Punkt sieben, wenn der Laden an der Ecke aufmacht, kauft er seine Brötchen. Und um fünf nach sieben ist er zu Hause. Heute kam er früher zurück. Ich hab ihn gesehen. Viertel vor sieben oder so.«

»Sind Sie sicher, Frau Abramovski?«

Sie warf Peters einen mitleidigen Blick zu. »Ich muss los. Zur Arbeit.« Sie zwinkerte Fred zu. »Anwaltsgehilfin in der Kanzlei Krockmaier.«

Fred lächelte zurück. Daher also ihre selbstbewusste Haltung dem Wachtmeister gegenüber.

...

Stehr öffnete die Tür erst nach mehrmaligem Klingeln und Klopfen. Ein kompakter, gedrungener Mann, Fred war er von der ersten Sekunde an unsympathisch. Sein verschlossenes Gesicht, die verhärtete Leblosigkeit seiner Augen, seine Art zu reden, die herausgebellten Worte erinnerten ihn an Menschen, die er lieber vergessen wollte

»Guten Morgen, Herr Stehr, wir sind vom LKA, Mordkommission. Wir müssen Ihnen ein paar Fragen stellen.«

»Wieso?«

»Dürfen wir hereinkommen?

»Es geht um einen Mord, heute Morgen, am Fennsee.«

Stehr drehte sich um und ging mit ruckartigen Bewegungen hinein. »Tür zu«, sagte er. Fred und Peters folgten ihm ins Wohnzimmer.

»Sie waren mit Ihrem Hund zur Tatzeit im Park«, sagte Fred. »Es gibt Zeugen.«

»Ich bin jeden Morgen mit meinem Hund im Park.«

»Sie müssen die Schüsse gehört haben. Acht an der Zahl.«

Stehr starrte ihn an. Fred meinte zu spüren, was in ihm vorging. Wenn er zugab, Schüsse gehört zu haben, würde er sich als Nächstes rechtfertigen müssen, warum er nicht die Polizei gerufen hatte.

»Ich habe keine Schüsse gehört.«

»Sie sind heute früher als gewöhnlich nach Hause gekommen. Warum?«

»Bin ich nicht.«

»Sie holen normalerweise um sieben Ihre Brötchen und sind um fünf nach sieben zu Hause. Und das jeden Tag. Nur heute nicht. Heute waren Sie zwanzig Minuten früher zu Hause.«

»Wer sagt das?«

»Wir haben einen Zeugen.«

»Ich kann nach Hause kommen, wann ich will.«

»Ja, das stimmt. Aber vielleicht sind Sie früher nach Hause gekommen, weil Sie am Fennsee einen Mann mit acht Schüssen getötet haben und den Tatort so schnell wie möglich verlassen wollten?«

Stehr sah Fred regungslos an. Fred fühlte sich nicht wohl in seiner Haut, er ging zu aggressiv vor, das war ihm klar.

»Haben Sie eine Waffe, Herr Stehr?«

In Stehrs Mundwinkel zuckte es kaum wahrnehmbar.

»Haben Sie meine Frage nicht verstanden?«

Stehr starrte ihn weiter an. Aus dem Augenwinkel sah Fred, wie Peters in Habachtstellung ging.

»Antworten Sie.«

»Jungchen, mit mir nicht!«, stieß Stehr hervor, seine Augen waren nur noch Schlitze. Sein Körper verhärtete sich, und seine dicken, gichtigen Finger kneteten mit einer merkwürdigen Langsamkeit. Fred brach der Schweiß aus, er war froh, nicht allein zu sein. Peters Hand wanderte zu seinem Pistolenholster, was Stehr nicht entging.

»Wenn Sie mir nicht antworten, muss ich Ihre Wohnung durchsuchen.« Fred hatte Mühe, seine Stimme nicht zittern zu lassen. Was redete er da? Ohne richterlichen Beschluss hatte er gar nicht das Recht dazu.

Stehr deutete mit einer knappen Kopfbewegung zum

Schrank. »Unterste Schublade. Eine P38. Die habe ich schon ewig nicht mehr abgefeuert. Können Sie nachprüfen.«

»In Berlin ist es generell verboten, eine Waffe zu besitzen. Das wissen Sie?«

Stehr nickte.

»Herr Stehr, ich muss Sie bitten, mich zu begleiten.«

»Wieso?«

»Wir nehmen Ihre Fingerabdrücke und lassen die Pistole überprüfen.«

»Einbunkern, Herr Kommissar? Wollen Sie mich einbunkern?« Stehrs Stimme drohte zu kippen.

Fred antwortete nicht. Aus dem Augenwinkel sah er, wie Peters Handschellen aus seiner Gürteltasche zog. Das helle Klacken des Metalls vergrößerte Stehrs Panik. Seine Augen zuckten hin und her. Fred entschloss sich abzuwarten. Stehr machte auf ihn den Eindruck eines Mannes, der schnell den Boden unter den Füßen verliert, wenn seine Routinen gestört werden, und der alles tun würde, um in sein gewohntes Fahrwasser zurückkehren zu können.

Fred sah sich im Wohnzimmer um. Die Wände waren mit billigen Gemäldekopien überfrachtet, alle zeigten schwarzhaarige, leidenschaftliche Mexikanerinnen in knapper Kleidung mit großen, goldenen Kreolen an den Ohren. Irgendetwas an den Bildern wirkte beunruhigend.

»Da waren Schüsse.« Stehr stieß seine Worte schnell hervor. »Acht Stück. Sehr kurz hintereinander. Da war einer am Durchdrehen. Ich hab's nur gehört und bin dann sofort mit Hugo nach Hause.«

»Hugo?«

»Mein Hund.«

»Warum haben Sie nicht die Polizei verständigt?«

»Ich wollte nicht in was reingezogen werden. Bittschön, Herr Kommissar, das ist die Wahrheit.«

Fred hatte Mühe, seinen Widerwillen gegen Stehrs unerwartete Unterwürfigkeit zu unterdrücken. Eine Unterwürfigkeit, die zugleich etwas Bedrohliches hatte. Tiere, die in einem Zwinger gehalten und schlecht behandelt werden, waren so.

Die Bilder. Warum ging von ihnen so etwas Beklemmendes aus? Lebenspralle, begehrenswerte Frauen ...

Fred brauchte eine Weile, bis er es herausfand: Alle sahen dem Betrachter direkt in die Augen. Egal, wohin man in Stehrs Wohnzimmer blickte, immer waren da Augen, deren intensiver und fordernder Blick einen einfing und festhielt.

»Haben Sie vor den Schüssen jemanden gesehen? Saß jemand auf der Parkbank am Ufer unterhalb der Wallenbergstraße?«

Wieder dieser regungslose Blick, der Blick eines Menschen, der zwischen Wahrheit und Lüge abwägt und der jeder Schwierigkeit aus dem Weg gehen will.

»Ja«, antwortete Stehr, »hab ich. Da waren zwei. Ein Mann und eine Frau.«

»Beschreiben Sie den Mann.«

»Der hatte einen Anzug an, einen weißen. Schwarzes Hemd. Dunkelbraune Haare. Er trug keinen Hut.«

»Und die Frau?«

»Die war so was Mondänes, mit Zigarettenspitze. Hat die Zichten aber nur angeraucht. Ein paar Züge und dann«,

Stehr machte eine schnelle, harte Bewegung, »in den Teich geschnippt. Wie ein Mann. Die war wütend. Sehr. Die hatten Streit. Mehr weiß ich nicht. Bittschön, Herr Kommissar, das ist alles.«

»Gut. Sie begleiten uns jetzt.«

»Wieso denn? Ich habe alles gesagt, was ich weiß. Die Pistole können Sie mitnehmen. Ich bin unschuldig.«

Fred bemühte sich, sich zu beherrschen. Diese Art von starrer Verschlossenheit, von Dumpfheit, er wusste gar nicht, wie er es nennen sollte, widerte ihn an. Viele Männer dieser Generation waren so aus dem Krieg zurückgekehrt. Sie hatten Furchtbares erlebt oder Furchtbares getan – oder beides. Als Antwort darauf reduzierten sie ihre Antwort auf das, von dem sie glaubten, dass es gut für sie war. Alles andere versuchten sie auszublenden, und das gelang ihnen nur, wenn sie ihr Leben auf eine winzige Sparflamme reduzierten.

»Werden Sie mich einbunkern, Herr Kommissar?« Wieder diese Panik.

»Wie gesagt, wir nehmen Ihre Fingerabdrücke. Und Sie müssen der Spurensicherung Zugang zu Ihrer Wohnung gewähren, um Ihre Pistole und etwaige Spuren sicherzustellen.«

Stehrs Reaktion kam für Fred völlig überraschend. Zuerst krümmte er sich zusammen, als würden ihn seine Kräfte verlassen, doch plötzlich schoss er wie eine Kanonenkugel auf die Tür zu. Fred wurde gegen Peters geschleudert, der dem Fliehenden jedoch geistesgegenwärtig ein Bein stellte. Stehr stürzte. Peters warf sich auf ihn, presste ihm ein Knie in den Rücken und hielt ihn so am Boden. Stehr schrie und wehrte sich heftig. Hugo warf sich auf Peters und verbiss sich in dessen Wade.

»Halten Sie mir das Viech vom Leib, Lemke!«

Fred drückte dem Hund die Luftröhre zu, bis er das Bein freigab.

»Tun Sie ihm nix«, flehte Stehr. »Bittschön, nix tun.«

Er hörte auf, sich zu wehren. Fred wusste nicht, wohin mit dem Hund. Der knurrte, schnappte und strampelte wild, ganz sicher würde er sich wieder auf ihn oder Peters stürzen, sobald er ihn losließ. Fred ging in den Flur, öffnete die nächste Tür mit dem Ellbogen, dahinter befand sich eine fensterlose Küche, schubste den Hund hinein und zog die Tür schnell wieder zu.

»Was ist mit ihm, wenn ich weg bin?« Stehrs Stimme zitterte. »Nicht ins Tierheim, bittschön! Nicht ins Tierheim.«

Fred hoffte, dass Peters sagen würde: Keine Sorge, das übernehme ich, was allerdings angesichts seiner Wut und seiner blutenden Beinwunde ziemlich absurd war.

»Ich kümmere mich um ihn«, antwortete Fred, was konnte denn der Hund für sein Herrchen?

»Er heißt Hugo«, sagte Stehr und rief in Richtung Küchentür: »Ich bin bald wieder zurück, Hugo, mach dir keine Sorgen.«

Hugo winselte und kratzte an der Tür.

...

Moosbacher hatte schnelle Arbeit geleistet. Alle Blutspuren

waren gesichert und bereit, im Labor untersucht zu werden. Er hatte sieben nur angerauchte Lucky Strike Zigaretten eingesammelt, sechs davon hatten vor der Bank im Wasser gelegen, die siebte fünfzehn Meter entfernt neben der Blutspur, die von der Bank wegführte. Darauf waren Blutspritzer zu erkennen, und mittels Lackfilmmethode war es Moosbacher gelungen, einen halben Fingerabdruck zu nehmen. Außerdem hatte er sowohl im Boden vor der Bank als auch parallel zur Blutspur Abdrücke hochhackiger Stöckelschuhe gefunden. Einen hatte er mit Gips ausgegossen, viel ließ sich damit allerdings nicht anfangen, der Boden war zu trocken und bröckelig, um klare Konturen zu liefern.

»Machen Sie sich keine allzu großen Hoffnungen«, sagte er, während er seine Sachen einpackte. »Ein Bleistiftabsatz und ein halber Fingerabdruck sind nicht viel. Und Fingerabdrücke von Frauen haben wir zum Abgleichen kaum welche im Archiv. Die mit Abstand meisten Verbrechen werden eben von Männern begangen.«

»Ich frage mich, warum die Frau ihre Stöckelschuhe nicht ausgezogen hat, um schneller weglaufen zu können«, sinnierte Auweiler.

»Vielleicht weil sie die Täterin ist und nicht fliehen musste?«, erwiderte Moosbacher. »Dazu würde auch passen, dass sie ihre Zigarette erst im Weggehen etwas entfernt vom Tatort weggeworfen hat.«

»Sieht fast so aus.«

»Vielleicht stand sie unter Schock. Oder sie wusste, dass die Schüsse nicht ihr gegolten hatten«, sagte Fred.

Auweiler tat so, als wäre das zu dämlich, um überhaupt

darüber nachzudenken, und er ärgerte sich, als Moosbacher zustimmte.

»Auch möglich. Sie war völlig von Sinnen vor Angst, Tunnelblick, wollte nur weg.«

»Na, dann steigen Sie mal in Ihren Leukoplast-Bomber und machen Sie Ihren Daktyloskopen Dampf, Moosbacher«, sagte Auweiler ungehalten.

»Natürlich, Herr Kollege.« Moosbacher klang weder devot noch verärgert. »Zuerst nehme ich mir allerdings die Wohnung von dem Festgenommenen vor.« Fred hatte ihm die Adresse und die Wohnungsschlüssel gegeben und ihn auf die Pistole hingewiesen.

»Wir brauchen so schnell wie möglich Ergebnisse.«

»Ich weiß.« Moosbacher grüßte knapp und kletterte die Böschung hoch zu seinem Auto.

»Wer den Tod nicht scheut, fährt Lloyd«, ätzte ihm Auweiler hinterher und grinste Peters an, doch der war zu sehr damit beschäftigt, seine Wunde zu verarzten. Konrad Stehr hatte er zuvor mit Handschellen am Türgriff des Streifenwagens fixiert.

Auweiler wandte sich an Fred. »Sie fahren mit der Befragung der Anwohner fort. Fragen Sie konkret nach dieser«, Auweiler wedelte ironisch mit der Rechten, »mondänen Frau. Halten Sie sich ran, trödeln Sie nicht. Ich erwarte Sie dann im Dezernat. Ach ja, und sorgen Sie dafür, dass die Leiche in die Rechtsmedizin gebracht wird. Hauptwachtmeister Peters, Sie sagen ihm, was da zu tun ist.«

Ohne sich zu verabschieden, stieg Auweiler auf sein Fahrrad und radelte davon. Spätestens jetzt war Fred klar, dass der Kommissar und er niemals Freunde werden würden, und er hoffte sehr, ihm nicht dauerhaft zugeteilt zu sein.

Hugo, dachte Fred. Er hatte Moosbacher nicht vorgewarnt.

Egal, der Spurensicherer machte auf ihn den Eindruck eines Menschen, den nichts so leicht aus der Ruhe bringen konnte. Und aus einem unerfindlichen Grund war Fred der Ansicht, dass Männer aus Bayern mit jeder Art von Getier umgehen konnten.

Er blinzelte in die Mittagssonne. Sein erster Arbeitstag war zur Hälfte vorüber, und wenn er Auweiler außer Acht ließ, war es bisher ein guter Tag gewesen. Wahrscheinlich hatte er heute Morgen im LKA angesichts des grauen Gangs und der grauen Bürotüren nur deshalb Fluchtgedanken gehegt, weil die gestrige Nacht so schwierig gewesen war. Im Moment schreckte ihn nicht einmal mehr der Gedanke, keine Bleibe zu haben. Irgendetwas würde sich schon ergeben.

...

»Wie war noch gleich Ihr Name?« Der Pförtner sah Fred streng an.

»Fred Lemke, Mordkommission.«

Es war später Nachmittag, 17 Uhr. Die weitere Befragung der Nachbarschaft hatte nichts Verwertbares ergeben, Konrad Stehr war die einzige Spur.

Wieder zog er seinen Zettel hervor. »Lemke. Der Neue.

Zusammen mit Ellen von Stain. Sie können passieren.«

»Ist Frau von Stain jetzt da?«, fragte Fred. Hin und wieder im Laufe des Tages hatte er sich gefragt, wer wohl seine Kollegin war, die heute auch ihren ersten Arbeitstag hatte. Da sie nicht zu seinem Ausbildungsjahrgang gehörte, kam sie wohl aus einer anderen Abteilung. Als er Auweiler danach gefragt hatte, war dessen Antwort kryptisch gewesen: Kümmern Sie sich nicht um Frau von Stain, die ist nicht ihr Kaliber.

»Ich erteile keine Auskünfte über Personen, die in diesem Haus arbeiten«, beschied der Pförtner. »Vergessen Sie Ihren Koffer nicht, wenn Sie heute Feierabend machen. Und morgen wollen Sie bitte ohne Koffer kommen.«

Fred atmete tief durch, was für ein unangenehmer Kerl, hoffentlich gab es im LKA nicht noch mehr von der Sorte.

Im Treppenhaus waren viel mehr Stimmen zu hören als am Morgen. Menschen hasteten die Treppen hinauf und hinunter, fast ausschließlich Männer. Die meisten beachteten ihn nicht, nur wenige grüßten. Fred wusste nicht, wie viele Mitarbeiter das LKA hatte, mehr als tausend hieß es, die in den Abteilungen Delikte am Menschen, Betrug, Organisierte Kriminalität, Wirtschaftskriminalität und Korruption arbeiteten. Im zweiten Stock bog er in den Flur der Mordkommission I ein. Er ging an den Türen vorbei und las die Schilder. Verhör 1, Verhör 2, Sekretariat Mordkommission I Sonja Krause. Das letzte Büro auf der rechten Seite gehörte Auweiler und einem Kommissar namens Edgar Leipnitz. Fred klopfte und öffnete die Tür, als er keine Antwort bekam. Niemand da. Die Tür im Gang gegenüber stand offen, Josephine Graf, Chefsekretariat las er auf dem Türschild. Er ging hinein, er hatte sich ja ohnehin bei ihr melden sollen. Ein intensiver Duft schlug ihm entgegen, eine Mischung aus Zigarettenrauch und einem Parfüm, das Tote zum Leben erwecken könnte, schwer und zugleich verführerisch und verwirrend. Auch hier war niemand. Fred ließ sich in einen gewaltigen Ledersessel in einer Sitzecke fallen. Die Tür daneben war nur angelehnt. Durch den Spalt drangen Stimmen, er erkannte die von Kommissar Auweiler. Er wollte nicht lauschen und gerade wieder aufstehen, aber das, was er da hörte, ließ ihn verharren.

Auweiler präsentierte die Untersuchungsergebnisse im Mordfall Fennsee, so als wären alle Erkenntnisse am Tatort ein Resultat seines Scharfsinns. Auf die Frage seines Gegenübers, offenbar Dr. Paul Mayer, Chef der Abteilung Delikte am Menschen, wie sich der Neue mache, antwortete Auweiler: »Der ist wahrlich keine Leuchte, Herr Kriminaloberrat. Mit allen seinen Schlussfolgerungen lag er konsequent daneben. Aber vielleicht lernt er hinzu, wenn man sich eindringlich um ihn kümmert.«

»Na, dann ist es ja gut, dass Sie ihn unter Ihre Fittiche nehmen, Auweiler«, erwiderte Mayer, seine Stimme klang zwar bestimmt, aber freundlich und einnehmend.

»Selbstverständlich, Herr Kriminaloberrat.«

Fred hörte, wie ein Stuhl zurückgeschoben wurde. Er sprang auf, auf keinen Fall wollte er sich dem Verdacht aussetzen, gelauscht zu haben.

»Und wer«, fragte Auweiler, »übernimmt den anderen Neuzugang? Ellen von Stain?«

»Lassen Sie die mal meine Sorge sein, damit haben Sie nichts zu tun.«

»Wen haben wir denn da?«

Fred zuckte zusammen und wandte sich um. Im Türrahmen stand eine vielleicht 35 Jahre alte Frau in einem taillierten Blazer, die langen, dunkelbraunen Haare zu großen, welligen Locken onduliert, grellrote Lippen und in derselben Farbe lackierte Fingernägel. Unzweifelhaft war sie der Ursprung der Duftwolke, die den Raum jetzt noch intensiver ausfüllte.

»Guten Tag, ich bin Kriminalassistent Fred Lemke.« Er stammelte, einerseits weil er sich ertappt fühlte, andererseits weil die Frau unglaublich attraktiv war.

»Ach, der Herr Lemke«, sagte sie mit ironischer Strenge. »Sollten Sie sich nicht heute Morgen schon bei mir melden?«

Fred hörte, wie draußen im Gang eine Tür geöffnet und wieder geschlossen wurde und sah Auweiler im Büro gegenüber verschwinden.

»Ich hatte keine Gelegenheit. Kommissar Auweiler hat mich gleich zu einem Tatort mitgenommen.«

Die Chefsekretärin fixierte ihn einige Sekunden lang, dabei strahlte sie die Gewissheit aus, jeden Lügner dieser Welt mit absoluter Sicherheit entlarven zu können.

»Gut. Gekauft.«

Sie ging zu ihrem Schreibtisch. Fred registrierte jetzt erst, was für ein chaotisches Durcheinander dort herrschte, was so gar nicht zu ihrem edlen, makellosen Äußeren passte. Zielsicher zog sie eine kleine Mappe aus dem Gewirr und klappte sie auf.

»Die Adresse stimmt noch? Bernauer Straße 96?«

»Die Adresse?«

Die Chefsekretärin warf ihm einen spöttischen Blick zu. »Habe ich mich nicht klar ausgedrückt? Habe ich gestottert, gelispelt, geflüstert, genuschelt, chinesisch gesprochen?«

»Entschuldigung. Nein, die Adresse stimmt nicht mehr.«

»Und wie lautet die neue?« Josephine Graf tippte ungeduldig mit ihrem Zeigefinger auf das Papier und schürzte ihre Lippen.

»Ich habe noch keine.«

»Ein obdachloser Kriminalassistent? Wollen Sie mich«, sie senkte ihre Stimme und beugte sich vor, »verscheißern?«

»Ich musste meine Pension verlassen. Nach Dienstschluss suche ich mir sofort eine neue.«

Graf legte ihre Stirn in Falten und sah ihn prüfend an. »Was sind denn Sie für einer? Ich meine, haben Sie sich schlecht benommen und wurden rausgeworfen?«

»Nein, ich …« Fred wusste nicht, was er sagen sollte. Er wollte ehrlich sein, aber keine lange Geschichte erzählen, und außerdem fühlte sich die Erinnerung an seine so verzweifelt weinende Wirtin beklemmend an.

Graf legte ihm eine Hand auf den Unterarm. »Vergessen Sie es. Melden Sie sich noch einmal bei mir, bevor Sie das Schloss verlassen und orientierungslos durch die Gegend irren.« Sie schüttelte lächelnd den Kopf. »Ein obdachloser Kriminaler, das fehlt gerade noch.«

Fred atmete auf. Josephine Graf war zwar verwirrend, aber offenbar in Ordnung.

»Das Schloss?«, fragte er.

Die Chefsekretärin winkte ab. »Sie sind nicht der Einzige hier im Haus, der noch nie etwas von Franz Kafka gehört hat. Ihr Platz ist gegenüber. Sie teilen sich das Büro mit Kommissar Auweiler, Kommissar Leipnitz und wahrscheinlich mit der Sonderermittlerin Ellen von Stain. Die Mordkommission I hat eine eigene Sekretärin, das ist Frau Sonja Krause, und wenn Sie da noch ein sehr blasses Mädchen herumgeistern sehen, dann handelt es sich um die Lehrlingssekretärin Antonia Langstadt.«

»Danke.« Fred zögerte. »Darf ich eine Frage stellen?«

Graf verdrehte die Augen, lächelte aber dabei und nickte auffordernd. »Wer Kafka ist?«

Fred wusste, wer Kafka war, nur nicht, ob er etwas oder besser: was er von ihm gelesen hatte. Zwei Jahre nach Ende des Krieges – er war zwölf Jahre alt gewesen, sein Vater war im Krieg verschollen und seine Mutter hatte einen anderen, ihm verhassten Mann geheiratet – hatte er bei seinen endlosen Erkundigungen in den Dörfern rund um seinen Heimatort Buckow in der Märkischen Schweiz ein von den Besitzern verlassenes Gehöft in Ihlow entdeckt. In der Scheune hatten sich Zehntausende Bücher in Regalen gestapelt oder waren einfach nur zu ungeordneten Bergen auf den Boden getürmt. Vielen fehlten der Einband und die ersten Seiten, auf denen Titel und Autor aufgeführt waren, offenbar handelte es sich um Werke von Schriftstellern, die von den Nazis verboten worden waren und die die Besitzer dieser unglaublichen Sammlung nicht hatten vernichten wollen, weshalb sie sie unkenntlich gemacht hatten. Für Fred wurde die Scheune zur zweiten Heimat, zu Hause hielt er es einfach nicht aus. Stundenlang las er sich durch Bücher hindurch, ohne sich zu fragen, was er da las, und es waren vor allem die Bücher ohne Einband gewesen, die es ihm angetan hatten.

»Ellen von Stain ist also keine Berufsanfängerin wie ich und --«

Josephine Grafs Lächeln verschwand schlagartig. »Bevor Sie weiterreden, Herr Lemke: Ich bin die Chefsekretärin der Hauptabteilung Delikte am Menschen. Wenn Sie etwas von mir wollen, muss es etwas Wichtiges sein. Für Kleinkram«, sie deutete auf die gegenüberliegende Seite des Flurs, »ist Frau Krause zuständig.«

Fred spürte, dass ihr Unwille nicht ihn meinte. Da gab es irgendetwas, worüber sich Josephine Graf in Zusammenhang mit Ellen von Stain ärgerte. »Tut mir leid, ich wollte nicht --.«

»Geschenkt.« Graf zog etwas aus der Mappe hervor. »Ihr Dienstausweis, den Empfang quittieren Sie mir bitte hier.«

Fred unterschrieb den Zettel, den sie ihm hinhielt.

»Und das ist die Abholkarte für Ihre Dienstwaffe, die bekommen Sie in der Waffenkammer im Untergeschoss.«

Sie schloss die Mappe, warf sie achtlos auf ihren Schreibtisch, griff nach einem Feuerzeug und einer Packung Lucky Strike – Fred fragte sich, ob sie die wohl mit einer Zigarettenspitze rauchen würde –, entzündete eine Zigarette und nahm einen tiefen Zug.

Fred musste komisch geguckt haben, denn sie sah ihn belustigt an. »Noch nie jemanden rauchen gesehen?«

Erst jetzt merkte Fred, dass er während des Gesprächs immer wieder die Luft angehalten hatte. Eingeschüchtert zog er sich zurück und hatte zugleich das leicht berauschende Gefühl, ab jetzt einen guten Grund zu haben, jeden Tag hier aufzulaufen. Eine Frau wie Josephine Graf war ihm bisher noch nicht begegnet.

...

Auweiler empfing ihn mit einer herrischen Strenge. »Haben Sie interim noch ein kleines Päuschen eingelegt, Lemke? Ich hatte Sie früher erwartet.«

»Ich bin nach der Befragung gleich zurückgekehrt«, verteidigte sich Fred, »war dann noch bei Frau Graf und habe meine Dienstwaffe abgeholt.« Er ärgerte sich: Warum so zahm?

»Und? Mit welchen Ergebnissen können Sie nach der Befragung aufwarten?«

»Nichts, was weiterführt. Barbara Abramovski und Konrad Stehr sind unsere einzigen Zeugen.«

»Stehr kommt auch als Täter infrage, haben Sie das vergessen?«

»Nein, habe ich nicht.«

»So, dann sagen Sie mir mal, und zwar detailliert, was Sie als Nächstes täten, wären Sie der verantwortliche, ermittelnde Kommissar.«

»Alle Klempner und Rohrleitungsbaufirmen anrufen,

um herauszufinden, ob jemand seit heute Morgen vermisst wird. Bei Kommissar Moosbacher nachfragen, ob er bei Konrad Stehr Schmauchspuren an Händen oder Kleidung finden konnte und was die Untersuchung der Pistole und der Wohnung ergeben hat.«

Hugo, der Hund, fiel ihm siedend heiß ein, er hatte versprochen, sich um das Tier zu kümmern.

»Das mit Moosbacher erledigen Sie jetzt gleich. Und dann, und das erwarte ich von Ihnen am Ende eines jeden Tages, fassen Sie den jeweiligen Stand des Falles schriftlich zusammen. Wenn ich morgens ins Büro komme, will ich den Bericht auf meinem Schreibtisch sehen. Frau Krause wird ihn in die Maschine tippen. Von ihr bekommen Sie auch Moosbachers Telefonnummer. Mitkommen.« Er erhob sich schnaufend und ging durch eine offen stehende Tür in einen Nebenraum.

Sonja Krause war eine etwas pummelige junge Frau in Freds Alter, blond, makellos zurechtgemacht, in einem konservativ geschnittenen, gänzlich unauffälligen Kleid. Sie musterte Fred mit einem schnellen Blick, ihr Gesichtsausdruck blieb verschlossen.

»Unser neuester Kriminalassistent, Sonja. Fred Lemke.«
»Guten Tag.«

Wie schaffte sie es nur, diese zwei Worte derart förmlich auszusprechen? Freds Lächeln prallte wirkungslos an ihr ab.

»Zeig ihm alles, was er wissen muss, Sonjachen, ich mache Feierabend«, sagte Auweiler und ließ die beiden allein.

»Was war denn mit dem Kriminalassistent vor mir?«, fragte Fred, mehr um irgendetwas zu sagen, als dass es ihn wirklich interessierte. Normalerweise hatte er mit Gleichaltrigen keine Probleme, ins Gespräch zu kommen, Sonja Krause jedoch wirkte auf ihn wie eine Prinzessin auf einem Eiswürfel.

»Der hat sich versetzen lassen.«

»Warum denn das?«

»Woher soll ich das wissen?«, fragte sie spitz zurück.

Herrgott noch mal, gab es denn hier keinen, der sich einigermaßen normal verhielt?

Fred bat um ein Branchentelefonbuch und ging nach nebenan. Er wählte von den beiden offensichtlich nicht genutzten Schreibtischen den mit Blick hinaus auf die Keithstraße. Eine mehr als trostlose Aussicht. Bis auf ein paar wenige Gebäude waren die meisten Häuserblocks rechts und links auch jetzt, dreizehn Jahre nach Kriegsende, immer noch Ruinen, Fenster und Türen waren mit Holzbrettern vernagelt, und ringsherum warnten Schilder vor unbefugtem Betreten. Die Fläche vor ihm war wie freigefegt, die Trümmer der zerbombten Häuser waren längst abtransportiert worden und nur einige wenige Ausschachtungen deuteten darauf hin, dass hier irgendwann Neues entstehen würde. Das völlig unversehrte Franziskus-Krankenhaus am Ende der Burggrafenstraße etwa 150 Meter gegenüber wirkte wie ein einzelner Zahn in einem maroden Gebiss. Auch das LKA selbst war von keiner Bombe getroffen worden; die Alliierten hatten all die Akten und Unterlagen, all die Beweise, wie die Exekutive des Nazi-Unrechtsstaat gearbeitet hatte, nicht vernichten wollen.

»Wenn Sie etwas für Ihren Schreibtisch brauchen, finden

Sie im Schrank verschiedenes Büromaterial.« Sonja Krause stand in der Tür und deutete auf einen der grauen Metallschränke, die gleich mehrere Wände schmückten. Fred sah sich erstaunt um, das klang ja regelrecht freundlich. Ihr Gesicht jedoch war genauso verschlossen wie zuvor.

Einen Schreibtisch auszustatten war für Fred eine neue Erfahrung. Er kam sich wie ein Idiot vor, als er unentschlossen in den Schrank starrte. Bisher hatte er sich auch noch nie Gedanken gemacht, was man so alles brauchte. Locher, Büroklammern, Schreibunterlage, Bleistifte, Anspitzer, Radiergummis, Papier und Kleber … Wieder kroch in ihm dieses Gefühl hoch, etwas vollkommen Falsches zu tun, an einem Ort zu sein, wo er nicht hingehörte.

Ihm wurde schwindelig. Für einen Moment musste er sich am Schrank abstützen. Er schloss die Augen, und sofort tauchten die Bilder auf, die er am allerwenigsten sehen wollte. Er riss die Augen wieder auf. Nicht in den Schrank sehen, Fred. Er wandte seinen Kopf und sah in das Gesicht von Sonja Krause. Darin las er weder Mitgefühl noch Abneigung, sondern fast etwas Analytisches.

»Die Hitze«, sagte er und versuchte zu lächeln.

»Ja«, erwiderte sie. »Dort drinnen finden Sie auch einen Tischventilator.«

Er hätte das Ding bestimmt übersehen, auch weil es so grottenhässlich war, ein eierschalenfarbenes Bakelitgehäuse auf einem herzförmigen, spinnenartigen Drahtfuß, bei dem man sich nicht wundern würde, wenn er sich in Bewegung setzen und weglaufen würde. Fred stellte den Ventilator auf den Schreibtisch und schloss ihn an. Ein wunderbar kühlender Luftstrom trocknete den Schweiß auf seinem Gesicht. Dienstag 1. Juli 1958. Sein erster Tag beim LKA. Fred Lemke, Kriminalassistent, in vier Tagen dreiundzwanzig Jahre alt, mit Dienstausweis und -waffe. Das fühlte sich gut an, sehr gut. Ein richtiger Beruf, viel besser als der, den er davor ausgeübt hatte, ein aussterbender Beruf: Gaslaternenanzünder. »Berlin wird elektrisch« hieß die Devise des Berliner Senats.

Fred verteilte einige der Utensilien aus dem Schrank in den Schubladen und auf der Arbeitsplatte, zog das Telefon heran und nahm sich das Branchenbuch vor. In Berlin gab es dreizehn Klempner und siebzehn Rohrleitungsbaufirmen, die er nacheinander anwählte. Ohne Ergebnisse. Bei den meisten ging keiner an den Apparat, da war schon Feierabend. Bei den anderen wurde niemand vermisst, und mit der Beschreibung dessen, was man über einen Toten ohne Gesicht sagen konnte, ließ sich auch nicht viel anfangen.

Kommissar Moosbacher von der Spurensicherung erreichte Fred gerade noch, bevor der das Haus verließ. Er hatte bei Konrad Stehr nichts Belastendes finden können, Schmauchspuren an den Händen ließen sich ebenfalls nicht nachweisen, und die Pistole lag noch bei den Waffenspezialisten. Stehrs Hund Hugo hatte Moosbacher mit ins LKA genommen, um ihn nach Dienstschluss noch in ein Tierheim zu bringen. Fred erinnerte sich an das Versprechen, das er Stehr gegeben hatte, und bat Moosbacher, ihm den Hund zu überlassen. Der willigte gerne ein und würde ihn beim Pförtner abgeben.

Der Bericht bereitete Fred Magenschmerzen, logische Stringenz gehörte nicht zu seinen Talenten. Tatsächlich verlor er, während er ihn der Sekretärin in die Maschine diktierte, ständig den Faden oder wurde zu ausufernd. Immer wieder musste sie umständlich korrigieren oder eine von den vielen Verbesserungen unleserlich gewordene Seite neu schreiben. Die Blicke, die sie ihm zuerst verstohlen, dann immer offensiver zuwarf, wurden regelrecht tödlich. Er begann zu schwitzen, sie hatte ja recht. Als der Text endlich mit zwei Durchschlägen vorlag, einen für die Akten, einen für ihn, murmelte er ein beschämtes »Danke«, trollte sich ins Nachbarbüro und legte das Original auf Auweilers Schreibtisch. Mit Sicherheit würde sich die Sekretärin bei nächster Gelegenheit bei dem Kommissar über ihn beschweren.

Nichts wie raus, dachte er und war schon im Treppenhaus, als er sich an die Worte der Chefsekretärin erinnerte. Kommen Sie noch mal zu mir, bevor Sie das Schloss verlassen.

»Herein«, forderte sie ihn auf, nachdem er am Türrahmen geklopft hatte, die Tür stand offen. »Also, Herr Lemke.« Sie zog ein unbeschriebenes Blatt Papier aus ihrem Schreibtischchaos und begann etwas zu notieren. »Die Pension heißt ›Duft der Rose‹, das können Sie wörtlich nehmen. Sie finden sie in der Skalitzer Straße 39, Kreuzberg, gleich vis-à-vis vom Görlitzer Bahnhof. Die Wirtin heißt Hanna Pletter. Hanna und ich sind sehr gute Freundinnen, also passen Sie auf, was Sie sagen, wenn Sie über mich reden. Ich habe ihr gesagt, dass Sie mindestens drei Monate mieten, daran halten Sie sich bitte. Und was immer Sie in Ihrer vorigen Pension angestellt haben, bei Frau Pletter benehmen Sie sich anständig.«

»Ich habe nichts angestellt.«

»Umso besser.« Sie reichte ihm den Zettel. »Sie steigen am Nollendorfplatz in die U-Bahn Linie B Richtung Warschauer Brücke, und, schwupp, ein paar Minuten später sind Sie da.«

»Hat sie was gegen Hunde?«

Graf lachte auf. »Probieren Sie es aus.«

Die Loge am Eingang schien unbesetzt zu sein. Erst als Fred unmittelbar davorstand, sah er den Pförtner, ein anderer als heute Morgen, der Hugo mit kleinen Brocken seines Wurstbrots beglückte. Der saß schwanzwedelnd auf dem Boden und wartete geduldig auf die nächste Portion.

»Guten Abend«, grüßte Fred.

Hugo zuckte zusammen, als er seine Stimme hörte, und verzog sich mit eingeklemmtem Schwanz und zitternd in eine kleine Nische zwischen einem Schrank und der Wand.

»Ich würde gerne meinen Koffer abholen, und den Hund muss ich auch mitnehmen. Fred Lemke, Kriminalassistent, Mordkommission.«

»Bis eben war er noch ganz zutraulich«, wunderte sich der Pförtner und sah Fred vorwurfsvoll an.

»Ich werde es auch mal mit einem Wurstbrot probieren.«

...

Hugo hielt den größtmöglichen Abstand zu ihm, und jedes Mal, wenn Fred ihn ansah, wich er seinem Blick aus und klemmte seinen Schwanz zwischen die Beine. Fred zog und zerrte, es war klar, dass sie keine Freunde werden würden. Immerhin gab der Hund nach einer Weile seinen Widerstand auf und trottete schicksalsergeben hinter ihm her.

Fünfzig Meter weiter kreuzte die Keithstraße die vierspurige Kurfürstenstraße, wo sich der Feierabendverkehr der Berufstätigen mit all den Kauflustigen auf dem Weg zu den Geschäften auf dem Ku'damm und der Tauentzienstraße mischte. Hier auf die andere Straßenseite zu gelangen, war wie ein Spießrutenlauf, vor allem seit vor ein paar Jahren die Straßenbahnlinien 76 und 79 durch die Buslinien 19 und 29 ersetzt worden waren; Busse, die von Fahrern gelenkt wurden, die oft regelrecht Jagd auf Fußgänger und Fahrradfahrer zu machen schienen. So als proklamierte alles, was auf vier Gummireifen rollte, das Recht des Stärkeren für sich. In den letzten Jahren hatte das Wirtschaftswunder den Autoverkehr in Berlin förmlich explodieren lassen, und an den Automarken konnte man erkennen, wie sehr der Wohlstand zugenommen hatte: riesige Opel Kapitän, kleine Porsche 356 Flitzer, mondäne Mercedes und exotische britische Cabriolets. Dazwischen unzählige VW Käfer, Borgward Isabella, DKW 3=6 und P400 »Leukoplast-Bomber«, und manchmal sogar ein Chevrolet Impala, dessen 8-Zylindermaschine so dumpf grollte, dass mancher Angst bekam, weil er einen Panzer sich nähern wähnte. Die Berliner wollten motorisiert sein. Und nicht nur das: Auto, Waschmaschine, Fernseher, das war die Liste, die es abzuhaken galt.

Kaum hatte Fred die andere Straßenseite erreicht, setzte ein heftiger Sommerregen ein. Im ersten Moment fühlte es sich wie eine angenehme Abkühlung an, doch die Hitze des Tages steckte noch in den Hauswänden und Asphaltbelägen und verwandelte sie sehr schnell in eine dumpfe, feuchte Schwüle. Fred störte es nicht, auch nicht, dass sich sein billiger Anzug im Nu mit Wasser vollsog und am Körper klebte. Um ihn herum klatschte und prasselte es, fluchende Menschen rannten an ihm vorbei auf der Suche nach Schutz. Keiner hatte einen Schirm dabei, der sonnige Tag hatte niemanden vorgewarnt. Im Nu waren die Geschäfte und Kaufhäuser mit Passanten so voll, als gäbe es sensationelle Sonderangebote. Durchnässte Männer standen sehr zum Missfallen der Verkäuferinnen in den Gängen und warteten. Frauen hetzten zielstrebig in die Toilettenräume, die Wimperntusche lief ihnen in schwarzen Streifen die Wangen hinunter, und ihre hochtoupierten Frisuren waren in sich zusammengefallen und hatten sich zu haarigen, kaum zu entwirrenden Tellern verdichtet. Manche hatten sich noch rechtzeitig eine dieser durchsichtigen Zellophanregenhauben übergestülpt und damit immerhin ihre Frisuren gerettet.

Die Autos schlichen über den Asphalt, ihre Scheibenwischer waren machtlos gegen die Wassermassen. Schnell beschlugen ihre Scheiben von innen, die Fahrer bemühten sich, meist mit wenig Erfolg, mit einer Hand zu lenken und mit der anderen gleichzeitig die Windschutzscheibe frei zu wischen. Nur einige wenige vertrauten auf ihren Schutzengel und rasten weiter. Dass ihre Reifen breite Wasserfontänen gegen die Fußgänger schleuderten, nahmen sie nicht wahr – oder es war ihnen egal.

Auch Hugo nahm den Regen gelassen hin. Ab und an

fuhr seine Zunge über seine Schnauze, und er schüttelte sich heftig, wofür er einen Moment stehen bleiben musste. Fred zog ihn nicht weiter und wartete die merkwürdige Prozedur ab, bei der das ganze Tier nach einer festgelegten Dramaturgie jeden Quadratzentimeter seines Fells in Vibration brachte, zum Schluss noch den Schwanz, der jetzt im durchnässten Zustand etwas Rattenhaftes hatte. Hugo schien Freds Geduld als Hinweis zu nehmen, dass er doch kein schlechter Mensch war.

»Und, geht's dir jetzt besser?«, fragte er, und zum ersten Mal wedelte Hugo ansatzweise mit dem Schwanz.

Vor ihnen tauchte der U-Bahnhof Wittenbergplatz auf, ein einfallsloser, klassizistischer Klotz mit drei portalartigen Eingängen, eingerahmt von Gaslaternen, die schon leuchteten, obwohl die Nacht noch ein paar Stunden entfernt war. Die Demonstranten vom Sozialistischen Deutschen Studentenbund mit ihren martialischen Totenkopfmasken standen dicht gedrängt in einem Eingang und rauchten. Der Regen hatte ihre Plakate »Tod dem Atomtod« nahezu unleserlich gemacht. Seit das Bundesverfassungsgericht vor ein paar Wochen eine Volksbefragung zur drohenden atomaren Aufrüstung verboten hatte, hielten die Studenten hier Tag und Nacht die Stellung. Auf verlorenem Posten, wie es im Soldatensprech der BILD-Zeitung zu lesen war, die fast täglich über die zahlreichen Atomgegner herzog. Fred taten die SDSler leid. Anfang des Jahres wurden sie noch von der SPD, der FDP und von den Gewerkschaften unterstützt, aber die hatten längst kalte Füße bekommen. Kalte Füße im Kalten Krieg, West gegen Ost, Demokratie gegen Kommunismus. Da genügte der Vorwurf, »moskauhörig« zu sein, um einzuknicken.

Politik interessierte Fred nicht besonders, auch wenn er wie die meisten Deutschen Adenauers Plan, die Bundeswehr mit Atomwaffen auszustatten, zum Grausen fand. Der Krieg war erst dreizehn Jahre vorbei, die ganze Stadt immer noch zerlöchert und übersät mit Zeichen von Zerstörung und Leid, und schon wieder sollten die Probleme in der Welt mit Waffen gelöst werden.

Lange musste Fred nicht auf die Bahn warten. Wie er befürchtet hatte, war sie voll, wie voll, sah er wegen der beschlagenen Fenster erst, als die Türen sich öffneten. Er ließ die Bahn passieren. Er holte sein Taschentuch heraus, das er am Morgen eingesteckt hatte. Aus einem ihm unerfindlichen Grund hatte er das Gefühl gehabt, in seinem neuen Berufsleben ein Taschentuch bei sich tragen zu müssen. Er wischte sich über Gesicht und Nacken, der fein gewebte, weiche Stoff fühlte sich wunderbar an.

Zehn Minuten später dasselbe Bild. Die Fenster der Waggons waren beschlagen, und als die Türen sich öffneten, sah Fred in unzählige Gesichter, deren Blicke alle dasselbe sagten: Steig bloß nicht ein, hier ist kein Platz!

Es sind nur sieben Stationen, beschwor er sich, das schaffst du. Schließ die Augen, zähl nur die Haltestellen, konzentriere dich auf das, was du heute erlebt hast. Was für ein Tag, da gab es genug, mit dem er sich ablenken konnte.

Er nahm Hugo auf den Arm. Der wehrte sich zuerst, schien dann aber zu kapieren, dass Fred damit verhindern wollte, dass er platt getreten wurde, und gab seinen Widerstand auf. Fred drängte sich zwischen die Körper. Festzuhalten brauchte er sich nicht, so eng, wie es war. Hugos Fell entströmte ein unangenehmer Geruch, zu dem sich allerdings auch der ebenso unangenehme Geruch der anderen regennassen Fahrgäste und der seines eigenen Anzugs gesellte. Tatsächlich konnte Fred sich nicht erinnern, wann er ihn das letzte Mal hatte reinigen lassen.

Er schloss die Augen. Was hatte Josephine Graf gesagt? »...und, schwupp, ein paar Minuten später sind Sie da.« Schwupp, das klang komisch, niemand benutzte dieses Wort. Aber sie hatte es so verdammt lässig gesagt. Lässig, wie ... Wie hieß noch diese kühl-verführerische Blonde? Kim Novak. Fred hatte sie gerade erst in Alfred Hitchcocks Film »Vertigo – Aus dem Reich der Toten« gesehen, mit 999 anderen Zuschauern im komplett ausverkauften Primus Palast in der Hasenheide. Nicht nur seine Augen, auch die der meisten anderen Männer hatten so an ihr gehangen, dass einige von ihnen Streit mit ihrer weiblichen Begleitung bekamen.

Sieben Stationen. Nichts passiert, triumphierte er, als der Zug mit stählernem Getöse in den Görlitzer Bahnhof einfuhr. Gut so. Sein letzter Anfall lag einige Monate zurück. Vielleicht war es ja wirklich sein letzter gewesen.

Die Tür wurde geöffnet und er regelrecht von einem Menschenstrom hinaus auf den Bahnsteig mitgerissen. Wie gerne würde er sich endlich ein Fahrrad zulegen, dann brauchte er nie wieder Bahn zu fahren. Doch daran war in den letzten Jahren nicht zu denken gewesen, jeden Pfennig, den er erübrigen konnte, hatte er für sein Ruderboot zurückgelegt. Vielleicht demnächst, mit seinem neuen Gehalt als Kriminalassistent. Was er sich nicht schon alles kaufen wollte von dem Geld! Da müsste er glatt eine Null an die 270 Mark hängen, die er ab heute verdiente.

Obwohl der Görlitzer Bahnhof aus Eisen konstruiert war, wirkte er mit seinem gewölbten Dach und den riesigen Rundbogenfenstern freundlich. Wenn man von innen hinaussah. Von außen hingegen hatte er etwas von einer überdimensionalen Kellerassel, diesen Vielfüßlern, die sich zu Kugeln zusammenrollten, wenn man sie antippte.

Der Regen hatte aufgehört. Menschen, Autos und Fahrradfahrer bewegten sich wieder mit normaler Geschwindigkeit vorwärts. Der Himmel klarte zögernd auf. Bis zur Dunkelheit würden noch mindestens zwei Stunden vergehen. Hugo war plötzlich aus einem unerfindlichen Grund wie verwandelt. Freudig tippelte er neben Fred her, warf ihm immer wieder Blicke zu und wedelte mit dem Schwanz.

Die Skalitzer Straße 39 war Teil eines keilförmigen Gebäudes mit den typischen Elementen der Architektur der Jahrhundertwende, die sich sowohl an griechischen Tempeln als auch an der Wucht barocker Bauten orientierte. Über jedem Fenster thronten ein Rundbogen, ein Dreieck, ein Fantasieemblem aus Zement oder andere geometrische Verzierungen, die Balkone hatten verschnörkelte, bauchige Brüstungen aus Gusseisen und die mit Zement verputzten Fassaden täuschten vor, aus Steinblöcken erbaut worden zu sein. Ein herrschaftlich anmutendes Haus, das allerdings durch die stählerne Trasse der Bahn, die bis an die zweite Etage heranreichte, entwertet wurde. Die Haustür stand offen, vermutlich, um mit ein wenig Durchzug die stickige Luft aus dem Treppenhaus zu vertreiben. Ein Schild zur Pension »Duft der Rose« wies in den zweiten Stock. Vor Freds Augen erstreckte sich ein Ehrfurcht erregend großzügiges Treppenhaus mit einem Geländer aus gedrechseltem Holz und einem roten Sisalläufer, der fast von Wand zu Wand reichte. In der Mitte befand sich ein Aufzug mit eisernen Scherengittern, der allerdings, wie ein Schild sagte, wegen Reparatur außer Betrieb war. Fred wurde flau im Magen, eine Pension in einem solchen Haus konnte er sich kaum leisten, wahrscheinlich würde die nächsten drei Monate fast sein gesamtes Gehalt dafür draufgehen.

Auf sein Klingeln tat sich lange Zeit gar nichts, bis endlich Schritte zu hören waren. Die Tür wurde schwungvoll aufgerissen und ein Schwall von Rosenduft flutete Fred entgegen.

»Den Schlüssel vergessen oder wie?«

Vor ihm stand eine mittelgroße Frau, vielleicht Mitte dreißig, in rot-weiß karierter Bluse, die Haare unter einem Tuch aus demselben Stoff verborgen und in einer schwarzen Hose, die nur bis zur Wadenmitte reichte und die für ihre leicht üppige Figur etwas zu eng war. Unwillkürlich verglich er sie mit Josephine Graf, die beiden waren ja Freundinnen. Graf kleidete sich perfekt und elegant, Pletter hingegen, so schien es Fred, legte eher Wert darauf, ihre Weiblichkeit zu betonen. Auch sie machte einen resoluten Eindruck, hatte aber zugleich etwas Warmes, Freundliches und auch Geheimnisvolles.

»Guten Abend«, sagte er, »ich bin Fred Lemke. Frau Josephine Graf hat mir Ihre Adresse gegeben.«

Sie öffnete die Tür weit. »Oh, ich weiß. Ich bin Hanna Pletter, die Herrin in diesem Reich.«

Ihre Augen richteten sich auf etwas oberhalb seines Kopfes. Unwillkürlich griff er sich in die Haare. Sie standen borstenartig in alle Richtungen.

»Der Regen«, entschuldigte er sich, von der Pomade war nichts mehr übrig.

»Sie heißen nicht zufällig Cäsar mit zweitem Namen?«

»Cäsar? Wieso?«

Sie winkte ab. »Kommen Sie rein.« Ihr Blick fiel auf Hugo. »Der aber nicht.«

»Es ist nicht mein Hund.«

»Dann erst recht nicht.«

»Ich habe versprochen, mich für ein paar Tage um ihn zu kümmern.«

»Zimmer ohne Hund oder kein Zimmer mit Hund. Suchen Sie es sich aus.«

...

Hanna schloss die Balkontür. Hugo sah von draußen beleidigt herein.

»Einen Tag. Danach werfe ich ihn höchstpersönlich über die Brüstung.«

»Sie wollen den Hund …«

»Das war ein Witz.« Hanna sah ihn abschätzend an.

Fred fühlte sich ein wenig unwohl. So ähnlich wie in der Nähe von Josephine Graf.

»Gehören Sie etwa zu den Männern, die keinen Humor haben?« Sie wartete keine Antwort ab. »Ich zeige Ihnen alles.« Sie drehte sich im Kreis. »Wir befinden uns im Wohnzimmer, quasi der Aufenthaltsraum für alle.«

Fred kam sich vor wie bei einer Schlossbesichtigung, Schloss Freienwalde, als Kind war er einmal dort gewesen, bevor die Russen kamen und plünderten. Was für ein Reichtum! Nur gediegene, schwere Möbel, Lampen und Teppiche. Und ein bombastischer Musikschrank aus Eichenholz mit Radio, Lautsprechern und Plattenspieler. Die Öffnung in der Mitte, die für ein Fernsehgerät vorgesehen war, wurde von einem Aquarium mit Neonfischen, Skalaren, Guppys, Sumatrabarben und Panzerwelsen ausgefüllt. Auf dem Plattenteller lag eine LP von Duke Ellington mit dem Titel »Such Sweet Thunder«. Was das wohl für eine Musik war? Rock'n'Roll jedenfalls nicht.

Hanna deutete auf ein überbordendes Bücherregal, das eine ganze Wand bis unter die Decke einnahm und mindestens acht Meter maß.

»Lesen Sie, was Sie wollen. Die Bücher sind nach Autoren sortiert. Von Aristoteles bis Zola.« Sie schmunzelte vielsagend. »Auch Kafka, ›Das Schloss‹.«

Fred sah sie fragend an: Warum sagte sie das?

Sie winkte ab. »Wenn Sie ein Buch falsch zurückstellen, gibt's Ärger.«

Sie trat hinaus in den Flur, von dem sechs weitere Türen abgingen, an den Wänden dazwischen hingen Spiegel in barocken Rahmen, darunter standen mal ein Tischchen, mal ein zierlicher Stuhl oder irgendein anderes Möbel.

»Die Küche.«

Ein riesiger Kühlschrank mit zwei glänzenden Griffen aus Chrom türmte sich zwei Meter in die Höhe, auf einer fast die gesamte Stirnseite des Raumes einnehmenden Arbeitsplatte reihten sich verschiedene elektrische Geräte aneinander, eine KitchenAid Küchenmaschine, wie Fred sie bisher nur im Schaufenster des KaDeWe gesehen hatte, ein Toaster, ein Waffeleisen und weitere Geräte, deren Funktion er nicht kannte. Die halbe Länge des Raumes wurde von einem langen Esstisch eingenommen, mit zwölf Stühlen drum herum, die auch in einem Barockschloss eine gute Figur gemacht hätten.

»Ich mache Frühstück für alle, das ist im Preis inbegriffen. Wenn Sie selbst was kochen wollen: Tun Sie's. Die Grundregel ist folgende: Nach dem Kochen muss es hier genauso aussehen wie vor dem Kochen. Sonst?« Sie lächelte süffisant.

»Sonst gibt's Ärger?«, vermutete Fred.

»Genau.« Sie lachte. Ein gutturales, ansteckendes Lachen, das etwas in Fred zum Schwingen brachte, was tief verschüttet war. Er lächelte scheu.

»Weiter geht's. Das Bad.«

Auf den ersten Blick hatte Fred den Eindruck, in ein orientalisches Zimmer zu blicken. Mit eigenen Augen hatte er so etwas bisher noch nie gesehen, sondern nur als Fotografien in einem schweren, üppigen Bildband, den er in Ihlow entdeckt und der zu seinen Lieblingsbüchern gehört hatte. Vor dem Fenster hingen halb durchsichtige Gardinen in verschiedenen Rottönen, an deren Enden Stoffpinsel baumelten – oder nannte man es Bommel? Nein, Quasten. Die Wände waren mit wundersamen Ornamenten geschmückt. Zuerst hielt er sie für Kacheln, doch auf den zweiten Blick sah er, dass sie nur auf den Putz aufgemalt waren. Vier gleiche, eiserne, mit Tierhaut bespannte Wandlampen sorgten für ein geheimnisvolles, schummriges Licht. Auf einem gemauerten Podest stand eine gusseiserne Badewanne auf bronzenen Löwenpfoten schräg im Raum, die Armaturen waren ebenfalls aus Bronze. In einer Ecke, umgeben von einem Vorhang aus demselben Stoff wie die Vorhänge an den Fenstern, gab es eine Dusche. Auf der gegenüberliegenden Seite stand ein kupferner Boiler, den man befeuern musste, um warmes Wasser zu bekommen, daneben ein Stapel Buchenscheite und eine kleine Kiste mit Kienspänen und dünnen Ästen zum Anfeuern.

»Warmes Wasser macht sich jeder selbst. Einmal pro Woche ist im Preis inbegriffen. Wer öfter will, muss sich sein Holz selbst besorgen.«

Sie ging zur nächsten Tür und öffnete sie. »Und das ist Ihr Zimmer.«

Der Raum war groß und hatte trotzdem etwas Heimeliges. Ein Schrank, ein Doppelbett aus Eisen mit verschnörkeltem Kopf- und Fußteil, ein Waschbecken, auf dem Boden ein flauschiger Teppich, vor dem Fenster eine kleine Sitzecke mit zwei Ledersesseln, einem Beistelltisch und einer Tischlampe, deren Schirm einer Rosenblüte nachempfunden war. Die Wände waren mit Stofftapeten verziert, die auf

Fred einen fürstlichen, sehr wertvollen Eindruck machten. Von der Decke hing ein spektakulärer fünfflammiger Kronleuchter, der aus einer Unmenge von Kristall- und Perlenschnüren bestand, die von drei unterschiedlich großen Messingringen festgehalten wurden. Von draußen durch das geöffnete Fenster drang der Lärm der Hochbahn herein, deren Trasse fast auf derselben Höhe war. Fred konnte die Gesichter der Fahrgäste sehen.

»Den Lärm gibt's umsonst.« Hanna lachte. »Das gilt für alle Mieter. Nur für mich nicht. Ich habe die einzigen Zimmer zum begrünten Innenhof.«

Wieder dieses Lachen, und ihre Augen blitzten vor Vergnügen. Fred ertappte sich bei dem Gedanken, das Zimmer in jedem Fall behalten zu wollen, egal, was es kostete.

»Die Goebbels-Schnauze bitte nur in Zimmerlautstärke nutzen.«

Fred sah sie fragend an. Sie deutete auf den Volksempfänger auf der Kommode, der einen etwas lädierten Eindruck machte.

»Ich mache zwar Frühstück für alle, aber ich wecke nicht. Dafür gibt's den da.«

Sie deutete auf ein bronzefarbenes Ungetüm, einen Wecker, der aussah, als wäre er für den Einsatz auf einem Hochseesegelschiff konzipiert, TriVox Silent Tic war auf dem Zifferblatt zu lesen. Sie breitete die Arme aus und drehte sich im Kreis.

»Das ist alles. Sie müssen mindestens drei Monate mieten, das hat Josy Ihnen sicher gesagt.«

Fred nickte betreten. Zu teuer, ganz sicher war dieses Zimmer zu teuer.

...

Fred ließ sich in den kubusförmigen Ledersessel im Aufenthaltsraum sinken, der bis auf die etwas zu hohen Armlehnen sehr bequem war, und sah hinaus in Richtung Westen. Die Sonne hatte sich schon verabschiedet, nur ihr Licht reflektierte orangerot in den Schäfchenwolken. Hugo starrte vom Balkon herein. Jedes Mal, wenn Fred zu ihm hinüberblickte, wedelte er hoffnungsfroh mit dem Schwanz und tippelte mit den Vorderfüßen. Erstaunlicherweise bellte er nicht.

Hundert D-Mark war eine Menge Geld, eine kleine Wohnung würde ein Drittel weniger kosten. Aber dann müsste er sich eine Menge Dinge besorgen, einen Herd, Geschirr, Möbel, Bettwäsche, Handtücher. Natürlich wusste er, dass er sich das schönrechnete, denn die Anschaffungskosten hätte er schon nach wenigen Monaten durch die geringere Miete eingespart. Nein, der eigentliche Grund war: Er wollte nicht allein wohnen. Nicht wie in seinen ersten Jahren in Berlin, die ihm furchtbar zu schaffen gemacht hatten. Seine Einsamkeit, das Tempo dieser Stadt, ihre irrwitzige Größe und die vielen dunklen, unheimlichen Narben, die die Bomben der Alliierten gerissen hatten. Er war auf dem Land aufgewachsen, in Buckow in der Märkischen Schweiz, wo jeder jeden kennt und alle Tage denselben Rhythmus haben. Als Kind hätte er sich niemals vorstellen können, von dort wegzugehen. Bis der Krieg begann, bis die Russen kamen, bis sein Vater tot an einem Seil hing, unter seinen Füßen der umgekippte Schemel.

»Alles gut mit Ihnen, Fred?«

Er starrte Hanna an, er hatte sie nicht kommen gehört.

»Wo waren Sie mit Ihren Gedanken?«, fragte sie mit sanfter Stimme.

Fred spürte, wie er rot wurde.

»Nichts. Alles gut«, antwortete er und versuchte zu lächeln.

Sie schüttelte den Kopf, was wohl heißen sollte: Glaube ich nicht, und in ihrem Blick war plötzlich neugieriger Ernst.

»Schäfchenwolken«, sagte er und deutete hinaus. Er wollte nicht, dass sie ihm Fragen stellte. »Im Sommer sind die oft Vorboten für ein Gewitter.«

»Wir haben alle unsere Erinnerungen. Ist es nicht so?«

»Ich weiß nicht, was Sie meinen«, erwiderte Fred abweisend.

Sie lächelte ihn freundlich an. »Hören Sie, in der Küche steht ein Teller mit ein paar Wurst- und Käsestullen. Sie hatten bestimmt keine Zeit einzukaufen.« Sie drohte mit dem Zeigefinger. »Und wehe, Sie geben der Töle was ab.«

»Danke.« Mehr brachte Fred nicht heraus, er hatte Mühe zu atmen.

Hanna zog ihr Kopftuch ab. Fred starrte sie an. Jean Seberg, dachte er. Hanna trug die Haare so kurz wie die französische Schauspielerin in »Die heilige Johanna«. Hannas Augen und Mund wirkten jetzt noch größer. Sie lächelte sphinxhaft, natürlich hatte sie seine Reaktion bemerkt.

»Ich habe morgen einen anstrengenden Tag. Machen Sie überall das Licht aus, wenn Sie zu Bett gehen?«

Fred nickte. »Gibt es eigentlich keine anderen Mieter?«

Sie sah ihn verwundert an. »Haben Sie die nicht gehört? Die sind schon in ihren Zimmern.«

Mittwoch, 2. Juli 1958

Obwohl er todmüde gewesen war, hatte Fred kaum geschlafen. Schon um drei Uhr morgens hatte ihn irgendetwas aus dem Schlaf gerissen, er wusste nicht, was. Plötzlich war er hellwach gewesen, Unterhemd und Unterhose waren schweißgebadet. Die Luft, die durch das weit geöffnete Fenster hereinkam, war nur wenig kühler als die im Zimmer gewesen. Von draußen war kaum ein Geräusch hereingedrungen, höchstens mal die Schritte eines Fußgängers oder vereinzelt der Lärm von Autos oder Mopeds, Bahnen fuhren zwischen Mitternacht und fünf Uhr morgens nicht. Eine Zeit lang hatte er sich bemüht, wieder einzuschlafen, hatte sich auf seinen Atem konzentriert und gehofft, dass dessen Regelmäßigkeit ihn in den Schlaf wiegen würde. Als es nicht funktioniert hatte, hatte er sich vorgestellt, mit seinem Skiff auf einem See zu rudern und durch Nebelschwaden zu gleiten, wie in Trance eine Bewegung an die andere zu reihen. Nichts hatte geholfen, und um halb fünf hatte er endgültig aufgegeben.

Er stellte sich unter die Dusche, das kalte Wasser war wie ein Schock, das laute Plätschern und ein unangenehm lautes Pfeifen aus dem Wasserrohr waren ihm unangenehm, er wollte niemanden wecken, aber duschen musste er, seine Haut war von dem salzigen Schweiß des letzten Tages und der Nacht furchtbar klebrig.

Zwei der Butterbrote von gestern Abend hatte er aufbewahrt, eins mit Käse, eins mit Jagdwurst. Er wickelte sie in Zeitungspapier, steckte sie in seine Jackentasche, der Anzug war immer noch ein wenig feucht, und schlich durch den Flur ins Wohnzimmer. Hugo musste ihn schon gehört haben, er stand schwanzwedelnd an der Balkontür, und dieses Mal bellte er. Fred beeilte sich, sie zu öffnen.

»Leise, Hugo, sonst kriegen wir Ärger.«

Hugo führte einen merkwürdigen Tanz vor ihm auf, eine Mischung aus Freude und Unterwürfigkeit. Immer wieder stupste er mit seiner Schnauze gegen Freds Jackentasche. Natürlich, die Butterbrote. Fred gab ihm eines, das Hugo gierig verschlang.

»Komm.«

Er legte ihn an die Leine und schlich zur Wohnungstür hinaus, musste allerdings noch einmal umkehren, er hatte seine Dienstwaffe auf der Kommode liegen lassen. Er schnallte sich das Schulterholster um, in dem die Walther P4 und ein Ersatzmagazin steckten, das nagelneue Leder war noch sehr hart und drückte unangenehm. Auf der Straße hebelte er etwas Wasser aus einer Plumpe, einer der über 2500 Straßenbrunnen, die überall in der Stadt verteilt standen, um im Not- oder Katastrophenfall die Menschen mit Wasser zu versorgen, wenn das öffentliche Wassernetz ausfiel. Ohne die Plumpen hätten viel mehr Berliner den Krieg nicht überlebt.

Hugo trank gierig, ohne dabei Freds Jackentasche mit dem zweiten Butterbrot aus den Augen zu lassen. Fred resignierte vor der verzweifelten Sehnsucht des Hundes und gab es ihm, auch wenn sein eigener Magen jetzt eindringlich knurrte. Später konnte er sich ja eine Schrippe bei einem Bäcker besorgen. Er nahm die erste Bahn der Linie B bis Nollendorfplatz, dort stieg er in die Linie A um und knapp eine Dreiviertelstunde später war er am Heidelberger Platz. Von da aus waren es noch fünf Minuten zu Fuß bis zum Tatort am Fennsee.

Fred hatte keinen Plan. Gestern war ihm alles unter dem Druck von Kommissar Auweiler zu schnell gegangen. Der ganze Tag war wie ein Rausch gewesen, alles so neu und herausfordernd. So funktionierte er nicht, er brauchte Zeit, für alles im Leben. Dinge zu erspüren war etwas anderes, als sie zu analysieren. In der Ausbildung war ihm das immer angelastet worden, und nachzulesen war es in seinem Abschlusszeugnis: »Fred Lemke folgt in seinem Ermittlungsverhalten im erheblichen Maße seinen Gefühlen und viel zu wenig der Logik und der Vernunft.« Fred sah das anders. Verbrecher handeln oft wie Tiere, instinktiv, getrieben und eben nicht logisch, war sein Gegenargument, was ihm die zusätzliche Anmerkung auf dem Zeugnis einbrachte, »sich und seine Meinung in mitunter unbotmäßiger Weise über die Erfahrung und das Wissen der Fachleute stellen zu wollen«.

Das inzwischen verkrustete Blut war nur flüchtig mit Sand bedeckt worden. Hugo wollte sich sofort darauf stürzen. Fred hielt ihn zurück, irgendwie kam es ihm falsch vor, dass der Hund das Blut eines Menschen durchwühlte, ja, vielleicht sogar versuchen würde, es zu fressen.

Was war gestern hier geschehen? Ein teuer gekleideter Mann und eine elegante Frau treffen sich sehr früh am Morgen auf einer Bank am Ufer eines winzigen, nicht sehr einladend riechenden Sees, im Rücken nicht weit entfernt die Stadtautobahn, vor ihnen, am anderen Ufer, der riesige Friedhof Wilmersdorf. Ein romantisches Treffen ist es wohl kaum gewesen, eher eins aus drängendem Grund. Das Verhalten der Frau scheint das zu bestätigen. Sie steckt sich eine Zigarette nach der anderen an, nimmt jeweils nur ein paar Züge. Sie ist aufgeregt, nervös. Die beiden streiten. Der Mann: edle Kleidung, aber die groben Hände eines Arbeiters. Ein Mann, der als etwas Besseres erscheinen will, als er tatsächlich ist? Oder der früher etwas Besseres gewesen war und sich bemüht, an die Vergangenheit anzuknüpfen?

Dann fallen acht Schüsse, schnell hintereinander abgefeuert. Ist die Frau hinter die Bank gesprungen und hat geschossen? Möglich, aber woher stammt dann ihre Verletzung? Sie hat Blut verloren. Ihr Blut und das des Mannes befinden sich dicht nebeneinander auf der Bank.

Nein, für Fred passte das nicht zusammen. Deutlich schlüssiger klang die andere Variante, fast ärgerte sich Fred, wie nah diese an Auweilers Theorie lag: Die beiden sitzen auf der Bank und werden von einer dritten Person überfallen. Die Frau wird von einer Kugel verletzt und kann entkommen, der Mann stirbt und der Täter beraubt den Toten all seiner Wertsachen.

Aber wieso, das belegen die nahe beieinanderliegenden Patronenhülsen eindeutig, hat der Täter nur in eine Richtung geschossen, in Richtung des Mannes? Es gab nur eine schlüssige Antwort: Weil es dem Täter nur um den Mann ging, nur er war sein Ziel, nur ihn wollte er töten.

Hugo hatte aufgehört, an der Leine zu zerren. Die Blutlache interessierte ihn nicht mehr, stattdessen hielt er seine Schnauze schnuppernd in den Wind, wahrscheinlich näherte sich ein anderer Hund. Fred setzte sich auf die Bank. Vom See stieg ein unangenehmer Geruch auf. Der Fennsee war ein Stillgewässer, er speiste sich ausschließlich aus Grundwasser und Niederschlägen, weswegen praktisch kein Wasseraustausch stattfand. War es längere Zeit sehr heiß, sorgten die blühenden Algen und der Schlamm aus den Blättern der umstehenden Bäume für eine ungehemmte Schwefelwasserstoffbildung. Manche Anwohner scherzten, man könne doch aus dem Wasser Stinkbomben herstellen und gegen gutes Geld verkaufen.

Freds Magen knurrte so laut, dass Hugo sich erschrocken umsah. Er erhob sich, ein paar hundert Meter weiter auf der Blissestraße gab es eine Bäckerei, gleich neben dem Eva-Kino. Wie oft hatte er in seinen Jahren als Gaslaternenanzünder dort Filme in der Nachmittagsvorstellung gesehen, bevor er vor Einbruch der Dunkelheit seine Runden durch die Straßen von Schmargendorf, Charlottenburg und Friedenau gedreht hatte? Wie viele Male hatte er allein den Film »Außer Rand und Band« mit Bill Haley gesehen? Den ersten Rock'n'Roll Film überhaupt, ein wildes Spektakel mit einer Musik, die »jede Krankheit heilen kann«, wie Haley behauptete, und jeder zwischen vierzehn und fünfundzwanzig glaubte es ihm.

Hugo interessierte sich immer noch für die Geruchsfahne, die der Wind in seine Nase wehte. Fred ließ sich von ihm ziehen, die Richtung stimmte, und er hatte noch Zeit bis zum Dienstantritt. Hugo wuselte hin und her, mal unschlüssig, dann wieder entschieden. Sie unterquerten die Barbrücke. Dahinter bohrte der Hund sich durch ein dichtes Brennnesselfeld. Fred folgte fluchend, er hatte die Jacke ausgezogen und die Hemdsärmel hochgekrempelt, hatte also genug Angriffsfläche für die juckenden Nesseln geboten. Im Dickicht dahinter hörte Hugo auf zu ziehen und bellte aufgeregt. Fred sah etwas Helles in den Ästen hängen.

Ein Frauenrock, weiß, mit schwarzen Punkten, ein Petticoat, blutbefleckt und an einigen Stellen zerrissen.

...

Fred hatte Hugo angeleint zurückgelassen und war zur Notrufsäule in der Blissestraße gelaufen. Fünfzehn Minuten später kam ein Streifenwagen und brachte eine dieser speziellen Plastiktüten für die Sicherung von verdächtigen Gegenständen, die es erst seit einem Jahr bei der Schutzpolizei gab. Vorsichtig stülpte Fred die Tüte über den Rock. Die gelblichen Flecken darauf waren hart und verkrustet, das Blut ebenfalls. Fred bot an, die Tüte zu Kommissar Moosbacher von der Spurensicherung zu bringen. Die Schupos nahmen das Angebot gerne an, das ersparte ihnen einen zeitraubenden bürokratischen Vorgang. Und Fred ersparte sich damit eine weitere Bahnfahrt, denn die Beamten fuhren ihn und Hugo bis vor die Tür des LKA. Sechs Uhr fünfzig. Noch über eine Stunde bis zum Dienstantritt. Er hatte genug Zeit, sich noch ein Frühstück zu besorgen.

Fred schob die Eingangstür auf. Der einarmige Pförtner beäugte ihn argwöhnisch.

»Guten Morgen«, grüßte Fred. »Ist Kommissar Moosbacher von der Spurensicherung schon im Haus?«

»Morgen. Diesen Hund können Sie nicht mitnehmen, Herr ...?«

»Lemke.«

»Tiere sind nicht gestattet.«

Fred verdrehte die Augen. »Der Hund ist ein Zeuge.«

»Meinen Sie, Sie können mit mir irgendwelche Späße treiben?«

Der Pförtner hatte ihn auf dem Kieker, das war offensichtlich, und der Grund war nicht schwer zu erraten. Männer, denen der Krieg die Jugend geraubt hatte, waren oft wütend und verbittert, die Erfahrung hatte Fred schon oft machen müssen. Vor allem wenn sie darüber hinaus noch irreparable Verletzungen hatten erleiden müssen wie dieser Mann.

Fred ging einfach weiter, die Treppe hinunter, die Räume der Spurensicherung befanden sich im Kellergeschoss. Er knotete Hugos Leine ans Treppengeländer und trat in Moosbachers Büro, der schon an seinem Schreibtisch saß. Vor ihm brachte ein kleiner Tauchsieder Wasser in einer Kaffeetasse zum Kochen.

»Ah, Herr Lemke, schon so früh auf den Beinen?«

»Ich konnte nicht schlafen und bin noch mal zum Tatort.«

Moosbacher sah ihn freundlich an. »Der erste Tag ist immer schwierig. Vor allem wenn er mit einem brutalen Mord beginnt.« Er holte ein Glas mit löslichem Kaffee aus der Schreibtischschublade. »Auch einen?«

»Gerne.« Fred hatte noch nie einen löslichen Kaffee getrunken.

Moosbacher zauberte eine zweite Tasse aus seinem Schreibtisch hervor, füllte sie mit Wasser aus einer Karaffe und stellte den Tauchsieder hinein. Für einen Moment herrschte eine unangenehme Stille, zumindest Fred empfand sie als unangenehm. Moosbacher rührte zwei Löffel Kaffeepulver in seine Tasse und beobachtete, wie es sich auflöste.

»Was hat Sie dazu bewogen, zur Polizei zu gehen, Herr Lemke?«

Fred schwieg, von der Direktheit der Frage überrumpelt.

»Wissen Sie, es gibt zwei Arten von Polizisten: Die einen machen nur ihre Arbeit, gut oder weniger gut, und die anderen nehmen ihre Arbeit persönlich, die kämpfen jeden Tag für etwas.«

Bilder schossen in Freds Kopf, Ilsa, sie war so arglos gewesen. Und so schön und so sanft, wenn sie ihre Haare kämmte und sich für die Nacht fertig machte. Erinnerungen daran, wie machtlos er war, als er mitansehen musste, was diese Kerle ihr antaten; wie er ihnen folgte, aber gegen ihre körperliche Überlegenheit, gegen ihre Brutalität nichts ausrichten konnte. Und die Polizisten, die er um Hilfe bat, unternahmen nichts. Ja, seit er sich entschieden hatte, Polizist zu werden, kämpfte er jeden Tag für etwas. Und jedes Mal, wenn er drauf und dran gewesen war, alles hinzuschmeißen, drängten sich die Erinnerungen an Ilsa in sein Hirn, und er fand die Kraft weiterzumachen.

Moosbacher lächelte wissend und schlug ihm auf die

Schultern. »Alles klar, vergessen Sie meine Frage. Die war indiskret.« Er deutete auf die Plastiktüte. »Was haben Sie mir mitgebracht?«

»Einen Petticoat voller Blutflecken, den ich in der Nähe des Tatorts gefunden habe, eigentlich hat Stehrs Hund ihn erschnüffelt.«

Moosbacher gab einen Löffel Kaffee in Freds Tasse. »Milch?«

Er öffnete ein Glas mit einem weißen Pulver. »Was wären wir ohne die Amis. Milchpulver, aus einem Care-Paket.«

»Gibt es die heute noch? Ich dachte, das ist vorbei.«

»Alle zwei Monate kommt eins. Wenn Sie jemanden in Amerika kennen, der es gut mit Ihnen meint.«

Fred kannte niemanden in Amerika, und die Care-Pakete, die seine Mutter kurz nach dem Krieg einige Male bekommen hatte, hatten Rindfleisch in Kraftbrühe, Leber, Speck, Margarine, Schweineschmalz, Aprikosen-Konserven, Honig, Zucker, pulverisierte Eier und – göttlich! – ein ganzes Pfund Schokolade enthalten. Aber Kaffee? Vielleicht hatte sie ihn ja sofort gegen etwas Nahrhaftes getauscht, Fred und seine Schwester hatten immer Hunger, aber nie genug zu essen.

»Für mich bitte schwarz«, sagte Fred. Sein Blick fiel auf die aufgeschlagene Tageszeitung und die in großen Lettern gedruckte Überschrift »Neun Testpiloten für das Weltall«.

»Interessieren Sie sich für Weltraumfahrt?«, fragte Moosbacher.

»Ich weiß nur, dass die Russen die Nase vorn haben.«

Moosbacher nickte. »Die haben schon zwei Sputniks in

den Weltraum geschickt. Die Amis keinen einzigen. Alle Raketen von denen sind bisher beim Start explodiert.« Er tippte auf die Überschrift. »Und jetzt reden sie tatsächlich davon, einen Menschen raufzuschicken.«

Fred erinnerte sich noch gut an die Menschentrauben vor den Elektrofachgeschäften und Kaufhäusern im November letzten Jahres. Auf den Fernsehbildschirmen hinter den Schaufenstern und mit Lautsprechern nach draußen übertragen hatten sie atemlos die Reportagen über den russischen Sputnik 2, mit dem die Russen eine Hündin ins All befördert hatten, verfolgt. Fred hatte das Tier leidgetan, es war ein unangenehmes Gefühl zu sehen, wie die Hündin, Laika war ihr Name, freudig schwanzwedelnd in die Kapsel geschoben wurde, und zu wissen, dass damit ihr Tod besiegelt war. Eine Rückkehr zur Erde war nicht geplant gewesen. Sehr zum Leidwesen der Russen war in den Monaten danach weniger über den grandiosen technischen Erfolg als vielmehr über das grausame Ende von Laika diskutiert worden, die spätestens beim Wiedereintritt in die Erdatmosphäre zusammen mit dem Sputnik verglühen würde. Typisch für die Kommunisten, war der Tenor im Westen gewesen, kein Respekt vor dem Leben, und die Amerikaner hatten verkündet: Wir schicken erst dann ein Lebewesen ins All, wenn wir es auch wohlbehalten wieder auf die Erde zurückbringen können.

»Meinen Sie, die schaffen das?«, sinnierte Fred.

»Die Amis nicht, aber die Deutschen.«

»Die Deutschen?«

»Die Amis haben nach dem Krieg alle Konstrukteure,

die hier die V1 und V2 gebaut haben, ganz schnell entnazifiziert und zu sich geholt. Wernher von Braun, Hermann Oberth, Konrad Dannenberg, insgesamt 118 deutsche Wissenschaftler. Jetzt machen die in Amerika dasselbe wie unter Adolf, nur eben für die Guten.«

Die Ironie in Moosbachers Worten war unüberhörbar. Fred nippte an seinem Kaffee. Bitter war gar kein Ausdruck. Moosbacher lachte und schob ihm das Milchpulver und eine kleine Pappschachtel mit Würfelzucker hinüber.

»Bedienen Sie sich.« Er deutete auf den Petticoat. »Denken Sie, dass der im Zusammenhang mit dem Mord steht?«

»Es sah so aus, als hätte der Hund die Spur vom Tatort aus aufgenommen. Da muss also ein Geruch gewesen sein, der ihn zu dem Petticoat geführt hat. Vielleicht von einer der an der Tat beteiligten Personen.«

Moosbacher nahm einen großen Schluck und erhob sich.

»Dann kommen Sie mit. Sie wollen bestimmt schon mal eine erste Einschätzung mit nach oben nehmen. Sind Sie dauerhaft Kommissar Auweiler zugeteilt?«

Das klang irgendwie mitleidig, fand Fred. »Ja, das bin ich.«

Moosbacher zögerte, als wollte er noch etwas sagen, entschied sich aber dagegen. Fred folgte ihm in den nächsten Raum, eher eine kleine Halle, mit großen Tischen, Werkzeugen, Kameras, Scheinwerfern, Flaschen mit Chemikalien und Mikroskopen, an einer Wand stand ein Regal, in dem Hunderte kleine Schubladen steckten. An Schreibtischen davor saßen drei Männer und wühlten sich durch Stapel von Karteikarten mit Fingerabdrücken.

»Die Kollegen suchen nach einer Entsprechung für den halben Fingerabdruck, den ich von der Lucky Strike nehmen konnte.« Er lachte. »Eine Arbeit für Optimisten. Alle anderen Temperamente würden daran verzweifeln. Manchmal dauert es viele Tage, bis man fündig wird. Meistens finden sie nichts.«

Er legte die Plastiktüte auf einen Tisch, streifte sich Gummihandschuhe über, zog den Petticoat vorsichtig heraus und breitete ihn auf einem Tisch aus.

»Ein Frauenrock Größe 42.«

»Ist das … also, eine normale Größe?« Fred kam sich merkwürdig vor, dass er mit der Größenangabe nichts anfangen konnte.

»Oberer Durchschnitt würde ich sagen. Gehört zu einer normal bis groß gewachsenen Frau oder einer kleinen dicken, jedenfalls nicht zu einer sehr schlanken.« Moosbacher tippte auf einen länglichen gelben Fleck. »Das können Essensreste sein, Pudding, irgendetwas Eiweißhaltiges, oder Sperma. Das da ist getrocknetes Blut, wie alt es ist, kann man beim besten Willen nicht sagen. Ich kann versuchen, die Blutgruppe zu ermitteln, aber machen Sie sich keine allzu großen Hoffnungen, mit unseren Mitteln lässt sich da kaum etwas herausfinden. Der Stoff ist teilweise zerrissen, teilweise zerschnitten, den unregelmäßigen Kanten nach zu urteilen mit einem Messer«, fuhr er fort und suchte nach dem Etikett. »Hier ist etwas mit einem Kugelschreiber notiert.« Moosbacher hielt Fred den Rock hin.

»Eine 6. Oder eine 9«, erwiderte Fred. »Das hilft ja nicht sehr.«

»Zu diesem Zeitpunkt nicht, das stimmt. Die Frage ist, warum schreibt jemand etwas in ein Kleidungsstück?«

»Damit es nicht verwechselt wird? Allerdings würde man da doch eher einen Namen reinschreiben.«

»Es könnte zum Beispiel aus dem Fundus eines Theaters stammen. Rock Nummer sechs von, was weiß ich, zehn Röcken. Oder aus einem Kostümverleih. Aus einer Tanzschule, Abschlussball, nicht jede Frau will extra das Geld für einen Petticoat ausgeben. Keine Ahnung. Vielleicht ist es die Größenangabe, wie sie in einem anderen Land üblich ist.«

»Wo ist der Zusammenhang mit dem Mord?«, sinnierte Fred.

Moosbacher wandte seinen Blick nicht von dem Rock ab. »Sie werden um jeden Tatort dieser Welt herum eine Menge auffälliger Dinge finden, die mit der jeweiligen Tat zu tun zu haben scheinen. Stellen Sie sich einen Mord in einem Freudenhaus vor. Wenn Sie eine Razzia machen, finden Sie vielleicht Drogen, Schlagringe, Blut, Waffen, eine Menge höchst Verdächtiges und irgendeinen zwielichtigen Kerl, den fast alle Indizien als Täter höchstwahrscheinlich erscheinen lassen. Und dann, am Ende? War der Mörder ein harmloser Buchhalter, der zum ersten Mal in seinem Leben im Puff war, der vor Aufregung keinen hochgekriegt hat, ausgelacht wurde, durchgedreht ist und die Dirne mit einem Küchenmesser erstochen hat, das er zuvor im KaDeWe gekauft hat, um es seiner Frau in Erwartung seines schlechten

Gewissens zu schenken. Die Wirklichkeit ist manchmal extrem unwirklich und unwahrscheinlich.«

Moosbacher sah Fred an, und in seinen Augen schimmerte für einen Moment ein tiefer Schmerz. »Die Frau, die diesen Rock getragen hat, war vielleicht auf einer Party. Sie hat einen Apfelkuchen mit Sahne gegessen. Jemand ist mit einer Colaflasche in der Hand gegen ihren Teller geprallt, die Flasche ist zerbrochen, die Frau hat sich an den Scherben verletzt, die Sahne hat sich über ihren Petticoat ergossen – es gibt tausend Möglichkeiten. Was sagt Ihr Instinkt?«

»Dass der Rock etwas mit dem Mord zu tun hat«, antwortete Fred ohne zu zögern.

...

Schon im Gang hörte Fred Auweilers selbstgefällige Stimme. Schnell sperrte er Hugo in einen der beiden Verhörräume. Sofort fing der Hund an zu bellen, was durch die gepolsterte Tür zum Glück nur sehr leise zu hören war. Als er dem Büro näher kam, konnte er verstehen, was der Kommissar sagte.

» ... war mir sofort klar: Hier handelt es sich um Parabellum 9 mm Dum-Dum-Geschosse. Ist Ihnen bekannt, woher das Wort Parabellum stammt?«

»Das werden Sie mir bestimmt sofort sagen«, erwiderte eine weibliche Stimme, sie klang spöttisch und gelangweilt.

Fred sah ins Büro hinein. Am Schreibtisch, den er sich gestern eingerichtet hatte, saß eine Frau etwa in seinem Alter und genoss den kühlenden Luftstrom des Tischventilators. Ellen von Stain? Sie hatte ihn aus dem Augenwinkel gesehen, ignorierte ihn aber. Etwas verunsichert betrat er den Raum. Auch Auweiler beachtete ihn nicht. Mit markanter Lässigkeit, die er sich vermutlich bei Marlon Brando abgeguckt hatte und die bei einem quallenhaften Mann wie ihm einfach nur lächerlich wirkte, zog er an seiner Panatella.

»Von ›Si vis pacem para bellum‹, einem lateinischen Sprichwort, das mit einiger Sicherheit auf Cicero, vielleicht sogar Platon zurückzuführen ist.«

»War Platon nicht ein Grieche?«, fragte sie.

»Nun, ja, gemeint ist die Bedeutung dieses Satzes, eine ewige Wahrheit, wenn man so will.« Auweiler klang ein wenig verunsichert.

»Wenn du den Frieden willst, bereite den Krieg vor«, übersetzte Ellen.

Eine Weile blieb Auweiler stumm, bis er mit einem meckernden Lachen versuchte, seine peinliche Betroffenheit zu kompensieren.

»Ja, also«, stotterte er, »das ist absolut richtig. Sie sind von hervorragender Bildung, offenkundig.« Er wandte sich Fred zu. »Ah, der Kriminalassistent Lemke.« Er bemühte sich, so überheblich wie möglich zu klingen. »Ich habe den Bericht im Mordfall Fennsee gelesen, den Sie verfertigt haben. Er scheint mir auf eine bemerkenswerte Art flüchtig dahingeschludert und zugleich ausufernd zu sein. Da bitte ich für die Zukunft um größere Sorgfalt.«

Ellen von Stain sah Fred belustigt an. »Dann sind wir also die Neuen.« Sie hatte tiefbraune Augen, die für einen

Moment vor überbordender Lebendigkeit aufblitzten. »Ich bin Ellen von Stain.«

»Fred Lemke.« Er reichte ihr seine Hand über den Schreibtisch hinweg, die sie ironisch lächelnd nahm.

»Gute Manieren, das gefällt mir.«

Fred fühlte sich wie in einem Kreuzfeuer, Geschosse von allen Seiten. Lag das daran, dass er innerhalb der letzten zwei Tage nur Frauen begegnet war, die so ungeheuer selbstsicher waren und fest mit beiden Beinen im Leben standen? Ihm wurde bewusst, wie wenig Kontakt er überhaupt in seinem Leben zu Frauen gehabt hatte. Früher, vor dem Krieg, waren Mädchen in Buckow, wo er aufgewachsen war, noch Spielkameradinnen gewesen, aber mit dem Einmarsch der Roten Armee hatte sich das geändert. Mütter hatten versucht, ihre Töchter zu verstecken, und jene, die gefunden wurden, hatten sich auf eine erschreckende Weise verändert – als wären die Mädchen in eine andere Welt katapultiert worden.

»Hören Sie mir nicht zu, wenn ich an Sie gerichtet spreche?«, unterbrach Auweiler seine Gedanken. »Was ist das mit dem Petticoat?« Er tippte auf die Eingangsquittung, die Moosbacher Fred mit den Worten: »Sechzig Prozent unserer Arbeit ist Bürokratie« mitgegeben hatte.

»Den habe ich in der Nähe des Tatorts gefunden und ...«

»Und welcher ist der Zusammenhang mit der Tat?«, unterbrach Auweiler ihn.

»Noch gibt es keinen unmittelbaren«, erwiderte Fred.

»Exzellent, Lemke. Auf dieser Grundlage scheint es mir

angebracht, alles einzusammeln, was um den See herumliegt.«

»Die Wahrscheinlichkeit, dass es mit dem Fall zu tun haben könnte, genügt doch.«

»Und wer entscheidet das?«

»In dem Fall ich.«

»Es ist nicht an Ihnen zu entscheiden.«

Fred spürte, wie sich sein Puls beschleunigte und er zu schwitzen begann. »Ich bin nicht Ihr Leibeigener, Kommissar Auweiler.«

Auweiler lachte humorlos auf. »Nein? Ist es nicht so, dass Sie nur Kriminalassistent sind?« Er betonte das Wort »Assistent«.

Fred antwortete nicht und umrundete den Schreibtisch, an dem Ellen von Stain es sich bequem gemacht hatte. »Darf ich bitte an meinen Schreibtisch?«

Sie sah ihn spöttisch an. »Was ist, wenn ich Nein sage?«

Hoffentlich nicht, dachte Fred.

»Sie kann sich hinsetzen, wo sie will«, mischte sich Auweiler ein.

»Wirklich?«, fragte Ellen.

Auweiler lehnte sich in seinen Stuhl zurück und zog mit großer Geste an seiner Panatella. »Selbstverständlich, Frau von Stain.«

»Dann nehme ich Ihren Schreibtisch«, sagte Ellen todernst.

Auweiler erstarrte und blinzelte sie entsetzt durch den Rauch seines Zigarillos an. Einen Moment lang hörte man nur das Rauschen des Tischventilators.

»War nur ein Scherz.« Lachend erhob sie sich und zog den Ventilator aus der Steckdose. »Kann ich den haben?«, fragte sie Fred, und es klang unerwartet freundlich.

»Bitte.«

Fred setzte sich und zog das Branchenbuch heran, um die restlichen Klempner- und Rohrleitungsbaufirmen anzurufen, bei denen gestern Abend niemand zu erreichen gewesen war.

»Kann mich mal jemand erleuchten, an welchem Fall hier gerade gearbeitet wird?«, fragte von Stain. Sie wirkte auf Fred wie ein Besucher, der nur mal eben vorbeischaut.

Auweiler wollte antworten, wurde jedoch vom Klingeln seines Telefons abgehalten. Er hob ab und lauschte konzentriert, während er aus seiner Aktentasche, die er in der großen unteren Schreibtischschublade verstaut hatte, eine Aluminiumdose hervorzog, deren Deckel mit Schnappverschlüssen gesichert war. Er schnippte sie mit einer Hand auf, legte den Deckel zur Seite und betrachtete mit sichtbarem Wohlgefallen den Inhalt. Butterbrote.

Von Stain ging zum Fenster und sah hinaus. Ihre hohen Pfennigabsätze pochten laut auf dem Parkettboden. Fred beobachtete sie verstohlen. Sie war klein, eher stämmig als zierlich, bewegte sich lässig, fast arrogant und ohne einen Hauch von Unsicherheit. Ihre braunen Haare trug sie offen, ihre stark geschminkten Augen hatten etwas Abgründiges und zugleich auf eine fast unheimliche Art Anziehendes, ihre Nase war ziemlich groß und um ihr Kinn lag ein Zug von Grobheit, der allerdings durch ihre sinnlichen, grellrot geschminkten Lippen konterkariert wurde. Fast war Fred erstaunt, dass sie bei näherem Hinsehen keineswegs so schön war, wie er sie im ersten Moment empfunden hatte.

Was für eine Art von Sonderermittlerin sie wohl war? Eigentlich waren Frauen bei der Kriminalpolizei ausschließlich in der Abteilung Sexual- und Jugendkriminalität erlaubt.

Die ersten sieben Telefonate blieben ergebnislos.

Der achte Anruf ging an die Firma GWF, Gas-Wasser-Fäkalien. Die Sekretärin verwies ihn gleich an die Frau des Firmeninhabers Heinz Obermann.

»Guten Morgen, Frau Obermann. Lemke hier, Kriminalpolizei Berlin.«

»Guten Morgen«, klang es munter und selbstbewusst zurück. »Was will denn die Polizei von mir?«

»Ich müsste ein paar Informationen bezüglich Ihres Mannes einholen. Wie ich von seiner Sekretärin hörte, ist er auf Dienstreise?«

Sie stöhnte auf. »Ist er wieder mit seinem Automobil zu schnell gefahren?«

»Nein, nein. Könnten Sie mir sagen, seit wann er auf Dienstreise ist?«

»Seit gestern. Er ist früh los, mit dem Flugzeug, von Tegel.«

»Haben Sie seitdem mit ihm gesprochen?«

»Nein, natürlich nicht, warum sollte er unnütz Geld für ein Ferngespräch ausgeben? Er kommt ja morgen wieder zurück.«

»Können Sie mir sagen, welche Kleidung Ihr Mann gestern trug?«

Für einen Moment herrschte Stille. »Warum interessieren Sie sich denn für die Kleidung meines Mannes?«, fragte sie misstrauisch. »Kriminalpolizei, sagen Sie?«

»Ja, Landeskriminalamt. Vielleicht sagen Sie mir, was er anhatte, dann kann ich Sie sofort wieder in Ruhe lassen.«

»Braune Budapester, einen hellen Leinenanzug und ein schwarzes Hemd«, kam es eisig zurück.

Fred schluckte. »Hat er dunkle, an den Schläfen grau melierte Haare?«

»Ja, Herrgott noch mal! Sagen Sie mir jetzt endlich, worum es geht?«

»Bleiben Sie bitte zu Hause, wir werden spätestens in einer halben Stunde bei Ihnen sein«, wich Fred einer Antwort aus und verabschiedete sich schnell.

»Was gibt's?«, fragte Ellen.

Fred wusste nicht, was er antworten sollte. Durfte er sie über den laufenden Fall informieren? Er deutete auf Auweiler und zuckte mit den Schultern, was Ellen mit einem mitleidigen Kopfschütteln quittierte.

»Sagten Sie nicht, Sie wären nicht sein Leibeigener?«, spottete sie.

Auweiler war auf sie aufmerksam geworden und signalisierte: Moment, ich bin gleich fertig.

»Was wollen Sie, Lemke«, fragte er mit vollem Mund, nachdem er aufgelegt hatte und einen großen Bissen von einem fürstlich belegten Wurstbrot genommen hatte.

»Ich denke, ich weiß jetzt, wer das Opfer ist. Wir sollten sofort zu seiner Ehefrau fahren, um uns zu vergewissern.«

Auweiler kaute genüsslich und sah Fred abschätzend an,

ohne sich zu beeilen. »Sie fahren. Gehen Sie runter zur Fahrbereitschaft. Ich habe gerade einen anderen Fall reinbekommen.«

»Informieren Sie mich über die Einzelheiten des Falles, Kommissar Auweiler?« Sie deutete auf Fred. »Er weigert sich.«

»Was impertinieren Sie sich, Lemke? Frau von Stain bekommt selbstverständlich jede Information, die sie haben will, verstanden?«

Fred zog einen kleinen Schreibblock aus einer Schreibtischschublade und ging zur Tür. »Wenn Sie informiert werden wollen, müssen Sie mitkommen.«

Von Stain erhob sich und kam lächelnd auf ihn zu. »Warum so streng, Herr Lemke?«

Fred trat hinaus in den Flur. Ellen von Stain begann ihm gehörig auf die Nerven zu gehen. Chefsekretärin Graf steckte ihren Kopf zur Tür ihres Büros heraus.

»Frau von Stain, der Chef ist wieder zurück und hätte jetzt Zeit für Sie.«

»Jetzt nicht. Ich melde mich später«, erwiderte sie kühl und ging weiter.

Die Chefsekretärin zeigte nur für einen winzigen Moment Unwillen, bevor sie mit einem leichten: »Wie Sie wollen« antwortete.

Fred verschlug es die Sprache. Wer war diese Frau, dass sie sogar den Chef der gesamten Abteilung abblitzen ließ?

»Ist da ein Hund drin?«, fragte Ellen von Stain und deutete auf den Verhörraum, aus dem Hugos Gebell sehr leise zu hören war.

»Nein, es handelt sich um einen gefährlichen Serientäter«, antwortete Fred. »Manchmal beißt er sogar.«

Sie warf ihm einen demonstrativ gelangweilten Blick zu, der sagte: Nichts ist schlimmer als ein schlechter Witz. Sie öffnete die Tür zum Verhörraum und streichelte den freudig auf sie zuspringenden Hund.

»Sein Herrchen sitzt in U-Haft«, erklärte Fred. »Ich habe versprochen, mich um ihn zu kümmern.«

Ellen schob Hugo zurück in den Verhörraum, schloss die Tür und ging ohne ein weiteres Wort in Richtung Treppenhaus.

...

Im Innenhof stand Egon Hohlfeld zusammen mit zwei Kollegen vor dem Mercedes 180, der zur Abteilung Delikte am Menschen gehörte. Er strahlte Fred an.

»Fred Lemke, der Neue! Schon eingelebt in den Saftladen hier?« Er betrachtete Ellen mit dem, was er wohl einen Kennerblick nennen würde. »Und Sie sind die sagenumwobene Ellen von Stain.«

Fred erwartete, dass sie streng oder zumindest kühl auf seine Direktheit reagieren würde.

Sie lächelte mit halb geschlossenen Augen. »Welche Funktion haben Sie denn in diesem Saftladen?«

Hohlfelds Zähne blitzten vor Vergnügen. »James Dean.«

»Und wieso leben Sie dann noch?«

Hohlfeld stutzte für einen Moment, bevor er sich wieder

lässig gab. »Der war gut. Weil ich besser fahren kann als der arme James.«

»Mit dem Fahrrad?«

»Mit dem Benz hier und dem Motorrad. Aber wenn Sie gefahren werden müssen: natürlich immer der Mercedes.«

»Na, dann los.«

Fred verspürte einen leichten Stich, Hohlfelds burschikose Leichtigkeit machte ihn ein wenig neidisch. Sehr neidisch, wenn er ehrlich war.

»Geht nicht. Der Chef braucht den Wagen.«

»Dann nehmen wir einen von den anderen. Ich fahre selbst.«

»Geht nicht. Die gehören zu anderen Abteilungen.«

Ellen zog verärgert eine Augenbraue hoch. »Wo gibt es hier ein Telefon?«

»Wir haben keine Zeit«, ging Fred dazwischen. »Wir nehmen das Motorrad. Ich fahre.«

»Nur zu«, erwiderte Hohlfeld. »Der Schlüssel steckt.«

Ellens Augen wurden schmal, ihr gefiel Freds Bestimmtheit nicht, das war offensichtlich. Fred beachtete sie nicht weiter, schwang sich auf die fünfsitzige BMW-Spezialanfertigung, bei der man den Beiwagen durch drei hintereinander montierte Sitze ersetzt hatte, und trat den Anlasser. Ellen setzte sich hinter ihn.

Während der Fahrt versuchte Fred, sie mit den nötigsten Informationen zu versorgen, gab jedoch schnell wieder auf. Gegen den Lärm-BMW kam er nicht an. Er hielt am Straßenrand und schaltete den Motor aus. Entgegen seiner Befürchtung hörte von Stain mit großer Aufmerksamkeit zu und stellte nur sachliche Zwischenfragen. Ihre Logik war beeindruckend, blitzschnell verknüpfte sie alle Fakten zu einem präzisen Bild, und als Fred geendet hatte, sagte sie: »Danke, Fred Lemke, von mir aus können wir weiter.«

Innerlich atmete Fred auf, das Gefühl im Zentrum eines Kreuzfeuers zu stehen, hatte sich verflüchtigt.

»Eins noch. Dieser Petticoat, den Sie vorhin erwähnten. Da ist die Zahl 6 auf das Etikett geschrieben. Oder 9. Haben Sie eine Idee, warum?«, fragte sie.

»Noch nicht. Vielleicht eine ausländische Kleidergröße.«

»Nein, bei den Amis ist 6 wie bei uns 34 und nicht 42, was ja wohl die Größe des Rocks ist. Bei den Briten ist 6 sogar nur 32. Größe 9 gibt es gar nicht bei Kleidern, nur bei Schuhen.«

Das Haus in der Deidesheimer Straße 31 war ein herrschaftlicher Bau aus der Jahrhundertwende mit schlanken, hohen Fenstern und blumenbestückten Loggien. Im Erdgeschoss befanden sich die Büroräume der Klempnerfirma GWF. Dem Klingelschild nach zu urteilen bewohnte die Familie Obermann die Beletage.

»Und, was denken Sie, Fred, wie groß ist die Wohnung?«

»Keine Ahnung. Wieso?« Fred fand es merkwürdig, auf amerikanische Art angeredet zu werden, mit Vornamen und Sie.

»Um die dreihundert Quadratmeter«, sagte Ellen. »Sollen wir wetten?«

Fred zuckte mit den Schultern. Er konnte sich keine Wohnung vorstellen, die dreihundert Quadratmeter groß war.

Die Stufen aus fast schwarzem Eichenholz knarzten. Sie glänzten, und dem Geruch nach waren sie erst vor Kurzem gebohnert worden. Auch die Holzvertäfelung an den Wänden glänzte, wahrscheinlich würde man kein Staubkörnchen auf der aufwendig gedrechselten Bordüre finden. Die bleiverglasten Fenster des Treppenhauses gingen nach hinten hinaus. Viel Licht ließen sie nicht herein, das farbige Glas leuchtete dennoch intensiv. Ein Fenster stand weit offen und gab den Blick in den Innenhof frei. Dort parkten vier Lastkraftwagen mit Firmenaufschrift, Monteure luden Material und Werkzeuge hinein. GWF schien ein gut gehendes Unternehmen zu sein.

Eine mittelgroße Frau Mitte dreißig, verschlossen und von seltsam verblichener Attraktivität, wie Fred fand, erwartete sie in der Eingangstür. Über einem dunklen Kleid trug sie eine weiße, gestärkte Schürze.

»Guten Morgen, Frau Obermann. Ich bin Fred Lemke. Das ist meine Kollegin Ellen von Stain. Vom Landeskriminalamt Berlin.«

»Oh, ich bin nur die Haushälterin. Frau Obermann erwartet Sie schon im Salon.«

»Danke, Frau …?

»Bernau. Gisela Bernau«, antwortete die Haushälterin nach einem erstaunten Zögern, offenbar war sie es nicht gewohnt, nach ihrem Namen gefragt zu werden.

Fred lächelte sie an, während Ellen sie komplett ignorierte.

Die Wohnung war in der Tat von riesigem Ausmaß, und sowohl die Einrichtung als auch die Tapeten an den Wänden machten auf Fred den Eindruck, als hätte sich hier ein Mensch mit einem sehr sicheren Geschmack und vor allem mit einem beträchtlichen Budget bis ins kleinste Detail verwirklicht. Die rundlich-schrägen Formen und grell-bunten Farben einer modernen Einrichtung fehlten, stattdessen dominierte eine gediegene Herrschaftlichkeit. Die Haushälterin ging voran durch den bedrückend dunklen Flur bis ans Ende, dort schob sie eine mit Jugendstilschnitzereien und -glas verzierte Doppeltür auseinander.

»Die Beamten von der Kriminalpolizei.«

Ida Obermann sprang aus ihrem Sessel auf. »Na endlich! Mein Gott, ich bin ja völlig aufgelöst. Um was geht es denn bloß?«

Fred wollte antworten, aber Ellen kam ihm zuvor.

»Die Beschreibung der Kleidung Ihres Mannes, die Sie meinem Kollegen am Telefon gegeben haben, passt auf das Opfer eines Mordes am Fennsee nicht weit von hier.«

Frau Obermann sank wie von einem Faustschlag getroffen zurück in den Sessel und brachte kein Wort heraus. Fred warf Ellen einen wütenden Blick zu: Ging es noch unsensibler?

»Es tut mir sehr leid, Frau Obermann, dass wir Sie so überfallen«, sagte er.

Obermanns Blick ging durch ihn hindurch, als wäre er durchsichtig. Hatte sie ihn verstanden?

»Frau Obermann?«

Ihr Blick klärte sich und füllte sich mit banger Erwartung. Und da war noch etwas anderes, was Fred nicht benennen konnte.

»Ich habe hier einige Fotos. Fühlen Sie sich in der Lage, einen Blick darauf zu werfen? Dann können wir am schnellsten klären, ob es sich tatsächlich um Ihren Mann handelt.«

Sie holte tief Luft. »Gut, ja. Bitte, zeigen Sie sie mir.«

Ein Fotograf hatte sie am Tatort gemacht, allerdings nur in Schwarz-Weiß, Farbfotos wurden wegen der hohen Materialkosten nur in begründeten Ausnahmefällen erstellt. Fred wählte eines aus, auf dem die Kleidung des Toten gut zu erkennen war, und deckte die grausige Kopfwunde ab. Ein zweites Foto zeigte den Ring in Großaufnahme. Frau Obermann warf nur einen kurzen Blick darauf.

»Ein Goldring mit einem blauen Lapislazuli?«

»Ja«, antwortete Fred. Moosbacher hatte ihm gesagt, um welchen Stein es sich handelte und dass der Ring einen Wert von mindestens 500 DM hatte.

»Das ist der Ring meines Mannes.« Sie presste die Lippen zusammen, ihr Atem ging schwer.

»Und die Kleidung?«

»Ja, die trug er gestern Morgen.«

»Ihr Mann wurde, bevor er ermordet wurde, mit einer Frau von etwa dreißig Jahren am Tatort gesehen«, mischte sich Ellen ein. »Ein Zeuge hat sie als mondän und elegant beschrieben. Wer könnte die Frau gewesen sein?«

Ida Obermann rang mit ihrer Fassung. »Ich ... nein ... ich weiß es nicht.«

»Haben Sie eine Tochter? Kann es eine Verwandte gewesen sein?«

Obermann schüttelte den Kopf. »Nein.«

»Hatte Ihr Mann ein Verhältnis mit einer anderen Frau?«

Fred war sprachlos. Diese arme Frau hatte eben erst erfahren, dass ihr Ehemann ermordet worden war, und Ellen von Stain ging sie in einer Weise an, wie man sie höchstens bei einem verdächtigen Kriminellen anwenden würde.

Obermann starrte Ellen mit weit aufgerissenen Augen an.

»Wie alt war Ihr Mann, Frau Obermann?«, fuhr Ellen fort.

»Was?«, stotterte sie.

»Wie alt war er?«

»Zweiundfünfzig.«

»Ihr Mann hat Ihnen gesagt, er gehe auf Geschäftsreise. Stattdessen trifft er sich mit einer deutlich jüngeren Frau. Warum hat er Sie angelogen?«

Fred wollte dazwischengehen, wurde jedoch von Ida Obermanns Reaktion überrascht. Als müsste sie gegen eine Übelkeit ankämpfen, atmete sie einige Male mit gesenktem Kopf tief durch und drückte ihre Finger gegen die Schläfen. Schließlich richtete sie sich auf, schlug ein Bein übers andere und lehnte sich gefasst in ihren Sessel zurück. Fast meinte Fred so etwas wie Erleichterung in ihrem Blick zu erkennen.

»Mein Mann hatte seit Jahren Affären. Ich mache mir nicht die Mühe herauszufinden, wann er sich mit wem und wo trifft.«

Ellen sah sie durchdringend an. Fred schwieg, er spürte, dass er nicht den richtigen Ton treffen würde, wenn er sich jetzt einmischte.

»Kennen Sie eine der Frauen?«

Obermann verzog geringschätzig das Gesicht. »Irgendwelche Flittchen. Die hinter seinem Geld her sind.«

»Es war nie etwas Ernstes?«

In Ida Obermanns Gesicht arbeitete es. Fred war sich sicher, dass ihre nächsten Worte eine Lüge sein würden.

»Nie.«

»Auch dieses Mal nicht?«

»Nein.«

Warum Erleichterung, dachte Fred. Weil sie froh war, dass es ein Ende mit den vielen Affären hatte? Oder gar, dass ihr Mann tot war? Hatte sie die Nachricht von dessen Ermordung wirklich so verhältnismäßig leicht weggesteckt oder verfügte sie über eine außergewöhnliche Selbstbeherrschung?

»Wie lange sind Sie verheiratet?«, fuhr Ellen fort.

»Einunddreißig Jahre.«

»Einunddreißig Jahre. Eine sehr lange Zeit. Das Dritte Reich. Der Krieg. Die Zerstörung. Der Wiederaufbau. Das schweißt zusammen. Und dann trampelt der Mensch, mit dem man das alles durchgestanden hat, auf allem herum, sucht sich andere, jüngere Frauen. Irgendwann sind die Demütigungen nicht mehr zu ertragen. Ist es nicht so? Man hat die Nase voll. Man will, dass das endlich ein Ende hat.«

»Mein Mann ist jedes Mal zu mir zurückgekommen. Es war nie etwas Ernstes.«

»Löscht das den Schmerz aus? Nein, im Gegenteil. Weil man weiß, dass bald die nächste Affäre, die nächste Verletzung kommt.«

»Was wollen Sie damit sagen?«

»Das, was ich gesagt habe.«

»Was ist das für ein unverschämter, unglaublicher Ton? Sagen Sie mir noch einmal Ihren Namen.«

»Ellen von Stain, Sonderermittlerin, Landeskriminalamt Berlin.« Ellen lächelte sie betont gelassen an.

»Ich werde mich über Sie beschweren«, sagte Obermann kalt und beherrscht. Freds erster Eindruck, es mit einer naiven Frau zu tun zu haben, war falsch gewesen.

»Haben Sie Ihren Mann erschossen?« Ellens Blick war ebenso kalt geworden. Ihre Augen hielten Ida Obermann regelrecht fest.

Diese schwieg für einen Moment, dann lachte sie humorlos auf.

»Wegen ein paar Dämchen mein eigenes Leben zerstören? Für wie dumm halten Sie mich? Nein, tut mir leid, ich fürchte, Sie müssen weiter nach dem wahren Täter suchen.«

»Wir können gerne Ihre Auskunftsbereitschaft erhöhen, Frau Obermann. Wir nehmen Sie in Beugehaft. Glauben Sie mir, das ist nicht angenehm. Wir werden Ihnen kein gemütliches Einzelzimmer geben.«

Fred hatte genug. Ihre aggressive Art stieß ihm gehörig auf.

»Ich möchte mit meiner Kollegin ein paar Worte wechseln, Frau Obermann. Wir sind gleich wieder zurück.«

»Was soll das?«, fuhr ihn Ellen an, als sie in den Flur hinausgetreten waren und die Salontür geschlossen hatten.

»Wie können Sie einfach solche Anschuldigungen erheben?« Fred hatte Mühe, sich zu beherrschen.

»Finden Sie es so abwegig, dass sie ihren untreuen Ehemann angesichts einer jungen, knackigen Affäre erschossen hat? Nach all den Affären zuvor?«

»Mag ja sein. Trotzdem können wir sie nicht einfach festnehmen. Es gibt keine Tatwaffe, keine Beweise, keine Zeugen, die sie am Tatort gesehen haben, nichts.«

»Völlig schnuppe, Fred Lemke. Wir müssen den Druck aufrechterhalten, dann gesteht sie schon.«

»Sie kann nur gestehen, wenn sie die Täterin ist.«

»Das werden wir dann ja sehen.«

Fred spürte, wie ihn eine tiefe Ruhe überkam, auf eine Art berauschend und überraschend. »Ich weiß nichts über Sie, Frau von Stain. Wer Sie sind, woher Sie kommen. Aber eins weiß ich: Wir sind nicht mehr bei den Nazis.«

Sie sah ihn überrascht an. »Was wollen Sie damit sagen?«

»Das, was ich gesagt habe.«

»Wie abgrundtief lächerlich!« Ihre Worte trieften vor herablassender Geringschätzigkeit, und ihre Augen fixierten ihn mit frostiger Härte.

Fred erwiderte ihren Blick unbeeindruckt. »Wir drangsalieren niemanden, nur weil wir die Macht dazu haben. Die Zeiten sind vorbei.«

Er ließ sie stehen und ging in den Salon zurück. Ida Obermann blickte ihm mit unveränderter Gelassenheit und kein bisschen nervös entgegen.

»Frau Obermann, ich muss Sie leider bitten, uns zur Identifizierung Ihres Mannes zu begleiten.«

»Muss ich Unterwäsche einpacken? Wegen der Beugehaft?«, fragte sie spöttisch.

»Nein, natürlich nicht. Haben Sie Fotos von Ihrem Mann, die nicht allzu alt sind?«

»Ich hole welche. Ich ziehe mir nur etwas über.«

»Bitte etwas Windverträgliches. Ich kann Ihnen leider nur eine Fahrt im Beiwagen eines Motorrads anbieten.«

...

Ida Obermann erwies sich als kooperativ. In der Pathologie im Krankenhaus Moabit identifizierte sie ihren Mann Heinz Obermann, Chef der Installationsfirma GWF. In der Keithstraße fasste Fred ihre Aussagen in einem Protokoll zusammen, das sie aufmerksam durchlas und unterzeichnete. Sie hatte eine Reihe von Fotos von ihrem Mann zur Verfügung gestellt, sehr gute, die offenbar von einem versierten Fotografen gemacht worden waren. Fred hatte sie noch einmal nach den Frauen gefragt, mit denen ihr Mann Affären gehabt hatte, vielleicht war der Mord ja ein Racheakt aus verletzten Gefühlen gewesen, vielleicht hatte Heinz Obermann den Frauen große Versprechungen gemacht, die er dann nicht eingehalten hatte. Geld besaß er genug. Sein Betrieb war marktbeherrschend in Berlin und hatte etliche gut gehende Ableger in Westdeutschland. Aber Ida Obermann blieb dabei, nichts zu wissen, und bot ihm an, die Unterlagen ihres Mannes und sein Adressbuch durchzusehen.

Ellen von Stain hatte Fred nicht mehr gesehen. Sie war gleich, nachdem sie das Dezernat betreten hatten, im Büro von Oberkriminalrat Mayer verschwunden. Wieso konnte sie tun und lassen, was sie wollte?

Inzwischen war ihm schwindelig vor Hunger. Hätte er doch bloß nicht die Butterbrote an Hugo verfüttert. Und wieso brachte er den Köter nicht einfach ins Tierheim?

Auweiler war nicht da, auch nicht der andere Kommissar, Edgar Leipnitz, den Fred noch gar nicht kennengelernt hatte. Er ging hinüber in Sonja Krauses Büro, um sich zur Mittagspause abzumelden. Auch ihr Platz war verwaist. Ihr Schreibtisch glänzte vor Sauberkeit und war peinlichst aufgeräumt, die Schreibmaschine abgedeckt, und auf der Schreibunterlage lag ein Kugelschreiber genau in der Mitte und exakt parallel zu den Seitenrändern ausgerichtet. Zufall? Nein, kein Zufall, darauf würde Fred sein erstes Gehalt verwetten.

Konnte er gehen, ohne sich abzumelden? Unschlüssig setzte er sich an seinen Schreibtisch. Der Ventilator lief unermüdlich auf dem Nebentisch, den Ellen von Stain übernommen hatte. Sollte er ihn sich wieder zurückholen? Er fand schon den Gedanken kleinlich. Erst jetzt sah er einen Bogen mit Essensmarken für die Kantine des LKA und einen Zettel mit der handschriftlichen Notiz: »Die Kantine ist im Dachgeschoss. J.G.« Josephine Graf. Nett von ihr. Er schnitt eine Marke ab und steckte sie ein.

Im Verhörraum hörte er Hugo bellen. Mit einem Hund in die Kantine? Keine gute Idee. Im Treppenhaus nahm er immer zwei Stufen und das mit ungewohnter Leichtigkeit. Er hatte seit zwei Tagen kaum etwas gegessen und viel zu wenig getrunken. Wahrscheinlich war er zwei Kilo leichter geworden. Schon von Weitem hörte er das Klappern des Geschirrs, das gedämpfte Murmeln männlicher Stimmen, erst als er näher kam, mischte sich auch das Lachen weiblicher Stimmen darunter. Die Kantine war ein großer Saal mit langen Tisch- und Stuhlreihen. Fred ertappte sich dabei, nach Ellen von Stain Ausschau zu halten. Warum? Würde er sich dann zu ihr setzen, schließlich waren sie Kollegen? Und dann sah er sie, nur von hinten, an einem der wenigen Vierertische etwas abseits. Ihr gegenüber saß ein Mann, dessen Wichtigkeit aus seiner Haltung, aus den Gesten, mit denen er seine Worte untermalte, aus seiner Art zu lächeln und aus jeder seiner sparsamen Bewegungen abzulesen war. Als er für einen Moment seinen Kopf zur Seite drehte, meinte Fred ihn zu erkennen, nicht, weil er ihn je persönlich getroffen hätte, nein, aber er hatte sein Konterfei während seiner Ausbildung auf vielen Fotos und Mitteilungsblättern gesehen: Kurt Grasner, stellvertretender Polizeipräsident und zweithöchster Dienstherr aller Berliner Polizisten. Er kannte auch die Gerüchte, dass Grasner der heimliche Chef der Behörde war, weil sein Vorgesetzter, Polizeipräsident Otto Wenzky, ein vom Senat auf den Posten gehievter, leicht lenkbarer, rückgratloser Verwaltungsmensch wäre, der von solider Ermittlungsarbeit keinen Schimmer hatte. Von Stain wirkte völlig entspannt, und sie schien sogar die vielen verstohlenen Blicke zu genießen, die ihr und Grasner von den anderen Kantinengästen zugeworfen wurden.

Unentschlossen blieb Fred in der Tür stehen. Die Schlange von LKA-Mitarbeitern, die mit Tabletts in der Hand vor der Essensausgabe warteten, war lang und bewegte sich nur langsam vorwärts. Erst jetzt nahm er den Geruch von stundenlang warm gehaltenem Großküchenessen war, an den er sich auch in den zwei Ausbildungsjahren nie gewöhnt hatte. Nicht, weil ihm das Essen nicht geschmeckt hatte, es war mehr das Gefühl, in Kantinen nicht genug Sauerstoff in die Lungen zu bekommen. Ein Schauer fuhr durch seinen Körper, sein Atem beschleunigte sich und die Geräusche um ihn herum wurden immer dumpfer. Er stützte sich an der Wand ab.

Nein, nicht jetzt, nicht hier, bitte ...

Jemand winkte ihm zu. Kommissar Moosbacher. Fred tat so, als sehe er ihn nicht, und machte kehrt. Er konzentrierte sich auf seinen Atem, wie beim Rudern, ein und aus, regelmäßig und ohne zu denken. Das war das Schwierigste. Nicht denken. Er vermied es, die Menschen, die ihm im Treppenhaus entgegenkamen, anzusehen. Auch den Pförtner ignorierte er, obwohl er aus dem Augenwinkel dessen erbostes Gesicht sah, als er grußlos an ihm vorbeieilte.

Draußen wandte er sich nach links in Richtung Kurfürstenstraße. Die passierenden Autos, die Fußgänger, die Fahrradfahrer nahm er nicht wahr. Genauso wenig wie die aufgeworfenen großen Granitplatten in der Mitte des Bürgersteigs und die kleinen, unregelmäßig gelegten Pflastersteine rechts und links davon, über die man ständig stolperte. Seine Augen suchten das Grün der Alleebäume, folgten den Rissen in den Rinden und den buckeligen, moosbewachsenen Wurzelausläufern. Das half, wie meistens. Wo Natur war, fühlte er sich wohler, auch wenn es sich hier nur um wenige, sehr junge Linden handelte, die mit ihrem zarten Grün wie Fremdkörper wirkten zwischen den vielen zerbombten, allenfalls provisorisch reparierten Altbauten.

An der Ecke Keith- und Kurfürstenstraße entdeckte Fred eine Metzgerei, in der man auch etwas essen konnte. Erbseneintopf mit Einlage pries die mit Kreide beschriebene Tafel vor der Tür an. Die pralle Verkäuferin, deren Wangen rot wie Tomaten leuchteten, schöpfte eine Kelle in einen tiefen Teller, sah Fred für einen Moment in die Augen und gab noch eine halbe Kelle dazu.

»Iss ma, Jungchen, dann wird's wieder«, sagte sie und legte zwei Scheiben Mischbrot dazu.

Fred bedankte sich scheu. Was hatte sie in ihm gesehen? Einen jungen Mann mit Liebeskummer?

Von seinem Stehtisch vor dem großen Schaufenster sah er hinaus auf die Straße, auf der der Verkehr pulsierte. Gerade hier, im Ortsteil Tiergarten, wo vor dem Krieg die »oberen Zehntausend« Berlins in ausladenden Prachtbauten gewohnt und gearbeitet hatten, hatten die Bomben der Alliierten fast alles in Schutt und Asche gelegt, von dem früheren Glanz war kaum etwas übrig geblieben. Selbst die berühmte und geschichtsträchtige Pension Tscheuschner am Ende der Keithstraße hatten weder die Besitzer noch die Stadtverwaltung als wert befunden, neu aufgebaut zu werden. Stattdessen stand dort ein seelenloser Betonwürfel, und es war sicher davon auszugehen, dass noch viele ähnliche Betonklötze folgen würden. Niemand regte sich darüber auf, im Gegenteil. Das Neue wurde als gut befunden, weil es nicht alt war. Vorwärts, vorwärts, weiter, weiter, nicht zurückblicken, das war die Devise der Mehrheit der Menschen, vor allem der Berliner.

Fast alle Autos, die vorbeifuhren, waren grau, schwarz oder dunkelblau. Wieso war ihm das bisher noch nicht aufgefallen? Auch waren die meisten Männer, die draußen auf dem Bürgersteig vorübereilten oder -flanierten, grau oder schwarz gekleidet. Hauptsächlich wohl Geschäftsleute und Beamte. Hin und wieder schälten sich modisch Verwegenere wie Farbkleckse aus dem tristen Grau, Männer in rostroten Glencheck Anzügen, wie sie der Rock'n'Roll Sänger Bill Haley zu einem begehrten Objekt für viele Jugendliche gemacht hatte. Fast alle Männer trugen Hüte. »Ein Herr ohne Behauptung erscheint immer unangezogen«, hatte es letztes Jahr auf einem Werbeplakat für den Amigo-Hut geheißen, für den der berühmte und unverschämt gut aussehende Schauspieler Paul Hubschmid auf allen Litfaßsäulen der Stadt und auf speziellen, wie riesige fahrende Schachteln aussehenden Straßenbahnen Reklame gemacht hatte.

Nachdem Fred alles aufgegessen hatte, kaufte er noch einen halben Ring Fleischwurst für Hugo. Auch wenn er sich das eigentlich nicht leisten konnte, das erste Geld, 270 DM!, würde er erst zum Monatsende bekommen. Metzgerei Riese, las er auf dem Schild über dem Eingang, als er hinaus auf die Straße trat. Bestimmt würde er noch einmal zum Essen hierher zurückkehren. Die Verkäuferin winkte ihm mit der Suppenkelle zu. Ohne ihr Lächeln hätte es wie eine drohende Geste ausgesehen.

Draußen stolperte er in eine Gruppe von Jungs. Die Roller, mit denen sie gekommen waren, lagen verstreut auf dem

Bürgersteig. Die Jungs klebten wie eine Traube an dem Storck-Riesen-Karamellbonbonautomaten, der gleich neben dem Eingang der Metzgerei an der Wand befestigt war. Fünf Stück für zehn Pfennig. Ein Junge, vielleicht zehn Jahre alt, schob mit großer Vorsicht und feierlichem Ernst eine Münze in den Schlitz. Während er den metallenen Griff drehte, hielten alle den Atem an. Offenbar traute keiner dem Automaten über den Weg. Ratsch, man hörte etwas in dem Apparat fallen, mit zitterigem Verlangen öffnete der Junge die Klappe, griff hinein und brachte unter großem Jubel die Fünferpackung zum Vorschein. Der Junge presste die Bonbons an sich. Fünf Stück ... erst jetzt schien ihm aufzufallen, dass sie zu acht waren. Die anderen drängten sich an ihn heran, jeder wollte eines der begehrten Bonbons bekommen. Der Junge tauchte nach unten weg, vergeblich, die anderen folgten ihm wie Kletten. Zwei Männer schimpften, weil die Roller ihnen angeblich den Weg versperrten, dabei war der Bürgersteig doch breit genug.

»Hey, Jungs!«, rief Fred ihnen zu, »wartet mal!«

Sie starrten ihn an. Er war noch nicht so alt, dass sie misstrauisch wurden.

»Hat einer von euch ein Messer? Dann kann man die Bonbons aufteilen.«

Nein, keiner, was Fred wunderte. Als er in dem Alter war, wäre er nie ohne sein Klappmesser aus dem Haus gegangen. Irgendetwas zu schnitzen gab es auf seinen Streifzügen durch Buckow oder im Wald immer.

Die beiden Männer näherten sich, sie dachten wohl in Fred einen Gleichgesinnten zu erkennen, der diesen »rücksichtlosen, verzogenen Burschen« ebenfalls eine Standpauke halten wollte. Fred holte einen Groschen aus der Hosentasche, zog einen weiteren Fünferpack aus dem Automaten, brach zwei Bonbons ab und reichte die drei anderen dem Jungen.

»Hier, jetzt kriegt jeder eins.«

Die Jungs sprangen jubelnd zu ihren Rollern und rasten davon. Fred freute sich mit ihnen und ignorierte das Schimpfen der beiden Männer. Als er sich kurz umblickte, sah er in das runde, strahlende Gesicht der Verkäuferin, die ihm noch einmal mit ihrer Kelle zuwinkte. Er pellte ein Bonbon aus dem Papier und genoss die sahnige Süße.

…

Zurück im Büro fand er Ellen von Stain vor, die gelangweilt auf ihrem Stuhl vor und zurück wippte. Auweiler war nicht am Platz.

»Na, endlich! Hier, das lag auf Ihrem Schreibtisch. Von der Spurensicherung.« Sie hielt ihm einen Zettel hin. »Ich war schon unten, aber der Mann wollte mir keine Auskunft geben. Ein unfreundlicher Kerl.«

»Fingerabdruck identifiziert. Melden Sie sich bei mir? Moosbacher«, las Fred und machte sich auf den Weg.

Ellen sprang auf. »Ich komme mit.«

Während sie nebeneinander die Treppen hinuntergingen, fasste Fred sich ein Herz. »Mir ist nicht klar, welche Funktion Sie hier haben. Soviel ich weiß, sind Frauen nur in der Sitte und im Jugendschutz erlaubt.«

»Interessant, finden Sie nicht, Fred?«

»Sind Sie eine Kriminalkommissarin?«

»Was für eine lustige Frage.«

»Das ist keine Antwort auf meine Frage.«

»Doch, ist es. Sie können damit nur nichts anfangen.«

»Dann geben Sie mir eine Antwort, mit der ich was anfangen kann.«

»Warum sollte ich?« Ihre Augen blitzten vor Vergnügen.

Was für eine dämliche Geheimnistuerei, dachte Fred und schwieg, bis sie die Räume der Spurensicherung betraten.

»Ich wollte Sie schon in der Kantine informieren«, sagte Moosbacher, »aber Sie haben mich nicht gesehen, und plötzlich waren Sie weg.«

»Ich hatte etwas vergessen«, erwiderte Fred unangenehm berührt.

Moosbacher nickte. »Sie heißt Mirna Laake. Eine Varietétänzerin, dreißig Jahre alt, arbeitet im Cactus am Viktoria-Luise-Platz in Schöneberg. Sie ist vorbestraft wegen Erpressung und noch für ein Jahr auf Bewährung. Ich habe die Unterlagen von der Staatsanwaltschaft schon kommen lassen. Hier.«

Er reichte Fred eine Karteikarte mit den Polizeifotos, die nach ihrer Verhaftung aufgenommen worden waren. Ein müdes Gesicht mit kühlen, trotzigen Augen. Eine Pagenfrisur, wie sie Frauen in den Zwanzigerjahren trugen. 1,74 m besagte das Metermaß hinter ihr, größer als die meisten Frauen.

»Dreißig?«, fragte Ellen. »Sieht älter aus.«

»Sie hat '46 als Tänzerin angefangen. Zwölf Jahre in verschiedenen Etablissements. Und immer nachts gearbeitet. Das ist hart«, erwiderte Moosbacher.

»Ach ja?«, kommentierte Ellen spöttisch.

»Ja.« Moosbacher lächelte sie an, ohne auf ihre Ironie einzugehen.

Fred musste an seine Jahre als Gaslaternenanzünder denken. Da hatte sein Leben auch nachts stattgefunden, aber er war froh darüber gewesen, die Großstadt Berlin hatte ihn, den Landburschen, eingeschüchtert. Nachts jedoch hatte sie nichts Bedrohliches mehr gehabt. Wenn er seine Runden drehte, erst in Zehlendorf, dann in Friedenau und zum Schluss in Wilmersdorf, fühlte er sich frei. Tagsüber hingegen kam er sich zwischen den Menschen wie ein Fremdkörper vor. Alle Menschen schienen Ziele zu haben, die sie mit Entschlossenheit und Tempo verfolgten, und er hatte das Gefühl, ständig von allen Seiten überholt zu werden. Heute wusste er, dass er vor allem einsam gewesen war.

»Mit dem Rock hat sich praktisch nichts ergeben«, fuhr Moosbacher fort. »Das Blut war in der Tat zu alt, um die Blutgruppe bestimmen zu können. Bei den weißen Flecken handelt es sich, wie ich schon angenommen habe, mit einiger Gewissheit um Sperma.«

»Sperma?«, fragte Ellen.

Moosbacher ignorierte sie. »Ich habe Ihnen die aktuelle Adresse von Mirna Laake besorgt.« Er reichte Fred einen Zettel. »Ich habe einen guten Bekannten im Einwohnermeldeamt. Die sind normalerweise nicht so schnell. Ansbacher

Straße 65 in Schöneberg, das ist unweit des Varietétheaters, in dem sie arbeitet.«

»Vielen Dank«, sagte Fred.

Ellen sah von einem zum anderen und lächelte breit. Was sie so belustigte, konnte Fred sich nicht erklären.

»Sie war am Tatort, da bin ich sicher«, sagte Moosbacher. »Der halbe Fingerabdruck auf der Lucky Strike war bis ins Detail mit ihrem identisch. Aber ein Gericht wird das als alleinigen Beweis nicht anerkennen, das wissen Sie sicher. Sie brauchen mehr. Viel Glück.« Er wandte sich seiner Arbeit zu. »Ach ja, zu der Pistole kann ich noch nichts sagen. Unsere Ballistiker hatten noch keine Zeit.«

Fred wollte wieder zurück ins Büro, um dort auf Auweiler zu warten.

»Wieso? Wir fahren jetzt sofort«, sagte Ellen. »Auf ins Varieté!«

»Ich darf nicht eigenständig ermitteln«, entgegnete Fred gereizt. Er ärgerte sich. Warum konnte er nicht souveräner reagieren?

Sie antwortete nicht und griff nach Moosbachers Telefon. »Ein wichtiges Dienstgespräch«, sagte sie auf dessen ungehaltenen Blick.

»Von Stain hier …« Sie wandte sich ab und Fred konnte den Fortgang des Gesprächs nicht hören. Nach kurzer Zeit legte sie wieder auf. »Wir können. Dieses Mal nehmen wir den Mercedes.«

...

Fred ließ Ellen den Vortritt, und nachdem sie vorne eingestiegen war, setzte er sich auf den Rücksitz. Sofort begann sie ein lebhaftes Gespräch mit dem Fahrer Egon Hohlfeld, von dem Fred kein Wort verstand, zu laut knurrte und nagelte der Dieselmotor des Mercedes. Ihr häufiges Lachen zeugte allerdings von dem Spaß, den die beiden hatten. Ellen von Stain strahlte pralle Lebenslust aus, sie blühte in dem schnellen, angeregten Wortwechsel regelrecht auf, und Hohlfeld entwickelte einen besonderen Ehrgeiz, sie bei Laune zu halten.

Fred betrachtete das Foto von Mirna Laake, Moosbacher hatte ihm einen Abzug mitgegeben. Ihr Blick, diese kühlen, trotzigen Augen, aus denen große Kraft sprach und die zugleich so müde wirkten. Wenn Laake die Frau war, die neben Obermann gesessen hatte – sollte sie verletzt sein, wäre das zusammen mit dem halben Fingerabdruck auf der Lucky Strike Beweis genug –, dann hatten sie in ihr eine wertvolle Zeugin; wenn nicht sogar die Täterin.

Fred rekapitulierte noch einmal den Tathergang, wie er seiner Meinung nach am wahrscheinlichsten war: Mirna Laake sitzt neben Heinz Obermann auf der Bank am Fennsee, jemand tritt von hinten an die beiden heran und beginnt zu schießen. Ein Schuss reißt Obermann den rechten Ringfinger weg. Obermann springt auf, macht ein paar Schritte nach vorne, dreht sich um. Der Täter schießt weiter, ohne seine Position zu verändern. Ein Schuss verletzt Laake, sie blutet. Zwei weitere Schüsse treffen Obermann, der eine in den Oberschenkel, der andere ins Gesicht. Viermal schießt der Täter trotz der geringen Distanz daneben. Oder hat er die Kugeln der fliehenden Laake hinterhergeschickt? Unwahrscheinlich. Denn um auf die Fliehende zu schießen, hätte er sich seitwärts drehen müssen, dann jedoch hätten die Patronenhülsen nicht so dicht beieinander gelegen. Der Täter hatte es offenbar ausschließlich auf Obermann abgesehen.

Das zweite Szenario wäre: Mirna Laake ist die Schützin, sie hat zuerst neben Obermann gesessen, es kam zum Streit, sie ist hinter die Bank getreten, vielleicht ist Obermann handgreiflich geworden, und hat von dort aus alle acht Schüsse abgegeben, einer davon hat sie selbst verletzt, wie auch immer das passiert sein soll. Dann hat sie den Tatort blutend verlassen.

Wie dem auch sei, eine wichtige Frage war: Warum hatte Mirna Laake nicht die Polizei benachrichtigt? Der anonyme Anrufer war sie jedenfalls nicht gewesen, das war nach Aussage der Leitstelle der Schutzpolizei ein Mann.

Mirna Laakes Privatwohnung in der Ansbacher Straße war verwaist, niemand öffnete auf Freds Klingeln, doch einer der Nachbarn wusste, dass sie vor Kurzem das Haus verlassen hatte. Um zu Proben ins Varietétheater zu gehen, vermutete er.

Hohlfeld chauffierte sie ein paar hundert Meter weiter zum Viktoria-Luise-Platz. Das Varieté Cactus befand sich an der nach Süden ausgerichteten Längsseite zwischen einem hochherrschaftlichen Wohnhaus und dem von Bomben vollständig zerstörten Haus Ecke Motzstraße, das inzwischen als eines der wenigen der zerstörten Häuser rund um den Platz originalgetreu wieder aufgebaut worden war. Ansonsten dominierten auch hier seelenlose Zweckbauten. Besonders dort, wo früher das barock-klassizistische Gebäude der Commerz- und Discontobank gestanden hatte, an der Ostseite unweit des U-Bahn-Zugangs, war ein merkwürdiges Gebilde hochgezogen worden, das ein wenig wie die Zange eines Taschenkrebses aussah.

Das Varietétheater war schon von Weitem zu erkennen. Ein von der Hauswand über die gesamte Breite des Bürgersteigs gezogenes Dach zeigte an allen Seiten den Namenszug Cactus. Die messingumrandeten Glastüren waren verschlossen, und es brauchte eine Weile, bis jemand Freds Klopfen hörte und öffnete. Der Regisseur der neuen Revue und keinesfalls der Hausmeister, wie er sich schlecht gelaunt vorstellte.

»Frau Laake ist in ihrer Garderobe. Sie bereitet sich auf die Proben vor, die ich in wenigen Minuten pünktlich«, er brüllte das Wort fast, »beginnen werde!«, und stapfte davon.

»Wo finden wir die Garderobe?«, rief Fred hinterher. Der Regisseur reagierte nicht.

Ellen hatte dem kurzen Schlagabtausch belustigt zugehört.

»Folgen Sie mir, Fred, ich weiß, wo die Garderoben sind.« Sie ging voran.

»Woher denn das?«

Ellen ließ sich viel Zeit mit ihrer Antwort. »Ich kenne dieses Etablissement. Eine Bekannte von mir ist die zweite Tänzerin. Sie springt ein, wenn die Laake krank ist.«

»Kennen Sie Mirna Laake persönlich?«

»Nicht wirklich.«

Fred hatte sich noch nie Gedanken gemacht, wie es wäre, wenn er in dem Umfeld von jemandem ermitteln müsste, den er persönlich kannte. Außerdem, wen kannte er schon in Berlin? In den fünf Jahren, die er hier lebte, hatte er nicht viele Menschen kennengelernt.

»Was heißt ›nicht wirklich‹?«

»Wir wurden einander einmal auf einer Premierenfeier vorgestellt. Aber für sie war ich nur die Bekannte ihrer schärfsten Konkurrentin.«

»Wieso Konkurrentin?«

Ellen lachte. »Was sind Sie für ein lustiger Mensch, Fred? Haben Sie keine Vorstellung, wie es am Theater zugeht?«

Fred verdrehte die Augen, schon wieder diese Überheblichkeit.

»Wenn Sie die Nummer eins sind, lauern hinter Ihnen all die, die Sie vom Thron stoßen wollen, um selbst darauf Platz zu nehmen. Sie schärfen im Stillen die Klingen ihrer Messer, um sie Ihnen bei der ersten Gelegenheit in den Rücken zu stoßen, und dann sehen sie Ihnen mit Genuss dabei zu, wie Sie blutend untergehen, und Ihren Schmerz, den belachen sie nur.«

»Ich hätte es auch verstanden, wenn Sie es weniger drastisch beschrieben hätten.«

»Tatsächlich?« Sie lächelte ironisch. »Da lang.«

Sie passierten die Seiteneingänge, die in den Zuschauerraum führten. In dem Saal sah es genauso aus, wie Fred sich ein Varietétheater immer vorgestellt hatte: schwülstig-verspieltes Ambiente, kleine, runde Tische mit schlanken Stühlen und weißen Tischdecken, auf denen je eine Vase mit einer frischen Blume stand. Ein Teil des Raums war als Tanzfläche freigehalten. An den Wänden gab es Logen, die deutlich luxuriöser ausgestattet waren. Von der Tanzfläche zur Bühne hinauf führten Stufen, die deren gesamte Breite in Anspruch nahmen. Der Vorhang war geöffnet und gab den Blick frei auf eine glitzernde, bunte Landschaft von künstlichen Palmen, einer Hütte aus Bambus, einem Einbaum und einem riesigen, die gesamte Rückwand einnehmenden Plakat, auf dem ein Südseestrand mit Ozean aufgemalt war, der sich perspektivisch in der Ferne, am Horizont, mit einem tiefblauen Himmel verband.

Sie gingen den Gang entlang, bis sie an dessen Ende auf eine Tür trafen, die in den der Öffentlichkeit unzugänglichen Teil des Theaters führte. Technikräume, Lager für Scheinwerfer, Seilzüge für den Vorhang und vieles, von dem Fred keinen Schimmer hatte, wofür es gebraucht wurde. Hier wuselten einige Männer herum, hektisch und erkennbar unter Druck, keiner schenkte ihnen Beachtung. Von irgendwo hallte die Stimme des Regisseurs, der in schneller Folge Befehle brüllte und fluchte. Ein weiterer Gang mit fünf durchnummerierten Türen zweigte nach rechts ab. Auf der Tür mit der Ziffer 5 stand außerdem in handgeschriebenen Lettern »Mirna Laake«. Fred klopfte.

»Jetzt nicht!«, antwortete eine weibliche Stimme.

»Frau Laake? Wir sind von der Kriminalpolizei. Wir müssen mit Ihnen reden.«

Es dauerte eine Weile, bis die Tür geöffnet wurde. Die Mirna Laake, die vor ihnen stand, hatte kaum Ähnlichkeit mit jener auf dem Polizeifoto. Sie strotzte vor Selbstbewusstsein, war makellos schön und wirkte jugendlich, was, wie Fred vermutete, auch mit der dicken Schicht Schminke zu tun hatte, die sie aufgelegt hatte, und mit dem gedämpften Licht, das aus dem Raum herausdrang. Ihre steingrauen Augen schienen einen wie ein Magnet anzuziehen, Fred konnte sich vorstellen, dass viele Männer sie wie eine zwingende Einladung sahen, der man unbedingt sofort folgen wollte. Sie trug ein knappes Kostüm, das aus unzähligen Bastfäden bestand. Von ihren Schultern baumelte ein weiter Umhang, der am Hals mit einer goldenen Kette zusammengehalten war. Mirna Laake war eineinhalb Köpfe größer als Ellen.

»Kriminalpolizei?«

»Fred Lemke und Ellen von Stain, LKA Berlin.«

»Von Stain?« Sie fixierte Ellen mit Erstaunen, die ihrem Blick mit großer Ruhe und einem sehr subtilen Lächeln begegnete, als wollte sie die Tänzerin damit verunsichern.

»Was kann ich für Sie tun?«, fragte Mirna Laake, als sie von Ellen keine Antwort bekam. Sie wandte sich ab, setzte sich vor einen riesigen, von vielen Glühbirnen umrandeten Spiegel und begann ihre Haare zu bürsten.

Fred entschied sich, keine Umwege zu machen und direkt zum Punkt zu kommen. »Es geht um den Mord an Heinz Obermann am Fennsee gestern Morgen zwischen sechs und sieben Uhr. Wir haben am Tatort eine angerauchte Zigarette mit Ihrem Fingerabdruck gefunden, dem Teil eines Abdrucks, um genau zu sein.«

Laake sah ihn durch den Spiegel an. »Vielleicht habe ich da mal irgendwann gesessen und geraucht. Na und? Steht auf der Zigarette etwa ein Datum? Wer sagt denn, dass ich gestern dort war?«

»Ein Zeuge beschrieb die Frau, die neben dem Mordopfer gesessen hat, als mondän. Sie hat mit einer Zigarettenspitze geraucht. So eine.« Fred deutete auf die sehr schlanke Zigarettenspitze aus Ebenholz, die zwischen den Schminkutensilien lag.

Sie sah ihn spöttisch an. »Bin ich die einzige mondäne Frau in Berlin, die mit einer Zigarettenspitze raucht?«

»Die einzige, deren Fingerabdruck am Tatort gefunden wurde.«

»Der Teil eines Abdrucks, wie Sie eben sagten.« Sie redete jetzt leiser. Fred hatte den Eindruck, dass das Sprechen sie anstrengte.

Ellen hatte bisher zu Freds Erstaunen geschwiegen. Sie hatte sich nah hinter Laake gestellt und betrachtete sich selbst über deren Schulter hinweg im Spiegel.

»Ich habe Sie in Ihrer letzten Revue gesehen, Frau Laake. Sie waren so unfassbar gut!« Sie legte ihre Hände auf Laakes Oberarme und drückte sie vor Begeisterung.

Die Tänzerin zuckte mit schmerzverzerrtem Gesicht zusammen. »Lassen Sie das«, stieß sie hervor.

»Haben Sie eine Verletzung?«, fragte Ellen.

»Das geht Sie wohl kaum etwas an«, zischte Laake, der Schmerz nahm ihr den Atem. Mit heftigen Zügen kämmte sie weiter ihre Haare.

»Die Frau, die neben dem Mordopfer gesessen hatte, wurde von einer Kugel verletzt und hat den Tatort blutend verlassen«, sagte Fred.

Die Tänzerin schwieg.

»Warum haben Sie nicht die Polizei benachrichtigt, Frau Laake?«, fragte Fred.

»Weil ich nicht dort war. Ganz einfach.«

»Woher stammt Ihre Verletzung? Und bevor Sie antworten: Sie werden uns zur Kriminaltechnischen Abteilung begleiten müssen, um herauszufinden, ob es sich um eine Schussverletzung handelt. Außerdem werden wir untersuchen, ob Ihre Blutgruppe mit der des Bluts am Tatort übereinstimmt. Sollte beides der Fall sein, beweist es, dass Sie zum Zeitpunkt des Mordes am Tatort waren.«

Mirna Laake war anzusehen, wie sie intensiv nachdachte. Hatte sie sich bisher fast wütend gekämmt, so zog sie jetzt ihre Bürste langsam und geistesabwesend durchs Haar. Als Ellen etwas sagen wollte, signalisierte Fred abzuwarten. Er hielt die Tänzerin für eine stolze Frau, die auf Druck mit Trotz reagierte, die das Gefühl brauchte, selbst die Zügel in der Hand zu halten. Ellen hielt sich zu seinem Erstaunen und trotz ihres ablehnenden Gesichtsausdrucks zurück.

»Sei's drum.« Laake warf die Bürste achtlos auf den Tisch. »Ja, ich war da.« Immer noch nahm sie den Blickkontakt zu Fred und Ellen nur über den Spiegel auf.

»Sie waren Zeuge eines Mordes und haben nicht die Polizei gerufen, Frau Laake«, sagte Fred. »Warum nicht?«

Die Tänzerin drehte sich langsam um, ihre steingrauen Augen fixierten ihn. »Ich bin auf Bewährung. Wenn ich mir etwas zuschulden kommen lasse, muss ich die Strafe absitzen. Zwei Jahre Knast. Ich wollte nicht in die Sache reingezogen werden.« Sie lachte humorlos. »Und jetzt stecke ich drin, nur wegen diesem bescheuerten Fingerabdruck.«

»Zwei Jahre wegen Erpressung, richtig?« Fred musste an Ida Obermanns Worte denken, ›Irgendwelche Flittchen, die hinter seinem Geld her waren‹.

»Die Bewährung ist hin.« Ellen betrachtete sich im Spiegel und zupfte betont gelangweilt an ihren Haaren herum. »Zeuge eines Kapitalverbrechens zu sein und nicht zur Polizei zu gehen, ist mehr als eine Ordnungswidrigkeit.«

Fred warf ihr einen warnenden Blick zu. »Das hängt von Ihrer Kooperationsbereitschaft ab, Frau Laake. Erzählen Sie genau, was passiert ist«, forderte er die Tänzerin auf. »Lassen Sie nichts aus. Ich muss Sie informieren, dass alles, was Sie sagen, auch gegen Sie verwendet werden kann.«

Mirna Laake lachte bitter auf. »Der Spruch kommt mir bekannt vor. Egal. Ich habe nichts getan.«

Im Spiegel sah Fred, wie sich auf Ellens Gesicht so etwas wie Jagdfieber zeigte. Ihre Augen glühten, und da lag etwas Niederträchtiges, Abstoßendes in ihnen, was sofort verschwand, als sie seinen Blick bemerkte.

»Ich kann Ihnen nicht viel erzählen. Heinz und ich saßen nebeneinander und unterhielten uns. Plötzlich knallt ein Schuss, mein Arm tut höllisch weh, ich sehe, dass ich blute. Es fallen noch mehr Schüsse. Ich springe auf und renne los, so schnell ich kann. Renne und renne, bis ich auf der Straße bin. Ich steige in mein Auto und rase davon.«

»Sie haben den Täter nicht gesehen?«

»Nein. Es hat furchtbar wehgetan ... mir liefen die Tränen, ich konnte gar nichts erkennen. Und dann habe ich gedacht: Wenn ich mich umdrehe, weiß er, dass ich ihn gesehen habe, und er erschießt mich auch.«

»Er? Also ein Mann?«

»Keine Ahnung! Der Täter, das sagt man doch so!«

»Haben Sie ihn vielleicht gehört? Hat er etwas gesagt?«

Laake zuckte mit den Schultern und schüttelte den Kopf. »Ich habe nur die Schüsse gehört.«

»Hatten Sie ein Verhältnis mit Heinz Obermann?«, fragte Ellen, und als die Tänzerin schwieg, fuhr sie fort: »Viele glauben, so was kann man geheim halten. Aber das gelingt nie, glauben Sie mir. Sobald wir herumfragen, Ihre Kollegen, Ihre Nachbarn, da, wo Sie einkaufen gehen, am Kiosk an der Ecke, und sobald wir Ihr Foto bei den Bekannten und Geschäftskollegen von Heinz Obermann herumreichen, wird irgendeiner etwas wissen. Selbst wenn es nur eine Kleinigkeit ist – sie wird genügen, um die nächste Kleinigkeit aufzudecken.«

Laakes Blick ging ins Leere. Sie griff nach einer Packung Lucky Strike, schüttelte eine Zigarette heraus und wollte sie auf die Zigarettenspitze stecken, entschied sich dann aber anders und schob sich die Zigarette zwischen die Lippen. Sie sah Fred auffordernd an. Er verstand den Blick nicht.

»Er raucht nicht«, sagte Ellen spöttisch.

»Muss man selbst rauchen, um einer Dame Feuer zu geben?«, fragte Laake.

Fred spürte, wie sein Gesicht rot anlief und das Blut in seinem Kopf heftig pochte. Er entdeckte ein Feuerzeug auf dem Schminktisch, ein silbernes, in das fein ziselierte florale Muster eingraviert waren. Er nahm es, es war viel schwerer, als er gedacht hatte, und löste den Mechanismus aus. Eine kräftige Flamme schoss in die Höhe. Laake nahm seine Hand und führte sie zu ihrer Zigarette. Ihre Hand war eiskalt und feucht vor Schweiß.

»Ja, wir hatten eine Affäre. Heinz ist zwar älter als ich, viel älter«, sie nahm einen Zug, »war älter, muss ich ja jetzt sagen.« In ihrem Gesicht zuckte es, sie straffte ihren Oberkörper, gerade wie eine Lanze, und inhalierte tief einen weiteren Zug. »Er war ein Mann, der zu feiern verstand, wissen Sie? Attraktiv, sehr großzügig, und er hat sich immer fantasievolle Dinge einfallen lassen.« Sie sprach nur in Ellens Richtung, die ernst zuhörte.

»Ungewöhnlich für einen Klempner, oder?«

Laake zögerte etwas zu lange, bevor sie gleichgültig mit den Schultern zuckte. Was wollte sie über Heinz Obermann nicht sagen?

»Warum haben Sie sich zu einer so ungewöhnlichen Zeit an einem solchen Ort getroffen?«, fuhr Ellen fort. »Nicht gerade romantisch. Das Wasser des Fennsees stinkt, gegenüber ist der Friedhof, dann der Autolärm.«

»Er hatte mich darum gebeten.« Sie betrachtete die Glut ihrer Zigarette.

»Morgens um sechs?«, fragte Fred.

»Ich bin keine Tippse bei der Kripo, Herr Kommissar. Ich bin Künstlerin in einem Varietétheater, da arbeitet man nicht von acht bis achtzehn Uhr«, sagte sie herablassend. »Wir haben uns nach meiner Arbeit getroffen. Am Feierabend, würden Sie wahrscheinlich sagen. Meiner ist eben am frühen Morgen. Heinz wohnt in der Nähe vom Fennsee. Ich habe ihn mit meinem Auto abgeholt.«

»Hat seine Frau das mitbekommen?«, fragte Fred.

Laake schüttelte den Kopf. »Er hat an der nächsten Straßenecke auf mich gewartet.«

»Es mag ja sein, Frau Laake«, mischte Ellen sich ein, »dass für Sie als Künstlerin die frühe Uhrzeit passt, Heinz Obermann aber war Chef einer Klempnerfirma, und er hatte für gestern Morgen einen Flug nach Westdeutschland gebucht. Also, was war an dem Treffen so wichtig?«

»Wir wissen von unserem Zeugen, dass Sie Streit hatten«, sagte Fred.

Mirna Laake betrachtete erneut die Zigarettenglut, als gäbe es da etwas Wichtiges zu entdecken. Sie nahm einen Zug und inhalierte tief. Dabei fiel ihr Blick auf etwas hinter Fred. Für einen Moment wurde sie unruhig.

»Heinz fragte mich, ob ich ihn heiraten will. Ich habe Nein gesagt. Er wurde wütend. Er sagte, er hat die Scheidung von seiner Frau schon eingereicht, es gibt kein Zurück mehr. Nicht mein Problem, habe ich geantwortet, woraufhin er noch wütender wurde. So hatte ich ihn noch nie zuvor erlebt.«

»Ein Heiratsantrag, wenn man noch nicht offiziell geschieden ist?«

»Verrückt, oder? Typisch Heinz.«

»Und was hätte er gemacht, wenn Sie Ja gesagt hätten?«

»Er hätte mir einen Ring angesteckt, hätte mich noch mehr vögeln wollen und – was weiß ich.«

»Warum haben Sie Nein gesagt?«, fragte Fred.

»Wussten Sie, dass er ständig Affären hatte?«, fügte Ellen hinzu.

Laake verzog ihr Gesicht. »Ich schätze, er hat es bei jeder Frau versucht, die ihm gefiel.«

»Also, warum haben Sie Nein gesagt?«

Die Tänzerin erhob sich und drückte die Zigarette am Rand eines Abfalleimers aus. Fred nutzte die Gelegenheit und wandte sich schnell um. Worauf hatte sich ihr Blick gerichtet? Auf ein Wandschränkchen, dessen Tür halb offen stand. Er drehte sich wieder zurück.

»Heiraten als Frau heißt doch, sich voll in die Hände eines Mannes zu begeben. Und wenn er sich irgendwann als Schweinehund erweist und Sie die Scheidung wollen, haben Sie schon verloren. Vor den Scheidungsrichtern kommen Männer immer gut weg. Warum um Himmels willen sollte ich also heiraten?«

»Weil Obermann vermögend war, zum Beispiel.«

»Er hatte Geld und er gab viel Geld aus, ja. Na und? Wissen Sie, wie viele Männer es gibt, die viel Geld haben?«

»Die meisten von denen werden einer vorbestraften Varietétänzerin keinen Heiratsantrag machen«, erwiderte Ellen kalt.

Mirna Laake nickte, Ellens Worte schienen sie nicht zu verletzen.

»Es gab etwas an ihm, wovor ich Angst hatte. Ich kann's nicht erklären.« Sie sah Ellen sehr direkt an. »Es blitzte manchmal auf und es war ... unheimlich.«

Ellen zog ihre Stirn in Falten, offenbar hielt sie das für

Blödsinn. Fred jedoch meinte genau zu spüren, wie ernst es der Tänzerin damit war.

»Drohte er mit Gewalt?«, fragte Fred.

»Er war keiner, der damit drohen musste, wenn Sie wissen, was ich meine.«

»Sie wollen sagen, man wusste auch so, dass er dazu fähig war?«

»Man? Keine Ahnung. Ich wusste es. Es gibt so eine Art von Männern, die darf man nicht von der Leine lassen.«

»Weil dann was passiert?«

Die Tänzerin antwortete mit einem sehr langen, kühlen Blick.

»Wenn wir uns liebten, war es anziehend. Sehr. Aber nur, solange ich die Freiheit hatte, wieder zu gehen, wenn ich wollte. Vielleicht war das der Grund für seinen Heiratsantrag. Er wollte, dass ich diese Freiheit nicht mehr hatte.«

»Hat er Ihnen mit irgendetwas anderem gedroht, nachdem Sie abgelehnt hatten?«, fragte er.

»Dass er meine Karriere zerstört«, antwortete sie und sah die beiden spöttisch an. »Jetzt glauben Sie erst recht, dass ich ihn getötet habe.«

Fred schwieg. Er dachte an Moosbachers Worte: Die Wirklichkeit ist manchmal extrem unwirklich und unwahrscheinlich.

»Aber da muss ich Sie enttäuschen«, sagte die Tänzerin ernst und ohne jede Unsicherheit, »das habe ich nicht.«

»Hätte er seine Drohung wahr gemacht? Hätte er Ihre Karriere zerstört?«

»Versucht hätte er es, ja. Aber ich bin in meinem Leben

durch so viel Scheiße gegangen, er hätte es nicht geschafft, darauf gebe ich Ihnen Brief und Siegel.« Sie erhob sich. »Wie geht es nun weiter? Ich habe Probe.«

»Trotz Ihrer Verletzung?«, fragte Fred.

»Davon weiß hier niemand etwas, und ich wäre froh, wenn es dabei bliebe.«

»Sie müssen mit zur Spurensicherung.«

»Bitte, gibt es keine andere Möglichkeit?«

Fred zögerte. »Wann könnten Sie hier weg? Für eineinhalb bis zwei Stunden?«

»Am frühen Abend, nach der Probe, gegen sechs. Normalerweise schlafe ich dann ein, zwei Stunden, um durch die Nacht zu kommen.«

»Das tut mir leid für Sie, aber darauf müssen Sie heute verzichten. Kommen Sie bitte nach der Probe ins LKA in die Keithstraße 30. Melden Sie sich beim Pförtner. Ich sorge dafür, dass sich jemand um Sie kümmert.«

Ellen warf Fred einen fassungslosen Blick zu.

»Vielen Dank, Herr Kommissar. Ich werde kommen, seien Sie unbesorgt.« Sie wollte gehen.

Fred hob die Hand. »Eine Frage noch. Nein, zwei. Das Opfer hatte nichts bei sich, keinen Ausweis, kein Geld.«

»Er hat seine Sachen in meinem Auto zurückgelassen. Einen Koffer und eine Aktentasche.«

»Was haben Sie damit gemacht?«

Hoffentlich hast du sie nicht verschwinden lassen, dachte Fred, dann ist es ganz sicher vorbei mit der Bewährung. Der Gedanke irritierte ihn: Weil er sie ansonsten für unschuldig hielt?

Mirna Laake presste die Lippen zusammen und sah ihn lange an, offenbar dachte sie genau dasselbe. »Ich wollte alles wegwerfen, habe es aber nicht fertiggebracht. Sie sind hier, die Sachen, meine ich.« Sie atmete schwer.

Sie ging zu ihrem Kleiderschrank, der prallvoll mit Kostümen und anderen Kleidungsstücken war, und zog den Koffer heraus. »Seine Geldbörse mit allen Papieren ist da drin.«

»Er hatte vermutlich eine Menge Bargeld bei sich.«

Ihre Augen blitzten kurz auf. »Ich habe nichts davon genommen.«

Fred nahm den Koffer. Sie log, da war er sicher, doch wie sollte sich das beweisen lassen?

»Das Kleid, das Sie am Fennsee trugen, haben Sie es noch?«

Laake schüttelte den Kopf. »Ich habe es weggeworfen. Da war ja ein Loch drin, von der Kugel.«

»Noch die letzte Frage. Haben Sie Kleidergröße 42?«

Mirna Laake verzog ihr Gesicht. »Wollen Sie mich beleidigen? Sehe ich aus wie eine fette Kuh?«

Fred spürte, wie ihm der Schweiß ausbrach. Er ärgerte sich. Warum war er so leicht zu verunsichern? »Ich habe unweit des Tatorts einen schwarz gepunkteten Petticoat Größe 42 gefunden.«

»Von mir kann er nicht sein. Erstens trage ich so etwas nicht und zweitens Größe 42? Der würde an mir nur halten, wenn Sie ihn mit Uhu festkleben. Darf ich jetzt gehen?«

Sie ging zur Tür und schloss dabei möglichst beiläufig die Tür des Schränkchens.

Unbemerkt von den beiden Frauen ließ Fred seine Geldbörse zu Boden gleiten, schob sie mit einem Fuß unter den Stuhl und erhob sich. Sie traten hinaus in den Gang, die Tänzerin zog die Tür hinter sich zu und sperrte sie ab.

»Ich muss es wiederholen«, sagte Fred. »Wenn Sie heute nicht kommen, lasse ich Sie gleich morgen früh wegen Verstoßes gegen Ihre Bewährungsauflagen in die JVA Moabit einliefern.«

»Ich weiß«, erwiderte sie und sah sich besorgt um, ob jemand Freds Worte gehört hatte.

»Wie kommen wir hinaus?«, fragte Fred. »Vorhin war die Tür abgesperrt.«

»Ich sag dem Hausmeister Bescheid. Gehen Sie schon mal vor«, antwortete sie, winkte und verschwand eilig.

Es dauerte eine Weile, bis der Hausmeister angeschlurft kam.

»Sehen Sie sich sein Gesicht an«, flüsterte Ellen Fred zu. »Darin sehen Sie all die Demütigungen und Qualen, die das schwächste Glied in einer Hierarchie an einem Theater täglich zu erdulden hat.«

Der Hausmeister sperrte die Tür auf. »Bitte sehr, die Herrschaften.«

Fred fasste sich erschrocken in seine Hosentaschen. »Ah, verdammt, meine Geldbörse! Sie muss mir in Frau Laakes Garderobe aus der Tasche gerutscht sein.«

Der Hausmeister verdrehte die Augen. »Dann kommen Se mal mit.«

»Ich warte im Auto«, sagte Ellen genervt. Fred hätte sich nicht gewundert, wenn sie noch »Sie Tölpel« angefügt hätte.

Der Hausmeister schloss die Tür zu der Garderobe auf.

»Da liegt sie ja, unterm Stuhl!«, freute sich Fred und hoffte, nicht zu auffällig zu klingen. Im Schauspielern war er nicht besonders gut.

Wie er gehofft hatte, blieb der Hausmeister vor der Tür stehen. Bevor Fred den Raum wieder verließ, öffnete er das Wandschränkchen, auf das Mirna Laake vorhin so verstohlen geblickt hatte, und warf einen Blick hinein. Darin standen mehrere Tablettenröhrchen Pervitin und zwei Schachteln mit je zehn Ampullen Eukodal.

...

»Die haut ab«, sagte Ellen, als Fred sich neben sie auf den Rücksitz des Mercedes fallen ließ.

»Nein, sie kommt. Ich bin sicher.«

»Sollen wir wetten?« Ihre Augen blitzten.

»Warum?«

»Weil es Spaß macht.«

Fred überging ihre Antwort. »Sie hat einen sehr großen Vorrat an Pervitin in ihrem Wandschrank. Und Ampullen mit Eukodal, keine Ahnung, was das ist.«

Ellen lehnte sich zurück und sah zum Fenster hinaus. »Wirklich nicht?«

»Pervitin kennt jeder. Das Aufputschmittel für die glorreichen deutschen Soldaten. Ohne Pervitin wäre der verdammte Krieg bestimmt zwei Jahre früher zu Ende gegangen. Stuka-Tabletten, Flieger-Marzipan, Hermann-Göring-Pillen.«

Ellen kniff die Augen zusammen, als Fred den Namen des Nazi-Generalfeldmarschalls und Befehlshabers der Luftwaffe nannte. Er sah sie erstaunt an. »Kennen Sie die Ausdrücke nicht?«

»Natürlich kenne ich sie«, entgegnete sie auffallend verhalten.

»Das meiste Pervitin haben die Flieger geschluckt. Göring wollte es so. Damit sie selbst die verrücktesten, gefährlichsten Angriffe flogen. Göring gehörte zu den Schlimmsten von all den Schlimmen.«

»Was wissen Sie denn?«, platzte Ellen heraus. »Vermutlich das, was alle meinen zu wissen. Aber hinter dem Äußeren verbirgt sich immer auch ein Mensch.«

»Ein Schwein ist ein Schwein, egal, ob Sie es von außen oder innen betrachten.«

Ellen sah ihn ernst, fast ein wenig drohend an. »Lassen wir das.«

»Gerne, sonst wird mir noch schlecht.«

Fred versuchte, seinen Groll über alles, wofür die Nazis standen und was sie angerichtet hatten, zu unterdrücken. Es sind längst andere Zeiten, sagte er sich wie so oft in den letzten Jahren, wohl wissend, dass es nicht ganz der Wahrheit entsprach. Das alte Gedankengut schwelte und waberte noch in so vielen Köpfen.

»Pervitin ist nichts Besonderes«, sagte er. »Das gibt es an jeder Ecke zu kaufen. Was ist Eukodal?«

»So etwas Ähnliches wie Morphium. Hitler war in seinen letzten Jahren abhängig davon.«

Fred sah sie zweifelnd an. Davon hatte er noch nie etwas gehört. Behauptete sie das einfach nur?

»Mit Eukodal fühlen Sie sich allem und jedem überlegen, alle Widerstände erscheinen winzig. Was glauben Sie, warum der GRÖFAZ bis zum Schluss an den Endsieg glaubte? Auch als die Russen schon an seinem Führerbunker klopften?«

GRÖFAZ. Wie lange hatte Fred diesen Ausdruck nicht mehr gehört? Größter Feldherr aller Zeiten.

»Das Letzte, was er zu sich genommen hatte, war ganz sicher kein Frühstücksei, sondern Eukodal.«

»Ich verstehe, an dem ganzen Nazi-Scheiß ist eine morphiumartige Droge schuld, und der Mensch dahinter ist eigentlich ein ganz anderer?«

»Nein«, antwortete sie leise und sah zum Fenster hinaus.

Was war los mit dieser Frau? Auf die Nennung von Göring hatte sie sehr empfindlich reagiert, und warum hatte sie Hitler überhaupt im Zusammenhang mit Eukodal erwähnt? Er nahm sich vor, ein wenig zu recherchieren, wer Ellen von Stain wirklich war.

...

Ellen ließ Fred beim LKA in der Keithstraße absetzen und instruierte den Fahrer, sie nach Kreuzberg ans Paul-Linke-Ufer zu chauffieren. Fred wagte nicht nachzufragen, was sie da wollte, es ging ihn ja auch nichts an. Wahrscheinlich wohnte sie dort und nutzte die Gelegenheit, bequem nach Hause zu gelangen.

Kommissar Auweiler hockte missmutig vor einem Berg von Papieren, so wie es aussah Abschriften von Zeugenaussagen. Die Butterbrotdose vor ihm war leer. Er hörte kaum zu, als Fred ihm die jüngsten Ermittlungsergebnisse referierte.

»Die Dame Sonderermittlerin darf ja alles«, schimpfte Auweiler einige Male mehr zu sich selbst als zu Fred.

»Sie folgen den Direktiven von Frau von Stain«, erwiderte Auweiler, als Fred ihn fragte, wie er mit deren Anweisungen umgehen sollte. »Ist die Dame nicht da, unternehmen Sie gar nichts, bis Sie Anweisungen von mir bekommen. Oder von Kommissar Leipnitz«, fügte er schlecht gelaunt hinzu, »sollte der in ferner Zukunft tatsächlich noch einmal gesunden.«

»Und wenn überhaupt niemand da ist, so wie heute?«

Auweiler brauchte lange für seine Antwort. »Wenn es gar nicht anders geht, wenn Gefahr im Verzug ist, dann, und nur dann, ermitteln Sie selbstständig. Indes Obacht, bei Ihnen als Anfänger zählt jeder Fehler doppelt. Und nun schreiben Sie Ihren Bericht. Ich will jedes Detail darin lesen. Jedes. Und ich will auch fürderhin über jeden Ermittlungsschritt informiert werden, akkurat informiert werden. Intellegitur? Wurde das verstanden?«

Fred rang sich ein »Ja« ab.

»Was ist mit den sichergestellten Besitztümern des Ermordeten?«

»Ein sehr wertvoller Lederkoffer mit Kleidung für ein paar Tage, ein Aktenordner mit Geschäftspapieren und eine Geldbörse mit Ausweis, Flugticket und 300 DM in kleinen

Scheinen«, antwortete Fred. »Ich habe alles erfasst und in die Asservatenkammer gebracht.«

»Einen Durchschlag des Erfassungsbogens haben Sie an sich genommen?«

»Den lege ich dem Bericht bei. Was ist mit Konrad Stehr? Soll der weiter in Untersuchungshaft bleiben?« Die Frage war im Grunde überflüssig, wahrscheinlich stellte Fred sie nur, weil er liebend gerne die Verantwortung für dessen Hund loswerden wollte.

»Ich erkenne keinen Grund, warum nicht auch dieser Mann der Täter sein könnte«, knurrte Auweiler. »Nicht zuletzt ist eine Waffe in seinem Besitz, die als Tatwaffe infrage kommt. Ach ja, bevor ich es vergesse: Frau Graf will Sie sprechen, bevor Sie das Haus verlassen.«

Fred ging hinüber in Sonja Krauses Büro, um ihr den Bericht in die Schreibmaschine zu diktieren. In ihrem Blick las er die unverhohlene Warnung: Nicht noch einmal dieselbe Prozedur wie gestern ... Immerhin hatte sie sich nicht bei Auweiler beschwert. Doch auch dieses Mal gelang es ihm nicht, die Arbeit für die Sekretärin in einem einigermaßen erträglichen Rahmen zu halten. Allerdings machte sie, als sie endlich fertig waren, keinen wütenden, sondern eher einen verzweifelten Eindruck. Offenbar hatte sie inzwischen Freds Schwäche als eine unabwendbare Plage akzeptiert, die zu ihrer Arbeit gehörte wie das tägliche Kaffeekochen. Danach ging Fred hinüber zur Chefsekretärin Josephine Graf. Er fragte sich, ob er ein schlechtes Gewissen hatte, in dem Bericht nichts von dem Eukodal erwähnt zu haben, das er bei Mirna Laake gefunden hatte. Das würde wohl ausreichen, um ihre Bewährung zu kassieren. Nein, hatte er nicht, sein Bauch sagte ihm, dass sie für die Ermittlungen wertvoller war, wenn sie in Freiheit blieb.

»Ah, der Herr Lemke«, begrüßte sie ihn. »Und, haben Sie sich eingelebt?«

Fred wusste nicht so recht, was er antworten sollte.

»Ich war fast den ganzen Tag mit Frau von Stain unterwegs«, sagte er.

Graf sah ihn an, so lange, dass er begann, sich unwohl zu fühlen.

»Sie haben eine Ausbildung hinter sich, Sie haben Ihr Handwerk gelernt, Herr Lemke. Vergessen Sie das nicht.«

Wie meinen Sie das, wollte er fragen, doch sie ließ ihn nicht zu Wort kommen.

»Hanna Pletter sagte, Sie seien ein angenehmer Mieter. Bis auf den Hund, den Sie mitgebracht haben. Sie bat mich, Ihnen auszurichten, dass sie das Vieh nicht noch einmal in ihrer Pension duldet.« Graf reichte ihm einen Umschlag. »Hier, ich habe Ihnen einen Vorschuss organisiert. Ich kann mir vorstellen, dass Sie im Moment nicht so gut bei Kasse sind.«

Fred wollte sich gerührt bedanken, aber sie ließ ihn wieder nicht zu Wort kommen.

»Geschenkt. Und jetzt, hopp, in den Feierabend.«

Fred trollte sich. Warum war er nur so verklemmt in ihrer Nähe?

Hugo drehte vor Freude fast durch, als Fred ihn aus dem Verhörraum holte und ihm den halben Ring Fleischwurst zuwarf. Bevor er die Abteilung verließ, telefonierte er noch mit der Spurensicherung, damit sich jemand um Mirna Laake kümmerte. Auf dem Weg nach draußen überlegte er, wo er Hugo unterbringen konnte. Ein Bus fuhr vorbei, »Betriebsfahrt« war auf einem Schild über der Windschutzscheibe zu lesen. Die Seite zierte ein überdimensionaler, krähender Hahn, dessen Fröhlichkeit nicht so recht zu dem ellenlangen Werbespruch darunter passte: »Heute bleibt die Küche kalt, wir gehen in den Wienerwald«. Obwohl Fred sich in den letzten Jahren nur zweimal ein knusprig gegrilltes halbes Hähnchen gegönnt hatte, einmal im Wienerwald, einmal beim preiswerteren Hühner-Hugo, lag ihm der Geschmack sofort auf der Zunge. Sollte er einen Abstecher zum Adenauerplatz machen? Nein, irgendwie erschien es ihm unanständig, vor Hugo ein Hähnchen zu essen und ihm nichts davon abzugeben.

Der Hund musste aus seinem Leben verschwinden, und zwar so schnell wie möglich.

...

Fred zog die Riemen durch, das rauschhafte Gefühl, wenn er nach all dem Rangieren mit dem empfindlichen Skiff den ersten vollen Ruderschlag tat, war mit nichts zu vergleichen. Das Boot schoss davon, als hätte es nur darauf gewartet, losgelassen zu werden. Der Fahrtwind war wie ein Versprechen, endlich die lang herbeigesehnte Abkühlung zu finden, und die Geschwindigkeit, mit der das Skiff durch das Wasser pflügte, nahm Fred alle Last ab, die er auf seinen Schultern gespürt hatte. Er war müde und sehnte sich nach Schlaf.

Nicht auf eine erschöpfte, sondern auf jene angenehme Art, wie man sie nach anstrengender körperlicher Arbeit verspürt. Aber der Schlaf musste warten. Er wusste, wo er schlafen würde, er wusste, wie schön sein neues Zuhause und wie willkommen er dort war. Ein solches Glück hatte er schon lange nicht mehr empfunden. Eigentlich noch nie, seit er nach Berlin gekommen war. Heimat. Das erste Mal, seit er Buckow verlassen hatte.

Hugo hatte er bei dem Wachmann in der Leitzentrale der Feuerwache abgegeben. Zum Glück saß heute Harald Ringer vor dem riesigen Pult, das mit erstaunlich wenigen Knöpfen, Schaltern und Telefonen bestückt war, so als wäre es für die Anforderungen einer Zeit konzipiert, die noch weit in der Zukunft lag. Fred hatte Harald vor einem Jahr kennengelernt, kurz nachdem dieser von der DDR in den Westen »rübergemacht« hatte. Harald war ein gemütlicher, grundehrlicher Mensch. Das vor allem hatte ihm den Alltag in der DDR schwer gemacht, vieles war ihm gegen den Strich gegangen. Er stammte aus dem brandenburgischen Templin, in dem es ideologisch weit strenger zuging als in anderen Orten der DDR. Überall lauerten sozialistische Regeln und strenge Verbote. Als besonders quälend hatte er die täglichen Morgenappelle in der Schule empfunden, bei denen jeder Schüler, der sich einer, selbst der winzigsten Abweichung von der reinen sozialistischen Lehre schuldig gemacht hatte, öffentlich gegeißelt wurde. Was Harald jedoch noch mehr »auf den Senkel gegangen war«, waren die verlogenen Euphemismen: Mais wurde mit großem Ernst mangels echter Fleischwaren »Wurst am Stiel« genannt, und es galt schon als »anti-sozialistisch«, das lustig zu finden. Missernten wegen zu viel Regen und zu wenig Kunstdünger bekamen blöde Mottos wie »Ohne Gott und Sonnenschein bringen wir die Ernte ein«. Und weil es der notorisch klammen DDR an Devisen mangelte, um Pestizide zu kaufen, wurden im Frühsommer regelmäßig alle Templiner Schüler in ihrer Freizeit auf die Felder geschickt, um Kartoffelkäfer einzusammeln, weil die angeblich nachts von amerikanischen Flugzeugen über die Felder verstreut wurden, um dem Sozialismus zu schaden. Wer von der Gängelei und der sozialistischen Mangelwirtschaft die Nase voll hatte und in den Westen übersiedelte, wurde als Krimineller denunziert.« Der größte Schock für Harald ereilte ihn allerdings am 5. Februar 1957. Das Datum würde er nie vergessen. Er war eine Woche zuvor zweiundzwanzig geworden, und sein Lieblingsonkel Walther hatte es tatsächlich geschafft, ihm eine Single von Elvis Presley als Geburtstagsgeschenk zu organisieren, die er, sobald seine Eltern die Wohnung verließen, auf deren Plattenspieler laufen ließ, bis ihm die Ohren glühten: »Heartbrake Hotel« und die B-Seite »I was the One«. An jenem Tag schlug Harald die FDJ Tageszeitung *Junge Welt* auf, eine durch öffentliches Abfragen täglich streng kontrollierte Pflichtlektüre in seiner LPG, und fand auf Seite 3 einen Artikel über Elvis Presley. Begeistert begann er zu lesen, doch schon nach wenigen Worten wurde aus seinem Entzücken Wut. »Sein ›Gesang‹ glich seinem Gesicht«, stand da, »dümmlich, stumpfsinnig, brutal. Der Bursche war völlig unmusikalisch, krächzte wie eine an Keuchhusten leidende Krähe, sprang herum wie ein hochgradig Irrer, röhrte dabei wie ein angeschossener Hirsch, nur nicht so melodisch.« Harald brach der Schweiß aus, ein kalter Schauer lief seinen Rücken rauf und runter. Elvis war sein persönlicher Held, Elvis war die Offenbarung, die ihm das Gefühl gegeben hatte, ein Anrecht zu haben auf große Gefühle, auf ein Leben ohne Grenzen, auf ein Streben nach Glück, »Pursuit of Happiness«, so hieß es doch in der amerikanischen Verfassung. Sein größter Traum war, den King of Rock'n'Roll einmal auf der Bühne zu sehen. Aber nach diesem Artikel wurde ihm glasklar bewusst: In der DDR würde das niemals geschehen. Was in der »Jungen Welt« stand, war nicht die Meinung eines Journalisten, sondern Staatsdoktrin, es stellte die Linie dar, auf der alle zu marschieren hatten. In dem Moment hatte Harald die Nase endgültig voll vom DDR-Sozialismus, von dem Leben in einer engen Schachtel. Ohne auch nur eine Sekunde zu zögern, ließ er alles stehen und liegen und marschierte los in Richtung Berlin, der Hauptstadt der DDR. Zuvor klebte er einen Zwanzigmarkschein auf die Rückseite des mittleren Schubfaches des Schreibtisches eines Arbeitskollegen, für einen Umtrunk unter den Kollegen, ein von allen verstandenes Zeichen für: Ich mach rüber. Einen Tag später, nach einem Fußmarsch von achtzehn Stunden, überquerte er die Grenze an einer Stelle in Frohnau, wo gerade gebaut wurde, und ging schnurstracks ins Kreuzberger Rathaus, um einen Antrag auf eine Wohnung zu stellen. Kurz darauf fing er bei der Feuerwehr an, denn in Berlin brauchte niemand einen angehenden Ingenieur für landwirtschaftliche Maschinen und Geräte, und weil er sich gleich beim ersten Einsatz eine üble, nicht kurierbare Meniskusverletzung zugezogen hatte, landete er in der Leitzentrale hinter dem großen Pult, was seinem eher ruhigen Temperament sehr entgegenkam. Dass Fred sein Skiff an der Außenwand der Wache lagern durfte, hatte er Harald zu verdanken – mit der kleinen Gegenleistung, dass auch Harald das Ruderboot benutzen durfte, was allerdings äußerst selten vorkam.

Hugo war für Harald eine willkommene Abwechslung. Sofort hatte er dem Hund aus einer löcherigen Branddecke ein Lager gebaut, das der Hund prompt akzeptierte, wahrscheinlich weil Harald es mit zwei dick mit Griebenschmalz bestrichenen Butterbroten garnierte. Fred versprach ihm, den Hund am nächsten Morgen noch vor seinem Dienstantritt bei der Mordkommission abzuholen.

Zwei Stunden später öffnete Fred die Tür der Pension. Fröhliche Stimmen und das Klappern von Geschirr tönten ihm aus der Küche entgegen. Fred wollte nicht stören und tastete sich, ohne Licht zu machen, leise durch den Gang zum Aufenthaltsraum, doch Hanna entdeckte ihn.

»Ola, Fred Lemke!«, rief sie ihm hinterher. »Wo waren Sie denn heute Morgen? Wer geht denn freiwillig raus in die Welt ohne Frühstück, vor allem wenn ich es gemacht habe?«

»Eh, heute Morgen, ich habe schlecht geschlafen und bin schon früh los, mit dem Hund.«

»Ich habe Ihr Frühstück aufbewahrt. Wenn Sie es jetzt wollen?«

»Das wäre, ja, das würde mich freuen.«

»Ich bringe es in den Aufenthaltsraum.« Sie deutete hinter sich. »Ich habe Freunde hier, da kann ich Sie nicht hinzubitten. Frauenfeiertag.« Sie lachte gut gelaunt.

Fred ging weiter. Im Aufenthaltsraum saßen ein Mann und eine Frau, vertieft in Bücher. Sie grüßten freundlich, ohne sich vom Lesen abhalten zu lassen.

»Hier, bitte sehr.« Hanna reichte ihm einen Teller mit Brot, Spiegeleiern und Käse. »Guten Appetit.« Sie wandte sich, um zu gehen.

»Darf ich Sie etwas fragen?«

»Na, klar«, erwiderte sie fröhlich.

»Sie haben so viele Bücher, wahrscheinlich kennen Sie sich gut aus.« Fred kam sich plötzlich naiv und unbeholfen vor.

»Womit?«

»Haben Sie zufällig ein Buch über deutsche Adelsfamilien? Oder wissen Sie, ob es ein solches gibt?«

Sie warf ihm einen Blick zu, den er nicht zu lesen vermochte. Erstaunen? Fassungslosigkeit? Fand sie ihn putzig, weil er sich so skurril verhielt? Oder erkannte sie sich in ihm auf eine Art selbst wieder – ein wenig schräg und eigenartig?

»Ich habe tatsächlich eins.« Sie ging suchend an dem gewaltigen Bücherregal entlang. »Da oben, das mit dem goldenen Einband.« Sie lachte. »Das passt doch, oder?«

Fred zog die Leiter heran, die unten auf Rollen stand und oben in eine Schiene eingehängt war, die über die gesamte Länge des Regals führte, und holte das Buch herunter. Der Titel »Das goldene Buch des Deutschen Adels« war in Fraktur geschrieben und rankte sich um ein gewaltiges

Schwert, das von der Hand eines körperlosen Armes umschlossen war.

»Was suchen Sie denn?«

»Etwas über die Familie von Stain. Stain mit ›ai‹.«

»Sind Sie sicher? Mit ›ai‹?«

Fred nickte. Sie nahm ihm das Buch aus der Hand und überflog die ersten Seiten.

»Dieses Buch wurde 1906 veröffentlicht. Wenn Sie nicht fündig werden sollten, kann es daran liegen, dass Ihre von Stains erst später geadelt wurden. Soviel ich weiß, gibt es nicht wenige Von-und-Zus, die erst in diesem Jahrhundert mit irgendwelchen Tricks an einen Titel gekommen sind. Die sind allerdings nicht adeliger als Sie und ich.« Sie lachte wieder dieses gutturale, perlende Lachen, das Fred schon beim ersten Mal so berührt hatte. »Ich zumindest.« Sie hielt ihm das Buch hin. »Sie wissen Bescheid?«

»Richtig zurückstellen, sonst gibt's Ärger.«

Sie lächelte ihn an. »Ein Mann mit Humor. Das ist gut.«

Das ist gut. Das klang so, als gäbe es so etwas wie eine Hitparade, in der er jetzt zum ersten Mal auftauchte mit der Chance, auf einen höheren Platz aufzusteigen.

Bevor Hanna den Raum verließ, drehte sie sich noch einmal um.

»Morgen Vormittag bin ich in der AGB, da kann ich mal sehen, ob es etwas über die von Stains gibt.« Auf sein fragendes Gesicht hin fuhr sie gespielt tadelnd fort: »Die Amerika-Gedenkbibliothek. Nie gehört? Die hat uns das amerikanische Volk geschenkt, weil wir die Blockade der Russen so standhaft überstanden haben. Sie waren nicht dabei, stimmt's? 1948, 49, hier in Berlin.«

»Nein, ich bin erst seit fünf Jahren hier.«

»Höre ich da eine gewisse Verdrossenheit heraus, Herr Lemke? Halten Sie durch! Berlin ist grandios.«

Sie ging lachend hinaus, und kurz darauf hörte Fred, wie sie von vielen Stimmen euphorisch begrüßt wurde, als wäre sie stundenlang fort gewesen.

Verdrossenheit? Ja, vielleicht. Nur, warum? Die Frage würde ihn quälen, wenn er sie nicht sofort wieder aus seinem Kopf verbannte, das wusste er. Er setzte sich mit dem dicken, goldenen Buch in einen der ausladenden Sessel.

»Die Herren von Stain«, hieß es da, »sind ursprünglich schwäbische Ministeriale, die erstmals im Jahre 922 urkundlich erwähnt wurden.« Es folgte eine Auflistung der familiären Verzweigungen, sehr detailliert und mit unzähligen Querverweisen und Fußnoten versehen. Fred fielen schon nach wenigen Minuten vor Langeweile die Augen zu. Die von Stains stammten aus dem Schwabenland, und es gab in der gesamten tausendjährigen Abstammungsgeschichte keinen Hinweis, dass sie ihren Wirkkreis darüber hinaus erweitert hätten. 1902 war dann mit dem letzten, geschwister- und kinderlosen Namensträger das Adelsgeschlecht ausgestorben.

Gähnend klappte Fred das Buch zu und rieb sich seine müden Augen. Warum machte er sich überhaupt so viele Gedanken um Ellen von Stain?

Er stieg auf die Trittleiter und schob das Buch an seinen Platz zurück. Für einen Moment überlegte er, ob er mit den anderen beiden Pensionsgästen ein Gespräch suchen sollte, aber nein, sie wirkten so vertieft in ihre Bücher, es wäre ihm unangenehm, sie zu stören. Also murmelte er ein leises »Guten Abend« und trat hinaus in den Flur.

Aus der Küche schallte fröhliches Lachen, nur Frauenstimmen. Frauenfeiertag, hatte Hanna gesagt. Er hörte ihre Stimme, Stühle wurden gerückt. Die Tür ging mit Schwung auf, Hanna und eine andere Frau traten hinaus auf den Flur.

»Da ist er ja«, strahlte Hanna ihn an. »Ich wollte gerade zu Ihnen.« Sie zögerte für einen Moment. »Na, dann kommen Sie mal rein in die gute Stube.«

Die andere Frau warf ihr einen erstaunten Blick zu.

»Ausnahmsweise«, ergänzte Hanna, zog Fred in die Küche und schob die Tür hinter sich mit der Ferse zu. Fünf weitere Frauen, alle um die dreißig, vielleicht ein wenig älter, Fred war im Schätzen von stark geschminkten Frauen nicht so gut, saßen um den großen Esstisch und sahen ihn mit unverhohlener Neugierde an. Eine von ihnen war Josephine Graf, die sich wie gewohnt lässig eine Zigarette anzündete und den Rauch mit einem perfekten Kringel in die Luft blies. Wie ein Heiligenschein, dachte Fred und musste lächeln. Er kannte die Chefsekretärin kaum, aber dass zu ihr ein Heiligenschein passte, war äußerst unwahrscheinlich.

»Das ist Sara Feldknecht. Sie ist Berlins jüngste, weil einzige Soziologie-Professorin«, stellte Hanna die Frau vor, mit der sie in den Flur hinausgetreten war. »Sara ist, wie soll ich sagen, aufgrund besonderer Familienverhältnisse schlecht auf bestimmte Deutsche zu sprechen.«

»Das kann man so sagen«, bestätigte Sara.

»Vor allem die Familie von Stain ist für sie ein ganz besonderer Quell der ...?« Hanna sah Sara an.

»Wut, Entrüstung, des Grolls, Furors, Ingrimms, der Fassungslosigkeit, Beklemmung, auch des Erstaunens«, ergänzte diese und setzte sich an den Tisch, der, wie Fred jetzt erst bemerkte, überbordend mit verschiedensten Snacks beladen war, mit Pumpernickel-Schnittchen, halbierten gekochten Eiern, Schinken- und Wurstaufschnitt, verschiedenen Käsestücken, Obst, rohem Gemüse, Schrippen und Weinflaschen, von denen jede dasselbe Etikett trug, auf dem einfach nur WEIN stand.

Hanna füllte ein Glas und hielt es Fred hin. »Am besten hören Sie einfach nur zu.«

Donnerstag, 3. Juli 1958

Am nächsten Morgen erschien Fred pünktlich um acht im Dezernat. Ellen von Stain war nicht da. Ein Glück. Was Sara Feldknecht ihm gestern über die Familie von Stain erzählt hatte, saß ihm wie eine schwer verdauliche geräucherte Makrele im Magen. Zudem pochte und klopfte es in seinem Schädel. Er wusste nicht mehr, wie viele Gläser Wein er getrunken hatte, auf jeden Fall zu viele. Der Abend hatte eine interessante Wendung genommen. Nach dem ernsten, auch beklemmenden Vortrag von »Berlins jüngster, weil einzigen Soziologie-Professorin« war es sehr lustig geworden, an Einzelheiten konnte Fred sich nicht mehr erinnern, nur dass die Frauen, nachdem sie ihn zuerst links liegen gelassen hatten, irgendwann angefangen hatten, ihn zu necken und mit seiner jugendlichen Unerfahrenheit aufzuziehen. Nicht böse und gemein, eher mit freundlichem Vergnügen. Zumindest hatte er das so empfunden. Er erinnerte sich noch, dass Josephine Graf sich daran nicht beteiligt und den restlichen Abend mit einer der Frauen in einer Ecke gesessen und ein intensives Gespräch geführt hatte. Hanna hatte ihm später offenbart, was mit ihrem »Frauenfeiertag« gemeint gewesen war: Vorgestern, am 1. Juli 1958, war endlich das »Gesetz zur Gleichberechtigung« verabschiedet worden. Ist es nicht grandios, hatte Hanna gejubelt, wir Frauen dürfen jetzt eine Arbeit ohne Einverständnis des Ehemanns annehmen, und ich als geschiedene Frau dürfte sogar als Straßenbah rerin arbeiten, was die Frauen in der DDR schon seit über zehn Jahren dürfen, ist das nicht ein sensationeller Grund zu feiern? Ein Grund, ohne Männer zu feiern, hatte Josephine Graf daraufhin angemerkt, womit sie offenbar auf Freds Anwesenheit angespielt hatte.

Am Morgen hatte Fred Hanna Pletter nicht gesehen. Das Frühstück für die Mieter war in der Küche vorbereitet, die Wirtin jedoch hatte sich wohl noch einmal hingelegt.

»Der Herr Lemke, guten Morgen. Sine tempore und damit vorbildlich, das gestehe ich gerne zu«, begrüßte ihn Kommissar Auweiler, seine Panatella brannte schon und der Ventilator auf Ellens Tisch, den offenbar niemand ausgeschaltet hatte und der auf höchster Stufe arbeitete, verteilte deren Rauch im gesamten Raum.

»Wird Frau von Stain heute auch kommen?«, fragte Fred so beiläufig wie möglich.

»Ah«, stöhnte Auweiler auf, »hatte ich das Ihnen gegenüber nicht schon mit hinreichender Klarheit ausgedrückt? Kümmern Sie sich nicht um Frau von Stain, die ist nicht Ihr Kaliber.«

»Wir haben gemeinsam ermittelt.«

»Na und? Jetzt ermitteln Sie eben allein weiter, gemäß meinen Anweisungen, und wenn sie wieder auftaucht, ermitteln Sie wieder gemeinsam. Vielleicht. Wenn's der Dame beliebt.«

Auweiler hielt mehrere Blätter in die Höhe. »Ihr Bericht. Dem entnehme ich, dass diese Tänzerin, Mirna Laake, sehr gute Gründe hatte, Obermann ein Dum-Dum Geschoss im Gesicht zu platzieren. Ebenso dünkt mir die Frau des Opfers, Ida Obermann, ein wohlfeiles Motiv zu haben, ebendas ihrerseits getan zu haben. Quod provisum, es entspricht der Wahrheit, was die Laake zu Protokoll gegeben hat.«

»Sie meinen, dass Obermann die Scheidung eingereicht hat, um die Tänzerin zu heiraten?«

»Eifersucht ist eine gewaltige Kraft.« Auweiler sagte das so, als wäre ihm dieses Gefühl sehr vertraut. »Haben Sie beim Familiengericht nachgefragt, ob ein Antrag auf Scheidung vorliegt?«

»Gestern war es dafür zu spät.«

»Hat die Frau ein Alibi für die Tatzeit?«

»Wir haben das nicht erfragt«, gab Fred zu.

»Nicht?« So wie Auweiler das sagte, war es mehr eine Anklage als eine Frage.

»Sie hatte gerade erst von dem Mord an ihrem Mann erfahren. Ich hätte es irgendwie unmenschlich gefunden.«

»Sie sind nicht geistlicher Mitarbeiter bei der Seelsorge, Lemke. Sie sind bei der Mordkommission.«

Fred schwieg. Ehrlicherweise musste er eingestehen, gar nicht auf die Idee gekommen zu sein, diese Frage zu stellen. Ein Fehler, ganz sicher.

»Das holen Sie jetzt gleich nach. Was ist mit diesem Konrad Stehr?«

»Seine Pistole wird noch überprüft.«

»Wieso dauert das so lange?«

Fred zuckte mit den Schultern. »Kommissar Moosbacher sagte mir gestern, dass die Ballistiker noch keine Zeit hatten.«

Auweiler schüttelte demonstrativ missbilligend den Kopf.

»Gestern ist nicht heute.«

Er griff nach seinem Telefon. Das Gespräch dauerte nicht lange.

»Die Pistole ist kalt«, sagte er, nachdem er aufgelegt hatte. »Der letzte Schuss wurde vor Monaten abgefeuert, aber die Waffe ist, ich zitiere, ›ziemlich durch, die muss sehr oft benutzt worden sein‹. Hat der Mann einen Waffenschein? Eine Sondererlaubnis, eine Waffe zu besitzen?«

»Ich weiß es nicht.«

»Auch vergessen zu fragen?«

Vor Fred tauchte das Bild auf, wie Stehr einer Kanonenkugel gleich davonschießen wollte, wie Peters sich auf ihn warf, wie Hugo sich in dessen Wade verbiss. »Es ging alles so schnell.« Was für eine lahme Ausrede.

»Lemke, Lemke, Lemke.« Auweiler zog gewichtig an seinem Zigarillo. »Sie sollten sich um einige Grade mehr anstrengen, wenn Sie hier reüssieren wollen. Ein guter Ermittler behält den Überblick. Und zwar immer.«

Fred ärgerte sich über die offensichtliche Genugtuung, die es Auweiler bereitete, ihn zu tadeln, aber vor allem über sich selbst, denn diesmal, Fred wusste es, hatte Auweiler recht.

»Sonjalein, kommst du mal?«, rief dieser hinüber in den Raum, in dem die Sekretärin saß. Sie kam herbeigeflitzt, als hätte sie hinter der Tür gewartet, in der Hand Schreibblock und Bleistift.

»Du machst bitte die Papiere für die Entlassung von Konrad Stehr aus der U-Haft fertig. Bei den Waffenfritzen liegt seine Pistole, eine Walther P38. Die wird konfisziert. Wegen des unerlaubten Waffenbesitzes schreibst du eine Anzeige und leitest sie an die Staatsanwaltschaft weiter.« Auweiler wandte sich Fred mit dem arrogantesten Blick, den sein Repertoire hergab, zu. »Haben Sie gut aufgepasst? Ich nehme an, in Ihrer Ausbildung haben Sie nicht viel über behördenspezifische Verwaltungswege gelernt.«

Fred schüttelte den Kopf. »Es hieß immer, diese Dinge lernen Sie vor Ort, dort, wo Sie arbeiten werden. Die alten Hasen, auf die Sie treffen, werden so tun, als wären Sie Idioten, weil Sie all das nicht wissen. Bleiben Sie gelassen. Auch die alten Hasen waren mal Idioten.«

Auweiler starrte ihn böse an. »Wer soll das gesagt haben?«

»Walter Kozlik.« Der Name war erfunden, kein Ausbilder hatte je so etwas gesagt.

Der Kommissar zog intensiv an seiner Panatella und blies den Rauch gewichtig in Freds Richtung. Fred wollte nicht blinzeln, konnte es aber nicht unterdrücken.

»Der Weg ist weit, Lemke. Überdenken Sie gründlich, ob Sie ihn gehen wollen.«

»Zu spät, Herr Kommissar«, lachte Fred in der Hoffnung, die konfrontative Situation mit Humor auflösen zu können. »Iacta alea est.«

In einigen Büchern aus Ihlow, die er verschlungen hatte, waren diese Worte vorgekommen. Erst als er gut versteckt hinter anderen Büchern das zwanzigbändige »Meyers Großes Konversations-Lexikon« entdeckt hatte, fand er eine

Übersetzung der lateinischen Redewendung und woher sie ihren Ursprung hatte. Die Geschichte dazu hatte ihm gefallen, auch wenn es unmöglich war, sie sich zu merken, zu kompliziert, Cäsar, der drohende Bürgerkrieg, die Intrigen Roms, all die vielen Akteure.

»Faber est suae quisque fortunae«, erwiderte Auweiler und zwinkerte der Sekretärin zu, die Fred ein mitleidiges Lächeln zuwarf. »Übersetze es für ihn, Sonja-Schätzchen.«

»Jeder ist seines Glückes Schmied«, sagte sie brav.

»Allein, wenn das Feuer nicht größer als das einer Kerze brennt, Lemke, dann wird das nichts mit dem Glück.« Er lachte meckernd, und Sonja Krause fiel beflissen mit ein.

Fred verdrehte die Augen. »Ich mache mich auf den Weg zu Frau Obermann.«

»Tun Sie das. Und hören Sie, Lemke: Wenn Sie nicht in Begleitung von Frau von Stain sind, lassen Sie sich nicht im Mercedes herumkutschieren, sondern nehmen Sie gefälligst ein anderes Beförderungsmittel, verstanden? Bedenken Sie auch, Beamte des LKA dürfen Bahnen und Busse kostenfrei nutzen.«

Fred passierte den Verhörraum. Kein Hundegebell drang heraus. Hugo … Er hatte schlicht und einfach vergessen, den Hund heute Morgen vor Dienstantritt in der Feuerwache Wannsee abzuholen. Jetzt war es zu spät, auch seine Mittagspause würde nicht für die Fahrt nach Zehlendorf und wieder zurück ausreichen.

Egal. Es gab in diesem Moment Wichtigeres zu tun. Hugo ging es gut, da war er sicher, es reichte, wenn er ihn heute Abend abholte und zu Stehr brachte.

Auf dem Weg sah er noch schnell bei der Spurensicherung vorbei in der Hoffnung, dass Kommissar Moosbacher nicht schon außer Haus war.

»Sie haben Sehnsucht nach meinem löslichen Kaffee, geben Sie es zu«, begrüßte der ihn schmunzelnd.

Fred hob ablehnend die Hände. »So viel Kaffee wie heute habe ich in meinem Leben noch nicht getrunken. Außerdem macht meine Pensionswirtin ein Frühstück, das für zwei reicht, und sie nimmt es persönlich, wenn man nicht alles wegputzt.«

»Wie verlockend. Vielleicht sollte ich mal vorbeikommen. Ich muss morgens alles selbst machen und meistens bin ich zu faul dafür.« Er deutete auf eine Tüte aus Butterbrotpapier auf seinem Schreibtisch. »Aber zum Glück gibt es eine Metzgerei hier in der Nähe, in der ich alles kriege, was ich brauche. Bis auf Schrippen mit Honig.«

»Riese?«, fragte Fred.

»Ja, genau! Woher wissen Sie das?«

»Da habe ich gestern zu Mittag gegessen.«

»Da sind Sie also hin.« Moosbacher sah ihn forschend an. Fred fühlte sich ein wenig wie unter einer Lupe betrachtet.

»Haben Sie in der Wohnung von Konrad Stehr irgendetwas Interessantes gefunden?«, fragte er. »Was die Pistole betrifft, weiß ich schon Bescheid.«

»Eine Walther P38, mit der seit Langem nicht mehr geschossen wurde. Dazu passt, dass wir nirgendwo Munition gefunden haben. Die Wohnung war dreckig, aber sauber.«

»Sie meinen, da gab es nichts Belastendes?«

Moosbacher nickte. »Nichts. Und das Gruselige war: Es gab dort auch nichts, was älter als ein paar Jahre war. Kein altes Foto, keine Erinnerungsstücke, nichts. Ein Mensch, der keine Vergangenheit hat.«

Fred musste an seine spontane Abneigung gegen Konrad Stehr denken. »Oder der sie vollständig auslöschen will.«

Moosbacher schwieg eine unangenehme Weile lang.

»Ich weiß, worauf Sie anspielen«, nahm Moosbacher den Faden wieder auf. »Dieser Mann ist einem unheimlich. Aber das macht ihn nicht zum Täter. Er könnte ein ehemaliger Kriegsgefangener sein, ein traumatisierter Spätheimkehrer. Es ist noch keine drei Jahre her, dass die Russen die letzten aus der Gefangenschaft freigelassen haben. Manche sind zurückgekommen und mussten erleben, nichts mehr von dem vorzufinden, woran sie all die Jahre ihre Hoffnungen geknüpft hatten. Aller Besitz verloren, die Familie womöglich auch. Manche Frau wollte von ihrem traumatisierten Ehemann nichts mehr wissen, viele Kinder kannten ihre Väter nicht oder erkannten sie nicht wieder.«

Fred hatte das Gefühl, dass ihm der Boden unter den Füßen weggerissen wurde. Diese Bilder trafen ihn völlig unvorbereitet, zudem war er immer noch geschwächt von dem ungewohnten Alkoholabusus. Er wandte sich ab und tat so, als müsste er husten, während er versuchte, die aufblitzenden Erinnerungen an seinen Vater zu verdrängen. Das ausgemergelte Gesicht, das schäbige Seil, an dem er gehangen hatte, der Klang, mit dem die Tür des winzigen Nebenraums der Werkstatt ins Schloss gefallen war. Eine Tür, die sich von innen nicht öffnen ließ. Und die Leiche seines Vaters baumelte einen halben Meter vor seinen Augen.

Moosbacher warf ihm einen prüfenden Blick zu. »Verschluckt? Soll ich auf Ihren Rücken klopfen?«

»Schon gut«, erwiderte Fred und atmete einige Male tief durch.

»Tut mir leid, wenn ich bei Ihnen irgendwelche Erinnerungen geweckt haben sollte.«

»Schon gut«, wiederholte Fred ungehalten.

»Übrigens, der Gerichtsmediziner hat seine Untersuchungen abgeschlossen, der Bericht geht heute noch an Kommissar Auweiler. Über die Schussverletzungen hinaus war Heinz Obermann mit Hämatomen übersät, am Oberkörper, an den Armen, an den Beinen, sehr wahrscheinlich von einem Kampf, bei einigen Hämatomen waren deutlich die Abdrücke der Knöchel einer Faust zu erkennen. Allerdings waren diese Verletzungen mindestens eine Woche alt.«

Fred nickte, es machte ihm Mühe zu sprechen. »Also hat es am Tatort keinen Kampf gegeben, in den Obermann verwickelt gewesen ist.«

»Genau.« Moosbacher zog eine Schrippe aus der Papiertüte hervor, die mit einer dicken Scheibe Kasseler belegt war.

»Sind Ihnen die Bilder an den Wänden in Stehrs Wohnung aufgefallen?«, fragte er und biss hinein. Der würzige Geruch des Fleischs schlich in Freds Nase und erinnerte ihn an das fürstliche Frühstück in der Pension, das er wegen seines pochenden Schädels gar nicht richtig hatte genießen können.

»Von den Frauen, die einen alle ansehen?«

Moosbacher nickte und nuschelte: »Eigenartig, oder?«

»Sehr.«

»Und? Ihre Deutung?«

Fred zuckte mit den Schultern. »Ein hoffnungslos einsamer Mensch, mit einem Hund und unzähligen begehrenswerten Frauen, deren Blicke auf ihn gerichtet sind und die ihm suggerieren, ebenfalls begehrenswert zu sein.«

»Stehr ist eine Bombe. Hoffentlich holt ihn der Sensenmann, bevor er explodiert.«

»Als Mörder von Heinz Obermann kommt er jedenfalls nicht infrage«, sagte Fred.

»Doch, theoretisch schon. Wenn er eine andere Waffe benutzt hat. Allerdings gebe ich Ihnen recht. Ich glaube, Konrad Stehr hat eine ganz besondere Beziehung zu seiner Walther P38. Ich glaube, wenn er auf etwas oder jemanden schießen wollte, würde er das nur mit dieser Waffe tun.«

»Ich sehe nur weit und breit kein Tatmotiv.«

»Braucht eine Bombe ein Motiv?«

Fred schwieg.

»Vergessen Sie es«, lachte Moosbacher. »Meine grauen Zellen fangen erst an zu arbeiten, wenn ich gefrühstückt habe.«

...

Im Innenhof holte sich Fred ein Fahrrad vom Fahrdienst.

Anders als beim letzten Mal musste er heute ein Formular ausfüllen, auf dem sein Name, die Uhrzeit und die Inventarnummer des Fahrrads vermerkt wurden. Am liebsten würde er zu Fuß gehen, um seine Gedanken zu ordnen, doch allein für eine Strecke würde er mindestens eine Stunde brauchen, mit dem Fahrrad hingegen höchstens zwanzig Minuten.

Er kannte den Weg nicht genau, wusste nur grob die Richtung, in die er fahren musste, um irgendwann zum Volkspark Schöneberg zu gelangen. Von da an war es einfach: erst die Prinzregentenstraße, dann die Varziner Straße und zuletzt den Südwestkorso, der an Obermanns Haus vorbeiführte.

Während er mit entspannter Geschwindigkeit dahinrollte, bevorzugten seine Gedanken ein gänzlich anderes Tempo, sie tanzten und schossen kreuz und quer durcheinander, ohne Linie, ohne Mittelpunkt. Das, worum es eigentlich ging, nämlich wie er das Gespräch – müsste er es nicht Verhör nennen? – mit Ida Obermann am klügsten führen sollte, entglitt ihm schon nach kurzer Zeit. Ellen von Stain, Hanna Pletter, Hugo, die Ruhe auf der Havel, der Bass – was war eigentlich mit Lolle? Und mit seiner Band?

»Schluss jetzt!«, dachte er, als er an einer roten Ampel warten musste, und er merkte an der Reaktion der Fußgänger, die vor ihm die Straße überquerten, dass er die Worte nicht gedacht, sondern laut ausgesprochen hatte.

Wieder versuchte er, sich auf das bevorstehende Verhör zu konzentrieren. Aber diesmal drängte sich Heinz Obermann in seine Gedanken. Die Fotos, die seine Frau zur Verfügung gestellt hatte, zeigten einen gut aussehenden, selbstbewussten Mann, dem man sein Alter von 53 Jahren durchaus ansah, der jedoch gleichzeitig einen energischen, fast jugendlichen Eindruck machte, wie jemand, der viel Sport treibt und auf seinen Körper achtet. Sein schmales Gesicht wirkte verschlossen und kalt, sein Blick zeugte von großer Entschiedenheit, ja, sogar Selbstherrlichkeit, und stand in einem seltsamen Kontrast zu seinem Lachen, das wohl der Fotograf eingefordert hatte und das im Wesentlichen daraus bestand, seine prächtigen Zähne zu zeigen. Aus jeder Pore dieses Mannes sprachen Selbstdisziplin und Machtanspruch, zugleich gab es auch etwas Feines, das man eher einem kunstsinnigen Menschen zuordnen würde, einem Musiker, einem Galeristen, einem Verleger, auf keinen Fall jedoch einem Handwerker, schon gar nicht einem Klempner. Würde Fred nur das Foto sehen, er würde sein Monatsgehalt verwetten, dass dieser Mann noch nie eine Rohrzange und erst recht kein fäkaliendurchflutetes Abwasserrohr in den Händen gehalten hatte. Mirna Laake hatte ihn als jemanden beschrieben, der zu feiern verstand, großzügig war und sich fantasievolle Dinge einfallen ließ. Das konnte sich Fred gut vorstellen, nicht als Ausdruck von Lebensfreude, sondern wie eine Aufgabe, die es absolut perfekt zu erfüllen galt. Perfektion, das war das Wort, nach dem er die ganze Zeit schon gesucht hatte, ohne es zu fassen zu bekommen. Der Obermann auf den Fotos wirkte auf ihn wie ein Perfektionist, wie einer, der nichts dem Zufall überließ, der den Ton angab, ein Machtmensch – einer, der nie und nimmer akzeptieren konnte, dass sein Heiratsantrag zurückgewiesen wurde, selbst wenn er ihn möglicherweise gar nicht ernst gemeint hatte.

Sehr weit hergeholt, würden seine Ausbilder sagen, das ist keine Polizeiarbeit, Lemke, das ist Rätselraten. Vielleicht war es das auf eine Art. Aber war es nicht auch so, dass sich jeder Mensch von einem anderen ein Bild machte, vom ersten Augenblick an, noch bevor man auch nur die geringste Kleinigkeit über denjenigen wusste? Fred hatte längst akzeptiert, die Bilder, die sich ihm ohne sein Zutun aufdrängten, als eine Variante der Wahrheit zu sehen. Wertvoll einerseits und zugleich nicht in Stein gemeißelt. Dennoch hatte er manchmal Probleme, Bilder, die sich als falsch erwiesen hatten, zu korrigieren.

Fred lehnte das Rad gegen den Laternenpfahl vor Obermanns Haus und schloss es mit einer schweren Kette an, so will es die Vorschrift, hatte ihn der Pförtner der Fahrzeugausgabe belehrt, auch Polizeifahrräder werden geklaut, Herr Kriminalassistent. Er klingelte. Gisela Bernau, die Haushälterin, die ihm öffnete, erschrak heftig, als sie ihn erblickte.

»Tut mir leid, Frau Bernau, dass ich so früh schon stören muss.«

»Sie wollen bestimmt zu der gnädigen Frau, Herr Kommissar. Ich melde Sie gleich an. Sie ist allerdings gerade erst aufgestanden und wird sicherlich noch ein wenig Zeit benötigen.«

»Das ist kein Problem. Darf ich Ihnen in der Zwischenzeit ein paar Fragen stellen?«

»Mir? Ja, selbstverständlich.«

Fred rätselte, wie alt sie wohl war. Ihr Haar war voll und

kräftig, und ihr Gesicht zeigte Anzeichen von unendlicher Müdigkeit, dennoch hatte es etwas Jugendliches. Auch wenn es ihm unangenehm war, empfand Fred sie als anziehend. Hatte Obermann sie auch so empfunden? »Ich schätze, er hat es bei jeder Frau versucht, die ihm gefiel«, hatte Mirna Laake über ihn gesagt.

»Wo können wir in Ruhe sprechen?«

Sie zögerte für einen kurzen Moment. »Ich sage Frau Obermann Bescheid und bin dann gleich wieder zurück.«

Sie ging den langen Flur entlang und verschwand in einem Zimmer.

»Bitte sehr«, sagte sie, nachdem sie zurückgekehrt war, und öffnete die Tür zur Küche. »Ist es in Ordnung für Sie, wenn wir hier reden?«

»Natürlich, gerne.«

»Einen Kaffee? Er ist noch frisch.«

Sie nahm die halb volle Glaskanne von der Warmhalteplatte einer eierschalenfarbenen Wigomat-Kaffeemaschine, nagelneu, der Karton, in dem sie verpackt gewesen war, stand noch in der Ecke, darauf die Aufschrift »*Guter Kaffee, bester Kaffee, Kaffee aus dem Wigomat*«.

»Mit Milch und Zucker?«

»Nur Milch«, antwortete Fred.

Sie griff nach einer Tasse, die auf einem Tablett zwischen silbernem Milchkännchen, Zuckerdose und einem Teller mit Croissants stand, goss den Kaffee ein und hielt ihm die Tasse hin. Ihre Hand zitterte. Fred griff schnell zu, um den unangenehmen Moment für sie zu verkürzen.

»Wie geht es Ihnen, Frau Bernau?«, fragte er.

»Das alles ist furchtbar. Ein Mord, so aus dem Nichts.«

Fred nickte und nahm einen Schluck. Worte halfen nicht, wenn der Tod zugeschlagen hatte, das wusste er nur zu gut. In Gisela Bernaus Augen schimmerte etwas Hilfsbedürftiges. Sie war sehr blass, und die Falten in ihrem Gesicht waren tiefer, als er bei der ersten Begegnung bemerkt hatte.

»Frau Bernau, es ist für Sie bestimmt furchtbar, was ich Sie jetzt fragen muss. Es tut mir sehr leid.«

Sie sah ihn erschrocken an, er konnte sehen, wie ihre Arterie am Hals schnell und heftig zu pulsieren begann.

»Herr Obermann hatte wohl zahlreiche Affären in der Vergangenheit. Waren Sie eine davon?«

Tränen schossen in ihre Augen, ihr Körper zuckte und sackte langsam in sich zusammen. Fred stellte schnell die Tasse ab und hielt die Frau fest, bevor sie zu Boden sinken konnte. Sie griff nach ihm, wie nach einem letzten Halt, bevor man in eine tiefe Schlucht stürzt. Er wartete ab.

»Nein«, sagte sie dumpf. Sie richtete sich auf und sah Fred direkt in die Augen. »Nein, das war ich nicht. Und er hat mir nie irgendwelche Avancen gemacht.« Sie zog ein Taschentuch aus ihrer Schürze, das zerknittert und feucht war, und drückte es gegen ihre Augen.

Fred nickte, er konnte sich ihren kurzen Schwächeanfall nicht erklären, aber sie log nicht, er war sich sicher. Du kannst erst sicher sein, wenn ihre Aussage bewiesen ist, widersprach eine kleine, bohrende Stimme, die er liebend gerne überhört hätte.

»Ich hoffe, Sie verzeihen mir, aber ich muss Sie das fragen: Wo waren Sie vorgestern zwischen sechs und sieben Uhr morgens?«

Sie überlegte nur kurz. »Herr Obermann musste früh nach Tegel, er hatte ja einen Flug nach Westdeutschland gebucht, nach Köln, glaube ich. Deswegen bin ich schon um 5 Uhr 30 aufgestanden, um ihm das Frühstück zu bereiten. Er war aber schon weg. Ich bin dann hinunter in die Waschküche, da wartete noch ein Berg Wäsche auf mich, der gemangelt werden musste, Bettwäsche, Tischdecken und so was. Gegen 9 Uhr, eher später, bin ich einholen gegangen und habe das Frühstück für die gnädige Frau vorbereitet. Frische Rosinenschrippen und Schokoladentörtchen, sie hat morgens meist großen Hunger auf Süßes. Genauere Uhrzeiten kann ich Ihnen nicht sagen, ich trag ja keine Uhr bei der Arbeit.«

»Gibt es jemanden, der das bezeugen kann?«

Sie zuckte mit den Schultern. »Ich war allein.«

»Haben Sie eine Familie, Ehemann, Kinder, mit denen Sie an dem Morgen zu tun hatten?«

Die Haushälterin knetete ihr Taschentuch so intensiv, dass ihre Knöchel weiß hervortraten. »Nein, ich habe keine Familie«, antwortete sie, ihr Atem beschleunigte sich. Sie war sehr aufgewühlt. Fred fragte sich, ob er das Recht hatte, weiter in sie zu dringen. Wieder diese kleine Stimme: Du hast nicht nur das Recht, du musst!

»Hat Frau Obermann Sie in dem fraglichen Zeitraum vielleicht gesehen?«

»Nein. Frau Obermann schläft schlecht. Sie nimmt deshalb jeden Abend zwei Veronal, vor neun, halb zehn ist sie eigentlich nie wach. Vorgestern kam sie sogar noch später aus ihrem Schlafzimmer. Sie war regelrecht betäubt und sagte, sie hätte dieses Mal fünf Veronal geschluckt.«

»Fünf? Das ist nicht ungefährlich.«

»Das habe ich auch gesagt. Sie wurde daraufhin sehr böse und schrie mich an. So habe ich sie noch nie erlebt, seit ich hier arbeite.«

»Wissen Sie, was der Grund dafür war?«

Bernau zögerte. »Herr Obermann hat ihr wohl am Abend zuvor gesagt, dass er sich von ihr trennen will.« Sie warf ihm einen entschuldigenden Blick zu. »Ich habe es zufällig gehört. Der Streit war sehr laut.«

»Wohnen Sie auch hier in dieser Wohnung?«

»Nein, ich habe eine kleine Wohnung unterm Dach. Aber ich war abends noch einmal in der Küche, ich hatte mir eine Zeitschrift gekauft und sie hier liegen lassen.«

»Verzeihen Sie, Frau Bernau, Sie sind eine attraktive Frau und alleinstehend, und da ist dieser Mann, der sich gerne und immer wieder an andere Frauen heranmacht ...«

»Wie ich schon sagte, er hat mir nie Avancen gemacht.«

»Wie war denn Ihr Verhältnis zu ihm?«

Die Haushälterin schüttelte leicht den Kopf, als würde ihr diese kleine Bewegung größte Mühe machen, und sah ihn mit tränenschimmernden Augen an.

»Ohne Herrn und Frau Obermann wäre ich nicht mehr. Manchmal, nein, oft denke ich, dass wäre auch besser so. Doch das ist falsch. Wir haben unser Leben von Gott geschenkt bekommen, und wir dürfen dieses G(zurückweisen. Wir sind nur ein Werkzeug Gott

Gisela Bernau richtete sich auf, ihr gequälter Gesichtsausdruck machte etwas anderem Platz, etwas Hartem, Unnachgiebigem.

»Meine Tochter Eva wäre jetzt vierzehn Jahre alt. Vor einem Jahr, genau am 31. Mai, kam sie nicht mehr von der Schule zurück. Herr Obermann hat mich zur Polizei gefahren, um Anzeige zu erstatten. Eine Woche später kam ein Erpresserbrief, ich sollte zehntausend Mark bezahlen für das Leben meiner Tochter. Das Geld hätte ich niemals aufbringen können. Herr Obermann hat sofort gesagt: Ich übernehme das, machen Sie sich keine Sorgen. Er ging zu seinem Safe, holte das Geld heraus, steckte es in einen Umschlag und gab ihn mir. Holen Sie sich Ihre Tochter zurück, Gisela, hat er gesagt. Zur Übergabe wurde ein Treffpunkt vereinbart, in der Hasenheide in Kreuzberg, mittendrin, da, wo weit und breit kein Baum mehr steht. Um 11 Uhr wollte der Erpresser meine Eva bringen, ich habe gewartet, den ganzen Tag, bis in die Nacht. Er kam nicht.«

Bernaus Stimme war immer rauer geworden, und jetzt versagte sie. Ohne zu überlegen, griff sie nach Freds Kaffeetasse und nahm einen großen Schluck.

»Ich habe seither nie wieder etwas von ihr gehört. Nichts. Die Polizei sagte, sie suchen weiter. Man hat sie nie gefunden.« Sie packte Freds Arm. »Kann sich ein dreizehnjähriges Mädchen ein Jahr lang verstecken?«

»Wie furchtbar«, flüsterte Fred. Er fand seine Worte überflüssig und bedeutungslos. Sie weinte nicht, wirkte wie in Trance und sehr weit weg. Fred schwieg und wartete.

»Herr und Frau Obermann haben getan, was sie konnten. Sie haben dafür gesorgt, dass ich möglichst nicht mehr allein bin. Sie haben mir die Wohnung im Dachgeschoss gegeben. Sie haben mich mit in den Urlaub genommen, mir sogar ein Jahresabonnement für die Oper geschenkt, damit ich unter Leute komme. Nein, ohne sie wäre ich nicht mehr, für mich gab es keinen Grund mehr zu leben.« Sie sah Fred an. »Eine Affäre mit Herrn Obermann? Nein, undenkbar.«

Fred nickte. Er schwitzte. Zweifellos lebte das Mädchen nicht mehr. Was hatte der Entführer ihr wohl angetan, bevor er sie ermordet hatte? Bilder blitzten in Fred auf, Bilder von Ilsa, dem Mädchen, der jungen Frau, die er von seiner gegen die Gaslaterne gelehnten Leiter aus so oft beobachtet hatte. Erinnerungen, wie sie nach vielen, vielen Tagen zum ersten Mal sein Lächeln erwiderte. Wie diese Kerle sich über sie hermachten. Seine vergeblichen Versuche, sie für ihre Schandtaten bezahlen zu lassen. Und Ilsa? Sie war von da an verschwunden, und alles Suchen war bis heute umsonst gewesen.

»Ich danke Ihnen für Ihre Offenheit, Frau Bernau«, sagte Fred. »Glauben Sie mir, ich verstehe Ihren Schmerz.«

Sie sah ihm in die Augen, ihr Blick war für einen Moment sehr warm. »Ich glaube Ihnen, ich sehe es Ihnen an.«

Fred schob Bernau seinen Schreibblock hinüber.

»Ich brauche noch Ihre Personalien. Geburtsdatum und -ort und Ihren Mädchennamen.« Er lächelte sie an, als sie ihn erschrocken ansah. »Nur der Form halber.«

»Natürlich.« Sie nahm den Stift, den er ihr hinhielt, und begann zu schreiben, ein wenig unsicher, wahrscheinlich weil er sie dabei beobachtete. Er wandte sich ab und schaute zum Fenster hinaus.

»Vielen Dank. Meinen Sie, ich kann jetzt mit Frau Obermann sprechen?«

Die Haushälterin erhob sich, schob ihren Stuhl wieder ordentlich gegen den Tisch und machte dasselbe mit seinem.

»Ich werde nachsehen. Wenn Sie bitte mit mir kommen wollen?«

Am liebsten würde Fred auf die Befragung von Ida Obermann verzichten. Plötzlich erschien ihm die Verantwortung zu groß. Es ging um einen Mord, einen echten, nicht um eine der Fallstudien, wie er sie in seiner Ausbildung hatte lösen müssen und bei denen es letztlich keine Rolle gespielt hatte, ob er die richtige Lösung gefunden hatte oder nicht; Fehler hatten dort zu einer schlechten Note geführt, aber niemandem geschadet.

Er brauchte Zeit. Es hatten sich Dinge ergeben, die nach einer Neujustierung verlangten. Vor allem das Bild, das er sich von Heinz Obermann gemacht hatte. Der Obermann, wie er ihn bisher gesehen hatte, würde sich nicht so anständig und großzügig verhalten haben. Der Obermann, den Gisela Bernau beschrieben hatte, war ein feiner, ja, ein edler Mensch. Andererseits: Vielleicht hatte Obermann sich auch nur so generös gezeigt, weil er eine weitergehende Absicht damit verbunden hatte? Immerhin konnte er Gisela Bernau so von sich abhängig machen, in ihr das Gefühl wecken, in seiner Schuld zu stehen. Vielleicht war dies seine Absicht gewesen: Es ihr schwer zu machen, ihn zurückzuweisen.

Die Haushälterin ließ Fred in den Salon ein. »Ich sage der gnädigen Frau Bescheid.« Leise und vorsichtig schloss sie die Schiebetür.

Fred hatte den Eindruck, den Raum das erste Mal zu betreten. Beim letzten Mal hatte ihn die Situation so sehr gefordert, dass er sich lediglich auf das schwierige Gespräch hatte konzentrieren können, immerhin war es das erste Mal gewesen, dass er jemandem den Tod eines nahestehenden Menschen hatte mitteilen müssen. Im Salon war es trotz der riesigen Fenster dunkel, die Platanen draußen schluckten einen großen Teil des Tageslichts. Der Parkettboden im Fischgrätmuster war aus Eiche, die Wände waren mit dunkelrotem Samt bespannt, die Einrichtung war perfekt zusammengestellt, wie eine Inszenierung, wie ein Bühnenbild. Klassisch, viktorianisch, barock, Fred wusste nicht, welcher Begriff am ehesten zutraf, jedenfalls nicht modern. Alles hatte Gewicht und Größe, die ausladenden Ledersessel, die Kommode, die Tische, die Bilder an den Wänden in ihren üppigen, vergoldeten Rahmen, das aufwendig gedrechselte Holzgestell, das einen gewaltigen Globus trug, der viele weiße Flächen aufwies, auf denen Terra incognita zu lesen war. Ein wenig ähnelte die Einrichtung jener im Aufenthaltsraum seiner Pension, mit dem kleinen, aber entscheidenden Unterschied, dass sie hier beklemmend und bei Hanna Pletter ironisch und spielerisch wirkte.

Was sich nicht in das Gesamtbild fügte und ihm erst auf den zweiten Blick auffiel, waren die vielen kleinen Details, eines ungewöhnlicher und besonderer als das andere: Eine tennisballgroße Kugel auf drei Beinen mit aufgemalten Augen und zahlreichen Löchern, in denen Zigaretten steckten, der Mund war ein Aschenbecher. Eine Sammlung kleiner ägyptischer Frauenskulpturen, zumindest nahm Fred an, dass sie ägyptischen Ursprungs waren, weil sie die Hände auf eine merkwürdige Art abgewinkelt nach vorne streckten, wie er es einmal in dem Buch eines Pyramidenforschers gesehen hatte. Überall im Raum verteilt standen Schildkröten in unterschiedlichsten Ausführungen, aus Eisen, perlenbesetzt, aus farbigem Glas, aus Holz, sogar aus gebundenem Stroh oder aus mit vielen kleinen Knicken in Form gebrachtem Papier. Auf den Stühlen, Sesseln und dem Sofa lagen unzählige kleine Kissen. Es gab kein einziges Buch, kein Radio oder Fernsehgerät, stattdessen stapelte sich auf einem Beistelltisch in der hintersten Ecke eine Unmenge an Zeitschriften. Neugierig überflog er die Titel, die ihm alle unbekannt waren: »Die kluge Hausfrau«, »Frau im Spiegel«, »Libelle«, »Die Frau«, »Das gewisse Etwas – über die intimen Dinge«, »Für Sie«, »Das Haus«, »Film und Frau – Sonderheft Jünger – schlanker – schöner« und »Ihre Freundin«. In der Ablage darunter türmte sich eine Sammlung von Autoprospekten, die den Opel Admiral, die Isabella von Borgward als Cabrio, den Citroen DS oder, besonders aufwendig beschrieben und fotografiert, das sündhaft teure Mercedes 220 SE Coupé zeigten. Fred blätterte ein wenig darin. Was für ein Luxus, weiße Ledersitze, das Armaturenbrett aus gemasertem Wurzelholz und wo man hinsah blitzendes Chrom. Sechs Zylinder, 115 PS, Hubraum 2200 cm^3, das alles sagte Fred nichts, der Kaufpreis schon: 23.200 DM, das war fast hundert Mal mehr, als er im Monat verdiente. Er müsste mehr als sieben Jahre arbeiten, um sich so ein Auto kaufen zu können. Dass es Menschen gab, die so viel Geld für etwas eigentlich Überflüssiges wie ein Auto ausgeben konnten ... Niemand, den er kannte, gehörte dazu.

Er hätte gerne noch weiter durch den Stapel geblättert, wurde aber von Stimmen abgelenkt.

»Ich finde den Weg allein, danke«, tönte es herrisch. Ellen von Stain, unverkennbar. Freds Puls schoss in die Höhe. Die Schiebetür wurde mit Schwung aufgezogen, Ellen blieb im Türrahmen stehen und sah ihn spöttisch an.

»Was ist los, Fred Lemke? Wollten Sie klammheimlich allein weiter ermitteln?«

»Ich wollte jedenfalls nicht herumsitzen und warten, bis Sie auftauchen.«

»Hoppla, das klingt ja regelrecht böse«, lachte sie. »Ich hatte eben noch anderweitig zu tun.«

»Das ist Ihre Sache. Meine war, mit den Ermittlungen fortzufahren.«

Sie fixierte ihn für einen langen Moment mit einem forschend fragenden Blick.

»Aha. Und was haben Sie herausbekommen?«

Sein erster Impuls war, ihr die Geschichte von der ermordeten Tochter nicht zu erzählen, er hatte das Gefühl, damit einen Vertrauensbruch gegenüber Gisela Bernau zu begehen. Was natürlich Unsinn war. Bernau hatte das alles nicht dem Privatmann, sondern dem Kriminalassistent Fred Lemke erzählt.

Ellen kam herein, schloss die Tür hinter sich und signalisierte ihm, ihr zum Sofa am Ende des Salons zu folgen.

Fred setzte sich neben sie und fasste so kurz wie möglich zusammen, was er erfahren hatte. Ellen hörte aufmerksam und schweigend zu.

»Glauben Sie ihr?«, fragte sie, als Fred fertig war.

»Dass sie kein Verhältnis mit Obermann hatte?«

»Das auch.«

»Ja.«

»Und den Rest der Geschichte?«

»Sie wirkte glaubwürdig auf mich.«

Ellen nickte. »Ich glaube, Ihre Intuition ist gut«, sagte sie. Ihr dunkler Blick ruhte intensiv und ohne zu blinzeln auf ihm. Fred spürte ein schwindeliges Kribbeln im Bauch und sah weg. Warum ließ er sich von ihr so leicht verunsichern? Weil er ständig das Gefühl hatte, dass sie mit allem, was sie sagte und tat, ein Spiel spielte?

»Sie sehen ein wenig mitgenommen aus, Fred«, sagte sie mit sanfter Stimme.

»Mir geht's gut. Ein bisschen schlecht geschlafen.«

Sie lächelte spöttisch. »Mhm. Wie ist es, haben Sie sich auch schon gefragt, was dieser Obermann wirklich für ein Mensch gewesen ist?« Sie sprach jetzt leiser. »Irgendetwas erscheint mir bei diesem Mann eigenartig. Befremdend.« Sie warf ihre Haare zurück. »Gerade Männer, die man meiden sollte, sind genau deswegen besonders anziehend. Erstaunlicherweise besonders für Frauen, die es eigentlich besser wissen müssten.«

»So wie Mirna Laake?«

»So wie Mirna Laake.«

»Vielleicht sind das Frauen, die sich beweisen wollen, dass sie stärker sind.«

»Ah, Fred, ich bin erstaunt! So viel Lebenserfahrung hätte ich Ihnen gar nicht zugetraut.«

Diese verdammte Überheblichkeit! »Deswegen hat seine Frau seine Affären toleriert. Er ist jedes Mal zu ihr zurückgekehrt. Damit hat sie sich immer wieder als die Stärkere erwiesen. Stärker als die ›Dämchen‹, wie sie sie nannte, und letztlich auch stärker als ihr Mann.«

Ellen nickte. »Interessant wird es, wenn Obermann dieses Mal tatsächlich Ernst machen und seine Frau verlassen wollte.«

»Wir werden sehen«, erwiderte Fred und erhob sich. Die körperliche Nähe zu ihr bereitete ihm zunehmend Unbehagen. Er ging zum Fenster und sah hinaus. Am Himmel zeigte sich keine Wolke, aber die hohe Luftfeuchtigkeit ließ ihn matt und pastellfarben erscheinen, und das diffuse Licht der Sonne nahm dem Schatten der Bäume am Straßenrand die scharfen Kanten. Die Menschen, die vorbeigingen, machten den Eindruck, als hätten sie Mühe, einen Fuß vor den anderen zu setzen. Fred fragte sich, warum es hier in der Wohnung so angenehm kühl war, während draußen mit Sicherheit mehr als dreißig Grad herrschten. Er spürte einen leichten, kühlenden Luftstrom, konnte jedoch nicht feststellen, woher er rührte.

Das Fahrrad, mit dem er gekommen war, lehnte noch angeschlossen am Laternenpfahl. Zwei Jugendliche warfen betont unauffällige Blicke darauf und schlenderten weiter. Ohne die schwere Kette und das Vorhängeschloss wäre das

Rad jetzt weg, da war Fred sich sicher. Wenn es eine Hitparade der Städte gäbe, in denen die meisten Fahrräder gestohlen wurden, dann hätte Berlin der erste Platz gebührt. In Berlin ein gebrauchtes Fahrrad von jemandem zu kaufen, den man nicht kannte, war riskant. Nicht geklaute gebrauchte Räder waren so selten wie Molche im Fennsee.

»Sie wollen mich noch einmal sprechen?«

Ida Obermann hatte den Salon betreten, ohne dass Fred sie hatte kommen hören. Ellen auch nicht, sie hatte sich intensiv in den Mercedes-Prospekt vertieft.

»Leider, Frau Obermann«, sagte Fred, »wir müssten noch einige Fragen klären.«

Ida Obermanns Gesicht war blass und verquollen, ihre Haare wurden von einem breiten Tuch bedeckt und die, die nicht darunter passten, standen wirr von ihrem Kopf ab. Sie trug einen dunkelblauen, samtenen Anzug, im Grunde eine Art Strampelanzug, wie für kleine Kinder. Hinter ihr erschien Gisela Bernau mit dem Tablett, auf dem das Frühstück schon vorbereitet gewesen war, zusätzlich stand da jetzt noch eine Thermoskanne. Obermann ließ sich in einen Sessel fallen und wartete, bis die Haushälterin ihr einen Kaffee gereicht und den Salon verlassen hatte.

»Also, was gibt es noch?«

»Wir haben zwischenzeitlich mit der Frau gesprochen, mit der Ihr Mann sich am Fennsee getroffen hat«, sagte Fred.

»Muss mich das interessieren?«, erwiderte sie gereizt und nahm einen Schluck.

»Sie behauptet, dass Ihr Mann ihr an dem Morgen, an

dem er erschossen wurde, einen Heiratsantrag gemacht hat.«

»Was für eine bodenlose Frechheit! So ein Flittchen!«

»Er soll die Scheidung von Ihnen schon eingereicht haben.«

Ida Obermanns Gesicht bekam rote Flecken, ihr Mund ging auf und zu wie bei einem aus dem Wasser gezerrten Fisch. Fred erwartete einen Wutausbruch, doch sie schwieg. Ihr Atem ging schwer.

»Stimmt es, hat er die Scheidung eingereicht?«, fragte Ellen.

»Unsinn.« Obermann hatte sich wieder im Griff.

»Vielleicht hat er es am Tag vor seinem Tod gemacht. Es braucht etwas Zeit, bis das Familiengericht Sie informiert.«

»Es war nicht das erste Mal, dass er so etwas gesagt hat.«

»Was genau?«

»Dass er mit irgendeinem Flittchen zusammenleben will.«

»Vielleicht meinte er es dieses Mal ernst.«

»Ach was!« Ida Obermann hatte Mühe, ihre Wut zu beherrschen.

»Wieso sind Sie sich da so sicher?« Ellens süffisanter Ton machte die Frau noch wütender.

»Er konnte ein Ekel sein, aber er war nicht blöd!«, schnaubte sie. »Die Hälfte seiner Firmen laufen auf meinen Namen. Die hätte er nie aufgegeben wegen irgend so einer Dirne. Eher hätte er mich umgebracht.«

»Frau Obermann«, übernahm Fred, »wo waren Sie vorgestern Morgen zwischen sechs und sieben Uhr?«

Sie sah Fred böse an. »Sie kleine Ratte! Wollen Sie damit etwa andeuten, ich hätte ihn getötet?«

»Ich deute gar nichts an. Ich stelle eine Frage. Dieselbe habe ich Ihrer Haushälterin auch gestellt.«

Obermann lehnte sich in den Sessel zurück und sah zum Fenster hinaus.

»Wo waren Sie vorgestern Morgen zwischen sechs und sieben Uhr?«, wiederholte Fred. »Antworten Sie, bitte.«

Obermann nahm einen Schluck von ihrem Kaffee. »Ich habe geschlafen. Wenn Sie mit meiner Haushälterin gesprochen haben, wissen Sie ja, dass ich nie vor neun aufstehe. An dem Morgen war es noch später. Ich hatte am Abend große Mühe einzuschlafen und hatte fünf Veronal genommen.«

»Warum konnten Sie am Abend vorher so schlecht einschlafen?«, fragte Ellen.

»Warum ist die Banane krumm? Was weiß denn ich!«

»Weil Sie planten, Ihren Mann zu töten? Oder war es, weil er Sie verlassen wollte?«

Ida Obermann verschränkte ihre Finger, um das Zittern in den Griff zu bekommen. »Unverschämtheit«, zischte sie.

»Gibt es jemanden«, schaltete Fred sich ein, »der bezeugen kann, dass Sie zu der fraglichen Zeit in Ihrem Bett geschlafen haben?«

»Ja«, stieß sie hervor. »Mein Mann.«

»Wie meinen Sie das?«

Wütend knallte sie die Tasse auf die Untertasse, nahm ein Croissant und warf es im nächsten Moment wieder zurück auf den Teller. »Nachdem er mir gesagt hatte, dass er mit diesem Flittchen weiterleben will, hat er den Wecker auf fünf Uhr morgens gestellt und sich neben mich ins Bett gelegt.«

»Wie, bitte?« Fred sah sie entgeistert an.

»Nimm mehr von deinem geliebten Veronal, Schätzchen, hat er gesagt, dein Weinen stört mich beim Schlafen.«

»Und das haben Sie gemacht?«, fragte Ellen.

»Das habe ich gemacht. Fünf Stück.« Sie sah Ellen und Fred herausfordernd an. »Warum auch nicht? Er ist immer zu mir zurückgekommen. Immer. Dieses junge Ding. Er hat mir ein Foto gezeigt. Hübsch und dumm. Er hat sie gevögelt und irgendwann hätte er genug davon gehabt. So wie immer.«

Fred warf Ellen einen fassungslosen Blick zu. Sie zwinkerte ihm als Antwort zu, als wollte sie sagen: Manche Menschen sind einfach so blöd ...

Obermann griff erneut nach dem Croissant, biss hinein und kaute ruckartig.

»Hatte Ihr Mann Feinde, die nach seinem Leben trachteten?«, fragte Ellen.

Ida Obermann ließ sich Zeit, bis sie ihren Bissen hinunterschluckte. »Feinde? Mein Mann? Warum? Nein.«

»Zum Beispiel Geschäftspartner, mit denen er Streit hatte? Oder jemand aus der Familie? Erbstreitigkeiten, was auch immer?«

»Herrgott, nein!«

»Vielleicht ein Konflikt aus der Vergangenheit.«

»Nein.«

»Sind Sie sicher?«

Obermann verdrehte die Augen. »Wir sind seit einunddreißig Jahren verheiratet. Es hat nie jemanden gegeben, der meinem Mann nach dem Leben trachtete.«

»War Ihr Mann immer Klempner? Auch in der Nazizeit?«, mischte sich Fred ein.

»Nein, er war Beamter.«

»In welcher Behörde?«

»Was wollen Sie von mir?«, entgegnete Ida Obermann ungehalten. »Ich habe mich nie darum gekümmert, was er genau gemacht hat.«

»Mag ja sein, Frau Obermann«, sagte Ellen mit einiger Schärfe. »Trotzdem werden Sie ja wohl wissen, wohin Ihr Mann jeden Tag mit seiner Brotdose gegangen ist. Müllabfuhr? Bauamt? Rohstoffamt im Reichswirtschaftsministerium?«

»Er arbeitete im Reichssicherheitshauptamt. Nichts Besonderes. So wie viele andere auch.«

»Als Beamter?«, vergewisserte sich Ellen. »Nicht Hausmeister oder angestellter Handwerker?«

Obermann zuckte mit den Schultern. »Ja. Na und?«

»Das Reichssicherheitshauptamt war das Zentrum des SS- und Gestapo-Terrors«, erwiderte Ellen. »Die Beamten dort haben Hunderttausende ohne Gerichtsverhandlung in Konzentrationslager geschickt. Keiner da war einfach nur ein Beamter.«

»Davon weiß ich nichts«, entgegnete Frau Obermann. »Und im Übrigen glaube ich von solchem Gerede kein Wort. Alles nur erlogene Propaganda von den Kriegsgewinnlern. Nein, nein, nein. Wissen Sie, wie ich die Angelegenheit sehe? Diese Frau, diese Dirne, wollte meinen Mann ganz für sich haben. Sie hat ihn bedrängt, sich von mir scheiden zu lassen. Er hat Nein gesagt, er wollte wieder zu mir zurück. Deshalb hat sie ihn erschossen. Sie hat ihn getötet, weil sie ihn nicht bekommen konnte!«

...

»Das hieße, Mirna Laake ist die Täterin«, sinnierte Fred.

Er saß neben Ellen von Stain auf dem Rücksitz des Mercedes 180 D. Egon Hohlfeld, der Fahrer, hatte das Fahrrad irgendwie im Kofferraum verstaut, allerdings ragte mehr als die Hälfte über die Stoßstange hinaus nach draußen, und es klapperte und polterte bei jeder Bodenwelle.

Ellen schüttelte den Kopf. »Ich halte einen Mord aus Rache für wahrscheinlicher. Alle Beamten im Reichssicherheitshauptamt waren Angehörige der SS. Eins von Obermanns Opfern hat überlebt, hat ihn ausfindig gemacht und mit ihm abgerechnet.«

Fred hatte Mühe, sich zu beherrschen. Nach dem, was er gestern über die Familie von Stain erfahren hatte, über ihre enge Verbindung zum Reichsmarschall Hermann Göring und damit zu vielen anderen Naziverbrechern, kamen ihm Ellens Worte zynisch vor. Ellens Mutter, die Baronin Theodora von Stain, war Görings Patentante und hatte mit dessen Hilfe das Vermögen ihres verstorbenen Mannes, des Barons Dr. Hermann von Stain zu Lauterburg, nicht nur unbeschadet durch den Krieg gebracht, sondern sogar vervielfacht. Ellen hatte als Kind mit Sicherheit auf Görings Schoß gesessen und Geschenke von ihm erhalten.

»Was sehen Sie mich so böse an, Fred?«, fragte Ellen und fixierte ihn mit ihren tiefdunkelbraunen Augen. Darin lag nicht die winzigste Spur von Unsicherheit, vielmehr ein Hauch von Berechnung.

»Ich war mit meinen Gedanken woanders«, wich er einer Antwort aus. Welches Recht hatte er, Ellen für das zu verurteilen, was ihre Mutter sich hatte zuschulden kommen lassen? Ellen war so alt wie er, und als Göring 1945 von den Alliierten festgenommen wurde, war sie erst zehn gewesen. Nein, ihr war nichts anzulasten.

»Ein Mord aus Rache«, nahm Ellen den Faden wieder auf. »Denken Sie an das, was dieser Mann mit dem Hund gesagt hat.«

»Konrad Stehr.«

»Acht Schüsse schnell hintereinander abgefeuert. Acht Schüsse aus nächster Nähe und nur drei Treffer. Da war jemand blind vor Wut. Hat gebebt und gezittert, weil er es diesem Monster nach all den Jahren endlich heimzahlen konnte.«

»Kann sein, aber auch Mirna Laake hatte allen Grund, wütend zu sein«, gab Fred zu bedenken. »Vielleicht hat Ida Obermann recht. Nicht Obermann wollte sich scheiden lassen und die Laake heiraten, sondern sie ihn, und als er Nein sagte, ist sie durchgedreht und hat ihn getötet.«

»Und woher kam die Waffe? Wer hat sie mitgebracht?«

»Einer von beiden.«

»Um was zu tun? Ihn mit vorgehaltener Waffe zu erpressen: Du heiratest mich jetzt, oder ich erschieße dich?«, erwiderte Ellen sarkastisch.

»Könnte sein, dass die Laake Angst hatte und die Pistole zu ihrem Schutz mitgebracht hat«, wehrte sich Fred.

»Angst wovor?«

»Die beiden haben gestritten. Wir wissen nicht, was für ein Konflikt das war. Und die Laake hat Obermann als jemanden beschrieben, vor dem sie auch manchmal Angst hatte.«

»Was glauben Sie, wie viele Morde mit Schusswaffen werden von Frauen verübt?«

»Ich weiß es nicht.«

»Einer von fünfhundert«, sagte Ellen. »Frauen schießen nicht. Außer im Affekt.«

»Eben. Mirna Laake könnte genau diese eine Ausnahme sein.«

Für eine Weile schwiegen sie. Hohlfeld hatte das Radio angemacht, nur leise, gerade so, dass man die Musik erahnen konnte. Ein Moderator kündigte den nächsten Titel an, aufgeregt, fast hysterisch.

»Mach mal lauter, Egon.« Ellen beugte sich mit leuchtenden Augen vor.

Sie duzte den Fahrer?

»Die neue von Peter Kraus. Hula Baby.« Ellen sang den schlichten Text mit.

»Oh, nein!«, stöhnte Hohlfeld. »Nicht diese Milchbrötchen-Musik.«

»Warum nicht?« Ellen sang noch lauter.

»Und was sind die Waffen von Frauen?«, fragte Fred.

»Gift«, Ellen lachte auf, »oder sie stiften Männer an, für sie zu töten.« Sie legte ihre Hand auf Freds Arm. »Warten

Sie, das könnte der Schlüssel sein. Die Laake ist wegen Erpressung vorbestraft, richtig? Vielleicht hat sie es wieder versucht.« Sie ließ Fred nicht zu Wort kommen. »Als Sie mir den Fall gestern schilderten, sagten Sie, am wahrscheinlichsten sei, dass es eine dritte Person gegeben hat: Obermann, Laake und der große Unbekannte.«

»Stimmt, ja.«

»Hatte sie einen Komplizen bei der Erpressung, für die sie verurteilt wurde?«

»Hans Rohr, ein ziemlich übler Bursche.«

»Na, also!« Ellen schüttelte euphorisch Freds Arm. »Den müssen wir finden. Der könnte der Täter sein!«

»Kein Problem, wir können sofort zu ihm fahren.«

»Ach, haben Sie da schon Nachforschungen angestellt? Ohne mir davon zu erzählen? Wo finden wir ihn?«

Wieder las Fred in ihrem Gesicht diesen Ausdruck von glühendem Jagdfieber. »Seidelstraße 39«, antwortete er.

»Nichts wie hin!«

»In die Justizvollzugsanstalt Tegel?«, fragte Egon grinsend, der dem Gespräch zugehört hatte.

Ellen starrte Fred an, ein drohender Blick, der sagte: Wag es nicht, mit mir zu spielen.

Fred antwortete mit einem Lächeln. »Hans Rohr sitzt noch weitere drei Jahre ab. Wegen seiner zahlreichen Vorstrafen hat er keine Bewährung bekommen. Anders als seine Komplizin Mirna Laake.«

»Dann doch nicht in die Seidelstraße, richtig?«, fragte Egon, dem es offensichtlich großes Vergnügen bereitete, Ellen ein wenig auf den Arm zu nehmen.

Ellen lehnte sich wortlos in den Sitz zurück und sah zum Fenster hinaus. Auch Fred schwieg, mit gemischten Gefühlen. Endlich hatte er sie einmal vorgeführt und einen Scherz auf ihre Kosten gemacht. Das fühlte sich gut an. Weniger gut fühlte sich an, dass sie ihn garantiert dafür früher oder später würde bezahlen lassen. Für Ellen von Stain war er im Grunde so etwas wie ein Untertan, der sich gerade eine unbotmäßige Frechheit erlaubt hatte.

Gab es nicht einen Ausdruck dafür? Wenn man einen Sieg erringt, für den man zu teuer bezahlt? Wieder ärgerte er sich, er wusste so viel und konnte mit seinem Wissen nur so wenig anfangen! Er hatte so unendlich viele von den Büchern gelesen, die er damals in der Scheune in Ihlow entdeckt hatte, eins nach dem anderen, wie in einem Rausch. Sie waren wie Einladungen in Welten gewesen, in denen er willkommen war, anders als zu Hause, wo der Mann, den seine Mutter geheiratet hatte, sein Stiefvater, neuerdings den Ton angab. Romane, Reiseberichte, Sachbücher, wissenschaftliche Bücher, Geschichtsbücher, selbst Bücher, deren Inhalt er kaum verstand, weil darin so viele fremde Wörter vorkamen – wenn ihn auf den ersten Seiten irgendetwas gepackt hatte, hatte er jedes Buch zu Ende gelesen. Fünf Jahre lang. Fünf Jahre, in denen er unendlich viel Wissen angehäuft hatte. Nur war es völlig ungeordnet, wie ein wunderschönes, reichhaltiges Puzzle mit Tausenden von Teilen, die zu einem Gesamtbild zusammenzufügen er nicht in der Lage war.

Ein Sieg, den man zu teuer bezahlt ... Er nahm sich vor,

Hanna Pletter danach zu fragen. Sie würde sich nicht über ihn lustig machen.

...

Im Büro diktierte Fred der Sekretärin, was die Befragung von Ida Obermann ergeben hatte. Mit nicht unerheblichem Zeitaufwand hatte er dieses Mal den Bericht zuerst handschriftlich aufgesetzt. Er hatte erwartet, dass sie froh darüber sein würde, doch das Gegenteil war der Fall. Wieso nur?

Fred fragte sich, wie sich verifizieren ließ, welche Funktion Heinz Obermann im Reichssicherheitshauptamt gehabt hatte. Darüber hatte er in seiner Ausbildung nichts gelernt, für solche Fragen sind Ihre Vorgesetzten zuständig, hatte es immer geheißen.

Fred setzte sich an Ellens Schreibtisch und schaltete den Ventilator ein. Ihr Tisch war leer, nichts deutete darauf hin, dass jemand daran arbeiten würde. Ellen hatte sich von Hohlfeld zum Café Kranzler auf dem Ku'damm fahren lassen und war ohne ein weiteres Wort ausgestiegen. Sie hatte eine Sonnenbrille aus ihrer kleinen Umhängetasche gezogen und aufgesetzt, hatte ihren Rock zurechtgezupft und sich in Bewegung gesetzt. Fred war in dem Moment nicht besonders gut auf sie zu sprechen gewesen, auch verletzt von ihrer Arroganz, doch als er sie auf das Café zugehen sah, hatte er nicht umhingekonnt, sie zu bewundern. Was für eine Selbstsicherheit und Gelassenheit! Nicht ausgestellt und antrainiert, sondern selbstverständlich und unangreifbar. Ein Mensch, der nie um Anerkennung hatte buhlen müssen, weil sie ihm von klein auf zugekommen war. Die anderen Gäste, die an den winzigen Tischen unter der rot-weiß gestreiften Markise saßen, wirkten auf Fred auf gleiche Weise. Die Schönen und Betuchten und die, die dazu gehören wollten, aber nur vorgaben, so zu sein. Fred erkannte sie an ihren linkischen Bewegungen, an ihrer Unsicherheit beim Bestellen, an ihrem unruhigen, hektischen Umherblicken, wie kleine Vögel, die ständig auf der Hut vor Fressfeinden sein mussten. Ein Mann auf der Empore war auf Ellen aufmerksam geworden und winkte ihr zu. Ellen nahm ihn nicht wahr oder ignorierte ihn. Kaum hatte sie die erste Tischreihe erreicht, kam schon ein Ober auf sie zugeeilt, der sie devot begrüßte und gestenreich zu einem Tisch im Schatten geleitete. Sie lächelte ihm knapp zu und bestellte etwas, ohne einen Blick in die Karte zu werfen. Der Mann, der ihr zugewinkt hatte, schlängelte sich zwischen den eng gestellten Tischen hindurch und trat vor sie. Sie begrüßte ihn freundlich, worüber der Mann sich sehr zu freuen schien. Das Gesicht meinte Fred schon einmal irgendwo gesehen zu haben. In einer Zeitung? Auf einem Werbeplakat? In dem Moment gab Hohlfeld Gas, nachdem er etwas gesagt hatte, wie: »'ne dufte Biene, diese Ellen«. Fred sah noch, wie Ellens Blicke ihnen folgten, während sie sich von dem Mann Feuer geben ließ.

Fred schloss die Augen und genoss den kühlen Luftstrom des Ventilators. Die Frage, warum diese Frau für die Kripo arbeitete, ließ ihn nicht los. Er konnte sich einfach keinen Reim darauf machen. Nichts passte zusammen, sie kam und ging, wann sie wollte, schien in keiner Weise weisungsgebunden zu sein, und alle behandelten sie mit Samthandschuhen. Was verbarg sich hinter ihrem Titel »Sonderermittlerin«? Alles bei der Polizei war Hierarchie und festgeschriebene Struktur, Ellen von Stain jedoch stand wie auf einem erhöhten Podest außerhalb davon.

»Ich melde mich ab zum Mittagsessen.«

Fred schreckte hoch. Sonja Krauses Stimme klang gereizt, und ihr Blick war es auch. Sie stand im Türrahmen und schien zu warten. Er brauchte eine Weile, bis er verstand, warum.

»Selbstverständlich, gehen Sie nur«, sagte er und lächelte ihr zu. Mangels der Anwesenheit eines Höherrangigen war er in diesem Moment ihr Vorgesetzter und musste ihr die Erlaubnis geben zu gehen. Nach seinen eigenen Regeln war sie eine etwa gleich alte junge Frau, die tun und lassen konnte, was sie wollte.

Fred zog vier DIN-A4-Blätter aus seiner Schublade, holte sich eine Flasche Gummierstift aus dem Vorratsschrank, klebte die Seiten zu einem großen Bogen zusammen und richtete den Luftstrom des Ventilators darauf, um den Kleber zu trocknen. Dann begann er, den Fall als eine Art grafisches Muster zu notieren: Zuerst die Personen mit kurzer Beschreibung, bisher herausgefundenen Fakten und ihren möglichen Tatmotiven, dann in welcher Beziehung sie zueinander standen. Daraus ergaben sich die wichtigsten Fragen, die es zu klären galt. Diese Art der grafischen Darstellung eines Falles hatte er sich in seiner Ausbildung ausgedacht, weil er es sonst nicht vermochte, den Überblick zu behalten. Der Überblick, das war seine größte Schwäche.

Sobald er sich mit einzelnen Personen beschäftigte, verlor er sich in Details, spürte tiefer und tiefer in sie hinein, und am Ende fühlte er sich wie in einem Labyrinth, dessen Wege er bestens erkundet hatte, aus dem er aber nicht mehr herausfand.

Auf Gisela Bernau fielen im Moment die wenigsten Verdachtsmomente. Dass sie ein Verhältnis mit Obermann gehabt hatte, war nach dem derzeitigen Stand der Ermittlungen sehr unwahrscheinlich.

Bei Ida Obermann sah es anders aus. Die Wut und die Verletzung, dass ihr Mann sie nach einunddreißig Ehejahren und vielen Affären für eine jüngere Frau verlassen wollte, war durchaus ein Tatmotiv. Aber ohne Beweise blieb auch das reine Theorie.

Konrad Stehr war vorläufig entlastet, weil seine Pistole erwiesenermaßen nicht die Tatwaffe war, doch da war etwas an diesem Mann, etwas Drohendes, eine dunkle Vergangenheit, die sich möglicherweise mit der von Heinz Obermann, dem Gestapo-Mann, kreuzte. »Opfer von Obermann?«, schrieb Fred unter Stehrs Namen.

Und dann: der große Unbekannte. Jemand hatte noch eine offene Rechnung mit Obermann, hatte ihn ausfindig gemacht und observiert, um eine passende Gelegenheit zu finden, und als sie da war, schlug er zu. Auf jeden Fall musste Fred Obermanns Vergangenheit intensiver durchleuchten.

Alles in allem kam Mirna Laake am ehesten als Täterin infrage. Sie war am Tatort gewesen, als der Mord geschah. »Ein weiterer Erpressungsversuch?«, notierte Fred und »mit bewaffnetem Komplizen?«. Nach kurzer Überlegung jedoch radierte er die beiden Notizen wieder weg. Das Szenario passte nicht zu den acht schnell hintereinander und in großer Wut abgefeuerten Schüssen. »Mord aus Wut und Verletzung nach Zurückweisung durch Obermann?«, notierte er stattdessen.

Obermann und Laake, nur die beiden, kein Unbekannter.

Fred lehnte sich zurück. Er musste Mirna Laake noch einmal auf den Zahn fühlen, und am besten war es loszuziehen, bevor Auweiler auftauchte, es war kaum anzunehmen, dass der ihm weiterhin so viel freie Hand ließ. Er nahm den Papierbogen und faltete ihn zusammen, um ihn in seinem Schreibtisch zu verstauen.

Irgendetwas fehlte, irgendetwas hatte er vergessen. Er breitete die Aufzeichnungen noch einmal aus.

Petticoat. Er schrieb das Wort ganz an den Rand des Blatts. Mirna Laake hatte er schon danach gefragt, dasselbe musste er noch bei allen anderen machen. Es war Hugo, Stehrs Hund, gewesen, der ihn zu der Stelle gezogen hatte. Warum hatte der Hund die Witterung aufgenommen? Weil an dem Rock der Geruch seines Herrchens Konrad Stehr klebte? Fred verband »Petticoat« und »Konrad Stehr« mit einer Linie, über die er zwei Fragezeichen setzte. Oder hatte an dem Rock der Geruch einer anderen Person geklebt, die am Tatort gewesen war? Er zog Linien zu Obermann und Mirna Laake – und zu »der große Unbekannte«. Etwas stimmte noch nicht. »Oder die große Unbekannte« fügte er hinzu. Was hatte Ellen gesagt? Eine von fünfhundert Täterinnen tötet mit einer Pistole.

...

Fred flitzte die Treppe hinunter. Stimmen drangen von unten herauf. Gerade noch rechtzeitig erkannte er, dass eine davon Auweiler gehörte. Schnell sprang er in einen Seitengang und wartete, bis der Kommissar mitsamt seiner Begleitung in der nächsten Etage verschwunden war.

In der Abteilung Spurensicherung war es ruhig, nur Moosbacher saß an seinem Schreibtisch, die anderen waren wohl schon in die Kantine gegangen.

»Ah, der Herr Lemke«, begrüßte ihn Moosbacher. »Was gibt's? Womit kann ich Ihnen helfen?«

»Ist es möglich, dass ich mir den Rock, den Petticoat, ›ausleihe‹?«

»Freilich, das können Sie.« Er erhob sich und forderte Fred auf, ihm zu folgen. »Wollen Sie ihn einem Verdächtigen vorlegen?«

»Der Tänzerin, Mirna Laake.«

»Die war übrigens gestern hier, unser Medizinmann hat ihre Wunde tatsächlich als Schusswunde identifiziert. Ein Streifschuss, sie hat Glück gehabt. Eine erstaunliche Frau. Die Verletzung ist nicht tief, aber ziemlich schmerzhaft.«

»Sie will trotzdem weiterarbeiten.«

»Sehr diszipliniert, die Dame. Passt gar nicht in das Bild, das man sich von einer Diva macht. Dem Schusseinfallswinkel nach kann sie sich die Verletzung nur mit größter Verrenkung selbst zugefügt haben. Der Schuss hat sie schräg von hinten getroffen. Das kriegen Sie selbst mit der Gelenkigkeit von Turnvater Jahn kaum hin.«

»Es ist also unmöglich?«

»Sagen wir so: Nur für eine äußerst gelenkige Person.«

»Wie eine Tänzerin?«

Moosbacher zögerte. »Ja. Wie weit sind Sie denn insgesamt mit dem Fall?«

Fred wollte loslegen, aber Moosbacher unterbrach ihn.

»Wissen Sie was? Erzählen Sie es mir doch beim Mittagessen. Oder haben Sie schon gegessen?«

»Nein«, sagte Fred verhalten, sofort meinte er den Geruch der Kantine in der Nase zu haben und diese beklemmende Atmosphäre zu spüren von dezent und gemessen parlierenden Männern, zu denen er sich dann wohl setzen musste.

Moosbacher lachte. »Wenn ich Ihre Reaktion richtig deute, hatten Sie nicht vor, in der Kantine zu essen. Gehen wir zu Riese, was halten Sie davon?«

Fred stimmte erleichtert zu.

Auf dem Weg dorthin gab er Moosbacher einen Überblick, und wie immer, wenn er komplexe Zusammenhänge kurz und präzise zusammenfassen sollte, hatte er schon nach kurzer Zeit das Gefühl, ins Schwimmen zu geraten und sich in Details zu verlieren. Moosbacher ließ nicht erkennen, ob ihn das störte oder ihm überhaupt auffiel, und hörte geduldig zu.

»Wissen Sie, wie das mit den ehemaligen Gestapo-Leuten funktionierte? Deren Entnazifizierung?«

»Nein. Ich weiß nur, dass es funktionierte.«

»An sich wurde die Gestapo nach dem Krieg in den Nürnberger Prozessen als verbrecherische Organisation eingestuft und nicht wenige Gestapo-Beamte wurden zu Gefängnisstrafen verurteilt. Dann aber initiierte unser glorreicher Bundeskanzler Adenauer 1951 eine Grundgesetzänderung, und der Bundestag stimmte dafür, den Artikel 131 mit dem schönen, harmlosen Titel ›Ehemalige Angehörige des öffentlichen Dienstes‹ einzufügen. Danach galten zwar nach wie vor alle Gestapo-Beamten als Verbrecher, nur die nicht, die ›von Amts wegen‹ zur Gestapo versetzt worden waren. Verstehen Sie den Trick dahinter?«

»Ehrlich gesagt, nein.«

»Die Gestapo war nahezu komplett mit Beamten aus anderen Abteilungen der Polizei besetzt. Praktisch alle, die bei der Gestapo arbeiteten, waren ›von Amts wegen‹ dorthin versetzt worden. Ergo galten nach 1951 die meisten der Gestapo-Verbrecher wieder als unbescholtene Bürger. Viele von denen arbeiten auch heutzutage wieder bei der Polizei, egal, welche Untaten sie vorher begangen haben.«

Fred brauchte eine Weile, das zu verdauen. »Das heißt, auch hier im LKA …?«

Moosbacher nickte. »So gesehen kann man froh sein, dass Obermann nur Klempner geworden ist. Er könnte jetzt auch Ihr Vorgesetzter sein. Theoretisch. Oder Polizeipräsident.«

Was ist mit Auweiler, schoss es Fred durch den Kopf. Oder mit Edgar Leipnitz, dem anderen Kommissar in der Abteilung? Oder gar dem Chef der Abteilung Delikte am

Menschen, Dr. Paul Mayer? Fred traute sich nicht nachzufragen. Folgerichtig müsste er dann nämlich auch Moosbacher fragen, welche Rolle er im Dritten Reich gespielt hatte, und das wollte er nicht.

Die rotbäckige Metzgerin, tatsächlich handelte es sich um die Inhaberin Magda Riese, schöpfte großzügig in die Teller.

»Gulasch auf ungarische Art. Vorsicht, scharf!«, lachte sie. Sie hatte Moosbacher sehr freundlich und Fred mit einem Augenzwinkern begrüßt, offenbar hatte sie ihn wiedererkannt.

»Sie kommen viel zu selten, Herr Moosbacher. Wissen Sie denn nicht, dass ich eigentlich nur für Sie koche?«, kokettierte sie.

Fred bemühte sich, sein Erstaunen zu verbergen, dass diese gemütliche, beleibte und nach seinen Maßstäben alte Frau so offen flirtete.

»Ich denke jedes Mal mit Wehmut an Sie, Frau Riese, wenn ich in der Kantine sitze und«, er verzog sein Gesicht, »das Essen dort herunterwürge.«

»Na, bitte!« Sie breitete ihre Arme aus. »Hier ist die Lösung.«

»Ich würde aufgehen wie ein Germknödel, glauben Sie mir.«

»Ein was?«

»Eine Dampfnudel.«

»Gibt's da auch ein deutsches Wort für?«

»Hefeknödel.«

»Sie meinen einen Krapfen.«

»Genau, mir fiel das Wort nur nicht ein.«

»Also, ein bisschen was auf die Rippen könnten Sie schon noch vertragen. Der Bauch eines Mannes gilt als der Beweis, dass seine Frau ihn liebend speist.«

Moosbacher lachte. »Aber jeden Tag herumtragen müsste ich die Wampe!«

Die Metzgerin hob drohend den Zeigefinger. »Machen Sie sich etwa über uns wohlgeformte Menschen lustig?«

Er lächelte sie warmherzig an. »Nein, das tu ich nicht, Frau Riese. Sie sind ein wahrer Schatz. Nur das zählt.«

Ihr Gesicht wurde noch eine Nuance roter. »Ach, Herr Moosbacher.« Sie wandte sich Fred zu. »Für Sie gilt das Gleiche. Wie ist denn Ihr Name?«

»Fred Lemke.«

»Derselbe Verein?«

Fred nickte.

»Ich bin bei der Spurensicherung, aber er ist bei der Mordkommission«, erklärte Moosbacher.

»O je, da kriegt man ja direkt Angst.«

»Er gehört zu den Guten, Frau Riese«, lachte Moosbacher. »Machen Sie sich keine Sorgen.«

»Die Mordkommission kommt doch nur, wenn es zu spät ist und einer schon totgemacht wurde«, erwiderte sie mit unerwartetem Ernst.

Fred sah schweigend zum Fenster hinaus. Die Metzgerin hatte recht. Wenn man einen Dieb oder einen Erpresser erwischte, konnte man dessen Untat im Nachhinein noch irgendwie ins Gute drehen. Selbst einen Sexualtäter zu stellen, konnte für das Opfer ein wenig Linderung seiner erlittenen Qualen schaffen. Aber ein Ermordeter blieb für die, die ihn liebten, die ihn vermissen, ein gewaltsam und unwiderruflich aus dem Leben gerissener Mensch, ein durch nichts zu ersetzender Verlust. Fred ertappte sich bei dem Wunsch, dass Obermann tatsächlich von einem SS-Opfer aus Rache getötet worden war, dann würde der Mord wenigstens etwas von einer gerechten Strafe haben.

»Was ist los, Herr Kriminalassistent?« Moosbacher klopfte ihm auf die Schulter, nahm einen großen Schluck von seiner Afri-Cola und deutete auf das Gulasch. »Schmeckt es Ihnen nicht? Ah, Sie haben ja noch gar nicht probiert!«

»Stimmt.« Fred registrierte Rieses kritischen Blick und nahm einen Löffel. »Oh ... scharf.«

»Sehr scharf!«, rief Moosbacher der Metzgerin zu, die das als Kompliment nahm und ihn glücklich anlachte.

Fred aß weiter, nahm abwechselnd einen Bissen Brot und einen weiteren Löffel. Eins war klar, er würde kein Freund von ungarischem Essen werden. Erstaunlicherweise verscheuchte die Schärfe den Rest seines Kopfschmerzes.

Draußen hatte sich ein ausgemergelter Hund genähert und war abrupt vor dem Eingang der Metzgerei stehen geblieben, als wäre er gegen eine Wand gelaufen. Seine Nasenspitze zuckte sehnsüchtig hin und her, überfordert von all den wunderbaren Düften, die ihm entgegenschlugen. Zugleich war er so verängstigt, dass er vor jedem Kunden, der die Metzgerei verließ, wegsprang und nur mit größter Vorsicht zurückkehrte.

»Ich muss mehr über Obermanns Vergangenheit herausbekommen«, sagte Fred.

Moosbacher ließ den vollen Löffel zurück in den Teller gleiten. »Das dürfte das Schwierigste an diesem Fall sein. Die Schuldigen halten zusammen und reden nicht. Die Opfer wollen vergessen und reden nicht. Viele Richter und Polizisten sind dieselben wie zu Adolfs Zeit und wollen sich das Vergnügen an ihrer öffentlich anerkannten Unschuld nicht vermiesen lassen.«

Fred musste daran denken, was ihm Hanna Pletters Freundin Sara Feldknecht über die Familie von Stain erzählt hatte. Moosbacher sah ihn forschend an. Sollte er ihm erzählen, was er wusste? Nein, aus irgendeinem absurden Grund kam ihm das wie ein Vertrauensbruch vor.

Moosbacher aß weiter. Plötzlich war zwischen ihnen eine gläserne Wand.

...

Fred tastete sich durch den dunklen Gang, der in den Hinterhof führte. Dort herrschte heilloses Chaos, alte Möbel stapelten sich in die Höhe, durchgelegene Matratzen, ausrangierte Kleidungsstücke und Müll lagen herum. Die Mauer, die den Hof von dem des Varietétheaters trennte, war nicht sehr hoch. Mit dem zweiten Anlauf gelang es ihm, sich hinaufzuhangeln und auf der anderen Seite hinuntergleiten zu lassen. Hier herrschte eine bemerkenswerte Ordnung. Schwere Persennings bedeckten diverse Bühnendekorationen vergangener Aufführungen, sie standen auf Holzpaletten, damit sie von unten keine Feuchtigkeit zogen, und waren durchnummeriert, jede Ziffer feinsäuberlich auf die Abdeckung lackiert. Die Hintertür zum Theater stand offen, Stimmen waren zu hören. Fred wartete, bis sie verklungen waren, und ging hinein. Ohne Mühe fand er Mirna Laakes Garderobe. Auf sein Klopfen bekam er keine Antwort, die Tür war verschlossen. Er folgte dem Gang, der entlang des Zuschauerraumes in Richtung Theaterfoyer führte. Aus dem Inneren drang laute Orchestermusik. Leise öffnete er die hinterste Tür und schlich sich hinein. Die Bühne war in buntes Licht getaucht. Eine Reihe von acht jungen Tänzerinnen warf ihre Beine synchron in die Luft, vor ihnen sang Mirna Laake mit großer Inbrunst. Er kannte das Lied nicht, es erinnerte ihn aber an die Musik, die zu hören im Krieg verboten gewesen war, Swing, leichter, temperamentvoller, von Bläsern dominierter, tanzbarer Jazz. Selbst wenn man wusste, dass Laake unter einer schmerzhaften Verletzung litt, sah man ihr nichts an. Im Gegenteil, die Tanzschritte, mit denen sie ihren Gesang untermalte, waren kraftvoll und flüssig.

Pervitin, dachte Fred, die Stuka-Tabletten, das Flieger-Marzipan, die Hermann-Göring-Pillen.

Der Regisseur saß im Zuschauerraum an einem der vorderen Tische und zuckte mit den Händen, als müsse er die Musiker dirigieren, die jedoch souverän weder den Regisseur noch ihren Bandleader beachteten, der betont lässig und seitwärts zur Band mit einer Hand zum Takt mitwippte. Der Schlussakkord schmetterte, wurde von in höchsten Tönen quietschenden Trompeten und wild rollenden Schlagzeugwirbeln in die Länge gezogen, und die letzte Bewegung der acht Tänzerinnen endete in einer Verbeugung vor Mirna.

»Wunderbar, Mädels, das sitzt!«, rief der Regisseur und begann in den Blättern zu wühlen, die vor ihm auf dem Tisch ausgebreitet lagen. Während die Tänzerinnen fröhlich miteinander lachten und herumalberten, gab Mirna die unnahbare Diva. Scheinbar absichtslos bewegte sie sich aus dem grellen Scheinwerferlicht heraus in den Schatten. Jetzt meinte Fred zu erkennen, welche Mühe es ihr machte, die Fassade zu wahren. Eine der Tänzerinnen beobachtete sie scharf und lauernd. Laake schien ihre Blicke zu spüren. Sie richtete sich auf, straffte ihren Körper und wandte sich um. Sofort setzte die andere Tänzerin ein breites mechanisches Lächeln auf.

»Ich bin gleich wieder da, Kurti«, rief Laake und ging auf einen der Ausgänge zu.

»Kurze Pause für alle!«, rief der Regisseur in die Runde.

Drei der Tänzerinnen steckten ihre Köpfe zusammen, und es war leicht zu erkennen, dass sie über Mirna redeten und das nicht gerade mitfühlend. Fred erinnerte sich daran, was Ellen über die Zustände und Rivalitäten an Theatern gesagt hatte. »Wenn Sie die Nummer eins sind, lauern hinter Ihnen all diejenigen, die Sie vom Thron stoßen wollen, um selbst darauf Platz zu nehmen.«

Fred schlich hinaus und folgte Mirna Laake. Sie verschwand in ihrer Garderobe, ohne die Tür vollends hinter sich zu schließen. Er hörte es drinnen rascheln. Durch den Türspalt sah er, wie sie aus einem Pervitinröhrchen eine Tablette in ihre Hand gleiten ließ und sie ohne Wasser herunterwürgte. In ihrem Gesicht spiegelten sich große Schmerzen. Er schob die Tür auf.

»Die Schussverletzung?«

Sie erschrak und sah ihn böse an. »Was erlauben Sie sich?«

»Pervitin, Eukodal – Sie nehmen diese Mittel nicht erst, seit Sie die Verletzung haben, habe ich recht?«

»Ich wüsste nicht, was Sie das angeht.«

»Eukodal gibt es nur auf ärztliche Verschreibung.«

»Sind Sie auch einer von diesen Korinthenkackern? Das Mittel können Sie überall kaufen.«

»Kann sein. Aber nicht legal. Eukodal fällt unter das Betäubungsmittelgesetz.«

»Und was jetzt? Wollen Sie mich wegen so einer Lächerlichkeit einsperren?«

Sie wollte wütend und überheblich klingen, doch in ihrer Stimme lag für Fred eher etwas Verzweifeltes.

»Es wird noch eine Weile gutgehen, und dann werden Sie kollabieren.«

Sie lachte geringschätzig. »Was wissen Sie denn.«

Er zuckte mit den Schultern. »Was ich weiß, spielt keine Rolle. Sie selbst wissen ganz genau, dass das nicht ewig gutgehen kann.«

Laake wandte sich wortlos ab, sah in den Spiegel und zupfte an ihren Haaren.

»Werden Sie meine Bewährung kippen, Herr Kommissar?« Sie warf Fred durch den Spiegel einen langen Blick voller Befürchtung zu.

Nein, Befürchtung reichte nicht aus, da war Angst, existenzielle Angst. Müsste sie die zwei Gefängnisjahre doch noch absitzen, wäre es mit ihrer Karriere als Tänzerin mit Sicherheit vorbei.

Fred wich einer Antwort aus. »Wissen Sie, was ich mich schon die ganze Zeit frage? Was ich nicht verstehe? Sie sind eine erfolgreiche Tänzerin. Warum haben Sie versucht, jemanden zu erpressen?«

Für einen Moment blitzte unwilliger Stolz in ihren Augen auf, als empfände sie seine Frage als Beleidigung. Doch dann fasste sie sich schnell wieder und wandte sich ihm seufzend zu. Wieder einmal hatte Fred das Gefühl, dass sie eine verdammt gute Schauspielerin war.

»Meine Tage sind gezählt, Herr Lemke. Ich bin nicht berühmt genug, um unangefochten die Nummer eins zu sein und schon gar nicht, um unangefochten zu bleiben. Irgendwann wird eine der jungen Tänzerinnen das Format haben, mich zu ersetzen. Oder der nächste Regisseur wird nicht mehr schwul sein wie Kurti, und eine der Jungen wird ihm den Verstand aus dem Kopf vögeln, bis er ihr die Hauptrolle gibt.«

Fred sah sie zweifelnd an.

»Hier geht es nicht um Kunst, verstehen Sie? Hier geht es um Arsch und Titten. Solange die prall sind, ist alles gut. Bis eins von beiden oder beide Opfer der Schwerkraft werden. Dann heißt es bye-bye, Baby, bye-bye.«

Fred schwieg. Ihre Verbitterung berührte ihn, was er ihr allerdings nicht zeigen wollte.

»Ich weiß, ihr Männer denkt immer, das muss auch anders gehen, es gibt immer irgendwelche Möglichkeiten.

Nicht für eine Frau, glauben Sie mir.« Sie beugte und streckte ihren linken Arm, als wollte sie überprüfen, ob die Schmerzen schon nachließen. »Wir sind das Kanonenfutter der Nachkriegszeit. 1945 durften wir die Trümmer wegräumen, die ihr Männer mit euren Granaten und Bomben angehäuft habt, und kaum ging es uns allen wieder besser, sollten wir bitte schön wieder zurück an den Herd. Und wissen Sie, was das Schlimmste ist? Die meisten Frauen finden das in Ordnung so.«

Ihre Augen wurden feucht. »Ich kann Ihnen nicht sagen, wie viele Russen ihre kommunistischen Schwänze in mich gerammt haben. Ich habe schnell aufgehört zu zählen. Weil ich wollte, dass alles, was passierte, sofort Vergangenheit wurde. Für mich zählte nur noch das Jetzt und die Zukunft, die ich mir so grandios wie möglich ausmalte. Warum ich mich einer Erpressung schuldig gemacht habe, wollen Sie wissen? Letztes Jahr fiel ich für zwei Wochen aus, und eine der jungen Tänzerinnen übernahm meinen Platz auf der Bühne. Titten und Arsch, das stimmte bei ihr. Nur war sie noch nicht gut genug, um mich wirklich zu ersetzen, und als ich wieder gesund war, musste sie wieder zurück in die zweite Reihe. Aber plötzlich tickte da eine Zeitbombe, und ich bekam es mit der Panik zu tun. Zum ersten Mal empfand ich die Zukunft als bedrohlich. Und dann ... Einer der Männer, die schon mal länger hier im Theater bleiben, Sie verstehen, war dieser Großindustrielle. Dem hatte der Krieg nichts genommen, im Gegenteil, der Krieg hatte ihn reich gemacht. Und der Frieden hatte ihn noch reicher gemacht.

Ich war der Meinung, dass ein Teil davon mir zusteht. Als Entschädigung.«

Ihr Blick ging suchend über den Schminktisch. Fred zog sein Stofftaschentuch hervor und reichte es ihr.

Sie nahm es, zögerte einen Moment und streichelte ihm über die Wange. »Sieh an, ein Mann, der einer Frau kein Feuer, aber ein Taschentuch geben kann. Sie wissen gar nicht, wie viele Frauen Sie dafür ein Leben lang lieben würden.«

Fred wusste nicht, wie er sich verhalten sollte. Das hier war ein Verhör, Streicheln hatte darin nichts verloren, und auch wenn er verstand, was sie dazu gebracht hatte, überwog das Gefühl, dass sie gerade versuchte, ihn um ihren Finger zu wickeln.

»Hätten Sie sich dann konsequenterweise für die Erpressung nicht mit einer Frau zusammentun müssen?«, fragte er und fand seine Frage im nächsten Moment ziemlich naiv.

»Ich habe nichts gegen Männer«, erwiderte sie mit sanfter Nachsicht. »Solange ich den Ton angebe.«

»Und was passiert, wenn Männer es nicht zulassen, dass Sie den Ton angeben?«

»Sie meinen Männer wie Heinz Obermann?« Sie lächelte. »Ich bringe sie nicht um, Herr Kommissar. Ich bin kein Serienmörder oder wie nennt ihr Kriminalen das? Nein, dann sage ich: Bye-bye, Baby, bye-bye.«

Sie faltete Freds Taschentuch sehr sorgfältig zusammen und gab es ihm zurück. Auf seinen erstaunten Blick sagte sie: »Wenn jemand einfach nur nett zu mir ist, habe ich immer ein schlechtes Gewissen. Hätte ich ein Bügeleisen, würde ich es noch bügeln, damit es ja keine Falten hat.«

Fred steckte es ein. Die Tänzerin streckte ihm ihre über Kreuz gelegten Hände entgegen.

»Was ist dann jetzt mit meiner Bewährung? Wollen Sie mich gleich nach Moabit bringen? In Handschellen?«

»Sie sind eine wichtige Zeugin, Frau Laake«, erwiderte Fred. »Vielleicht ist Ihre Aussage so gewichtig und bedeutend, dass ein Richter wegen der Verletzung Ihrer Bewährungsauflagen ein Auge zudrückt.«

»Vielleicht müssen Sie ja niemandem davon erzählen.« Sie deutete auf die Drogen.

»Das wird nicht gehen.«

Sie nickte. »Ich verstehe. Aber ich kann meine Chancen verbessern, wenn ich mich als gute Zeugin erweise, richtig?«

»Das kann man so sagen, ja.«

Sie atmete tief durch. »Wissen Sie, auch wenn Sie vielleicht ein anderes Bild von mir haben: Ich bin nicht leicht zu erobern. Jeden Tag versuchen Männer, sich an mich heranzumachen. Die meisten verhalten sich wie plumpe Tölpel. Manche sind dreist und unverschämt. Manche tun so, als wäre es eine Ehre, wenn man sie an sich heranlässt. Heinz war anders. Charmant und sehr respektvoll. Es war leicht, ihm den kleinen Finger zu reichen und dabei zuzusehen, wie er die ganze Hand nahm. Er verstand sich wunderbar auf Komplimente, er war ein Verführer. Und er war der tiefen Überzeugung, etwas ganz Besonderes zu sein, so etwas wie ein Auserwählter, einer, der das uneingeschränkte Recht haben sollte, zu tun und zu lassen, was er wollte. Mir gab er das Gefühl, genauso zu sein.«

Für einen Moment schien sie in sich hineinzuhorchen. Ihrem Lächeln entnahm Fred, dass das Pervitin jetzt Wirkung zeigte.

»Er schmeichelte mir und zugleich wurde er mir immer unheimlicher. Er zog über jeden her, hielt alle anderen für minderwertig. Als er erfuhr, dass Kurti, mein Regisseur, schwul ist, wurde er sehr ausfallend. Sprüche wie: ›Diese Pupen-Rammler sind Dreck, Abschaum, früher hätte man die ins KZ geschickt!‹ Einmal, auf der Straße, kam ein Mann auf uns zu, ein Wrack, ein zitterndes Bündel Mensch. Du bist der Gestapo-Mann, hat er geschrien, ich erkenne dich, sieh her, du Schwein, ich habe überlebt! Er hat seinen Ärmel hochgerissen und seine in den Unterarm tätowierte Nummer gezeigt. Heinz hat ihn ohne ein Wort zu sagen niedergeschlagen und mich fortgezogen. Er hat gelacht.«

»Hatte der Mann recht? War Obermann früher bei der Gestapo?«

»Ich weiß es nicht. Wir haben über so etwas nie geredet.«

»Wissen Sie, dass er im Reichssicherheitshauptamt gearbeitet hat?«

»Nein.«

Log sie? Im Allgemeinen meinte Fred zu spüren, wenn jemand log. Bei Laake nicht.

»Wer hat Heinz Obermann erschossen, Frau Laake? Haben Sie den Täter gesehen?«

Sie sah ihn traurig an. »Wenn ich jetzt Ja sagen würde, wären meine Chancen besser, habe ich recht?«

»Das wären sie.«

Sie schüttelte den Kopf. »Nein, ich habe ihn nicht gesehen. Heinz und ich hatten Streit, er hat mich angebrüllt, hat mich beschimpft, weil ich ihn nicht heiraten wollte. Ich habe mir die Ohren zugehalten. Plötzlich sah ich, wie er sich erschrocken umblickte. Dann fiel der erste Schuss. Er riss seine Hand hoch, sie blutete, ein Finger fehlte. Er sprang auf, und ich hörte nur noch Schüsse. Einer traf ihn in den Oberschenkel. Einer traf mich. Ich bin weggelaufen. Ich habe mich nicht umgedreht, einfach nur weg. Das ist alles, was ich sagen kann. Es tut mir leid.«

Fred forschte in ihrem Gesicht. Da war nichts zu erkennen, was ihm das Gefühl gab, dass sie log.

»Hatte Obermann Feinde?«, fragte er. »Gab es jemanden, der ihn bedrohte?«

Er meinte in ihren Augen einen Hauch von Unsicherheit zu erkennen. Als hätte sie diesen verräterischen Moment selbst bemerkt, rieb sie sich ihr linkes Auge und beugte sich nah an den Spiegel heran, um den störenden Fremdkörper ausfindig zu machen.

»Nicht, dass ich wüsste.«

»Sind Sie sicher?«

»Mir hat er nie etwas dergleichen gesagt.«

»Der Mann auf der Straße, der mit der Tätowierung? Hätte er geschossen, wenn er eine Pistole dabeigehabt hätte?«

»Ich weiß, worauf Sie hinauswollen. Aber ich glaube,

wer ein Konzentrationslager überlebt hat, hat nicht mehr die Kraft, einen Abzug zu ziehen.«

Fred nickte, wahrscheinlich hatte sie recht. »Gab es andere Begegnungen dieser Art?«

»Nein.«

Er zog den Petticoat aus der Plastiktüte und hielt ihn hoch.

»Haben Sie diesen Rock schon mal gesehen?«

»Ein Petticoat? Haben Sie mich nicht schon mal danach gefragt? Größe 42?«

»Vielleicht ist es ja etwas anderes, wenn Sie ihn sehen.«

»Ist das Blut?«

»Ja.«

Sie zog fröstelnd die Schultern nach oben. »Nein, den kenne ich nicht.«

»Auf das Etikett hat jemand mit Kugelschreiber eine 6 oder eine 9 geschrieben. Haben Sie hier im Atelier einen Kleiderfundus?«

»Haben wir. Aber da wird alles nach Größe sortiert und nicht durchnummeriert. Sie können sich da gerne selbst vergewissern.«

Er beobachtete sie genau. Sein Gefühl sagte ihm, dass sie die Wahrheit sagte. Sein Kopf hingegen warnte davor, sich bei Mirna Laake auf seine Intuition zu verlassen.

...

»Lemke, welcher Kurzschluss hat denn da Ihr Hirn paralysiert? Gestapo, Reichssicherheitshauptamt, das ist zwanzig

Jahre her. Zwanzig Jahre! Kalter Kaffee in jeder Hinsicht. Acta est fabula! Was die Laake salbadert, dient doch nur der Ablenkung und zuvörderst dem Ziel, den Kerker zu vermeiden.«

»Als Täterin kommt sie kaum noch infrage.«

»Das sagen Sie! Ich hingegen sage in Abwandlung des Spruches von Plinius dem Jüngeren: Ludia mentiri licet, der Tänzerin ist es gestattet zu lügen. Sie muss sich nicht selbst belasten, denn die Indizien machen sie zur Hauptverdächtigen.«

»Ich hatte nicht den Eindruck, dass sie lügt.«

»Sie hatten nicht den Eindruck, aha, und wo ist der stichhaltige Beweis?«

»Es gibt auch keinen Beweis, dass sie die Täterin ist.«

»Na bitte! Dann beschäftigen wir uns doch mit den Dingen, die real sind. Ah, Kollege Leipnitz, guten Morgen! Wieder gesund?«

»Guten Morgen, die Herren.«

Fred wandte sich um, er hatte niemand kommen hören. Ein dürrer Mann mit schnellen Augen und fransigem, fettigem Haar streckte ihm seine Hand entgegen. Seine sehr langen, sehnigen Finger mit verwahrlosten Fingernägeln fühlten sich in Freds Hand wie scheue Lebewesen an.

»Edgar Leipnitz, guten Tag.« Leipnitz zog die Hand schnell wieder zurück. Sein Blick war vorsichtig, nicht unfreundlich. »Sie sind der Neuzugang?«

»Ja, seit drei Tagen. Fred Lemke, ebenfalls einen guten Tag.«

Leipnitz schob sich an ihm vorbei und ging zu seinem

Schreibtisch in der hintersten Ecke des Raums. Auch wenn er nichts weiter sagte und fragte, empfand Fred das nicht als aversiv oder gleichgültig. Leipnitz hatte die Ausstrahlung eines Menschen, der eine große Last zu tragen hatte und dem man nicht noch mehr aufbürden wollte. Dass Auweiler mit seinem offenbar längere Zeit abwesenden Kollegen nicht redete, nicht fragte, wie es ihm ging, fand er sehr merkwürdig.

»Wo waren wir stehen geblieben?« Auweilers Augen klebten an Leipnitz, der sich, kaum dass er saß, einem Stapel von Berichten auf seinem Schreibtisch widmete.

»Ich halte es für wahrscheinlich«, erwiderte Fred, »dass der Schlüssel zu dem Fall in Obermanns Vergangenheit zu finden ist. Als Gestapo-Mann im Reichssicherheitshauptamt dürfte er sich eine Menge Feinde gemacht haben.«

Auweiler verdrehte die Augen. »Und wer soll denn bitte sehr dreizehn Jahre nach Kriegsende noch jeden Tag mit einer Pistole durch die Gegend streunen in der irrsinnigen Hoffnung, einem ehemaligen Gestapo-Mann zu begegnen, der ihm vermeintlich sonst was angetan hat, um ihn endlich zu erschießen?«

»Um das richtig einzuschätzen, müssen wir wissen, welche Funktion Heinz Obermann damals hatte. Die Frage ist, wie ich an diese Informationen komme.«

»Sie weigern sich beharrlich, es zu verstehen, Lemke, kann das sein? Was wollen Sie in der Vergangenheit herumwühlen, einer klumpigen, amorphen, unappetitlichen und in jeder Hinsicht undurchdringbaren Masse? Vor Ihrer Nase aufgereiht sehen Sie die Hauptverdächtigen: die Ehefrau, die Tänzerin, der Mann mit dem Hund ...«

»Konrad Stehr.«

»Genau, Stehr und die Haushälterin. Kümmern Sie sich um die. Wir holen sie alle einzeln zum Verhör und bearbeiten sie. Schluss mit dem Schmusekurs. Wir haben Spezialisten im Haus, mit denen bilden wir jeweils ein Zweierteam, und eins kann ich Ihnen versprechen: Sie werden sich wundern, was wir mit synergetischer Effizienz aus den Verdächtigen extrahieren. Der Spaziergang ist vorbei, Lemke, jetzt kommen die bösen Buben und legen die Daumenschrauben an.«

Fred war für einen Moment sprachlos über Auweilers unerwartet harte Seite.

»Und nehmen Sie das auch als Maßgabe für die Tänzerin. Daumenschrauben! Selbstredend steht es außer Frage, dass wir ihren Bewährungshelfer informieren müssen. Indes: Solange sie hofft, mit einem blauen Auge davonzukommen, ist sie als Zeugin von Wert. Nicht mein Gefühl oder mein Eindruck, Lemke, sondern meine profunde Erfahrung sagen mir das Folgende: Wenn wir den Druck erhöhen, erfahren wir von ihr noch Dinge, die sie andernfalls nicht preisgeben würde. Holen Sie sie hierher, und wir nehmen sie in die Zange.«

»Wollen Sie sie jetzt gleich ...«

»Um Himmels willen, Lemke«, unterbrach ihn der Kommissar, »haben Sie Schuppen auf den Augen?« Er deutete mit weit ausladender Geste auf seinen Schreibtisch. »Ich stecke bis zur Unterseite Kinn in Arbeit mit meinem neuen Fall. Nein, die Dame läuft uns nicht weg. Morgen vielleicht.«

»Bitten Sie das Bundesarchiv, Abteilung Militärarchiv in

Koblenz um Unterstützung«, meldete sich Leipnitz, offenbar hatte er trotz seines Aktenstudiums zugehört. »Dort sind alle Soldaten und Polizisten aus der Nazizeit erfasst. Sofern der Krieg ihre Biografien nicht verschluckt und vernichtet hat. Eine offizielle und dringende Anfrage von uns wird dort bevorzugt behandelt. Wenn es Informationen über diesen Herrn gibt und welche Aufgaben er bei der Gestapo oder als Wehrmachtssoldat hatte, dann werden Sie es morgen wissen.«

»Verehrter Kollege«, Auweiler bemühte sich, das Vibrieren in seiner Stimme zu unterdrücken, »es wäre angebracht, sich aus den Ermittlungen herauszuhalten, solange Sie nicht die Hintergründe dieses Falles kennen.«

Leipnitz ignorierte Auweilers Unmut, zog die *Berliner Morgenpost* aus seiner Aktentasche hervor und hielt sie Fred hin.

»Zudem können Sie hier über Ihren Toten Heinz Obermann einiges lesen. Die ist von heute. Ihr Ermordeter hat sich augenscheinlich auch in der jüngeren Vergangenheit einige Feinde gemacht.«

Fred ging zu Leipnitz hinüber und nahm die Zeitung entgegen. Wie peinlich, dachte er, gab es denn im LKA keine Abteilung, die sich mit der täglichen Presse beschäftigte und den ermittelnden Kommissaren rückmeldete, wenn etwas zu ihrem Fall veröffentlicht wurde?

»Wie macht man diese Anfrage ans Bundesarchiv?«, fragte er und sah abwechselnd Auweiler und Leipnitz an. Auweiler verdrehte erneut die Augen, langte in seine Brotdose, zog eine Tafel schwarze Herrenschokolade daraus hervor und pulte die Hülle auf.

»Holen Sie sich ein Formular bei der Sekretärin«, antwortete Leipnitz, »füllen Sie es aus und gehen Sie damit in die Poststelle im Erdgeschoss, da sind unsere Fernschreiber. Sie sind noch Kriminalassistent?«

»Ja.«

»Dann brauchen Sie die Unterschrift eines Kommissars.«

Leipnitz würde sie ihm ohne Umschweife geben, das war klar. Obwohl Fred große Lust hatte, Auweiler eins auszuwischen, wandte er sich trotzdem an den Dicken. »Würden Sie den Antrag unterschreiben?«

Auweiler antwortete mit einer geringschätzigen Handbewegung. »Herrgott noch mal, ja.« Er erhob sich, riss Fred die Zeitung aus der Hand, brach die Hälfte der Schokolade ab und verließ den Raum.

Fred warf Leipnitz einen Blick zu, doch der widmete sich demonstrativ wieder seinen Papieren. Eine sympathische Geste, wie Fred fand, offenbar wollte er nicht hinter dem Rücken seines Kollegen reden.

Den Rest des Tages verbrachte Fred damit, das Fernschreiben ans Bundesarchiv aufzusetzen und zu verschicken, seinen Bericht Sonja Krause zu diktieren und verschiedene Arbeiten für Auweiler im Zusammenhang mit dessen Mordfall zu erledigen: Vor einer Tanzbar in der Potsdamer Straße hatte ein abgewiesener Gast den Türsteher erschossen, und die wenigen Zeugen, die überhaupt zu einer Aussage zu bewegen gewesen waren, hatten den Ablauf der Tat auf derart unterschiedliche Weise beschrieben, dass der Staatsanwalt den Kommissar ermahnt hatte, mit mehr »zielführendem Durchsetzungswillen« zu ermitteln. Auweiler war darüber so erbost, dass er in einem fort über die »intellektuell sich gebenden Schnösel in der Staatsanwaltschaft« schimpfte, deren »Frühstück aus Theorien, Mittagessen aus Strategiespielen und Abendessen aus Selbstbeweihräucherung bestehe«. Leidtragende war die Sekretärin Sonja Krause, an der er mit penetranter Gnadenlosigkeit seine Wut abreagierte. Mehrere Male war Fred versucht einzugreifen, unterließ es jedoch, weil er spürte, dass zwischen den beiden ein seltsames Einverständnis herrschte. Auf eine Art ermunterte sie ihn mit ihrem Verhalten, sie zum Ziel seiner Wut zu machen, und er seinerseits überhöhte seine Äußerungen und Angriffe derart ins Theatralisch-Groteske, dass man den Eindruck hatte, einer Inszenierung beizuwohnen, in der die Beteiligten für eine bestimmte Zeit eine festgelegte Rolle spielten, um dann am Ende des Bühnenstückes ihre Kostüme und Masken abzulegen und wieder zu normalen Menschen werden.

Immer häufiger wanderten Freds Blicke zu der großen Uhr über dem Eingang, eine in ihrer Sachlichkeit kaum zu übertreffende Telenorma-Bahnhofsuhr, wie sie in allen Büros des LKA hing. Wenn nichts Akutes dazwischenkam, konnte er um 18 Uhr gehen.

Auch als Auweiler wieder zurückkehrte, gab er die Tageszeitung nicht wieder her. Erst um Viertel vor sechs warf er sie auf Leipnitz' Schreibtisch, als dieser gerade im Büro von Josephine Graf war, irgendetwas mit seiner Krankmeldung stimmte nicht, eine bürokratische Kleinigkeit, über die sich Graf sehr aufregte, wie sie zu verstehen gegeben hatte, als sie ihn in ihr Büro zitierte. Leipnitz war daraufhin noch fahriger geworden, seine Finger hatten gezittert, und kaum war er wieder zurückgekommen, hatte er nach einer braunen Glasflasche gegriffen und einige Tropfen daraus direkt in seinen Mund geträufelt.

Fred holte sich die Zeitung. Carnigen las er auf dem Flaschenetikett, was ihm nichts sagte. Noch eine Viertelstunde bis Feierabend.

Auf der dritten Seite der *Berliner Morgenpost* war ein Foto von Obermann abgedruckt. Es zeigte ihn, wie er in einem ausladenden Ohrensessel saß, den ernsten, unangenehm überheblichen Blick direkt in die Kamera gerichtet. Fred fand es immer noch irritierend, in dieses Gesicht zu sehen, und er konnte es kaum mit dem Mann verbinden, dessen Gesicht ein Dum-Dum Geschoss zerfetzt und vollkommen unkenntlich gemacht hatte. An der Wand hinter Obermann hing ein Plakat, auf dem unter der Überschrift »Es geht ums Ganze« zwei riesige Hände ein in drei Teile zerrissenes Deutschland zusammenfügten: Westdeutschland, die DDR und die vor dem Krieg zu Deutschland gehörigen und mittlerweile polnischen Regionen Schlesien, West- und Ostpreußen. Aus dem Artikel ging hervor, dass Obermann einer der führenden Köpfe der Partei BHE, Bund der Vertriebenen und Entrechteten, gewesen war, in der sich kurz nach Kriegsende ehemalige NSDAP-Mitglieder zusammengeschlossen hatten. Nach der Bundestagswahl 1957 hatte

Obermann die Partei wieder verlassen, nachdem die BHE nicht die Fünfprozenthürde geschafft hatte.

Fred merkte, wie er mit jedem weiteren Satz des Artikels wütender und ihm der Ermordete unsympathischer wurde. Da hatten diese verdammten Nazis den furchtbarsten Krieg angezettelt, den die Welt je gesehen hatte, mit mehr als 55 Millionen Toten, sie hatten ihn verloren, und kaum war der Frieden wieder zurückgekehrt, taten sie so, als wären sie die Opfer und nicht die Täter. Eklig.

Über die NS-Vergangenheit Obermanns hatten die Journalisten nicht viel herausgefunden. Gegen ihn war zwar Anklage wegen vielfachen Mordes erhoben worden, aber es war nie zu einem Prozess gekommen. Der Grund dafür schockierte Fred, einmal mehr wurde ihm bewusst, wie wenig er über Politik wusste. Waren alle in seinem Alter, alle Dreiundzwanzigjährigen, so? Die Alliierten hatten nach Kriegsende alle angeklagten Nazis in Hauptschuldige, Belastete, Minderbelastete, Mitläufer und Nichtbelastete eingeteilt. Nach 1945 wurden zuerst die Prozesse gegen Hauptschuldige, Minderbelastete und Mitläufer geführt. Da diese jedoch viele Jahre in Anspruch genommen hatten, war es später kaum noch zu den geplanten Verfahren gegen stärker Belastete, zu denen auch Obermann gehört hatte, gekommen, und mit Adenauers Entnazifizierungsgesetz galten diese dann ab 1951 als entnazifiziert. Bekannt war nur, dass er Hauptmann in der »Reichszentrale zur Bekämpfung der Homosexualität und der Abtreibung« gewesen war.

Sonja Krause war schon in den Feierabend gegangen, also setzte Fred sich an ihre Schreibmaschine und ergänzte seinen Bericht um die Informationen aus der *Berliner Morgenpost*. Um das lästige Ausradieren zu vermeiden, bemühte er sich, keinen Fehler zu machen, und tippte im Schneckentempo. Lange war er nicht erfolgreich. Fluchend suchte er in den Schubladen nach einem Radierstift. In der untersten blieb sein Blick an einem eng beschriebenen Zettel hängen, der überschrieben war mit: »Wie angele ich mir einen Mann?«. Unangenehm berührt wühlte er weiter, fand, was er suchte, und widmete sich erneut seiner Arbeit, doch mit seiner Konzentration war es vorbei, immer wieder kehrten seine Gedanken zu der Überschrift zurück. Wie angele ich mir einen Mann? Welche Geheimnisse gab es da, die nur Frauen unter sich teilten? Nein, er durfte nicht in Sonja Krauses privaten Sachen herumschnüffeln.

Doch die Neugierde siegte. Erneut zog er die Schublade auf und studierte den Zettel, ohne ihn herauszunehmen. »Lerne, wie man leckeren Apfelkuchen backt. Bringe ihn ins Büro und lass geeignete Junggesellen davon probieren. Lies die Todesanzeigen, um nach geeigneten Witwern Ausschau zu halten.« Waren das ernst gemeinte Ratschläge? »Stelle dich in eine Ecke und weine leise. Die Chancen stehen gut, dass er vorbeikommt, um zu fragen, was los ist.« Unmöglich, wer würde so etwas Schwachsinniges tun? Und der letzte Satz sollte wohl alle Ratschläge auf den Punkt bringen. »Denke nach Deinem erfolgreichen Angeln daran: Die Frau schmücke dem Mann seinen schweren Alltag, wo sie nur kann.«

Mit gemischten Gefühlen schloss Fred die Schublade wieder. War es das, worum es zwischen Mann und Frau ging? Angeln und geangelt werden? Tricks anzuwenden? Wie eine Spinne im Netz auszuharren, bis das Opfer sich verfangen hatte und dann zuzugreifen, um es unentrinnbar festzuhalten? Sonja Krause war ihm plötzlich ein wenig unheimlich.

Er wandte sich wieder seinem Bericht zu, leicht fiel es ihm nicht, sich darauf zu konzentrieren. Als er damit fertig war, hatten auch die beiden Kommissare längst Feierabend gemacht. Auf seinem Schreibtisch lag noch die Tüte mit dem Petticoat. Den musste er unbedingt in die Spurensicherung zurückbringen. Und war da nicht außerdem etwas ...?

Hugo! Der Hund war immer noch in der Feuerwache Wannsee und Konrad Stehr, sein Herrchen, längst wieder zu Hause. Auch wenn ihm der Mann unsympathisch war, er hatte ihm versprochen, sich um den Hund zu kümmern, und dazu gehörte auch, ihn zu informieren, wo er ihn abholen konnte. Ein Telefon hatte er bei Stehr nicht gesehen, das Beste war, ihn heute Abend noch aufzusuchen, morgen, tagsüber, würde er dafür keine Zeit haben. Außerdem konnte er ihn bei dieser Gelegenheit zu dem Petticoat befragen.

Er räumte seinen Schreibtisch auf, schaltete den Ventilator aus und verließ das Büro, so in Gedanken vertieft, dass er in einen Mann hineinlief, der aus dem gegenüberliegenden Büro der Chefsekretärin herausgetreten war.

»Tut mir leid, ich habe Sie nicht ....«

»Das kann passieren«, unterbrach ihn der Mann. Er lächelte knapp. »Sie sind?«

»Kriminalassistent Lemke.«

»Ah, Fred Lemke, unser Neuzugang. Jetzt sind Sie schon ein paar Tage bei uns, und ich habe es bislang nicht geschafft, mit Ihnen persönlich zu sprechen.« Er reichte Fred seine Hand. »Kriminaloberrat Mayer. Nun, wie haben Sie sich eingelebt?«

»Gut, danke.« Fred fühlte sich von der ruhigen Autorität seines obersten Chefs eingeschüchtert, auch wenn der keinen unfreundlichen Eindruck machte.

»Das freut mich. Begleiten Sie mich auf dem Weg nach unten? Ich nehme an, Sie haben jetzt Feierabend.«

»Ich muss noch im Rahmen der Ermittlungen einen Zeugen aufsuchen.«

»Der Fall des ermordeten Klempners?«

»Ja«, antwortete Fred und hoffte, dass der Kriminaloberrat nicht mehr wissen wollte.

Sie gingen nebeneinander die Treppen hinunter, im Treppenhaus war es still, nur ihre Schritte waren zu hören.

»Sie haben sich mit Sicherheit schon gefragt, warum ich Sie mit Ihrem nicht gerade überzeugenden Abschlusszeugnis«, Fred hörte nicht eine Spur von Ironie in seiner Stimme, »ausgerechnet in die Mordkommission geholt habe.«

Was sollte er darauf antworten?

»Mein Standpunkt ist: Alle, die eine Prüfung bestanden haben, haben eine Prüfung bestanden. Die eigentliche Bewährung, wie gut einer wirklich ist, kommt erst danach. Warum sollte Ihnen die Chance darauf verweigert werden? Ihre Probezeit beträgt mindestens zwei Monate. Es liegt in Ihren Händen, wie gut Sie sich in die Abteilung eingliedern.«

»Ich werde mir alle Mühe geben«, sagte Fred, das war es doch wohl, was man in so einer Situation sagen sollte. »Die Mordkommission ist natürlich eine Riesenchance für mich.«

»Ja, das ist sie. Und Sie verstehen das sicherlich nicht als Drohung, wenn ich Ihnen sage, dass Sie es bei der Polizei sehr schwer haben werden«, Mayer machte eine ziemlich lange Pause, »falls Sie hier bei uns versagen sollten.«

Fred schluckte. War es nicht genau das? Eine Drohung?

»Kriminalhauptkommissar Merker haben Sie noch nicht kennengelernt?«

»Nein, bisher noch nicht.«

»Richtig, können Sie nicht, er kommt erst morgen von seiner Dienstreise zurück. Herr Merker ist stellvertretender Leiter der Abteilung Delikte am Menschen und zugleich Chef der drei Mordkommissionen, allerdings nicht als ermittelnder, sondern als beaufsichtigender Kommissar.« Er lachte freundlich. »Hierarchien bei der Polizei sind immer etwas kompliziert.«

»Das stimmt«, erwiderte Fred lahm, aber was sollte er dazu sagen? Dass es ihm egal war?

»Wie ich hörte, haben Sie heute eine Anfrage beim Militärarchiv gemacht«, sagte Mayer beiläufig.

»Ja, es geht um die NS-Vergangenheit des Opfers, dieses Klempners.«

Mayer nickte. »Ich möchte, dass Sie das Ergebnis, wahrscheinlich werden Sie es morgen haben, und den Stand der Ermittlungen Hauptkommissar Merker vorlegen. Sie machen das bitte allein, ohne Kommissar Auweiler.«

»Selbstverständlich.« Warum ohne Auweiler? Um zu prüfen, wie strukturiert und verständlich er einen komplexen Fall präsentieren konnte, wie klar und nüchtern sein Gehirn arbeitete? Ausgerechnet die Disziplin, in der er am schlechtesten war.

Sie gingen weiter, und Mayer fragte Fred belanglose Dinge zu seiner Familie und Herkunft, die ihn, so nahm er an, nicht wirklich interessierten. Im Erdgeschoss stand Egon Hohlfeld, der Fahrer, wartend an die Pförtnerloge gelehnt, und las in einem Comicheft. *Akim – Held des Dschungels*, entzifferte Fred. Als Hohlfeld den Kriminaloberrat erblickte, rollte er den Comic schnell zusammen und ließ ihn in seiner Gesäßtasche verschwinden.

Mayer hielt Fred seine Hand hin. »Ich wünsche Ihnen viel Glück, Herr Lemke. Und wenn Sie etwas auf dem Herzen haben, wenden Sie sich vertrauensvoll an meinen Stellvertreter, Hauptkommissar Merker.«

»Vielen Dank, Herr Kriminaloberrat.«

Mayer wandte sich um, reichte Hohlfeld wortlos seine Aktentasche, grüßte den Pförtner, der ihm mit devoten Verbeugungen einen schönen Abend wünschte, wartete, bis Hohlfeld die schwere Tür für ihn aufhielt, und verließ das LKA durch den Haupteingang. Vor der Tür sah Fred den Mercedes. Der Fahrer zwinkerte Fred zu, machte einen Rock'n'Roll-Ausfallschritt und folgte dem Kriminaloberrat.

Fred fühlte sich ein wenig benommen. Mayers Ausstrahlung von Macht, Selbstbewusstsein und Souveränität war einschüchternd, wahrscheinlich würde sich jeder neben diesem Mann klein vorkommen. Bis auf Hohlfeld.

...

Am Wittenbergplatz erwischte Fred gerade noch die U-Bahn der Linie A, die zum Glück nicht brechend voll war. Er blieb an der Tür stehen für den Fall, dass er schnell hinaus musste. Auch wenn er jetzt schon viele Monate von einem Klaustrophobieanfall verschont geblieben war, angedeutet hatte er sich einige Male. Zehn Minuten später stieg er am Heidelberger Platz aus, lief ein paar Meter auf der Mecklenburgischen Straße nach Norden, bog dann in die Barstraße ein und ging entlang des schmucklosen, umbrafarbenen Häuserblocks bis zu dessen Ende kurz vor der Barbrücke. Wie die meisten Gebäude hier in der Gegend war er von Bomben verschont geblieben. Lediglich die vielen Einschusslöcher in den Häuserfassaden wiesen darauf hin, dass auch hier Straßenkämpfe stattgefunden hatten. Fred fragte sich, wie lange es wohl dauern würde, bis alle Hausbesitzer Berlins diese vergleichsweise geringen Schäden beseitigen würden.

Die Eingangstür stand offen. Fred sprintete mit kurzen Sprüngen hinauf in den dritten Stock und klingelte. Von drinnen hörte er leise, schabende Geräusche. Der helle Punkt in der Mitte des Türspions verdunkelte sich. Fred trat einen Schritt zurück, damit Stehr sehen konnte, wer vor seiner Tür stand.

»Herr Stehr? Machen Sie auf, Fred Lemke vom Landeskriminalamt, Mordkommission.«

Nichts passierte. Der Türspion blieb dunkel, Stehr beobachtete ihn.

Fred trat erneut an die Tür heran und klopfte. »Ich weiß, dass Sie da sind. Öffnen Sie.«

Erneut schabende Geräusche. Der Türspion wurde wieder hell. Er klopfte noch einmal, heftiger, und betätigte gleichzeitig die Klingel.

»Es geht um Ihren Hund. Jetzt machen Sie schon auf, Herr Stehr!«

Die Tür wurde aufgerissen. Stehr starrte Fred an.

»Wo isser?«

»Darf ich hereinkommen?«

Stehr sah sich suchend um. »Isser da?«

»Nein, ich sage Ihnen, wo Sie ihn abholen können. Darf ich?«

Stehr drehte sich um und ging hinein. Fred schob die Tür hinter sich ins Schloss und folgte ihm ins Wohnzimmer.

»Ihrem Hund geht es gut, Herr Stehr, machen Sie sich keine Sorgen.«

»Der war noch nie ohne mich.«

»Ich habe noch eine Frage an Sie.« Fred zog ein Foto von Obermann hervor und hielt es Stehr hin. »Kennen Sie diesen Mann?«

Er warf einen flüchtigen Blick darauf. »Kenn ich nicht.«

»Sehen Sie genau hin. Es ist wichtig.«

Stehr nahm das Foto in die Hand und hielt es nah vor seine Augen. Fred beobachtete ihn genau.

»Kenn ich nicht.« Er reichte das Foto zurück.

Fred gab ihm ein weiteres Foto, diesmal eines vom Tatort, auf dem das zerschossene Gesicht gut zu erkennen war. Eine Zumutung, das wusste er. Wie würde Stehr reagieren?

Geschockt? Angeekelt? Oder würde er sich erinnern, wie Obermann ausgesehen hatte, nachdem er ihn erschossen hatte?

»Da kann man nichts erkennen«, sagte er völlig unbeeindruckt von dem grausigen Anblick. »Wo is mein Hugo?«

»Gleich.« Fred wollte den Petticoat aus der Tüte ziehen.

Stehr machte ruckartig einen Schritt auf ihn zu. »Wo isser?«, brüllte er.

»Es geht ihm gut. Er --«

Ansatzlos sprang Stehr ihn an. Sein Gesicht schien zu explodieren, er riss die Augen auf, seine Nasenflügel weiteten sich, sein Kiefer schnellte nach unten, als wollte er ihn verschlingen. Fred wurde gegen eines der Gemälde an der Wand geworfen. Der Rahmen bohrte sich schmerzhaft in seine Niere. Stehr packte die Tüte mit dem Petticoat, die Fred noch vor seinem Bauch hielt, entriss sie ihm, schleuderte sie zur Seite und rammte Fred erneut gegen die Wand. Der Bilderrahmen fiel zu Boden und brach auseinander.

»Sind Sie wahnsinnig geworden, Mann?«

Fred versuchte, ihn auf Abstand zu halten. Stehr schlug ihm mit kurzen, harten Hieben die Arme weg. Fred schrie auf. Stehr drückte ihn mit dem Gewicht seines ganzen Körpers gegen die Wand, mit der Linken packte er Freds rechten Arm, mit der Rechten seine Kehle und drückte zu. Die Kraft, die in diesen kurzen, dicken Fingern steckte, war enorm, der ganze Mann war wie ein einziger Muskel, der sich ausschließlich auf Freds Körper konzentrierte.

Fred vermied jede Gegenwehr in der Hoffnung, Stehr damit zu besänftigen. Doch der schien nichts mehr wahrzunehmen. Seine Augen richteten sich an Fred vorbei ins Leere, sie waren leblos wie die eines Reptils.

Freds Gedanken bekamen jäh eine kühle Klarheit: Stehr wird erst aufgeben, wenn ich tot bin, da ist ein Schalter umgelegt, der erst wieder zurückschnappt, wenn ich leblos zu Boden sinke. Wie viel Zeit für eine Gegenwehr habe ich noch? Eine Minute? Eher nur noch dreißig Sekunden, seine Lungen schrien jetzt schon nach Sauerstoff.

Die Selbstverteidigungsstunden, während seiner Ausbildung – was hatte er gelernt?

Fred drehte den Kopf ruckartig zur Seite, er ließ sich trotz des gewaltigen Schmerzes im Kehlkopf mit seinem gesamten Gewicht fallen. Doch Stehrs Griff folgte ihm. Fred drückte sich mit aller Kraft, die er mobilisieren konnte, wieder nach oben. Stehr ging etwas auf Abstand, um seine Kraft besser ausspielen zu können. In dem Moment riss Fred sein Knie hoch und rammte es in Stehrs Weichteile. Der schien das problemlos wegzustecken, doch jeder Junge weiß, was ein Tritt in die Hoden auslöst: Der erste Schmerz ist kurz und heftig, das hältst du aus, denkt man. Und dann formt sich aus der Tiefe des Körpers ein dumpfer Druck, der jede Sekunde verspricht, in der nächsten noch schlimmer zu werden, so furchtbar, dass man sich nicht mehr vorstellen kann, ihn jemals wieder loszuwerden.

Stehrs Griff wurde kraftlos. Fred sog Luft tief in seine Lunge, endlich!, und versuchte, einen weiteren Tritt zu landen, doch Stehr rammte ihn erneut gegen die Wand. Fred gelang es, sich seitwärts wegzuschieben. Stehr krallte sich an ihn, allerdings bei Weitem nicht mehr so übermächtig und unüberwindbar. Ein Bilderrahmen nach dem anderen fiel zu Boden, einer nach dem anderen ging zu Bruch, als die kämpfenden Männer sie von der Wand fegten und darauf traten. Stehr schleuderte Fred auf den Beistelltisch neben der Couch und wollte sich mit einem Hechtsprung auf ihn werfen. Fred drehte sich zur Seite weg, Stehr schlug mit dem Bauch auf die Holzplatte, brüllte auf vor Schmerz. Mit einer Hand erwischte er Freds Hosenbein, trotzdem konnte Fred sich an der Kommode hochziehen. Dort lag Hugos lederne Leine. Er schnappte sie sich, schlug nach Stehr, der wieder auf die Beine gekommen war, traf sein Gesicht. Stehr hob abwehrend die Hände. Fred nutzte den winzigen Moment, als Stehrs Konzentration sich auf die Leine richtete, und trat ihm mit aller Kraft mit gestrecktem Bein in den Bauch. Stehr drehte sich und ging zu Boden, auf die Knie. Fred rammte ihm sein Knie ins Rückgrat, so wie er es bei Wachtmeister Peters vor drei Tagen gesehen hatte. Stehr röchelte und stöhnte. Er war benommen, wehrte sich nur noch fahrig und schlapp, die Schmerzen waren zu groß. Wie lange noch? Fred machte sich keine Illusionen. Wenn es ihm nicht gelang, den Mann jetzt unschädlich zu machen, würde er diesen Kampf verlieren. Stehr war kräftiger, stärker und er hatte diese eiskalte Skrupellosigkeit, der Fred letztendlich nichts entgegenzusetzen hatte. Fred beugte sich zurück, holte mit der rechten Faust aus und boxte in Stehrs Nieren, bis dessen Gegenwehr aufhörte und er ihm mit der Hundeleine die Hände fesseln konnte. Freds Blick war verschwommen, Schweiß perlte von seiner Stirn und tropfte ihm in die Augen. Er schüttelte seinen Kopf wie ein Hund, die Tropfen flogen davon. Ein Knoten, noch ein Knoten, Fred zog und zerrte an der Leine, bis sie so fest saß, dass sie nur noch mit einem Messer zu lösen war.

Angewidert sprang er auf, die Wärme, der scharfe Adrenalingeruch, der Schweiß dieses Mannes ekelten ihn. Stehr lag schwer atmend vor ihm, seine Beine zuckten. Fred öffnete alle Schranktüren, riss die Schubladen aus der Kommode heraus, bis er ein Seil fand, eine Wäscheleine aus Flachs, mit der er Stehrs Füße fesselte. Erst dann drehte er ihn auf den Rücken, zog ihn am Kragen bis zur Couch und lehnte ihn dagegen.

Fred zitterte, keuchte, vor seinen Augen flimmerte es, er kämpfte gegen eine Ohnmacht an.

Suchend sah er sich um. Der Petticoat lag unter einem zerstörten Bilderrahmen. Er wankte hinüber und zog ihn unter dem Rahmen hervor, doch er hing irgendwo fest. Fred schob die Rahmenteile zur Seite und löste den Rock von einem herausstehenden Nagel. Sein Blick fiel auf ein verblichenes, zerknittertes Foto, das offenbar zwischen dem Bild und der stützenden Pappe dahinter verborgen gewesen war.

Ein grausames Foto. Es kostete Fred Überwindung, es genauer zu betrachten. Seine Augen suchten Konrad Stehr, der ihn auf eine Art ansah, die Fred frieren ließ.

...

Es war kurz nach zehn, als Fred die Scherengitter des Aufzugs zur Seite schob und in den Flur hinaustrat. Dass der Aufzug repariert worden war, wäre ihm vor Müdigkeit nicht aufgefallen, wenn nicht ein großes, mit breiten Pinselstrichen handgeschriebenes Pappschild an der Wand darauf hingewiesen hätte: »Das Klettern hat ein Ende! Er fährt wieder.« Hanna, er war sich sicher, dass sie das Schild geschrieben hatte. So leise wie möglich schloss er die Tür zur Pension auf und schlich durch den Flur. Er fühlte sich wie ein Heißluftballon, der jede Sekunde in sich zusammenfallen würde. Er hatte über die Notrufsäule in der Blissestraße einen Streifenwagen gerufen, der Konrad Stehr in die JVA Moabit brachte, aus der er erst wenige Stunden zuvor entlassen worden war.

Stehrs Verhaftung hatte etwas Gespenstisches. Der Mann sprach kein Wort, wehrte sich nicht und ließ sich widerstandslos aus der Wohnung führen. Nicht einen Blick hatte er für Fred übrig, seine Augen waren auf den Boden gerichtet, nicht aus Scham, Reue oder schlechtem Gewissen, es schien ihn einfach nicht zu interessieren, was jetzt passierte, ganz so, als hätte er sich in eine andere Welt zurückgezogen, fast wie ein – was für ein absurdes Bild! – Mönch, dem alles Irdische gleichgültig geworden war.

»Armer Fred, musstest du so lange arbeiten?«

Fred schreckte aus seinen Gedanken hoch und wandte sich um. Hanna stand in der Tür, die zu ihren Zimmern führte, einen Arm über dem Kopf abgewinkelt und gegen den Türrahmen gelehnt.

»Ich, ja ...«

Fred schluckte, daran, dass sie zum Du übergegangen waren, konnte er sich nicht erinnern. Der Wein, gestern Nacht.

»Du siehst aus wie eine Leiche.«

»Ich fühl mich auch so.«

Sie stieß sich vom Türrahmen ab und zögerte kurz. Dann schloss sie die Tür hinter sich. »Willst du was trinken?« Sie lachte. »Keine Sorge, keinen Wein. Der scheint dich ein wenig aus der Spur gebracht zu haben.«

»Ein wenig«, lächelte Fred. Wenn er ehrlich war, würde er sich lieber in sein Bett werfen und endlich schlafen.

Sie ging in die Küche.

»Apfelsaft. Aus Brandenburg. Ich habe bei meinem letzten Kaufgang nach Ost-Berlin eine ganze Kiste mitgebracht.«

Sie holte eine Flasche ohne Etikett aus dem Kühlschrank, ein Glas aus dem Hängeschrank und schenkte ein. Fred trank es in einem Zug leer.

»Holla, die Waldfee! Ist das der Nachdurst oder hast du heute vergessen zu trinken?«

»Letzteres. Und dann war da noch ein Mann, der mir am liebsten das Lebenslicht ausgeblasen hätte.«

»Oh, Freddie, jetzt übertreib mal nicht.«

»Ich übertreibe nicht«, erwiderte Fred.

»Erzähl.«

Fred schüttelte den Kopf. »Wenn es geht, lieber nicht.«

Hanna sah ihn prüfend an. »So schlimm?«

Fred versuchte, nicht an das Foto zu denken, und nickte.

Sie goss sein Glas noch einmal voll und sah ihm zu, wie er es fast genauso schnell leerte.

»Mordkommission. Ich stelle mir vor, dass man da jeden Tag mit verdammt unangenehmen Menschen zu tun hat.«

Nein, nicht jeden Tag, wollte Fred sagen, aber was wusste er schon? Heute war erst sein vierter Tag beim LKA. Ein flaues Gefühl breitete sich in seinem Bauch aus, er konzentrierte sich, um dem etwas entgegenzusetzen. Es half nicht, und ehe er begriff, was er tat, zog er das Foto aus seiner Jackentasche und legte es vor Hanna auf den Küchentisch.

»Das ist ja entsetzlich«, flüsterte sie.

Das Foto zeigte einen Soldaten in Wehrmachtsuniform, der am Rande eines Massengrabs voller Leichen einem Mann mit einer Pistole in den Hinterkopf schoss. Der Fotograf hatte genau den Moment erwischt, in dem die Kugel vorne herausdrang und sich in dem Gesicht ein grauenhaftes Loch abzeichnete. Im Gesicht des Erschossenen: Todesangst und Schmerz. Im Gesicht des Schützen hingegen zeigte sich kein Gefühl, gar keins, ein Mensch, der seine Arbeit erledigte.

»Wer ist das?« Sie tippte auf das Opfer.

»Ich weiß es nicht.«

»Und das?« Sie tippte auf den Schützen.

»Er heißt Konrad Stehr. Ein Zeuge in einem Mordfall.«

Hanna drehte das Foto um. »Przemyśl, 18. September 1939«, las sie die in Sütterlin geschriebenen Worte auf der Rückseite. »Zwei Wochen, nachdem die Wehrmacht in Polen eingerückt ist.« Sie sah sich das Foto noch einmal genauer an. »Er trägt eine Wehrmachtsuniform, Infanterie, unterster Dienstgrad.« Angeekelt warf sie das Foto auf den Tisch. »Dabei sagen alle immer, nur die SS hätte Hinrichtungen vorgenommen.«

»Ich frage mich, warum er das Foto aufbewahrt hat.«

»Hat man ihn vor Gericht gestellt? Ist er bestraft worden?«

»Keine Ahnung. Morgen werde ich mehr wissen. Ich habe eine Anfrage beim Militärarchiv laufen.«

Hanna nickte. »Eigentlich darfst du es mir nicht erzählen …«

»Eigentlich nicht.«

» … trotzdem wüsste ich gerne, was dabei herauskommt.«

Fred sah sie prüfend an. Er wusste immer noch nicht, woher ihre Vertrautheit zu ihm kam. »Gestern … ich erinnere mich nicht mehr so richtig.«

Hanna lächelte ihn an. »Machst du dir Sorgen?«

Fred grinste unsicher. »Irgendwie schon. Unsere Chefsekretärin war ja auch da.«

Wieder lachte Hanna dieses gutturale, lebendige Lachen.

»Du hast dich wie ein Gentleman verhalten, Freddie-Boy. Nur hast du irgendwann angefangen, wirres Zeug zu reden. Keine Ahnung, worum es in deinem Text ging. Du hast es dir selbst erzählt, das war ein wenig deprimierend.«

Fred wich betreten ihrem Blick aus. Sie legte ihm für einen Moment die Hand auf den Unterarm.

»Das muss dir nicht peinlich sein. Wir sind Frauen, wir wissen instinktiv, wie man mit einem hilflosen Welpen umgeht, der Schutz und Geborgenheit sucht.«

»Das ist ja noch schlimmer. Was habt ihr gemacht?«

»Nichts. Wir haben dich ins Bett gebracht.«

O Gott, auch das noch!

»Keine Sorge, deine Chefsekretärin war nicht dabei.«

»Und seitdem duzen wir uns.«

»Na und? Die Amerikaner duzen sogar ihren Präsidenten.«

Fred deutete auf den Apfelsaft. »Kann ich noch einen?«

Sie schob ihm die Flasche hin, und er goss sein Glas voll.

»Das bedeutet aber nicht, dass für dich hier von jetzt an Sonderbedingungen gelten. Du bist weiterhin ein Mieter wie jeder andere.«

»Der Ärger kriegt, wenn er ein Buch falsch zurückstellt«, grinste Fred.

»Genau.« Sie stand auf und hielt ihm eine Hand hin. »Komm.«

Freitag, 4. Juli 1958

Der Wecker war gnädig. Er rasselte nicht, sondern verwöhnte Freds Ohren mit einem zarten Glockenspiel, das nur sehr dezent lauter und energischer wurde. Was für ein schöner Traum, dachte Fred und stellte sich darauf ein, dass der gleich ein jähes Ende finden würde, so wie jeden Morgen, wenn der TriVox Silent Tic zuschlug, der bei Weitem nicht so leise wie versprochen tickte und dessen scharfes, dreistimmiges Rasseln ihn jedes Mal hochschrecken ließ. Er räkelte sich. Neben ihm bewegte sich etwas. Schlagartig brach ihm der Schweiß aus. Eine Hand fuhr ihm durch die Haare.

»Mein Cäsar. Guten Morgen.«

Hanna lag neben ihm, eine Hand hatte sie unter ihren Kopf geschoben, während die andere weiter an seinen Haaren zupfte, die igelig von seinem Kopf abstanden. Sein ganzes Leben lang war er noch nie neben einer Frau aufgewacht.

»Cäsar?« Er räusperte sich, seine Stimme klang sehr hoch.

»Caesaries ist Lateinisch und bedeutet Mähne, volles Haar.« Sie griff fest zu und schüttelte mit dem Haarbüschel seinen Kopf. Ihr Busen wogte sanft, und Fred wurde augenblicklich von einer Welle der Erregung erfasst.

»Nein, jetzt nicht«, lächelte sie ihn an und zog die Bettdecke hoch bis zu ihrem Hals. »Es war dein erstes Mal, habe ich recht?«

Fred wurde rot. Wenn er jetzt Nein sagen könnte, wäre ihm wohler.

»Alles gut. Bevor du eingeschlafen bist, war es ja schon dein drittes Mal.«

Die Erinnerung erregte ihn noch mehr. Irgendwie war es ihm peinlich.

»Alle Menschen scheinen Latein zu können«, sagte er.

Er sah hinauf zur Zimmerdecke und folgte mit den Augen den arabesken Linien der Stuckverzierungen. Vielleicht brachte das seine Erektion zum Verschwinden, hoffentlich, andernfalls würde er sich nicht trauen, das Bett zu verlassen.

»Ich studiere Psychologie. Dafür musste ich das kleine Latinum machen. Eine grauenhafte Sprache.«

»Du studierst?«

Hanna lachte. »Warum so erstaunt?« Spielerisch griff sie wieder in sein Haar. »Ich weiß genau, was du denkst.«

Fred vermied es, in ihre Richtung zu sehen. »Es gibt wohl nicht so viele Frauen, die studieren ...«

»In meinem Alter«, unterbrach sie ihn. »Interessant, oder?«

Sie warf die Bettdecke mit Schwung von sich, erhob sich und zog einen Morgenmantel über. Der Stoff glänzte und schmiegte sich an jede ihrer Rundungen.

»Ich mache jetzt Frühstück für meine lieben Mieter.« Sie hielt inne und drehte sich noch einmal zu ihm um. »Nicht, dass du auf irgendeine falsche Spur einlenkst, Fred. Wir haben keine Beziehung. Dafür bist du mir zu jung. Ich mag dich, und wir hatten Sex. Das ist alles.« Sie lachte ihr Lachen, das für Fred eine neue Facette bekommen hatte.

»Ich habe nichts anderes angenommen.« Was für eine hölzerne Antwort. Da gab es bestimmt bessere. Lässigere. Alles, was gerade passierte, war so neu ...

»Das heißt aber auch nicht, dass wir ab jetzt verklemmt umeinander herumschleichen. Okay?«

Fred warf seine Bettdecke energisch zur Seite und sprang auf. Er hatte das Gefühl, von Hanna nicht nur wie unter einer Lupe betrachtet, sondern auch noch gegängelt zu werden, das gefiel ihm nicht.

»Tut mir leid, ich bin ein bisschen ruppig.« Hanna sah ihn mit tiefer Ruhe an. »Es war schön mit dir, Cäsar.«

Fred verspürte eine wunderbare Erleichterung und lächelte.

»Mit dir auch, Hanna.«

...

Als Fred ins Büro kam, war niemand da. Die Fernschreiben vom Militärarchiv sah er sofort. Er legte die Tüte mit dem Petticoat auf seinen Schreibtisch, holte den Ventilator von Ellens Schreibtisch, stellte ihn vor sich und ließ sich den kühlenden Luftstrom ins Gesicht blasen. Er schloss die Augen und lächelte ungläubig. Hin und wieder meinte er Hannas Geruch wahrzunehmen, eine Mischung aus Parfüm und ihrem natürlichen Körpergeruch. Nichts daran war unangenehm. Wie hieß es immer? Menschen können sich riechen – oder eben nicht. Er mochte den Geruch seiner Pensionswirtin. Sie war, gleich nachdem sie das Frühstück zubereitet hatte, wieder in ihren Zimmern verschwunden. Fred hatte sich mit Bärenhunger auf das Brot, den Käse, die Wurst, die Eier, den Honig, er liebte Honig!, gestürzt und war mit dem Essen fertig gewesen, bevor die anderen Mieter auftauchten. Was für ein Gefühl! Als hätte er ein Tor aufgestoßen und einen Raum betreten, dessen Existenz er zuvor nicht einmal erahnt hatte, der hell und freundlich war, von dem aus er in alle Richtungen sehen konnte, und das Berauschende war: Überall, wo er hinsah, war es ebenso hell und freundlich. Er war unter die Dusche gegangen, hatte das kalte Wasser genossen und sich dabei ertappt, doch tatsächlich dieses grauenhafte Liedchen von Peter Kraus zu summen. »Hula Hula lula Liebe – Die schenke ich dir mein Baby heut Nacht – Wenn der Wind uns bewacht – Hula Hula lula baby – Du weißt ja noch nicht, wie glücklich die Hula-Liebe macht.« Was hatte Ellen von Stain bloß daran gefunden?

Fred öffnete die Augen wieder. Die wohlige Erinnerung hatte in dem Moment zu verblassen begonnen, als Ellen darin auftauchte, aus irgendeinem Grund störte sie. Er nahm sich die Fernschreiben vor. Gleich mit den ersten Sätzen verschwand der letzte Rest der angenehmen Gefühle.

Obermann hatte ab 1934 im Sonderdezernat II 1 S beim Geheimen Staatspolizeiamt, der Gestapa, gearbeitet, das 1936 in »Reichszentrale zur Bekämpfung der Homosexualität und der Abtreibung« umbenannt und im Reichssicherheitshauptamt angesiedelt wurde, das wiederum der Gestapo unterstellt war. Er hatte es bis zum Rang eines Hauptmanns gebracht. Ab 1941 war es seine Hauptaufgabe gewesen, homosexuelle SS- und Polizeiangehörige ausfindig zu machen, die laut Führererlass mit dem Tode bestraft wurden. Nach dem Krieg wurde Obermann im Januar 1951 zu einer dreijährigen Haft verurteilt, die er jedoch aufgrund der Amnestie durch das Entnazifizierungsschlussgesetz im April 1951 nicht antreten musste. Er galt als nicht vorbestraft.

Fred konnte es nicht glauben. Wie konnte einer, dessen Aufgabe es gewesen war, andere Menschen in den Tod zu schicken, mit lediglich drei Jahren Gefängnis bestraft werden? Und dann auch noch amnestiert werden und fortan als nicht vorbestraft gelten?

Die Auskünfte zu Konrad Stehr waren spärlich, aber brisant. Er hatte als einfacher Wehrmachtssoldat in der 7. Infanterie-Division gedient, fast durchgängig in Polen, es gab keinen Eintrag, dass er an Erschießungen beteiligt gewesen war, allerdings war er Nutznießer des »Geheimen Gnadenerlasses« gewesen, mit dem Adolf Hitler am 4. Oktober 1939 alle Kriegsverbrechen an Zivilisten und Kriegsgefangenen straffrei gestellt hatte, die auf polnischem Gebiet nach dem Einmarsch der deutschen Truppen begangen worden waren. Fred holte das Foto noch einmal hervor, ein gestochen scharfes Schwarz-Weiß-Foto. Nein, er hatte nicht den Hauch eines Zweifels, dass der Soldat darauf Konrad Stehr war.

Des Weiteren hatte Stehr acht Jahre in russischer Gefangenschaft verbracht und war erst 1953 nach Berlin zurückgekehrt. Moosbacher hatte doch tatsächlich mit seiner Vermutung recht gehabt.

Es war nicht schwer, eins und eins zusammenzuzählen: Durch den Gnadenerlass gab es keine Unterlagen mehr, die

Stehr direkt belasteten. Dennoch hatten die Russen offenbar Hinweise gehabt, dass er als einfacher Wehrmachtssoldat in Polen für die SS Hinrichtungen vorgenommen hatte. Stehr war ein Kriegsverbrecher, ein Mörder, einer, der kaltblütig Menschen auf Befehl ermordet hatte.

Fred betrachtete noch einmal die Textzeile auf der Rückseite des Fotos.

»Was ist in Przemyśl am 18. September 1939 geschehen?«, murmelte er halblaut. Er zog das Nummernverzeichnis aller Polizeistellen in Berlin aus seiner Schreibtischschublade, blätterte darin, bis er die Nummer der Polizeibibliothek fand, und griff zum Hörer. Der Bibliothekar, der sich am anderen Ende meldete, Herr Schulze, war sehr auf Zack. Kurze, präzise Fragen: Nennen Sie ein paar Stichworte zum Thema, wie umfangreich soll die Antwort sein und bis wann brauchen Sie sie – und schon hatte er wieder aufgelegt.

Fred starrte aus dem Fenster. Er wollte über den Fall nachdenken, stattdessen aber tauchten Erinnerungen an die letzte Nacht auf, Bilder, nur erhellt vom Schein der Kerzen, die Hanna aufgestellt hatte, verlockend und verwirrend zugleich. Diese wunderschönen Bilder als Antwort auf das grausame Foto, das da vor ihm lag?

»Sie gemeiner Dieb.«

Fred schreckte hoch. Er hatte Ellen von Stain nicht kommen hören. Sie lehnte an ihrem Schreibtisch, beide Hände in den Taschen ihrer Anzughose versenkt, und lächelte ihn an. Mit dem Kopf deutete sie auf den Ventilator.

»Wollen Sie ihn zurückhaben?«, fragte er.

»Wie ist denn der Stand bei unserem gesichtslosen Toten?«, fragte sie.

»Sie haben einiges verpasst«, sagte Fred.

»Spannendes oder nur irgendwas?«

»Was verstehen Sie unter spannend?«

Sie winkte ab. »Erzählen Sie einfach.«

Fred versuchte zusammenzufassen, was sich alles ergeben hatte, nachdem Ellen von Stain gestern nach dem Besuch bei Ida Obermann aus dem Mercedes gestiegen und ins Café Kranzler gegangen war. Wie immer hatte er das Gefühl, dass seine Erklärungen umso diffuser wurden, je mehr er redete. Ellens Gesicht bewölkte sich auch zunehmend, und sie zeigte vermehrt Anzeichen von Ungeduld. Die verschwand jedoch schlagartig, als er von dem Kampf mit Konrad Stehr erzählte, plötzlich blitzten ihre Augen mit dieser wilden Energie auf, die er schon einige Mal bei ihr wahrgenommen hatte.

»Da wäre ich gerne dabei gewesen, verdammte Scheiße!«

Fred zuckte zusammen. Er kannte nur wenige, die sich derart ausdrückten, Frauen schon gar nicht. Obwohl ... wieder schob sich Hannas Bild in seinen Kopf.

»Worüber lächeln Sie?« Von Stain sah ihn neugierig und sehr interessiert an. Wahrscheinlich hatte sein Gesichtsausdruck zu viel seiner Gedanken preisgegeben.

»Nicht wichtig«, antwortete er.

Sie lachte, es klang wissend, auch wenn sie nichts wissen konnte.

»Okay, Sie wollen meine Neugierde nicht befriedigen«, sagte sie.

»Ehrlich gesagt«, wich Fred aus, »ich weiß nicht, ob dasselbe passiert wäre, wenn wir zu zweit dort aufgetaucht wären.«

Sie nickte zögernd. »Möglich.« Sie stieß sich vom Schreibtisch ab und kam zu ihm herüber. »Darf ich?«

Fred gab ihr die Fernschreiben und das Foto von Stehr. Sie las sie sehr aufmerksam, während Fred durch die *Berliner Morgenpost* von heute blätterte, die er sich unterwegs gekauft hatte. Seit gestern hatte er beschlossen, jeden Tag damit zu beginnen, eine Zeitung zumindest zu überfliegen.

»Wissen Sie was, Fred?« Sie hatte das Foto eine Weile betrachtet und kommentarlos wieder weggelegt. »Der Schlüssel, um diesen Mann ...«

»Ja, guten Morgen, Frau von Stain!«, wurde sie von Auweiler unterbrochen. Er wuchtete seine Aktentasche auf seinen Schreibtisch, in seinem Mundwinkel steckte eine brennende Panatella.

»Morgen«, antwortete sie knapp und wandte sich wieder Fred zu. »Dieser Konrad Stehr scheint ein sehr inniglicheres Verhältnis zu seinem Köter zu haben. So wie Sie es beschreiben, ist er durchgedreht, weil Sie sein Hundchen nicht mitgebracht haben.«

Fred nickte. »Ich glaube, er ist ein sehr einsamer Mensch. Außer den Bildern an den Wänden und seinem Hund scheint es nichts und niemanden in seinem Leben zu geben.«

»Darf ich interrogieren, worum es hier im Einzelnen

geht?«, mischte sich Auweiler ein. »Wer ist wann, wo und warum durchgedreht?«

Fred erzählte die Geschichte noch einmal.

»Da missfällt mir einiges, Lemke. Sie gerieren sich entschieden zu aktiv, und das, wie mir scheint, mit einem gehörigen Defizit an Logik und vor allem Sachverstand. Das kommt nicht gut an.« Er wandte sich an Ellen und deutete auf die Fernschreiben und das Foto. »Gestatten Sie?«

Ellen hielt ihm beides hin, ohne ihn anzusehen oder sich auch nur einen Millimeter auf ihn zu zubewegen. Schnaufend kam er zu ihr herüber und holte sich die Unterlagen.

»Ich könnte mir vorstellen, wie wir Stehr zum Reden bringen können«, sagte sie zu Fred. »Es geht doch darum herauszufinden, ob es in der Vergangenheit eine Verbindung zwischen ihm und Obermann gegeben hat. Um ein Motiv, weshalb Stehr den Gestapo-Mann Obermann erschossen haben könnte.«

»Ein Geständnis, mit dem er sich selbst ans Messer liefert? Warum sollte er das tun?«

Sie winkte ab. »Wo ist der Hund?«

»In der Feuerwache Wannsee.«

Was ist das denn für ein Unsinn, sagte ihr Blick.

»Ging nicht anders«, sagte Fred.

»Gut. Wir holen ihn und knöpfen uns den Mann vor. Wo ist er jetzt?«

»JVA Moabit.«

Fred zögerte. Ihm fiel ein, was ihm Kriminaloberrat Meyer gestern gesagt hatte.

»Ich müsste zuerst noch mit Hauptkommissar Merker

reden. Kriminaloberrat Mayer will, dass ich ihn über die Ergebnisse der Recherche beim Militärarchiv informiere.«

»Dann machen Sie das gefälligst«, fauchte Auweiler ihn an. »Das kann man ja wohl eine unmissverständliche Order nennen.« Er warf Ellen einen um Zustimmung heischenden Blick zu.

»Herr Auweiler?« Ellen lächelte den Kommissar kühl an. Der reckte sich zufrieden in Erwartung eines Zuspruchs. »Herr Lemke begleitet mich. Alles andere muss warten.«

Fred sah mit Genugtuung, wie Auweiler rot anlief und hektisch an seiner Panatella zog. »Das ist selbstverständlich Ihre Entscheidung, Frau von Stain«, presste er hervor.

»Los geht's.« Ellen zupfte Auweiler die Fernschreiben und das Foto aus der Hand und ging zur Tür.

»Ich muss noch bei der Polizeibibliothek vorbeifahren. Etwas abholen.«

»Muss das vorher sein?«

»Ja, muss es«, erwiderte Fred und folgte ihr. Er meinte zu spüren, wie Auweiler ihn mit bösen Blicken bedachte. Es war zwar Ellen von Stain gewesen, die seine Autorität untergraben hatte, bezahlen jedoch würde er dafür, da war Fred sich sicher.

...

Ellen von Stain zeigte ihren Ausweis, und alle Widerstände verschwanden augenblicklich. Der Pförtner, der sie »unter keinen Umständen« mit einem Hund einlassen wollte, öffnete dienernd die vergitterte Sicherheitstür. Nach einem kurzen Telefonat, das Ellen in der Pförtnerloge geführt hatte, holte sie der Vollzugsdienstleiter persönlich ab und geleitete sie zu einer Verhörzelle. Er stellte einen Vollzugsbeamten ab, der auf Zuruf Hugo, den Hund, hereinbringen würde. Wenig später wurde Stehr von zwei Beamten hereingeführt, die Hände und Füße mit Handschellen gefesselt. Sie setzten ihn auf einen Stuhl hinter einem schmalen Tisch und befestigten seine Fußfessel mit einem Rundschloss an einer im Boden versenkten Öse. Stehrs Augen waren teilnahmslos auf den Boden gerichtet. Fred setzte sich, zwischen ihm und dem Gefangenen war nur der Tisch.

»Herr Stehr, wie geht es Ihnen?«, fragte Fred und fuhr fort, als Stehr nicht reagierte. »Erinnern Sie sich an gestern?«

Keine Reaktion. Sie fangen an, ich mische mich später ein, hatte Ellen ihm zugeraunt, als sie durch die kahlen Gänge gegangen waren, die immer wieder von verschlossenen Gittertüren unterbrochen wurden.

»Wir haben gekämpft. Sie haben mich fast umgebracht.« Fred beugte sich vor. »Sehen Sie mich an.«

Stehr sah auf. Da war keinerlei Regung, so als hätte er Fred noch nie gesehen.

»Das sind Sie auf diesem Foto.« Fred hielt es hoch, bereit, es sofort wegzuziehen, falls Stehr versuchen würde, danach zu greifen.

»Przemyśl, 18. September 1939. Sie waren in der 7. Infanterie-Division, die Przemyśl am 15. September besetzt hat. Bis zum 19. September wurden 600 Polen exekutiert. Das

Foto zeigt, wie Sie einen Mann erschießen. Einen Zivilisten. Einen Juden?«

Keine Veränderung in Stehrs Gesicht. Keine Furcht, kein Trotz, kein Triumph, keine Panik, nichts. Der Mann hat acht Jahre in russischer Kriegsgefangenschaft hinter sich, wie überlebt man das, fragte sich Fred. Indem man seine Gefühle kontrolliert, indem man nichts von sich preisgibt, indem man jede Reaktion vermeidet, die von jenen, denen man auf Gedeih und Verderben ausgeliefert ist, als Provokation aufgefasst werden könnte.

»Einen Homosexuellen, einen Schwulen?«

Fred hielt ein Foto von Obermann hoch. »Hat die Exekution etwas mit diesem Mann zu tun? Gestapo-Hauptmann Heinz Obermann?«

Stehrs Blick wanderte langsam zu dem Foto. »Kenn ich nicht. Habe ich schon gesagt.«

Fred tippte auf das Exekutionsfoto. »Aber Sie kennen den hier. Das sind Sie. Ein einfacher Infanteriesoldat, der eine Erschießung vornimmt. Wie viele Erschießungen haben Sie durchgeführt?«

Wieder keine Antwort.

»Die Pistole, die wir bei Ihnen gefunden haben, ist dasselbe Modell, welches Sie damals benutzt haben. Eine Walther P38, 9 mm Parabellum, acht Schuss. Ist das die Waffe, mit der Sie auch Heinz Obermann erschossen haben?«

»Ich habe niemanden erschossen.«

»Doch, das haben Sie.« Fred hielt das Exekutionsfoto hoch.

Keine Antwort. Aus dem Augenwinkel sah Fred, wie Ellen gegen die Tür klopfte, wie sie geöffnet wurde und eine Hand Ellen die Hundeleine hinhielt. Sie zog den Hund herein, der müde hinter ihr hertrottete. Bis ihm der vertraute Duft seines Herrchens in die Nase kroch. Wie von einer Schlange gebissen, jaulte er auf und sprang mit einem Riesensatz nach vorne, doch die Leine riss ihn zurück. Stehr fuhr herum.

»Hugo!«, schrie er in einem schrillen, hysterischen Tonfall, als müsste er dabei zusehen, wie ein geliebter Mensch vor seinen Augen ertrank.

Hugo knurrte und jaulte jämmerlich. Stehr sprang auf, warf den Stuhl um und wollte mit vorgereckten Armen zu seinem Hundchen. Die Fußfessel spannte sich, er stürzte zu Boden, kroch so weit es irgend ging nach vorne und streckte sich seinem Hund entgegen. Ellen zog Hugo mit einem heftigen Ruck zurück, Stehrs gefesselte Hände griffen ins Leere.

»Hugo ... Hugochen«, stammelte er in einem fort und zog und zerrte. »Du tust ihm weh! Verdammte Fotze, du tust ihm weh!«

Die Fußfesseln schnitten tief in sein Fleisch. Ellen öffnete die Tür und reichte die Leine dem Wachmann, der den Hund wieder entgegennahm. Sein Bellen und Winseln drangen nur gedämpft durch die geschlossene Tür. Stehr hielt für einen Augenblick inne, krümmte sich zusammen, als würden ihn seine Kräfte verlassen. Fred erinnerte sich an das erste Treffen mit Stehr, als er versucht hatte zu fliehen. Fred sprang auf und trat einen Schritt zurück, gerade rechtzeitig. Stehr kam irgendwie auf die Beine, warf sich auf den Eisentisch, um Fred mit seinen gefesselten Händen zu packen. Der Tisch hielt ihn auf. Er versuchte, ihn aus der Verankerung zu reißen und wütete und tobte, bis die Handschellen seine Handgelenke bis auf die Knochen aufgerissen hatten. Als der Schmerz in seinem Hirn ankam, hielt er schwer atmend inne und stand nur noch da, die Augen auf den Boden gerichtet.

Obwohl Fred außerhalb von Stehrs Reichweite war, klopfte sein Herz in wilder Panik. Plötzlich tat ihm dieser Mann leid. Welches Elend musste in diesem verlorenen Menschen stecken? Doch im nächsten Moment war ihm sein Mitleid fast peinlich. Was hatte Moosbacher gesagt? Eine Bombe. Ohne Moral, ohne Willen, einer, der tötet, ohne dafür ein Motiv nötig zu haben. Eine Bombe, die darauf wartete, gezündet zu werden.

Freds Blick suchte Ellen. Sie stand mit dem Rücken an die Tür gelehnt. Ihr Gesicht leuchtete regelrecht, da war keine Betroffenheit, kein Entsetzen. Eher so etwas wie Begeisterung. Sie signalisierte ihm: Ich übernehme.

»Herr Stehr, wollen Sie Ihren Hund wiedersehen?«, fragte sie.

Es dauerte eine Weile, bis die Frage in Stehrs Gehirn Widerhall fand. Er richtete sich auf, wandte sich um und nickte.

»Sie werden mit einiger Sicherheit den Rest Ihres Lebens in einer Zelle verbringen. Allein. Aber ich kann dafür sorgen, dass Ihr Hund bei Ihnen bleiben darf.«

Fred sah sie irritiert an. Was redete sie da?

Stehr reagierte nicht.

Ellen zuckte mit den Schultern. »Sie scheinen nicht interessiert zu sein. Kein Problem. Dann nehmen wir den Hund wieder mit.«

»Nein! Bittschön, nicht.«

Jetzt ließ sich Ellen viel Zeit. »Gut.

Stehrs Augen klebten an ihr.

»Setzen Sie sich.«

Sie ging ohne einen Hauch von Furcht auf Stehr zu, hob den umgestürzten Stuhl auf und stellte ihn vor den Tisch. Fred bereitete sich darauf vor, ihr zu Hilfe eilen zu müssen. Wieso rief sie nicht nach einem der Wachmänner? Die waren geübt im Umgang mit durchdrehenden Gefangenen.

»Bitte sehr.«

Stehr ließ sich auf den Stuhl fallen und legte seine Hände auf den Tisch. Blut tropfte von den Handgelenken herunter. Die Schmerzen schienen ihm egal zu sein. Ellen setzte sich ihm gegenüber.

»Przemyśl. Sie erschießen diesen Mann. Sie sind ein einfacher Soldat. Warum?«

Stehrs Haltung wurde starr, wie beim Appell. Genauso klang auch seine Stimme. »Wir sind einmarschiert. Dann kamen die vom SD und von der Sipo mit Listen. Wer drauf stand, hatte beseitigt zu werden.«

»Die Sicherheitspolizei und der Sicherheitsdient gehörten zur SS. Sie aber waren nur ein einfacher Soldat.«

»Die waren zu wenige. Es gab viel zu tun. Sie haben gefragt: Wer kann das? Da habe ich mich gemeldet.«

»Und wieso konnten Sie das?«

Stehr zuckte mit den Schultern. »Einen Schuss in den

Hinterkopf, einen ins Herz, falls da noch Geschrei ist. Haben wir alle so gelernt. In der Grundausbildung.«

»Was haben Sie dafür bekommen?«

Stehr antwortete nicht.

»Haben Sie meine Frage nicht verstanden? Was haben Sie dafür bekommen? Gab es Vergünstigungen, Geld, irgendeine Gegenleistung?«

»Nein, nichts.«

Trotz der stickigen Sommerluft fror Fred. Er starrte Stehr an, fast so, als hoffte er, dass dieser Mensch sie über sein wahres Wesen täuschte. Dessen emotionslose Grausamkeit war schlimmer als jede andere Form von Grausamkeit. Da war keine perverse Lust am Töten gewesen, keine ideologische Entschiedenheit, keine Wut, nicht einmal feiger Gehorsam.

»Sie hätten sich nicht melden müssen«, mischte er sich ein. »Warum haben Sie es dennoch getan?«

»Mein Vater war auch Soldat. In Verdun. Sie haben ihn zusammengeschossen.«

»Was hat das damit zu tun?«

Stehr zuckte wieder mit den Schultern und schwieg.

»Was hatten Sie mit dem Gestapo-Hauptmann Heinz Obermann zu tun?« Erneut hielt Fred die beiden Fotos hoch.

»Kenn ich nicht. Hab ich schon gesagt.«

»Hören Sie mir genau zu, Herr Stehr.« Ellen sprach jetzt mit kalter Schärfe. »Das ist kein Spiel. Wenn wir den Eindruck haben, dass Sie lügen, haben Sie Ihren Hugo heute zum letzten Mal gesehen. Das war's dann. Wir lassen ihn zu Seife verarbeiten.«

»Nein, ich sage die Wahrheit! Bittschön. Ich sage die Wahrheit. Ich kann nicht ... was soll ich denn ... Bittschön.«

»Also, ich stelle die Frage nur noch einmal«, fuhr Ellen fort. »Kennen Sie den Gestapo-Hauptmann Heinz Obermann? Ja oder nein.«

Stehr schüttelte verzweifelt den Kopf. »Nein, nein. Ich hab ihn gesehen, da am Fennsee. Zum ersten Mal in meinem Leben. Nie vorher, nie!«

»Haben Sie Obermann am Fennsee erschossen?«

»Nein! Nein!«

»Ist es nicht so gewesen: Sie sind an der Bank, auf der Obermann mit dieser Frau saß, vorbeigegangen, es ist zum Streit gekommen, Sie sind wütend geworden und haben geschossen? Achtmal. Und weil Sie so wütend waren, viermal daneben. War es so?«

»Nein, nein! Bittschön!« Stehr schlug panisch mit seinen Händen auf den Tisch.

Ellen warf Fred einen Blick zu. Fred lehnte sich in den Stuhl zurück. Der Mann log nicht. Stehr war nicht der Schütze vom Fennsee. Fred zog den Petticoat aus der Tüte, achtete darauf, dass er nicht mit Stehrs Blut in Berührung kam und hielt ihn hoch.

»Haben Sie diesen Rock schon einmal gesehen?«

Stehr warf nur einen schnellen Blick darauf. »Gestern.«

»Ihr Hund hat ihn am Fennsee gefunden.«

»Ich weiß nichts darüber.«

Fred drehte den Rock, zeigte ihn aus verschiedenen Perspektiven.

»Hugo war sehr daran interessiert. Der Geruch muss ihn an irgendetwas oder an irgendwen erinnert haben.«

»Ich weiß nichts darüber.«

Ellen ging wortlos zur Tür, gefolgt von Stehrs sehnsüchtigem Blick, und klopfte. Der Wachmann öffnete. Sie wandte sich um.

»Lassen Sie uns gehen, Herr Lemke.«

Fred packte den Petticoat wieder ein.

»Sie können den Gefangenen in seine Zelle zurückbringen«, sagte Ellen zu dem Wachmann.

»Was mache ich jetzt mit der Töle?«, fragte der.

Ellen zuckte mit den Schultern. »Ins Tierheim, Hundefänger, keine Ahnung.«

In dem Moment kapierte Stehr, dass Ellen ihn reingelegt hatte. Er schrie auf, zerrte und riss an seinen Fesseln, schlimmer als zuvor.

»Was haben Sie denn mit dem gemacht?«, fragte der Wachmann und winkte einen Kollegen herbei.

»Ich nehme den Hund.« Fred nahm die Leine, Hugo hatte die Ohren angelegt und seinen Schwanz vor Angst zitternd unter den Bauch geklemmt. Er verließ den Verhörraum und folgte Ellen.

Stehrs Schreie waren schnell nicht mehr zu hören. Vergessen würde Fred sie nicht.

...

»Was jetzt?«, fragte Ellen aufgeräumt und gut gelaunt, als

sie wieder in dem Mercedes saßen. Hugo hatte sich im Fußraum vor ihr eingerollt.

Fred antwortete nicht und ließ die Landschaft draußen vor seinen Augen vorübergleiten. Sie waren an der JVA in die Paulstraße eingebogen, passierten den Carl-von-Ossietzky-Park und näherten sich der Lutherbrücke. Ein trostloses Stückchen Berlin, übersät mit Trümmern, zerstörten Häusern und Baumstümpfen. Erst hinter der Brücke änderte sich das Bild. Früher war sie mit ihren kunstvoll gearbeiteten, gusseisernen Geländern und dreiflammigen Kandelabern ein architektonisches Kleinod gewesen, ein würdiger Zubringer zum Schloss Bellevue gleich auf der anderen Seite der Spree. Doch im Krieg hatte die Wehrmacht die Brücke gesprengt und so schwer beschädigt, dass es sehr aufwendig gewesen wäre, sie in ihrer alten Pracht wiederaufzubauen.

Hohlfeld fädelte sich in den erstaunlich dichten Verkehr am Großen Stern rund um die Siegessäule ein und zog mit Vollgas und unter Ausnutzung der 45 PS des Dieselmotors gleich auf die innerste Fahrspur des Kreisverkehrs, schaffte es in dem dichten Verkehr allerdings nicht, rechtzeitig wieder auf eine der äußeren Spuren zu wechseln, um in die Hofjägerallee einzubiegen. Fluchend drehte er eine Extrarunde und warf besorgte Blicke in den Rückspiegel auf Ellen. Wahrscheinlich war es ihm peinlich, sich nicht entschieden genug gegen die anderen Autofahrer durchgesetzt zu haben. Ellens Aufmerksamkeit jedoch galt Fred.

»Was ist los mit Ihnen?« Ellen strahlte ihn mit ihren blitzenden Augen an.

»Der Zweck heiligt die Mittel, stimmt's?«

Ihr Lächeln verschwand, und sie verdrehte die Augen.
»Sind Sie ein Moralapostel, Fred?«

»Sie haben dem Mann falsche Hoffnungen gemacht. Sie haben ihn bewusst getäuscht.«

»Haben Sie schon mal geangelt?«

»Habe ich.«

»Wissen Sie, wie man einen Hecht fängt? Mit einem Blinker. Ein Stück Metall mit einem Haken, das Sie durchs Wasser ziehen. Der Fisch sieht das zappelnde Etwas und beißt zu. Einer verliert, einer gewinnt.«

»Wir haben es mit einem Menschen zu tun, nicht mit einem Hecht.«

»Der ja nur ein eiskalter Mörder ist, halb so wild«, entgegnete sie ironisch.

»Sie haben ihn bewusst gequält. Das ist im Prinzip dasselbe wie Folter. Ich habe Ihnen das schon einmal gesagt. Die Zeiten sind vorbei. Wir müssen sauber arbeiten.«

»So wie Konrad Stehr? Einen Schuss in den Hinterkopf, einen ins Herz, wenn da noch Geschrei ist?«

Fred schwieg. Was störte ihn wirklich?

»Das bisschen Verzweiflung und Schmerz, das dieser Mann durch mich erlitten hat, ist lächerlich verglichen mit dem, was er anderen angetan hat.«

»Wir haben aus gutem Grund Regeln, an die wir uns halten müssen. Wenn wir die jedes Mal an die Schlechtigkeit unseres Gegenübers anpassen, sind wir kaum besser als die, die wir jagen.«

»Sie *sind* ein Moralapostel, Fred.« Sie schlug wütend mit der Faust gegen die Türverkleidung. Hohlfeld warf ihr einen schnellen Blick zu, weniger erstaunt als bewundernd. »Herrgott noch mal, was ist denn unterm Strich wichtiger? Ein Verbrechen aufzuklären? Oder das Seelenheil eines widerlichen Massenmörders?«

»Wir haben kein Verbrechen aufgeklärt. Wir wissen nicht, ob Stehr die Wahrheit gesagt hat.«

»Nein. Aber wir sind deutlich sicherer. Geben Sie es zu.«

Damit hatte sie zweifellos recht.

Sie lächelte. »Sind Sie jetzt wieder beruhigt?«

Fred wollte nicht mehr diskutieren. Im Grunde, das wusste er, hatte sein Unwille gegen Ellen von Stain andere Gründe als ihre Verhörmethode.

»Mit dem Foto ist es vielleicht möglich, Stehr als Kriegsverbrecher vor Gericht zu bringen.«

»Leiten Sie es weiter an die Staatsanwaltschaft«, erwiderte Ellen. »Sollen die sich darum kümmern. Aber ich würde mir keine allzu großen Hoffnungen machen. Wie viele erfolgreich beendete Kriegsverbrecherprozesse haben Sie in den letzten Jahren erlebt? Da will keiner mehr ran, Schwamm drüber, vorbei.«

Fred lachte humorlos auf und sah wieder zum Fenster hinaus.

»Sie sind ein komischer Vogel, Fred. Kann das sein?«

»Ich finde eher, dass Sie ein komischer Vogel sind.«

Ihre Augen blitzten wütend auf. »Sie sollten aufpassen, was Sie sagen, Fred Lemke. Sonst kommen zu Ihren ersten vier Dienstagen nicht mehr viele hinzu.«

Fred holte tief Luft und sah aus dem Fenster. Nach dem, was er bisher mit dieser Frau erlebt hatte, hatte er keine

Zweifel, dass sie ihre Drohung wahr machen würde. Sie querten jetzt den Landwehrkanal über die Herkulesbrücke. Am Ufer sah Fred Kinder, die im brackigen Wasser herumtollten, aus der Ferne näherte sich ein Lastkahn, einer von vielen, die immer noch, dreizehn Jahre nach Kriegsende, Trümmerschutt aus der Stadt hinaustransportierten.

Fred hatte nicht bemerkt, dass Ellen ihn beobachtete, nicht wütend, sondern auf sachlich-forschende Art. Wie lange schon?

»Sie scheinen mir die allerbesten Beziehungen zu haben, Frau von Stain. Bei mir ist es das genaue Gegenteil. Ich habe es in den fünf Jahren, die ich in Berlin lebe, nicht einmal geschafft, einen Freundeskreis aufzubauen. Meine ganze Kraft ist dafür draufgegangen, nicht unterzugehen. Das habe ich geschafft, und darauf bin ich stolz. Nach Ihren Kriterien bin ich wahrscheinlich ein Niemand. Nach meinen Kriterien aber ist niemand ein Niemand. Auch ein Konrad Stehr nicht.«

»Ach, ja?«

»Ja.«

»Jeder Mensch ist wichtig und verdient Respekt?«

»Genau das.«

Sie lachte geringschätzig. »Ich wäre neugierig, welchen Respekt Sie Adolf Hitler angedeihen lassen würden, wenn er noch lebte und vor Ihnen in U-Haft säße.«

»Sagen Sie es mir. Sie haben doch als Kind auf Görings Schoß gesessen.«

Ellen von Stains Blick wurde eiskalt. »Hohlfeld, halten Sie an«, befahl sie.

Der Fahrer bremste und fuhr rechts ran.

»Raus«, sagte Ellen.

Sie sagte es ruhig, und wenn in Freds Ohren je irgendetwas entschieden und final geklungen hatte, dann dieses eine Wort aus ihrem Mund.

Er stieg aus, ohne sich noch einmal umzusehen. Der Mercedes rollte wieder los, wendete umständlich auf der engen Straße und fuhr in die Richtung zurück, aus der sie gekommen waren.

Das war's dann wohl. Zwei Jahre Ausbildung waren gerade zu Staub und Asche verpufft. Ein merkwürdiges Gefühl. Einerseits ein Schock, andererseits verspürte er eine Art von Erleichterung, die jedoch sehr schnell Verzweiflung und Verbitterung Platz machte.

Er sah sich um. Hinter ihm der Lützowplatz, vor ihm die Wichmannstraße. Bis zum LKA war es nicht mehr als ein halber Kilometer.

Wie spät war es wohl? Weit und breit kein Kirchturm und kein Mensch, den er fragen konnte. Ein paar Meter vor ihm parkte ein karminroter Opel Olympia P1. Fred drückte sein Gesicht gegen die Seitenscheibe und schirmte das auf der Scheibe reflektierende Tageslicht mit seinen Händen ab, trotzdem konnte er die Uhr im Armaturenbrett nicht entziffern.

»Hoho! Was machst du da an meinem Auto?«

Ein Mann, vielleicht zehn Jahre älter als er, mit amerikanischer Collegejacke und einer Schottenmütze in der gleichen Farbe wie das Auto kam hinter einem Stoß aufgeschichteter Ziegelsteine hervor und knöpfte sich die Hose zu, während er auf ihn zulief. Offenbar hatte er dringend pinkeln müssen.

»Ich wollte wissen, wie viel Uhr es ist.«

»Das kann jeder sagen!«

Der Mann machte auf Fred nicht den Eindruck, als würde er es dabei bewenden lassen.

»Hast du was zerkratzt oder so?«

»Jetzt beruhigen Sie sich. Ihrem Auto ist nichts geschehen«, winkte Fred ab und ging weiter.

»Du bleibst hier!«, rief der Mann und hielt Fred am Ärmel fest.

Die raue Berührung kippte bei Fred einen Schalter und der Druck, den der Konflikt mit Ellen in ihm angestaut hatte, entlud sich explosiv. Er packte den Mann seinerseits, schleuderte ihn gegen das Auto, packte ihn am Hemdkragen und verdrehte ihn mit seiner linken Faust. Der Mann japste nach Luft. Fred holte mit der Rechten aus. Der Mann starrte ihn verstört an.

Ein kalter Schauer wanderte Freds Rücken hinunter, was tat er da? Beschämt ließ er ihn wieder los.

»Lassen Sie mich in Ruhe«, sagte er. »Ich wollte nur die Uhrzeit wissen.«

Der Mann nickte mit aufgerissenen, angsterfüllten Augen.

»Tut mir leid, ich wollte Ihnen nichts tun«, sagte Fred, hob die bei der Attacke des Mannes heruntergefallene Zellophantüte mit dem Petticoat auf und machte sich auf den Weg in Richtung LKA.

»Zehn nach elf«, rief der Mann ihm hinterher. Es klang wie eine andere Art von »Tut mir leid«.

Fred hob dankend die Hand, ohne sich umzudrehen. Erschreckend, wie nah dran er gewesen war, diesen Menschen niederzuschlagen. Aus Zorn, aus Unbeherrschtheit, nicht entschuldbar.

Konrad Stehr tauchte vor seinem geistigen Auge auf, wie er kühl-geschäftsmäßig einen wehrlosen Menschen nach dem anderen erschießt. Ellen von Stain hatte recht gehabt, es war richtig gewesen, dieses Scheusal auch auf diese hässliche Art zum Reden zu bringen.

Ein Auto hielt neben ihm. Der rote Opel Olympia. Der Fahrer kurbelte die Seitenscheibe herunter. »Soll ich Sie ein Stück mitnehmen?«

Fred war für einen Moment vor Überraschung sprachlos.

Der Mann lachte. »Noch nichts vom Neuesten vom Neuen gehört? Trampen, so nennen es die Amis.«

Doch, Fred hatte davon gehört, natürlich, jeder hatte davon gehört. Er zögerte kurz, unschlüssig, ob er das Angebot ablehnen sollte, besann sich jedoch und stieg ein.

»Danke«, sagte er.

»Wo soll's denn hingehen?« Der Mann nahm den Fuß von der Bremse und gab vorsichtig Gas. »Automatikgetriebe«, sagte er, als Freds Augen nach dem Kupplungspedal suchten.

»Ich muss ins Landeskriminalamt, in die Keithstraße.«

Der Mann warf ihm einen misstrauischen Blick zu.

»Keine Sorge, ich gehöre zu den Guten«, sagte Fred.

...

Vor dem Eingang des LKA zögerte Fred. Hatte Ellen schon dafür gesorgt, dass er seinen Posten los war? Würde die Graf, sobald er oben auftauchte, Ausweis und Dienstwaffe zurückverlangen? Würde Auweiler ihm mit seinem Sarkasmus und seinen dämlichen lateinischen Sprüchen einen noch unangenehmeren Abschied bereiten? Noch war er nur ein Kriminalassistent in Probezeit, kein Beamter und jederzeit kündbar.

Er trat ein, grüßte den Pförtner, dessen ablehnende Unfreundlichkeit immer noch dieselbe war wie all die Tage zuvor. Es störte ihn kaum noch. Im Treppenhaus blieb er stehen. Der Petticoat. Wenn er seine Arbeit verlor, würde niemand diese Spur weiterverfolgen.

Anstatt hinauf in den zweiten Stock zu laufen, durchquerte er das Treppenhaus und betrat auf der gegenüberliegenden Seite der Eingangshalle den Innenhof. Hohlfeld war mit dem Mercedes noch nicht zurückgekehrt. Fred erledigte die Formalitäten, und zehn Minuten später verließ er den Hof auf der fünfsitzigen BMW und hielt kurz darauf vor dem Haus in der Deidesheimer Straße 31. Auf sein Klingeln öffnete die Haushälterin Gisela Bernau.

»Guten Morgen, Frau Bernau. Lemke, von der Mordkommission, Berlin.«

»Aber ich weiß doch, wer Sie sind, Herr Lemke. Guten Morgen.«

»Ich habe noch eine wichtige Frage an Sie und Frau Obermann.«

Gisela Bernau öffnete die Tür. »Ich sage der gnädigen Frau Bescheid.«

Fred trat ein. »Gleich. Ich frage Sie zuerst. Gleich hier, wenn es recht ist. Geht schnell.«

Sie nickte, ihr Blick war besorgt und auch ein wenig unwillig. Fred zog den Petticoat aus der Tüte.

»Haben Sie diesen Rock schon einmal gesehen? Größe 42.«

Sie presste die Lippen zusammen, und ihr Atem ging schneller.

»Nein, nicht das ich wüsste.«

»Kann es Ihrer sein?«

»Ich trage keine Petticoats. Außerdem scheint er mir zu groß zu sein.«

»Größe 42.«

»Meine Kleidergröße ist 40.«

Fred hielt ihr das Etikett hin. »Jemand hat mit Kugelschreiber eine 6 hier notiert. Oder eine 9.«

»Vielleicht ist es eine ausländische Kleidergröße.«

»Nein, das habe ich geklärt.«

»Tut mir leid, ich kann Ihnen da nicht weiterhelfen.«

Fred schob den Rock zurück in die Tüte.

»Sie haben ein wenig erschrocken reagiert, als ich Ihnen den Rock gezeigt habe, Frau Bernau. Warum?«

Sie schluckte, und ihre Augen wurden feucht. »Früher habe ich gerne Petticoats getragen. Männer können das nicht nachempfinden, ein Petticoat gibt einem so ein lebendiges Gefühl. Manchmal bin ich zum Tanztee gegangen, in die ›Eierschale‹ in Dahlem. Da war meine Tochter noch klein. Ich habe gerne getanzt.« Ihre Unterlippe zitterte heftig, sie legte zwei Finger darauf und vermied es, ihn anzusehen.

»Sind Sie alleine gegangen?« Fred hatte keine Ahnung, warum er sie das fragte.

Sie räusperte sich. »Alleine, Herr Lemke, das macht man doch nicht. Nein, mit einer Freundin. Zwei rauschende, wogende Petticoats.« Sie versuchte zu lächeln, es wurde ein schiefes Lächeln. »Es war wohl die Hoffnung, einen neuen Vater für Eva zu finden.« Sie kämpfte gegen ihre Tränen an.

»Es tut mir so leid, Frau Bernau. Ich weiß, wie es ist, wenn man einen geliebten Menschen verliert.«

Sie griff nach seinem Arm. »Sie sind noch so jung. Und trotzdem verstehen Sie das.«

Fred nickte, die Berührung war ihm unangenehm.

»Oh, tut mir leid, ich wollte nicht ... sehen Sie es mir bitte nach, ich ...«

»Alles gut, Frau Bernau, machen Sie sich keine Gedanken.«

»Das ist sehr freundlich von Ihnen, Herr Lemke.« Sie trat einen Schritt zurück. »Meinen Petticoat habe ich seitdem jedenfalls nicht mehr angezogen, und den da habe ich noch nie gesehen.«

»Danke, Frau Bernau. Ich will Sie nicht weiter stören. Wenn Sie Frau Obermann noch Bescheid geben würden?«

Die Haushälterin ging voran und bedeutete Fred, im Flur zu warten. Zehn Minuten später stürmte eine sehr schlecht gelaunte Ida Obermann aus ihren Zimmern heraus.

»Sie schon wieder! Kommen Sie wenigstens, um mir zu sagen, dass Sie den Mörder gefunden haben?«

»Leider nein.«

»Und, wollen Sie jetzt mir erneut unterstellen, ich hätte meinen Mann erschossen?«

»Ich unterstelle gar nichts«, erwiderte Fred. Das divenhafte Verhalten dieser Frau ging ihm gehörig auf die Nerven. »Es geht um eine sehr wichtige Frage. Haben Sie diesen Petticoat schon einmal gesehen? Konfektionsgröße 42?«

Sie warf einen schnellen Blick darauf. »Nein, habe ich nicht.«

»Sehen Sie ihn sich bitte genauer an.«

»Was sollen diese Maßregelungen! Ich werde mich beschweren, bei Ihrem Vorgesetzten, ich habe mich erkundigt, ein Kriminaloberrat Mayer. Ich lasse mich nicht in dieser Art und Weise behandeln. Nicht von einem jungen Flegel wie Sie, so einem Halbstarken. Sehen Sie sich Ihre Haare an! Unglaublich!«

»Noch einmal, haben Sie den Rock schon einmal gesehen?«

Fred spürte, wie sein Ärger zu groß wurde, um ihn unterdrücken zu können. »Und bevor Sie mich jetzt wieder beleidigen: Ich kann Sie gerne mit ins Dezernat nehmen, und wir unterhalten uns dann in einem unserer Verhörzimmer weiter. Das, werte Frau Obermann«, fügte er mit einer nicht zu überhörenden Portion Sarkasmus hinzu, »wird bestimmt nicht länger als fünf Stunden dauern.«

Obermann bebte förmlich vor Zorn und schnappte wie ein frisch geangelter und an Land gezerrter Fisch nach Luft.

Mit einer herrischen Geste riss sie Fred den Petticoat aus der Hand, drehte und wendete ihn und las das Etikett.

»Warum ist der so verdreckt?«

»Blut und Sperma.«

Sie ließ ihn vor Schreck los, Fred schnappte ihn, bevor er zu Boden fiel.

»Nein, ich habe diesen Rock noch nie gesehen. War es das nun?«

»Und Ihrer ist es nicht?«

»Dann hätte ich ihn ja schon mal gesehen, oder?«, entgegnete sie schnippisch.

Fred deutete eine leichte Verbeugung an. »Gut, dann war's das. Ich bedanke mich für Ihre Mitarbeit. Auf Wiedersehen.«

»Darauf kann ich verzichten«, erwiderte sie.

Die Haushälterin geleitete ihn zu Tür.

»Auf Wiedersehen, Frau Bernau.«

Sie antwortete mit einem flüchtigen Lächeln, achtete jedoch darauf, dass es ihre Chefin nicht sehen konnte.

...

Fred machte sich auf den Rückweg in die Keithstraße. Die starken Vibrationen des Boxermotors der BMW, die er bei der letzten Fahrt noch als angenehm, sogar zusammen mit der vehementen Beschleunigung dieses bulligen Motorrads als berauschend empfunden hatte, verursachten ihm jetzt eine nervöse Übelkeit.

Gleich hinter der Stadtautobahn bog er in die Wexstraße

ab, die entlang des Volksparks Wilmersdorf verlief, nahm die Kufsteiner Straße, passierte das wie eine große Parabel gebaute Gebäude des RIAS Berlin, durchquerte den Park und hielt am Schöneberger Rathaus, gleich gegenüber des Rudolph-Wilde-Parks. Der Park strahlte für Fred etwas Aristokratisches aus, die Bänke mit ihren gusseisernen Seitenteilen, die breite Platanenallee, die zum Hirschbrunnen führte, die kräftigen Wasserfontänen und die goldene Hirschskulptur auf ihrer fast zehn Meter hohen Säule mitten im Brunnen. In der Vergangenheit hatte Fred hier nach getaner Nachtarbeit viele Sommermorgen im Schatten der Bäume verbracht. Oft war er einfach nicht müde genug gewesen, um sich ins Bett zu legen, und doch zu erschöpft, um durch die noch nicht erwachte Stadt nach Hause zu wandern. Also hatte er es sich auf einer der Bänke gemütlich gemacht, sitzend natürlich, denn liegend und womöglich eingenickt hätten ihn die gelegentlich patrouillierenden Polizeistreifen sofort als Landstreicher verhaftet. Den in die Morgensonne blinzelnden Gaslaternenanzünder hingegen, der sich ein wenig ausruhte, beäugten sie zwar misstrauisch, schließlich könnte die Leiter und das Werkzeug, das er bei sich hatte, ja auch für Einbrüche genutzt werden, ließen ihn jedoch meist unbehelligt.

Fred hatte gemischte Gefühle, wenn er sich an seine ersten Jahre in Berlin erinnerte. Der Selbstmord seines Vaters, seine Flucht aus Buckow und der Verlust von allem, was ihm vertraut gewesen war, hatten ihn furchtbar gequält. Am Schlimmsten waren die Nächte, das Warten auf den Schlaf, der nicht kommen wollte, das Hochschrecken, kaum dass er eingeschlafen war, und dieses entsetzliche Schuldgefühl. Wie hungrige Wölfe hatten sich all die finsteren Gedanken mit einbrechender Dunkelheit auf ihn gestürzt, und erst der beginnende Tag hatte die bösen Geister wieder vertrieben. Deshalb war die nächtliche Arbeit seine Rettung gewesen, sie hatte ihn beschäftigt und abgelenkt, ohne sie hätte er seine Einsamkeit nicht ausgehalten.

Fred steuerte auf den kleinen fahrbaren Kiosk zu, in dem es Getränke, Süßigkeiten, Zeitungen und Bockwürste mit Schrippen zu kaufen gab. Er holte sich eine Afri-Cola, Coca Cola war ihm zu teuer, und setzte sich auf den gemauerten Rand des Hirschbrunnens. Von der Wasserfontäne trieb ein feiner, kühlender Nebel herüber, dieser und die klebrigsüße Cola vertrieben nach und nach seine Übelkeit.

Fred sah den Einarmigen, Beinamputierten, den kriegsversehrten Männern zu, die auf dem sandigen Boden rund um den Brunnen und dem Schatten folgend dieses Spiel mit Eisenkugeln spielten, dessen Namen sich Fred nicht merken konnte. Hin und wieder wehten französische Wörter zu ihm herüber, die die Männer in ihr breites Berlinerisch mischten, wie eine Art Geheimcode, wer sprach schon Französisch?

Männer mit Hüten in leichten, meist teuren Anzügen, Beamte aus dem Schöneberger Rathaus, spazierten in kleinen Gruppen um den Brunnen herum, blieben stehen, diskutierten, umrundeten gemessenen Schritts die etwas unterhalb des Brunnens liegende Wiese, fast wie Aufziehpuppen, und verschwanden wieder in Richtung Rathaus. Dort befand sich das politische Zentrum von West-Berlin, dort war der Sitz der Stadtregierung mit ihrem Regierenden Bürgermeister Willy Brandt an der Spitze. Fred konnte sich nicht erinnern, je einen dieser Amtsträger auf einer der Bänke gesehen zu haben, so als wäre es ihnen verboten worden, sich zu setzen. Vielleicht wollten sie sich auch nicht unter die Mütter mischen, die von dort dem Treiben ihrer Sprösslinge zusahen, die sich auf der Wiese spielend die Zeit vertrieben. Nur in den Brunnen durften sie nicht, »Bei Strafe verboten«, wie auf zahlreichen Schildern zu lesen war.

Weiter hinten, am südlichen Ausgangs des Parks, tummelten sich die Halbstarken, wie viele sie abfällig nannten, junge Männer in Freds Alter in Lederjacken und Jeans, die ihre Haare mit viel Pomade zu einer Tolle vorne und einem Entenschwanz hinten geformt hatten, die mit ihren Mopeds, meistens Kreidler, gekommen waren und aus irgendeinem Grund viel Zeit zu haben schienen. Aus einem Kofferradio tönte Doo-Wop Musik, »Get a Job« von The Silhouettes.

In Freds Kopf blitzte die Erinnerung an Lolle auf, an seinen Bass und seine Rock'n'Roll-Band, bei deren Proben Fred hin und wieder hatte zuhören dürfen. Wie weit weg das schien! Die ersten viereinhalb Tage bei der Mordkommission hatten sein Leben, so fühlte es sich gerade an, völlig auf den Kopf gestellt. Aber wenn sich seine Befürchtung bewahrheitete, war es damit ohnehin schon wieder vorbei.

Ellen von Stain, ihre energisch blitzenden Augen verdrängten Lolle und seinen Bass aus seinem Kopf. Ihre geheimnisvolle Position innerhalb des LKA, vor allem die verdammte Nazi-Vergangenheit der Familie von Stain – wie viel besser würde es ihm gehen, wenn er nichts darüber in Erfahrung gebracht hätte!

Mit einem ersten, noch zaghaften Ton meldete sich die Freiheitsglocke im Rathausturm, doch schon die nächsten Schläge erklangen kraftvoll und sehr laut. Zwölf Uhr. Jeden Tag seit acht Jahren läutete sie um diese Zeit, ein akustisches Mahnmal, gestiftet vom amerikanischen Nationalkomitee für ein freies Europa, an dessen Spitze der legendäre »Vater der Berliner Luftbrücke«, General Clay, stand. Jedes Berliner Kind kannte die Geschichte, und nicht wenige konnten sogar die Inschrift auf der Glocke zitieren, nicht zuletzt, weil sie Teil jedes Englischunterrichts war: »That this world under God shall have a new birth of freedom« – »Möge diese Welt mit Gottes Hilfe eine Wiedergeburt der Freiheit erleben.«

...

Moosbacher saß an seinem Schreibtisch und war in ein über ein Meter langes Faltblatt vertieft, auf dem verschiedenfarbige Kurven eingezeichnet waren. »Institut für Meteorologie, FU Berlin«, las Fred und »Wetterdaten Mai 1958«.

Moosbacher blickte auf. »Ah, der Herr Lemke.« Er stutzte.

»Ja, Herrschaftszeiten, was ist denn mit Ihnen los?«

Fred wusste nicht, was er antworten sollte. »Ich wollte das Corpus Delicti zurückbringen.« Er legte die Tüte mit dem Petticoat auf Moosbachers Schreibtisch. »Wenn es denn überhaupt eins ist.«

Moosbacher sah ihn prüfend an. Wieder einmal hatte Fred den Eindruck, dass der Spurensicherer sich auch darauf verstand, in Gesichtern zu lesen.

»Metzgerei Riese?«, fragte Moosbacher.

Ja, warum nicht. Die Henkersmahlzeit. Schwindel und Übelkeit waren längst verflogen. Fred nickte.

»Müssen Sie sich noch oben abmelden?«

»Habe ich schon«, log Fred. Was machte es schon für einen Unterschied?

Moosbacher holte sein Portemonnaie aus einer Schreibtischschublade und gab Fred einen Klaps auf die Schulter.

»Kommen Sie.«

Auf der Straße sog er die Luft tief in seine Lungen.

»Für mich ist es immer noch schwer, hier in Berlin zu leben. Ich bin kein Stadtmensch.«

»Verstehe ich gut«, erwiderte Fred.

»Eigentlich bin ich aus Bayern.«

»Habe ich mir schon gedacht.«

Moosbacher lachte. »Wegen meines Akzents? Und ich dachte, den hätte ich mir abgewöhnt. Oberbayern, genauer gesagt, für uns ist das wichtig. Wir Oberbayern halten uns für die höchste Form der Evolution.«

Fred hatte keine Lust zu lachen. »Ich bin in Brandenburg aufgewachsen, in Buckow, Märkische-Schweiz.«

»Da, wo das Bertolt-Brecht-Haus steht?«

»Als ich klein war, gab es noch keinen Brecht in Buckow. Der kam erst später, 1952, alle im Dorf sprachen darüber. Wir fanden ihn merkwürdig, mit seinem Spazierstock, den weißen Tennisschuhen und der Schiebermütze.«

»Wann sind Sie da weg?«

»Ein Jahr später«, antwortete Fred knapp, er wollte nichts von sich erzählen.

»Ich bin in einem winzigen Dorf in der Nähe des Walchensees aufgewachsen. Jachenau. Ein Gasthaus, ein Schützenhaus, ein Dorfladen, eine Kirche. Und Kühe. Viele, viele Kühe.«

Sie überquerten die Kurfürstenstraße und betraten die Metzgerei. Magda Riese strahlte ihnen entgegen.

»Guten Tag, die Herren! Mir scheint, Sie werden doch noch zu Feinschmeckern.«

»Was gibt's denn heute?«

»Thüringer mit Sauerkraut und Klößen.«

»Ah, Knödel, wunderbar!«

Die Metzgerin verzog das Gesicht. »Knödel? Das klingt so, als würden sie gar nicht schmecken.«

»Was für welche sind es denn? Kartoffel, Semmel, Gries, Mehl oder Halbundhalb?«

»Kartoffelklöße natürlich.«

»Klingt lecker, Frau Riese.«

»Das will ich meinen!« Sie tat auf und reichte die Teller über die Theke. »Guten Appetit, die Herren Kommissare.«

Sie stellten sich an denselben Tisch wie gestern mit Blick auf die Kurfürstenstraße.

»Wie läuft es denn in dem Fall Obermann?«, fragte Moosbacher und wedelte sich genießerisch den Duft des Essens zu.

»Nicht gut. Es gibt vier Tatverdächtige, aber keine Beweise, nur Indizien.«

»Was ist mit der Tänzerin, Mirna Laake?«

»Für sie als Täterin spricht einiges.«

»Aber?«

»Ich glaube nicht, dass sie es war.« Fred erwartete, jetzt das Übliche zu hören, dass Gefühle nicht zählten und es allein auf Logik ankomme.

Moosbacher hingegen nickte nur. »Was ist mit diesem Konrad Stehr?«

Fred bemühte sich, die Frage möglichst strukturiert zu beantworten, was ihm, wie er an Moosbachers abschweifendem Blick erkannte, wieder nicht gelang. Moosbacher atmete regelrecht auf, als Fred mit seinen Ausführungen fertig war.

»Der scheint tatsächlich als Täter nicht infrage zu kommen«, sagte Moosbacher. »Ich glaube auch, Sie müssen noch mehr über Heinz Obermann in Erfahrung bringen. Mehr als die Informationen, die Sie aus dem Militärarchiv erhalten haben.«

»Fragt sich nur, wie. Wen soll man fragen? All die Alt-Nazis? Sie haben ja selbst gesagt, die halten dicht. Eine Krähe hackt der anderen kein Auge aus.«

»Ich verstehe, dass Sie das so sehen, aber Sie dürfen nicht aufgeben. In allem ist irgendwo ein Riss, durch den Sie tiefer eindringen können. Sie müssen ihn nur finden.«

Fred winkte ab. »Dazu werde ich wohl kaum noch Gelegenheit haben.«

»Wieso?«

Fred schilderte seinen Streit mit Ellen von Stain.

»Ihre Mutter ist tatsächlich die Patentante von Hermann

Göring?« Moosbacher fragte das so laut, dass die beiden Männer am Nebentisch erschrocken zu ihnen hinübersahen.

»Wir reden über einen Kinofilm«, rief Moosbacher lachend hinüber, »einen schlechten!«, und wandte sich wieder an Fred.

»Baronin Theodora von Stain zu Lauterburg«, sagte Fred. »Die Einzelheiten erspare ich Ihnen und mir, sonst kommt mir die Thüringer wieder hoch.«

Eine Weile sprach keiner von beiden ein Wort. Während Fred sein Essen nicht mehr anrührte und nur zum Fenster hinaussah, kratzte Moosbacher seinen Teller so sorgfältig aus, dass er wie abgewaschen aussah.

»Was die Eltern gemacht haben, ist eine Sache. Wie man als Kind später damit umgeht, ist eine andere«, sagte er und winkte Fred mit einem Seitenblick auf die beiden Männer am Nebentisch zu: Lassen Sie uns gehen. Sie nahmen ihre Teller und reichten sie der Metzgerin über die Theke.

»Was ist denn das?« Magda Riese deutete entsetzt auf Freds fast vollen Teller.

»Mir war nicht nach Essen. Tut mir leid«, sagte Fred.

Riese sah ihn für einen Moment besorgt an, dann nickte sie, zwinkerte ihm zu und wandte sich an Moosbacher.

»Und, wie war es heute? Auf keinen Fall zu scharf, oder?«

»Es war perfekt, aber das ist man ja von Ihnen gewohnt«, antwortete dieser.

Magda Riese strahlte ihn an und atmete theatralisch tief ein.

»Ach, Herr Moosbacher, Sie Charmeur. Sind denn eigentlich alle Bayern so?«

»Nein«, antwortete der mit gespieltem Ernst, »ich bin der einzige.«

Die Metzgerin drohte ihm mit dem erhobenen Zeigefinger.

»Ich glaube, Sie wollen mich schon wieder auf den Arm nehmen.«

»Nein, Frau Riese.« Moosbacher lächelte sie freundlich an. »Sie sind ein wahrer Schatz. Das meine ich wirklich so.«

Wieder errötete sie. »Na, jetzt gehen Sie mal besser, sonst vergesse ich mich noch.«

Kaum hatte Moosbacher die Tür der Metzgerei hinter sich geschlossen, verschwand das Lächeln auf seinem Gesicht.

»Geben Sie Ellen von Stain noch eine Chance. Für den Fall, dass sie Ihnen eine gibt.«

Fred verzog verächtlich sein Gesicht.

»Ich möchte Ihnen etwas erzählen. Das bleibt unter uns, in Ordnung?«

Moosbacher hielt für einen Moment inne. Fred nickte.

»Jachenau, Sie erinnern sich? Ein Gasthaus, ein Schützenhaus, ein Dorfladen, eine Kirche. Auch bei uns gab es die Hitlerjugend, es gab die Verschickung, die Zeltlager, den ganzen Drill mit dem einzigen Ziel, unschuldige Jungs zu willfährigen Soldaten zu machen. Eine beschissene Strategie. Beschissen, weil sie funktionierte.«

»Waren Sie auch Soldat?«, fragte Fred.

»Nicht von Anfang an. Ich war ein Langemarck-Stipendiat. Wissen Sie, was das ist?«

»Nein, nicht wirklich.«

»Eins der ganz schlauen Lieblingsprojekte der NSDAP. Jungs wie ich, die kein Abitur hatten, aber nicht dumm waren, konnten auf einem speziellen Bildungsweg Studienreife erlangen und dann studieren. Natürlich nur, um die tollsten, blondesten, blauäugigsten Vorzeige-Nazis zu züchten.«

Fred sah ihn erstaunt an. »Das hätte ich von Ihnen nicht gedacht.«

»Das ist nur der Anfang der Geschichte.«

Der Kommissar kickte einen Stein weg, der in die Speichen einer vorbeifahrenden Radfahrerin prallte.

»Oh, Entschuldigung! Das war ein Versehen!«, rief er.

Die Frau lächelte scheu unter ihrem Kopftuch hervor und fuhr ohne ein Wort weiter.

»Für das Langemarck-Stipendium konnte man sich nicht bewerben, dafür wurde man von der NSDAP vorgeschlagen. Sie können sich vorstellen, dass so nur die Willigsten der Willigen zusammenkamen. Mein Vater war ein ganz strammer Parteigänger und Judenhasser. Er hat dafür gesorgt, dass ich genommen wurde. Und ich war naiv genug zu glauben, dass das einfach nur nett gemeint war, einem Bauernburschen vom Land eine Bildungschance zu geben. Ich habe vier Semester Physik studiert, dann wurde ich eingezogen. Die Löcher, die der Russlandfeldzug in die glorreiche deutsche Armee gerissen hatte, mussten schließlich gefüllt werden, zur Not auch mit denen, die für die Zukunft so wichtig waren. Ich wurde nach Holland geschickt. Nichts

Gefährliches, schließlich sollte ich nicht draufgehen, alle Langemarckianer wurden, soweit es ging, geschont, zumindest solange man sich der Illusion hingeben konnte, dass Deutschland den Krieg gewinnen würde. Meine Aufgabe war es, Personentransporte zu bewachen. Bahntransporte. Klingt harmlos, oder?«

»Ich weiß es nicht. Was waren das für Personen?«

Moosbacher nickte und fuhr erst nach einer Pause fort.

»Verbrecher, hieß es. Aber es waren keine Verbrecher, es waren Juden. Ich begleitete sie auf ihrem letzten Weg in die Konzentrationslager Auschwitz, Sobibor, Bergen-Belsen und Theresienstadt. Ich habe verdrängt, was dort mit ihnen geschah, obwohl ich es sehr schnell heraushatte. Alle wussten es. Ich bin mitschuldig an ihrem Tod.«

Fred sah den Kommissar von der Seite an, doch der starrte nur mit zusammengekniffenen Augen in die Ferne.

»Diese Schuld habe ich zu tragen, es ist meine Verantwortung. Aber für das, was meine Eltern getan haben, sind ausschließlich sie verantwortlich. Verstehen Sie, was ich Ihnen sagen will?«

Fred nickte. »Ellen von Stain war zehn Jahre alt, als der Krieg endete. Sie hat Göring wahrscheinlich nur als netten Onkel erlebt, der ihr Süßigkeiten und tolle Geschenke mitgebracht hat. Ist es das, was Sie mir sagen wollen?«

»Ja, und es dürfte für sie sehr schwer sein, mit dieser Hypothek aus der Vergangenheit zu leben und umzugehen.«

»Oder ganz leicht«, entgegnete Fred. »Indem man einfach die alte Geisteshaltung weiterlebt.«

»Wissen Sie, ob das so ist?«

Fred zögerte. »Nein, das weiß ich nicht.«

»Dann verurteilen Sie sie erst dann, wenn Sie es wissen. So fair müssen Sie sein.«

»So wie es aussieht, werde ich keine Gelegenheit mehr haben, das zu ergründen.«

»Warten Sie es ab.« Sie hatten das LKA erreicht. Moosbacher blieb vor der niedrigen Eingangstreppe stehen. »Ich schäme mich, das zu sagen, aber wissen Sie, dass ich den Juden, die ich auf ihrem Weg in den sicheren Tod begleitet habe, auf eine perverse Art sogar dankbar bin? Weil keiner von denen versucht hat zu fliehen. Dann hätte ich denjenigen nämlich erschießen müssen, und ich hätte es getan. Damit zu leben, wäre noch schwerer.«

Mit der Hand schon am Türgriff hielt Moosbacher noch einmal inne.

»Ich bin zur Polizei gegangen, weil ich für den Rest meines Lebens zu den Guten gehören will. Das ist für mich das Wichtigste. Zu den Guten zu gehören. Ich nehme an, das ist bei Ihnen ähnlich.«

»Ich bin zur Polizei gegangen, weil zu viele Gute den Schlechten hilflos ausgeliefert sind«, sagte Fred.

»Sehen Sie, und das ist wichtiger als Ellen von Stains Vergangenheit.«

...

»Sieh an, die Dame hat es also vermieden, mit Ihnen zurückzukehren?«

Auweiler grinste, und Fred bereitete sich innerlich darauf vor, dass dieser ihm nun genüsslich und mit allem ihm zur Verfügung stehenden Sarkasmus das vorzeitige Ende seiner Laufbahn als Kriminalassistent mitteilen würde.

»Ich weiß es nicht«, erwiderte Fred. »Frau von Stain muss mir ja nicht erklären, was sie macht. Da geht's mir wie Ihnen«, fügte er noch hinzu.

»Hoppla, erst fünf Tage im Brot und schon frech wie ein Hamster«, sagte Auweiler und blies ihm eine Wolke Zigarillorauch entgegen. »Fave linguis!, kann ich da nur sagen.«

Er lechzte danach, dass Fred ihn nach der Bedeutung der Worte fragte, er sah es ihm an, und war enttäuscht, als er das nicht tat. Was sollte »fave lunguis« schon bedeuten, irgendetwas wie »Klappe halten!«

Mit einem Nicken begrüßte Fred Edgar Leipnitz, der mit Kopfhörern vor einem Nagra-Tonbandgerät saß und sich mit schnellen, hastigen Bewegungen Notizen machte. Wider Erwarten stoppte Leipnitz das Band.

»Guten Tag, Herr Lemke. Sagen Sie, wie steht es denn mit Ihrem Interesse an unserer Gewerkschaft? Wollen Sie vielleicht Mitglied werden?«

Auweiler stöhnte demonstrativ auf und wandte sich seiner Arbeit zu, während er sich mit großen Bissen über ein dick belegtes Käsebrot hermachte.

»Ehrlich gesagt, darüber habe ich mir noch gar keine Gedanken gemacht«, antwortete Fred.

»Zurzeit geht es um die 45-Stundenwoche, die wir fordern.«

»Wie viele Stunden sind es denn im Moment?«

»Achtundvierzig, und das ist keinesfalls zu viel«, mischte sich Auweiler ein.

Leipnitz ignorierte Auweilers Einwand. »Viele Polizisten sind Familienväter, und wir denken, sie sollten mehr Zeit für ihre Familien haben.«

»Ja, kann sein«, sagte Fred. Das Thema war so weit von ihm entfernt wie der Mond.

»Außerdem gibt es noch andere Belange, wo wir unseren Mitgliedern den Rücken stärken können. Etwa wenn sie von einem Vorgesetzten benachteiligt oder schlecht behandelt werden.«

»Ich kenne keinen Fall, in dem irgendwer von irgendwem schlecht behandelt wurde«, giftete Auweiler. »Vielmehr gibt es Menschen mit einem defizitären Persönlichkeitsformat, ja, und die jammern gerne, obwohl der eigentliche Grund ihrer Problematik ihre Schwächlichkeit ist.«

Leipnitz vermied es weiterhin, Auweiler anzusehen. »Gerade jene, die nicht so stark sind, brauchen die Solidarität derer, die mehr schultern können.«

»Pah, sollen die Schwächlichen doch mit größeren Anstrengungen aufwarten.«

Fred fühlte sich unwohl. Es war offensichtlich, dass Auweiler jede Gelegenheit nutzte, sich an Leipnitz zu reiben, der sich nach Kräften bemühte, alles an sich abblitzen zu lassen und jede Reaktion zu vermeiden. Die beiden trugen offenbar einen Dauerkonflikt aus, dessen Ursprung für ihn nicht zu erspüren war. Leipnitz wirkte in der Tat schwächlich, und das schien bei Auweiler einen Beißreflex auszulösen, dem er sich jederzeit genussvoll hingab.

»Ich verstehe, was Sie meinen, Herr Leipnitz«, sagte Fred. »Ich überlege es mir.«

Auweiler lehnte sich in seinem Stuhl zurück und setzte eine belustigt-überlegene Miene auf. »Lemke, Lemke, für Sie ist es vonnöten, viel zu lernen.«

Fast war Fred versucht, die Worte des dicken Kommissars wie Leipnitz an sich abprallen zu lassen und so zu tun, als seien sie wirkungslos. »Ich lerne gerne, Herr Kommissar. Vor allem von Leuten, die allwissend sind.«

Auweilers Blick wurde sehr kalt. Er brachte das Käsebrot in Position, »Hauptkommissar Merker wartet auf Sie, Lemke. Ich wünsche viel Vergnügen« und biss hinein.

Wie meistens stand die Tür zum Büro der Chefsekretärin Josephine Graf offen. Fred klopfte mit gemischten Gefühlen gegen den Türrahmen. Wusste sie, was gestern Nacht zwischen Hanna und ihm geschehen war? Vielleicht hatte Hanna gleich heute Morgen zum Telefon gegriffen und ihrer Freundin alles brühwarm erzählt. Auf einmal kam Fred sich furchtbar knabenhaft vor, wie ein Junge vom Lande, der nur ein Spielball war für Frauen, die viel erfahrener waren als er. Er fuhr sich durch die Haare, die er auch heute wieder mit viel Brisk gebändigt hatte. Mach dich nicht verrückt, ermahnte er sich. Hanna hatte schließlich nicht aus Mitleid mit ihm geschlafen. Etwas musste er also haben, das für eine ältere, reifere Frau attraktiv war.

»Herr Lemke«, begrüßte ihn Graf, ohne dass er den leisesten Unterton wahrnehmen konnte. Lässig saß sie mit übereinandergeschlagenen Beinen hinter ihrem von chaotischer Unordnung überbordenden Schreibtisch. Die Haare hatte sie zu großen Wellen onduliert, und sie trug ein enges und perfekt sitzendes Kostüm, das aussah, als hätte sie es erst diesen Morgen bei einem Modedesigner gekauft. »Womit kann ich Ihnen helfen?«

»Ich soll mich bei Hauptkommissar Merker melden.«

Sie erhob sich wie eine von Langeweile ermüdete Katze, klopfte an Merkers Tür und öffnete sie, ohne eine Rückmeldung abzuwarten.

»Kriminalassistent Lemke ist hier für Sie.«

Fred konnte die Antwort nicht verstehen. Graf schob die Tür ganz auf.

»Bitte sehr.«

Hinter einem klobigen Eichenschreibtisch saß ein dünner Mann mit dickrandiger, schwarzer Brille, die für sein kleines Gesicht viel zu groß war.

»Guten Tag, Herr Hauptkommissar«, grüßte Fred und trat ein.

Merker bedeutete Fred, sich auf den Stuhl vor ihm zu setzen.

»Ich möchte von Ihnen eine gründliche Zusammenfassung vom Stand der Ermittlungen im Fall Obermann, insbesondere will ich wissen, was diese Anfrage beim Militärarchiv soll«, sagte er in scharfem Ton, allerdings erstaunlich leise. Fred hatte Mühe, ihn zu verstehen. »Lassen Sie kein Detail aus. Was wichtig und unwichtig ist, entscheide ich.«

Eine halbe Stunde später hatte Fred ein Gefühl, als hätte er ohne Kopfbedeckung stundenlang in der prallen Sonne gestanden. Er schwitzte, und sein Atem ging schnell. So mussten sich Verdächtige nach einem intensiven Kreuzverhör fühlen. Merker hatte jedes nur denkbare Detail abgefragt und sich nebenher Notizen gemacht. Als Fred seinen Bericht beendete, waren es vier Seiten, die er jetzt noch einmal überflog. Fred wartete ab. Das Kreuzverhör war vorbei, jetzt kam die Anklage, dann das Urteil.

Endlich schob Merker die Zettel zur Seite, lehnte sich zurück, legte die Hände auf die Lehnen seines Schreibtischstuhls und fixierte Fred schweigend.

»Ad eins. Diese Tänzerin. Eine Zeugin, die bei Ihrer ersten Befragung behauptet hat, nicht am Tatort gewesen zu sein, als der Mord geschah. Was sich später als eine freche Lüge herausstellte.«

»Eine Lüge aus der Befürchtung heraus ...«

»Ist Ihnen die Rechtslage unbekannt?«, unterbrach ihn Merker. »Eine Person, die unter Bewährung steht und sich dann einer Widergesetzlichkeit schuldig macht, und eine Lüge in einem polizeilichen Verhör ist wohl als eine solche zu werten, verliert unverzüglich den Vorzug der Bewährung.«

»Wir würden ihr Leben zerstören, wenn sie jetzt ihre Gefängnisstrafe antreten müsste.«

»Sie hat ihr Leben selbst zerstört in dem Moment, da sie eine Erpressung begangen hat.«

»Dafür ist sie verurteilt worden, und der Richter hat die Strafe zur Bewährung ausgesetzt.« Fred war mehr als mulmig zumute bei dem Gedanken, weder Auweiler noch Merker von dem verschreibungspflichtigen Eudokal erzählt zu haben, das er bei Mirna Laake gefunden hatte.

»Schluss jetzt. Sie scheinen mir einen unerträglichen

Hang zur Besserwisserei zu haben. Sie werden heute noch Mirna Laakes Bewährungshelfer informieren. Ad zwei. Sie stellen sofort alle Ermittlungen bezogen auf die vermeintliche Gestapovergangenheit des Opfers ein. Alle Unterlagen in dem Zusammenhang händigen Sie mir aus. Ad drei: Sie führen keine Ermittlungen mehr durch, ohne sich zuvor eng und detailliert mit Kommissar Auweiler oder einem anderen diensthabenden Kommissar abgesprochen zu haben. Verstanden? Sie scheinen vergessen zu haben, dass Sie nur Kriminalassistent sind.«

Merker lehnte sich in seinen Stuhl zurück. Na los, Bursche, provoziere mich, sagten sowohl seine Körpersprache als auch sein lauernder Blick. Fred spürte genau, wie entscheidend dieser Moment war. Merker wollte testen, ob er das Grundgesetz der Hierarchie akzeptierte: Der Befehl eines Höhergestellten ist ein Befehl, Punkt, keine Widerrede. In der Ausbildung hatte es immer wieder Diskussionen gegeben, ob es Befehle gab, deren Ausführung man verweigern durfte. Ja, gibt es, hatte es geheißen, solche, die Sie zu einem Verbrechen auffordern. Alles andere? Nein.

»Ja«, sagte Fred, auch wenn es ihm schwerfiel.

»Dann will ich Sie nicht weiter aufhalten, Ihre Pflicht zu tun.«

Fred verließ den Raum und schloss die Tür hinter sich. Er sah noch, wie Merker zum Telefon griff.

»Geht's Ihnen gut, Herr Lemke?«, fragte die Chefsekretärin süffisant. »Sie sehen ein wenig blass aus.«

»Ich hatte etwas wenig Schlaf«, antwortete er abwesend.

»Aha. Na, jetzt kommt ja das Wochenende, da können Sie sich wunderbar ausruhen.«

Tatsächlich, heute war Freitag.

»Erschreckend, oder?«, lachte sie.

»Nein, wieso«, antwortete er, aber wenn er ehrlich war, war es genau das. Fast alle Wochenenden der letzten Jahre waren erschreckend gewesen. Erschreckend einsam. Besonders die stillen Sonntage. Deshalb hatte er sich in seiner Zeit als Gaslaternenanzünder nach Möglichkeit immer zum Wochenenddienst einteilen lassen.

Auweiler stürmte an ihm vorbei, signalisierte der Chefsekretärin, dass er zu Merker wollte.

»Warten Sie, ich frage nach«, sagte sie und drückte mit entspannter Langsamkeit ihre Zigarette im Aschenbecher aus.

»Er hat mich gerade angerufen, ich soll sofort vorbeikommen.«

»Na, dann, bitte sehr.«

Fred hatte das unbestimmte Gefühl, dass es in dem Gespräch der beiden um ihn und vor allem um seine Recherche beim Militärarchiv gehen würde.

Auf dem Weg zu seinem Schreibtisch holte er sich einen Kaffee, der immer noch heiß war. Sonja Krause machte zweimal am Tag welchen, und bevor sie ihn in eine riesige Thermoskanne hineinfilterte, wärmte sie sowohl den Porzellanfilter als auch die Kanne mit kochendem Wasser vor.

Mirna Laakes Bewährungshelfer, einen gewissen Anton Pommerin, erreichte Fred telefonisch in dessen Büro im Kriminalgericht Moabit. Der Mann war unglaublich hektisch, zog in abenteuerlicher Frequenz an seiner Zigarette und schien außerdem ständig sauer aufstoßen zu müssen. Er unterbrach Fred in einem fort mit Zwischenfragen und machte den Eindruck, als wäre es ihm am liebsten, wenn Fred ihn nicht mit dem Thema konfrontierte.

»Ganz ehrlich, Herr, äh.«

»Lemke.«

»Ganz ehrlich? Melden Sie sich wieder, wenn Sie den Täter gefunden haben und Frau Laake als Zeugin vor Gericht erscheinen muss. Dann soll ein Richter entscheiden, ob er ihre Bewährung kassiert. Meine Prognose für die Frau ist positiv. Die weiß sehr genau, dass sie mit der Erpressung einen verdammten Fehler gemacht hat. Wenn ich die jetzt ins Gefängnis schicke, weil sie in einem Verhör einmal gelogen hat, dann zerstöre ich, was sie sich in vielen Jahren mühevoller Arbeit aufgebaut hat. Mach ich nicht. Außerdem: Direkt danebenzustehen, wenn einer ermordet wird, erschossen, mit einem Dum-Dum-Geschoss, das ist ein Hammer, so was kann Sie komplett weghauen, da werden nicht nur Ihre Beine weich, da schaltet sich bei einem alles ab. Da lügt man vielleicht aus Überlebensinstinkt heraus, verstehen Sie? Die Frau war traumatisiert, das muss man ihr zugutehalten.«

Erleichtert legte Fred auf. Dass er auch dem Bewährungshelfer gegenüber nichts von dem Eukodal in ihrem Wandschränkchen gesagt hatte, bereitete ihm kein Kopfzerbrechen. Mirna Laake hatte noch nicht alles preisgegeben, sie wusste mehr und sie würde sich erkenntlich zeigen und damit herausrücken, wenn er ihr Drogenproblem verschwieg.

Das ist Rechtsbeugung, sagte die kleine Stimme in seinem Kopf.

Fred schloss die Augen und lehnte sich in seinen Schreibtischstuhl zurück. Ja, das war es, es war falsch, und doch hätte er es nicht fertiggebracht, die Tänzerin wegen zehn Ampullen Eukodal um ihre Existenz zu bringen.

Die Unterlagen vom Militärarchiv mit den Informationen über den Gestapo-Hauptmann Heinz Obermann legte er in eine Mappe, viel war es nicht, und brachte sie hinüber zu Josephine Graf, die gerade telefonierte. Privat, wie er annahm, denn sie senkte ihre Stimme, als er den Raum betrat. Er legte die Mappe auf ihren Schreibtisch und wartete ab, bis sie sich ihm zuwandte.

»Für Hauptkommissar Merker«, sagte er. Sie nickte und widmete sich wieder ihrem Gesprächspartner am Telefon.

...

Als er zu seinem Schreibtisch zurückkehrte, saß Ellen von Stain dort mit geschlossenen Augen vor dem Ventilator, ihre Haare wehten im Luftstrom und sie lächelte, als würde ihr jemand eine charmante Geschichte ins Ohr flüstern. In der Hand hielt sie Hugos Hundeleine. Der Hund hatte Freds Schritte gehört und drehte sich um. Er schnüffelte, und als er Fred erkannte, sprang er auf und wedelte mit dem Schwanz, nicht euphorisch, aber freundlich. Ellen spürte den Zug der Leine und öffnete die Augen. Freds Herzschlag beschleunigte sich. Kam jetzt das große Finale nach ihrer Auseinandersetzung von heute Vormittag?

»Sie haben Hugo nicht mitgenommen«, sagte sie.

»Sie wollten dafür sorgen, dass er bei seinem Herrchen in Moabit bleiben darf.«

»Was machen wir mit ihm?« Auch jetzt klang Ellen kein bisschen aggressiv.

»Keine Ahnung«, antwortete Fred. »Ich kann ihn nicht nehmen, meine Vermieterin wirft ihn sonst vom Balkon.«

»So wie es aussieht, ist er immerhin stubenrein.«

»Würde ich auch sagen.«

»Lassen Sie uns ein Spiel spielen. Wir werfen eine Münze. Wer verliert, muss sich um ihn kümmern.«

Fred griff in seine Hosentasche und holte ein Zweimarkstück hervor.

»Kopf oder Zahl?«

»Was würde zu mir passen, Fred? Was glauben Sie?«

»Nichts von beidem.«

»Interessant. Und jetzt?«

»Sie nehmen Hugo.«

Sie lachte auf. »Nice try, Fred. Sie können doch Englisch?«

»Ich spreche weder Englisch noch Russisch noch Französisch noch Latein«, erwiderte er. »Sie sprechen bestimmt alle vier Sprachen und dazu noch Chinesisch.«

»Kopf.«

Er warf die Münze, fing sie, klatschte sie auf seinen Handrücken. Zahl.

»Mist«, murmelte er.

Ellen hielt ihm die Leine hin. »Bei Ihnen fühlt er sich allemal wohler.«

Fred ließ sie zu Boden gleiten, der Hund würde sich ohnehin nicht von der Stelle bewegen. Hugo machte einen ziemlich deprimierten Eindruck.

»Was haben Sie nach unserem Besuch bei Konrad Stehr heute noch gemacht, Fred? Irgendetwas Spannendes?«

»Was verstehen Sie unter spannend?«

»Hatten wir das nicht schon einmal?«

»Ja, aber Sie haben nicht geantwortet.«

Ellen überlegte einen Moment. »Ich bin kein Typ für dieses kriminologische Kleinklein. Wer hat wann mit wem um wie viel Uhr wo und wie lange – grauenhaft.«

»Und wie lösen Sie Ihre Fälle?«

»Was glauben Sie? Sagen Sie es mir, wir arbeiten doch jetzt schon seit drei Tagen zusammen.«

»Noch haben Sie keinen Fall gelöst.«

Sie verdrehte die Augen.

»Sie spielen gerne«, fuhr er fort.

Für einen winzigen Moment blitzte bei ihr eine Mischung aus Ironie und Neugierde auf, dann wurde sie wieder sachlich.

»Also weiter. Was haben Sie nach Konrad Stehr gemacht?«

Er informierte sie so kurz und knapp wie möglich über seine Befragung von Gisela Bernau und Ida Obermann.

»Okay, dann ist das mit dem Petticoat erledigt, würde ich sagen. Sie haben ihn zufällig in der Nähe des Tatorts gefunden, er hat aber nichts mit unserem Fall zu tun.«

Fred antwortete nicht.

Ellen lachte auf. »Sie halten immer noch daran fest? Warum?«

Wieder antwortete Fred nicht.

»Ihr Bauch sagt es Ihnen.«

»Nanu, was ist los mit Ihnen, Frau von Stain? Keine Ironie, kein Sarkasmus?«

Ellen sah ihn mit diesem intensiven Blick an, die dunklen Augen ruhig und ohne zu blinzeln in seinen versenkt. »Weil ich glaube, Sie haben recht.«

Fred warf das Zweimarkstück noch einmal in die Luft und fing es auf. »Kopf oder Zahl?«

»Worum geht es dieses Mal?«

»Um Kopf oder Zahl.«

Sie zog eine Schreibtischschublade hervor, legte beide Füße darauf und lehnte sich lässig in ihren Stuhl zurück. »Was kommt als Nächstes? Wie gehen die Ermittlungen weiter?«

»Kopf oder Zahl?«

»Sie entscheiden.«

Fred steckte die Münze ein, ohne darauf zu sehen. »Mirna Laake hat uns noch nicht alles erzählt, was sie weiß.«

»Was ist mit Obermanns Vergangenheit?«, fragte Ellen. »Bislang waren Sie der Meinung, dass da die Lösung zu finden ist.«

»Hauptkommissar Merker hat mir verboten, weiter nachzuforschen.«

Ellens Augen wurden schmal wie Schlitze. »Wie bitte?«

Fred zuckte mit den Schultern. Bislang hatte Ellen sich

von niemandem herumkommandieren lassen. Sie schien genau zu spüren, was er dachte.

»Sie erwarten jetzt von mir, dass ich in Merkers Büro rausche und ihm sage: Natürlich bleiben Lemke und ich an Obermanns Vergangenheit dran. Oder?«

Fred antwortete nicht.

»Geht nicht«, sagte sie.

»Warum nicht?«

»Das kann ich Ihnen nicht sagen.«

»Dann bleibt nur noch Mirna Laake.«

»Mirna Laake.« Ellen rammte die Schublade zurück in den Schreibtisch, sprang auf, ging zum Fenster und sah hinaus. Der enge Hosenanzug betonte ihren zierlichen Körper. Erst jetzt sah Fred, dass sie Stiefeletten mit sehr hohen Absätzen trug. Wie groß war sie wohl ohne Schuhe? Kaum über 1,60 Meter? Unwillkürlich verglich Fred sie mit Hanna. Warum, fragte er sich, warum tust du das?

»Kriminologischer Kleinkram eben«, sagte er.

Sie reagierte nicht gleich. Als sie sich umdrehte, strahlte sie wieder ihre ruhige Selbstbeherrschung aus, um die Fred sie beneidete, auch wenn er es nie zugeben würde.

»Unsere tapfere Tänzerin hat morgen Abend Premiere im Cactus. »Coco Strand Revue« heißt das Programm. Ist das nicht ein wundervoll geistreicher Titel?«

»Ich hoffe, sie hält mit ihrer Verletzung durch.«

Ellen lachte spöttisch. »Sie sind ein Philanthrop, stimmt's?«

Das Wort kannte Fred zum Glück. Menschenfreund.

»Ich glaube, die Laake ist einer der Menschen, die alles richtig machen wollen, denen das aber aus irgendeinem Grund nicht gelingt.«

»Wenn Sie sich da mal nicht irren.« Sie griff nach ihrer Umhängetasche. »Was machen Sie morgen Abend?«

»Ich ...« Was sollte er antworten? Wenn er es schaffte, früh aufzustehen, würde er mit den ersten Sonnenstrahlen in sein Skiff steigen, auf der Havel in südwestliche Richtung fahren bis zur Glienicker Brücke, misstrauisch beäugt von den Patrouillenbooten der NVA, er könnte ja ein Spion sein, der die mittlerweile dichtgemachten Grenzen zum DDR-Innenland überwinden wollte. Vielleicht würde er aber auch ins Kino gehen oder an den Teufelssee fahren, um ein wenig zu lesen.

»Ich ahnte ja nicht, dass meine Frage so anspruchsvoll ist«, sagte sie. Ellen zog zwei Karten, die die Form von Kokospalmen hatten, aus ihrer Tasche. »Tickets für die Premiere der Coco Strand Revue. Wollen Sie mich begleiten?«

Fred zögerte. Die Vorstellung, mit dieser Frau den Abend in einem Varietétheater zu verbringen, dazu noch eine Premiere, mit all den Leuten, die sich so etwas leisten konnten, die wussten, wie man sich in so einem Umfeld benimmt, war erschreckend. Und zugleich verlockend.

»Ich glaube nicht, ich habe schon etwas anderes vor«, log er.

In Ellens Augen blitzte Unwille auf. Sie steckte die Karten wieder ein und wollte gehen, drehte sich aber noch einmal um und schrieb mit einem Bleistift eine Nummer auf Freds Schreibtischplatte.

»Das ist meine Telefonnummer. Sagen Sie mir morgen

Vormittag Bescheid. Um 11 Uhr.« Sie warf den Stift achtlos auf die Tischplatte. Er rollte bis zum Ende und fiel zu Boden. »So privat, wie Sie denken, ist meine Einladung nicht.«

Sie ging zur Tür, Hugo wollte ihr folgen, Fred trat auf die Leine, die er hinter sich herzog, und stoppte ihn. Ellen lachte.

»Ich kann übrigens kein Chinesisch. Ich geh nur manchmal beim Chinesen essen. Hak-Mings Hongkong Bar auf dem Ku'damm, kennen Sie die? Ich glaube, so ein Kerlchen wie unseren Hugo würde man dort mit Genuss verspeisen.«

»Ein Grund, nicht hinzugehen.«

Sie zuckte mit den Schultern. »Was ist mit Ente? Ist das erlaubt?«

»Hunde haben Persönlichkeit, Enten nicht.«

»Interessante Theorie. Ich kenne auch eine Menge Menschen ohne Persönlichkeit.«

Fred nickte ihr zu. »Ein schönen Abend, Frau von Stain.«

Sie warf ihm einen enttäuschten Blick zu, wahrscheinlich hätte sie dieses Geplänkel gerne noch weitergeführt, und ging. Fred setzte sich an seinen Schreibtisch und holte den Bogen heraus, auf dem er sich den Fall in einer Grafik veranschaulicht hatte. Wenn er Obermanns Vergangenheit nicht recherchieren durfte, steckte er fest. Auch mit seiner Frau Ida oder der Haushälterin Gisela Bernau kam er nicht weiter, da war außer den bekannten Indizien nichts, was sie belastete. Dasselbe galt für Konrad Stehr. Mirna Laake. Dass sie zum Zeitpunkt des Mordes am Tatort war, belastete sie schon deutlich mehr, auch, weil bei ihr gleich mehrere Mordmotive denkbar waren. Aber auch hier bewegte er sich nur auf der Ebene von Indizien und Annahmen und war weit von einer Anklage entfernt.

Heinz Obermann. Was ist er für ein Mensch gewesen? Wie ist jemand beschaffen, der jahrelang Tausende Menschen in den Tod schickt? So wie Stehr? Das ist meine Arbeit, die erledige ich, weil es meine Aufgabe ist?

Fred betrachtete noch einmal die Fotos des Ermordeten. Aus seinem Gesicht sprachen Intelligenz und Wachheit, dieser Mann war nicht einfach nur ein Scherge gewesen, der eine vorgegebene Liste abhakte. Die arrogante Überheblichkeit, dieses elitäre Selbstverständnis, das Fred meinte darin lesen zu können, ließ einen Menschen vermuten, der aus eigenem Antrieb handelte, der ein reines Gewissen hatte, der nichts bereute, der, käme er heute in dieselbe Situation wie damals, exakt genauso handeln würde. Laake hatte beschrieben, wie er den Mann, der ihn auf der Straße als ehemaligen Gestapo-Mann wiedererkannte, zusammengeschlagen hatte. Ein Mensch wie Obermann hat sich nicht nur in seinem früheren Leben Feinde gemacht, nein. Seine Firma war marktbeherrschend, wie hatte er sie zu der Größe gebracht? Hatte er Konkurrenten weggebissen, bedroht, in den Ruin getrieben?

Fred faltete das Blatt wieder zusammen. Wenn er sich um Obermanns Vergangenheit nicht kümmern durfte, würde er eben die Gegenwart durchleuchten. Falls Auweiler das zuließ. Sein Blick fiel auf Ellen von Stains Telefonnummer. 55 54 44. Natürlich hatte sie eine besondere Nummer, eine, die man wahrscheinlich nur bekam, wenn man zu den Bedeutenden und Wichtigen dieser Stadt gehörte, wenn man Beziehungen hatte. Er befeuchtete seinen Zeigefinger mit Spucke und wischte sie weg.

Kurz darauf kehrte Auweiler schnaubend zurück, warf sich auf seinen Stuhl und fixierte Fred mit seinen kalten Augen.

»Sie werden nächste Woche keine Gelegenheit mehr haben, Ihren irren Hirngespinsten zu frönen, Lemke, das kann ich Ihnen versprechen. Ab jetzt wird anständig und vernünftig gearbeitet. Exercitatio artem parat, Übung macht den Meister, und Sie werden ab sofort in einem erheblichen Maße üben, auch wenn das nicht per se den Erfolg sichert, wer sagt denn, dass Sie je ein Meister werden. Welche Arbeiten haben Sie heute zum Beispiel verrichtet?«

Fred beschrieb ihm das Verhör bei Konrad Stehr.

»Ich will einen haargenauen Bericht. Nächste Woche werden alle Verdächtigen ins Dezernat geholt und gründlichst verhört. Wir brauchen ein Geständnis, anders kommen wir in diesem Casus nicht weiter.«

»Wenn keiner der Täter ist, bekommen Sie auch kein Geständnis.«

»Was wissen Sie denn schon, Herr Kriminalassistent?«

»Für mich sieht es sehr danach aus, dass sich Obermann Feinde gemacht hat, die --«

»Das Thema ist durch, Lemke, haben Sie das nicht kapiert? Ist das Ihrem scharfen Verstand entgangen?«

»Ich rede nicht von seiner Gestapo-Vergangenheit. Wir sollten andere Klempnerbetriebe fragen, welchen Ruf er hatte, ob es Probleme mit ihm gab, Streit. Vielleicht gibt es wütende Kunden, vielleicht hat einer einen Prozess gegen ihn verloren und fühlt sich im Unrecht.«

»Klingt gut, und wieso haben Sie sich darum bislang nicht gekümmert?«

»Ich habe mich um Fragen gekümmert, die genauso wichtig sind.«

»Sie haben Zeit verplempert, das haben Sie! Militärarchiv!«

»Dreißig Minuten. Mehr Zeit hat die Anfrage nicht gekostet.«

»Schluss jetzt! Ich will nichts mehr hören. Der Bericht, jetzt, sofort! Und ab Montag wird logisch gearbeitet.«

Fred zog es vor zu schweigen, offenbar hatte Auweiler bei Merker einen gehörigen Rüffel einstecken müssen. Er ging hinüber zur Sekretärin, diktierte ihr den Bericht in die Maschine, wofür er erneut unzählige Anläufe benötigte, und bis zum Feierabend begleitete er Auweiler zu Verhören, die dieser in den beiden dafür vorgesehenen Räumen durchführte. In dem Fall des ermordeten Türstehers hatten sich in den Zeugenaussagen zwei Hauptverdächtige herauskristallisiert, die Auweiler nacheinander befragte. Obwohl es Fred widerstrebte, musste er zugeben, dass dieser phlegmatische, dicke Mann sehr klug und souverän vorging. Virtuos pendelte er zwischen Schärfe und freundlicher Sanftheit, zwischen Drohen, Warnen und Verständnis hin und her, wickelte die Verhörten regelrecht wie in einem Kokon ein, und am Ende wurde aus einem der Verdächtigen ein Tatzeuge, und der zweite Verdächtige kapitulierte und gestand. Unterstützung bekam Auweiler von einem Kommissar der Mordkommission II, der sich nur für dieses Verhör in den Fall eingearbeitet hatte und dessen Aufgabe es vorrangig war, das Verhörtempo hoch zu halten und den Verdächtigen keine Atempause zu lassen. Beendet war die Aktion erst kurz vor 21 Uhr.

»Das war die hohe Kunst, Lemke. Ich hoffe, das ist Ihnen aufgefallen«, brüstete sich Auweiler, als er die Tonbänder mit den Aussagen in den Asservatensafe schob und die Panzertür verschloss. Er hielt den Doppelbartschlüssel hoch. »Den gibt's erst, wenn Sie Kommissar sind.« Er klopfte Fred jovial auf den Rücken. »Und jetzt gehen Sie nach Hause. Zur Familie.«

»Hab ich nicht«, antwortete Fred. »Bis Montag dann.«

»Vergessen Sie den Hund nicht! Der muss endgültig weg.«

Den hätte er allerdings am liebsten vergessen. Wo sollte er mit ihm hin?

...

Nach weniger als einer halben Stunde Fahrt zog Fred die Tür der Feuerwache Wannsee auf.

Harald Ringer sah gelangweilt von seinem Pult auf.

»Fred«, sagte er, »was treibt dich denn um diese Zeit hierher? Willst du etwa rudern?«

Bevor Fred antworten konnte, bellte Hugo, und in Haralds Gesicht ging die Sonne auf. Fred ließ die Leine los, und der Hund stürzte sich mit wilder Freude auf den Feuerwehrmann. Der sank vor Hugo auf die Knie und ließ sich von ihm das Gesicht abschlecken. Es dauerte nicht lange, und Harald holte eine Tüte mit Schmalzbroten hervor.

»Kann ich ihn bei dir lassen?«, fragte Fred.

»Klar.«

»Kriegst du keine Schwierigkeiten?«

Harald brachte Hugo mit kleinen Häppchen dazu, Männchen zu machen. Nach jedem Bissen wedelte er euphorisch mit seinem Schwanz. »I wo. Er stört ja keinen.«

»Kann sein, dass ich ihn nicht so bald wieder abholen kann.«

»Hoffentlich.«

»Sein Herrchen wird wohl eine Weile in Moabit sitzen.«

»Ist das bei Hunden wie bei Kindern? Kann man da dem Besitzer irgendwann das Sorgerecht entziehen?«

»Keine Ahnung«, erwiderte Fred.

»Dann frag mal nach. Du bist doch bei der Polizei.«

...

Fred brauchte fast eine Stunde, bis er endlich die Tür der Pension »Duft der Rose« leise aufschloss. Zum ersten Mal hatte er ausprobiert, wovon der Fahrer des roten Opel Olympia geredet hatte: Er hatte auf der Potsdamer Chaussee den Daumen herausgehalten und trotz der späten Stunde getrampt. Über die Aussprache des Wortes herrschte Unklarheit, manche sprachen es aus, wie es geschrieben wurde, andere sagten »geträmpt«, was wahrscheinlich richtig war. Mitgenommen hatte ihn ein junger Mann in einem BMW 502 V-8 mit 140 PS, wie er stolz vermerkte. Der Wagen rollte wie eine Sänfte über die Straße, leise brummend und unbeeindruckt von Buckeln und Schlaglöchern. Der Mann machte einen kleinen Abstecher über die Podbielskiallee, in der in einer beschlagnahmten Villa der amerikanische Soldatensender AFN untergebracht war. Schon von Weitem sahen sie Scharen von Soldaten in Ausgehuniformen dorthin streben, Luftballons und Girlanden flatterten an den Bäumen und in den Hecken, und große Lautsprecher im Garten übertrugen das gerade laufende Radioprogramm. Independence Day, sagte der Mann, während er langsam an dem Grundstück vorbeirollte, misstrauisch von den beiden Wachmännern vor dem Eingang beäugt, und für einen Moment hatte Fred das Gefühl, neben einem Einbrecher zu sitzen, der sein nächstes Ziel ausspähte. Die lassen uns garantiert im Stich, wenn der Russe noch mal alles dichtmacht, flüsterte der Mann mehrmals. Es sah so aus, als spräche er mit seinem Lenkrad. Fred schien für ihn nicht anwesend zu sein, weshalb er froh war, als der Mann ihn ohne sich zu verabschieden am Kottbusser Tor absetzte. Warum hatte er ihn mitgenommen?

Fred schloss leise die Tür hinter sich, schlich durch den Flur und hoffte inständig, niemandem zu begegnen. Schon gar nicht Hanna. Zu kompliziert, dachte er. Die Nacht, seine erste Liebesnacht überhaupt, war wunderschön gewesen, berauschend, gigantisch, betörend, atemberaubend, aber im Lauf des Tages war all das sehr verwirrend geworden. Hanna war so erfahren und wusste genau, was sie wollte, und bei ihm war das genaue Gegenteil der Fall.

Freds Magen knurrte fordernd. Bislang hatte er noch

keine Zeit zum Einkaufen gefunden, dennoch wagte er einen Blick in die Küche, vielleicht hatte Hanna ja ... Hatte sie nicht. Er schlich weiter ins Wohnzimmer, neben seiner tiefen Müdigkeit war da ein nervöses Vibrieren in ihm, das ihn so schnell keinen Schlaf finden lassen würde. Unschlüssig sah er zur Balkontür hinaus. Auf der Skalitzer Straße war trotz der späten Stunde noch erstaunlich viel Betrieb, Mopeds, Autos, Fußgänger. Die Wagen der Linie B, die auf der eisernen Trasse der Hochbahn vorbeifuhren, waren gut besetzt. Natürlich, Freitagnacht, die Arbeitswoche war vorbei, da zog es viele in die Cafés, Clubs, Kinos, Varietés und Theater oder einfach nur hinaus, zum Flanieren auf den Ku'damm, die Schlossstraße, die Kurfürstenstraße oder im Tiergarten. Es war Sommer, und die Luft war angenehm warm. Viele kamen von drüben, aus Ost-Berlin, auch wenn es für sie immer schwieriger wurde mit den zunehmenden Kontrollen an den Sektorenübergängen. Eine schleichende Verschlechterung, die von Ulbricht, Mielke und all den anderen sozialistischen Spaßverderbern mit perfider Konsequenz betrieben wurde und die sehr zu deren Leidwesen mit einer ständig zunehmenden Zahl von Fluchten in den Westen beantwortet wurde.

Fred ging zum Bücherregal. Etwas zu lesen würde ihn beruhigen, er wusste nur nicht, was. Wieso machte er es nicht so wie in der Bücherscheune in Ihlow? Einfach ein Buch in die Hand nehmen, den Einband betrachten, hineinblättern, schauen, ob ihn etwas ansprach, und wenn ja, es in einem Rutsch lesen. Er zog die Leiter heran und stieg hinauf, nicht ganz nach oben. Die Bücher sind alphabetisch geordnet, hatte Hanna gesagt, nach Autoren. Mit geschlossenen Augen tastete er die Buchrücken entlang. Ledereinbände mit edler Prägung wechselten sich mit schlanken, handhohen Papprücken ab, wahrscheinlich Reclam-Hefte. Er tastete weiter, und als er die Augen wieder öffnete, ruhte sein Finger auf einem schwarzen Leinenrücken. Wolfgang Koeppen, *Der Tod in Rom*. Schon nach wenigen Sätzen wusste er, dass er dieses Buch schon gelesen hatte. Koeppen. Der Anfangsbuchstabe K. Wie Kafka. Sein Roman *Das Schloss*. Josephine Graf hatte das LKA damit verglichen. Warum wohl?

Freds Augen wanderten weiter die Buchrücken entlang, bis er den Roman entdeckte. Er las die ersten Zeilen, nein, den kannte er noch nicht. Er stieg von der Leiter und überlegte, wo er lieber lesen würde, in dem bis auf die zu hohen Armlehnen bequemen, kubusförmigen Ledersessel oder in seinem Zimmer.

Er löschte das Licht, ging in sein Zimmer, wusch sich am Waschbecken mit einem Schwamm, putzte sich die Zähne, legte sich ins Bett und begann zu lesen.

Samstag, 5. Juli 1958

Als er am nächsten Morgen aufwachte, war es 10 Uhr 55. *Das Schloss* lag aufgeklappt neben ihm, auf Seite 250, gut die Hälfte des Buchs hatte er geschafft, bevor ihn der Schlaf übermannt hatte. Die Geschichte hatte ihn einfach nicht losgelassen, oder besser gesagt, das quälende Fehlen einer Geschichte. Es gab wenig Handlung, alles drehte sich im Kreis und trat auf der Stelle, endlose Dialoge beschrieben die Situation des Landvermessers K., der in ein Dorf bestellt wird, obgleich man ihn nicht braucht, und dessen Versuche, Klarheit in seine Lage zu bringen, nur dazu führen, dass sie immer unklarer wird. Und über allem thront das Schloss mit seinen Bewohnern, die niemand kennt, die mit niemandem in Kontakt treten und doch alle Abläufe im Leben der Menschen bestimmen. Eine trostlose Welt, die von einer undurchschaubaren Macht gesteuert wird, und das Instrument der Steuerung ist eine undurchdringbare, alles beherrschende Bürokratie.

Fünf vor elf. Ellen von Stains Einladung. Fred sprang in seine Hose, warf sein Hemd über und stürmte hinaus in den Flur, wo das Telefon stand, ein Münztelefon. Er brauchte zwei Groschen, fand aber keine in seinen Hosentaschen. Im Aufenthaltsraum war niemand. Konnte er es wagen, bei Hanna zu klopfen? Alle Mieter wussten, dass sie am Wochenende in ihrem Reich nicht gestört werden wollte, »bei Strafe«, wie sie gerne drohte.

Er klopfte vorsichtig.

»Hanna?«

Keine Antwort. Ein neuer Versuch, dieses Mal lauter. Stimmen und Schritte waren zu hören, die Tür wurde aufgerissen. Ein Mann, in Shorts, das weiße Hemd offen, vielleicht 35 Jahre alt, strahlte ihn an.

»Hallo, was gibt's?«

Fred bekam kein Wort heraus. Der Mann drehte sich um.

»Hanna, hier ist ein sprachloser junger Mann. Wahrscheinlich einer deiner Gäste.«

»Ich wollte nur etwas Geld wechseln, zum Telefonieren«, stotterte Fred. Schon einen Tag nach ihm hatte Hanna den nächsten Mann in ihrem Bett gehabt?

»Hanna?«, rief der Mann. Hanna erschien, gekleidet in einen Damenpyjama aus sehr leichtem Stoff mit kurzer Hose.

»Cäsar, mein Lieber. Was ist so wichtig?« Sie klang nicht böse, aber auch nicht erfreut.

»Ich brauche zwei Groschen zum Telefonieren«, antwortete Fred, was ziemlich unfreundlich klang.

Sie warf ihm einen ungehaltenen Blick zu.

»Es ist dringend. Ich habe nur ein Zweimarkstück.« Fred verfluchte seine Unsicherheit, sein Kopf war krebsrot und seine Halsschlagader pumpte heftig.

»Okay«, erwiderte sie und dehnte die letzte Silbe. »Ausnahmsweise.«

Sie drehte um und bedeutete ihm, ihr zu folgen. Fred konnte nicht anders, er warf einen verstohlenen Blick in ihr Schlafzimmer. Das große Bett war zerwühlt, der Mann lag darauf und las eine Zeitung. In ihrem Wohnzimmer deutete Hanna auf ihren Apparat. »Bedien dich«, sagte sie und verschwand im Schlafzimmer, ohne die Tür zu schließen.

Fred war geschockt, aber was hatte er erwartet? Wir haben jetzt keine Beziehung, hatte sie ihm nach ihrer Liebesnacht gesagt. Er wählte die Nummer, die Ellen auf seinen Schreibtisch gekritzelt hatte, und lauschte dem Freizeichen, in Gedanken so sehr bei Hanna, dass ihm entging, als Ellen abhob.

»Was soll das? Wer ist denn da?«, klang es böse aus dem Hörer.

»Oh, tut mir, hier ist Fred Lemke.«

»Fred«, sagte sie, mehr nicht.

»Es ist 11 Uhr, ich ...«, er räusperte sich und ärgerte sich, dass er so aus der Bahn geworfen war. Hanna konnte machen, was sie wollte. So wie er selbst auch.

»Ich komme heute Abend mit, wenn das Angebot noch gilt.«

»Gut. Ich hole Sie ab. Wo wohnen Sie?«

»Skalitzer Straße 39, in der Pension ›Duft der Rose‹.«

»Duft der Rose?« lachte sie. »Ist das ein Bordell?«

»Nein, ist es nicht.«

»Kein Grund, eingeschnappt zu sein, Fred. War nur ein Scherz.«

»Wann kommen Sie?«

»Rechtzeitig. Bis dahin.«

Sie legte auf, ohne eine Antwort abzuwarten.

Fred legte den Hörer auf die Gabel und rief: »Danke!«

»Hast du eine Verabredung, Cäsar?«, fragte Hanna, die

sich in der Zwischenzeit umgezogen hatte und jetzt wieder ihre unvermeidliche Caprihose und karierte Bluse trug.

»Ja, ich gehe ins Varieté Cactus«, antwortete er.

»Klasse! Viel Spaß!«

»Mit Ellen von Stain«, fügte er hinzu. Warum? Sie hatte nicht danach gefragt.

Sie sah ihn fassungslos an. »Was? Nach allem, was du über sie gehört hast?«

»Ich habe viel über ihre Familie gehört, aber nicht über sie.«

»Sie ist ein Teil der Familie.«

»Das heißt nicht, dass sie genauso ist.«

Hanna lachte humorlos auf. »Ist sie reich?«

»Keine Ahnung«, antwortete Fred, obwohl er ziemlich sicher war, dass sie es war. Ihre Kleidung, ihr Selbstbewusstsein, die Art, wie sie sich im Café Kranzler benommen hatte – die Zeichen waren mehr als deutlich. Außerdem war ihre Mutter Baronin Theodora von Stain zu Lauterburg äußerst vermögend.

»Du weißt, wo das Geld herkommt, Fred«, sagte Hanna kühl und schloss die Schlafzimmertür hinter sich.

Fred kehrte in sein Zimmer zurück und warf sich auf sein Bett. Eigentlich hatte er Ellen absagen wollen. Warum, zum Teufel, hatte er das genaue Gegenteil gemacht?

...

Zu rudern half nicht. Schon auf dem Weg zum Wannsee hatten sich Unruhe und Nervosität seiner bemächtigt, und als er endlich im Boot saß und sich vom Ufer abstieß, verflüchtigten sie sich nicht, sondern nahmen mit jedem Zug an den Ruderblättern zu. Noch bevor er bei der Insel Schwanenwerder auf die Havel einschwenkte, hielt er es nicht mehr aus und kehrte um. Er hatte die fünf Jahre, die er nun schon in Berlin lebte, wie ein Einsiedler verbracht, hatte nachts gearbeitet, allein mit seinen Gedanken, Träumen, Sehnsüchten und Ängsten. Tagsüber war er durch die riesige Stadt gestreift, hatte unendlich viele Filme im Kino gesehen, hatte geschlafen, um abends mit dem Fahrrad, dem Werkzeug, der Leiter wieder loszuziehen und Straßengaslaternen zum Leuchten zu bringen. Er hatte nie ein Varieté, ein Theater, eine Milchbar oder ein Tanzlokal besucht.

Was sollte er anziehen?

Auf dem Rückweg in der S-Bahn studierte er das Aussehen der anderen Fahrgäste. Zum ersten Mal wurde ihm bewusst, wie nachlässig er gekleidet war, Kleidung war ihm nie wichtig genug gewesen, um dafür mehr Geld als unbedingt nötig auszugeben. Viele junge Männer in seinem Alter trugen Jeans, manche sogar die sagenumwobenen Levi's, die nicht nur schwer zu bekommen, sondern auch unerschwinglich teuer waren. Dazu enge weiße T-Shirts, College- oder, trotz der sommerlichen Temperaturen, Lederjacken. Und er? Eine fadenscheinige grüne Stoffhose und ein gelb-grau gestreiftes Hemd, und in seinem Zimmer im »Duft der Rose« warteten zwei weitere fadenscheinige Stoffhosen, ein billiger Anzug, den er seit Ewigkeiten nicht hatte reinigen lassen, und ein paar Hemden, die er auf einem der vielen Flohmärkte gekauft hatte. Wie sollte er da neben dieser eleganten, edlen Frau bestehen? Das war unmöglich, er musste ihr wieder absagen, wenn er sich nicht der Lächerlichkeit preisgeben wollte. Bei einem Bäcker holte er sich eine Schrippe, nicht etwa, weil er Hunger hatte, sondern weil er Wechselgeld brauchte, zwei Groschen, um genau zu sein.

Zurück in der Pension wählte er Ellens Nummer und ließ es endlos klingeln. Niemand hob ab. In der nächsten halben Stunde probierte er es noch unzählige Male, ohne Erfolg. Plötzlich stand Hanna hinter ihm.

»Was ist los, Cäsar?«, fragte sie mit unerwartet sanfter Stimme.

»Ich will Ellen von Stain absagen, aber sie geht nicht ran.«

»Warum willst du absagen?«

»Ich habe es mir anders überlegt.«

»Warum?«

»Wir haben keine Beziehung, Hanna, ich muss dir das nicht sagen.«

Sie schmunzelte. »Wenn wir eine hätten, müsstest du es mir auch nicht sagen.«

»Na also.«

»Ich bin einfach neugierig.«

»Und ich will es nicht sagen.«

»Ich bin nicht eifersüchtig, Fred, da brauchst du dir keine Sorgen machen.«

Fred schwieg. Auf keinen Fall wollte er zugeben, dass es ihn verletzte, wenn sie gleich einen Tag nach ihrer ersten

Liebesnacht einen anderen Mann in ihr Bett holte. Hanna schien seine Gedanken zu erraten.

»Cäsar«, gurrte sie, »kann es sein, dass du eifersüchtig bist?«

»Nein.«

»Wegen dem Mann, der dir heute die Tür geöffnet hat?«

»Nein, wieso?«

Sie zuckte leicht mit den Schultern. »Nur so.«

Fred fühlte sich unwohl. Hanna war nicht kompliziert, sie sagte, wie sie die Dinge sah und wie sie sie wollte. Er nicht.

»Ich war ein wenig eifersüchtig«, gab er zögernd zu. »Ich weiß, ich habe nicht das Recht dazu.«

»Stimmt, die Spielregeln zwischen uns sind klar.«

»Du hast die Spielregeln bestimmt.«

»Jeder hat das Recht, seine Spielregeln zu benennen. Meine kennst du.«

Fred brauchte ein wenig Zeit, sein Gefühl in den Griff zu kriegen. »Tut mir leid.«

»Okay. Beziehung und Geschlechtsverkehr haben eben nicht zwangsläufig etwas miteinander zu tun.«

Fred spürte, wie er rot wurde. Unwillkürlich sah er sich um, ob einer der anderen Mieter in der Nähe war. »Ehrlich gesagt, habe ich darüber noch nie nachgedacht.«

Hanna fuhr ihm durchs Haar, packte ein Büschel und schüttelte seinen Kopf. »Du hast Glück, dass du mich getroffen hast, Cäsar. Auch wenn du es jetzt noch nicht so siehst.«

Fred ließ sie machen, obwohl er sich in diesem Moment

wie ein kleiner Junge vorkam. Sie wollte ihm nichts Böses, er musste sich nicht wehren.

»Also, wo drückt der Schuh?«

Eine halbe Stunde später betraten sie das Kaufhaus Bilka am Zoo. Hanna suchte einen hellen Anzug und ein braunes Hemd mit roten Streifen aus sowie braune Schuhe und einen Amigo-Hut.

»Die Qualität ist nicht berauschend, Fred, aber probier es an. Wenn es passt, lassen wir es zurücklegen und sehen uns danach noch woanders um. Beim Hertie am Blücherplatz und, wenn die Zeit reicht, im KaDeWe, manchmal haben die Sonderangebote.«

Fred kam sich wie ein Hochstapler vor, als er sein Spiegelbild betrachtete, besonders als er den Hut aufsetzte.

»Steht dir«, sagte Hanna.

»Der Anzug, ja. Der Hut, nein, den setz ich nicht auf.«

Hanna sah ihn lange an. »Zu viel Veränderung?«

Fred war schweißgebadet. »Viel zu viel.«

»Gut. Ohne Hut geht auch. Solange du deine Mähne irgendwie bändigst. Deine Haare sind so dick wie bei einem Wildschwein. Was benutzt du?«

»Brisk. Manchmal Schmalz.«

»Weißt du, worauf Elvis Presley schwört?«

»Hat der auch Haare wie ein Wildschwein?«

»Auf Sweet Georgia Brown, das ist der Rolls Royce unter den Pomaden.«

»Wahrscheinlich auch genauso teuer.«

»Hör zu, Fred. Der Anzug ist okay, damit musst du dich

nicht schämen. Jetzt gucken wir, ob wir das Ganze in besserer Qualität finden.«

»Warum? Für mich reicht die Qualität.«

»Ich weiß. Trotzdem.«

Sie hatten Glück. Zwei Stunden später fanden sie tatsächlich einen ähnlichen, allerdings weitaus hochwertigeren Anzug im KaDeWe, ein Sonderangebot, aber immer noch zwanzig Mark teurer als bei Bilka. Fred konnte sich nicht entscheiden, so viel Geld auszugeben, was für eine Verschwendung! Er zauderte und argumentierte hin und her. Hanna zeigte eine Engelsgeduld, ließ jedoch nicht locker, bis Fred endlich zustimmte. Beide lachten, als sie sahen, wie die Verkäuferin aufatmete. Freds Unentschiedenheit hatte sie zunehmend auf die Palme gebracht, und sie hatte sich geärgert, dass ihre um Zustimmung heischenden Blicke von Hanna ignoriert wurden.

Draußen auf der Tauentzienstraße überwältigte Fred das Gefühl, den größten Fehler seines Lebens begangen zu haben. Fast der gesamte Vorschuss, den Josephine Graf für ihn besorgt hatte, war weg. Für einen hellen Anzug, den er ständig in die Reinigung bringen musste, weil man darauf jeden Fleck sehen würde.

»Quatsch, das ist Diolen, da haftet nichts dran.«

»Trotzdem«, nörgelte Fred.

»Betrachte es als Beginn einer neuen Ära, Cäsar«, sagte Hanna. »Vertrau mir.«

...

Fred saß wie auf heißen Kohlen im Aufenthaltsraum der Pension. Die Aufführung begann um 21 Uhr, das hatte er den Veranstaltungshinweisen in der *Berliner Morgenpost* entnommen, jetzt war es kurz vor 20 Uhr. Er hatte geduscht, seine Haare waren mit Sweet Georgia Brown Pomade in Form gebracht, Hanna hatte ihm eine noch halb volle Dose geschenkt, und jedes Mal, wenn er den Kopf drehte, umwehte ihn dieser süßliche, leicht herbe Duft. Die neuen Schuhe drückten etwas, und das Hemd juckte auf der Haut, das würde erst nach der ersten Wäsche weggehen, hatte Hanna ihm erklärt. Vor allem plagten ihn Magenkrämpfe, die so stark waren, dass er nichts hatte essen können. Ellen von Stain hatte ihm am Telefon nur gesagt, dass, aber nicht wann sie ihn abholen würde. Was, wenn sie es sich anders überlegt hatte und gar nicht kam?

Um nicht ständig auf die Uhr zu sehen, hatte er versucht, in Kafkas *Schloss* weiterzulesen, aber schon nach wenigen Seiten war sein Widerwillen gegen diesen Landvermesser, der einerseits die Menschen, die einen geringeren Stand als er selbst hatten, herumschubste, andererseits jedoch nicht in der Lage war, sich Gehör im Schloss zu verschaffen, zu groß geworden. Er stellte den Roman zurück, vielleicht kam ja noch die Zeit, da er mehr damit anfangen konnte.

Endlich ertönte die Türglocke. Fred sprang auf, er musste vorsichtig sein, die Ledersohlen an seinen neuen Schuhen waren noch höllisch glatt. Er hörte, wie die Tür geöffnet wurde.

»Guten Abend«, sagte Hanna.

Ellen stand da und maß Hanna mit kühlen Blicken. Sie

sah umwerfend aus, ein geblümtes, weit ausladendes Kleid, große rote Rosen mit kleinen grünen Blättern, um die Taille eine große Schleife aus demselben Stoff, ihre Hände steckten in weißen Handschuhen, die bis zum Ellbogen reichten. Über ihren Schultern hing ein leichter Sommermantel, ebenfalls aus demselben Stoff.

»Wohnt hier ein Fred Lemke?«, fragte sie mit einem geschäftsmäßigen Lächeln.

»Sind Sie Ellen von Stain?«

»Wer will das wissen?«

Fred ärgerte sich über ihre überhebliche Art. Er legte einen Schritt zu.

Hanna lachte, sehr entspannt und unbeeindruckt. »Ich.«

»Aha.« Ellen sah an ihr vorbei in den Flur. »Fred, sind Sie das?«, fragte sie erstaunt.

Zuerst verstand Fred den Sinn ihrer Frage nicht. Im Flur war es hell.

»Ich hatte mich schon gefragt, was Sie anziehen werden.«

»Guten Abend«, sagte Fred. »Darf ich Ihnen meine Vermieterin vorstellen? Frau Hanna Pletter.«

Es klang ein wenig unbeholfen, im Grunde kannte er eine solche Situation nur aus Kinofilmen, in seinem echten Leben waren noch nie Höflichkeitsfloskeln wie diese nötig gewesen. Aber ihm missfiel, wie Ellen Hanna behandelte, auf eine Art wie eine Untergebene. »Meine Kollegin Ellen von Stain.«

Ellen rang sich in Hannas Richtung ein formelles Lächeln ab.

»Von Stain! Eine illustre Familie«, sagte Hanna.

Augenblicklich verschwand Ellens Lächeln. »Illuster? Wie meinen Sie das?«

»Was für ein wunderschönes Petticoatkleid.« Hanna strahlte Ellen an. »Beneidenswert. Und Sie haben ja durchaus die Figur dafür. Selbst größeren Frauen würde es nicht besser stehen.« Sie wandte sich an Fred. »Viel Spaß im Varieté. Du musst morgen unbedingt erzählen, wie es war. Nicht mir, mich interessiert das nicht so, aber meinem Bruder.«

Fred sah sie fragend an.

»Du hast ihn heute Morgen kennengelernt, als du telefonieren wolltest.« Sie warf Fred ein umwerfend charmantes Lächeln zu, offensichtlich wusste sie, wie erleichtert er sein würde.

»Mach ich«, erwiderte er und wandte sich an Ellen. »Sollen wir?«

Ellen ging voran, sehr gerade und sehr stolz.

»Was für eine eigenartige Vermieterin Sie haben, Fred«, sagte sie, als sie auf die Straße hinaustraten.

»Hanna ist eine sehr ungewöhnliche Frau.«

»Haben Sie ein Verhältnis mit ihr?«

»Was ist das für eine Frage? Das geht Sie wohl kaum etwas an.«

»Stimmt«, lachte Ellen und deutete auf ein kleines, funkelnagelneues, rotes Cabriolet mit offenem Verdeck, eine Renault Floride, wie Fred dem Kühleremblem und dem Schriftzug am Kotflügel entnahm. »Steigen Sie ein.«

Nicht nur die Karosserie, alles an dem Auto war rot: die

Kunstledersitze, das lackierte Armaturenbrett, die Innenverkleidung der Türen, sogar die beiden Speichen und der Schaft des Lenkrads, nur die Abdeckung des in der Karosserie versenkten Verdecks war schwarz.

»Diese Hanna ist schon etwas älter, habe ich recht?« Ellen band sich ein Kopftuch um, setzte ihre Sonnenbrille auf und startete den Motor. Sie ließ ihn ein paarmal aufheulen.

»Sie duzen sich?«

»Das hat sich so ergeben.«

»Sollen wir uns auch duzen, Fred?«

»Besser nicht. Wir sind Arbeitskollegen.«

»Ja, das geht natürlich nicht«, sagte Ellen mit deutlicher Ironie. Sie streifte ihre Pumps ab, der Lack ihrer Zehennägel hatte exakt die Farbe ihres Lippenstifts, und gab Gas. Schon nach wenigen hundert Metern wurde deutlich, was für eine Art von Fahrerin sie war. Flink und ohne Rücksicht auf andere zu nehmen, drängte sie sich in jede sich auftuende Lücke. Den Blinker betätigte sie kein einziges Mal, und nur wenn sie nach links ausscherte oder abbog, hielt sie hin und wieder ihren Arm hinaus, wahrscheinlich auch nur, weil es lässig aussah. Die Hupe schien für sie erfunden worden zu sein, und sie genoss die Aufmerksamkeit, die sie damit erregte. Frauen schüttelten meistens missbilligend den Kopf, während Männer, vor allem jüngere, ihr bewundernde Blicke zuwarfen. Fred hatte das Gefühl, selbst ein wenig von ihrem Glanz abzubekommen.

Er hatte noch nie in einem Cabrio gesessen und fand es regelrecht berauschend. So schön kann das Leben auch sein, dachte er und ertappte sich dabei, wie er Ellen verstohlen von der Seite musterte. Um ihren Mund hatte sich, seit sie losgefahren waren, ein Lächeln gelegt und war nicht mehr verschwunden.

»Ich habe den Wagen erst vorgestern bekommen«, rief sie gegen den Fahrtwind an. »Die erste und bislang einzige Floride, die es in Berlin gibt. Wenn Sie wollen, können Sie auch mal fahren.«

»Ich habe keinen Autoführerschein.«

»Na und?« Der Unterton: du Spaßbremse!, ernüchterte Fred schlagartig, und plötzlich kam er sich neben dieser Frau fehl am Platze vor. Nein, das war nicht sein Leben, genauso wenig wie der weiße Anzug, den er trug.

Aber ließ sich das nicht ändern? Konnte sein Leben nicht auch ein bisschen mehr Spaß und weniger Einsamkeit vertragen?

Wie weit der Weg in so ein Leben sein würde, merkte er, als sie das Cactus betraten. So viele attraktive, gut gekleidete, parkettsichere Menschen hatte Fred noch nie zuvor leibhaftig gesehen, ihm war, als wären die Schönheiten aus diversen Werbeplakaten und Modefotos herausgetreten und aus ihren unerreichbaren Höhen herab zu den Lebenden gestiegen.

Ellen hielt ihm ihren Mantel hin. »Die Garderobe ist dort hinten.«

Fred schob sich durch die Menge, gab der Garderobiere zwei Mark und wunderte sich über ihren missbilligenden Blick, als sie ihm das Wechselgeld zurückgab. Im Weggehen sah er, dass der nächste Besucher ihr das Wechselgeld als Trinkgeld gab. Als er zurückkehrte, fand er Ellen im Gespräch mit einem Paar vor, er vielleicht sechzig, sie mindestens zehn Jahre jünger. Das Gesicht des Mannes kam Fred bekannt vor, ohne dass er hätte sagen können, woher. Die beiden nahmen ihn nach einem flüchtigen Gruß nicht weiter wahr, und Ellen unternahm nichts, um ihn in das Gespräch einzubinden. Nach ein paar Minuten murmelte er eine Entschuldigung und ging.

Wie anders das Varietétheater jetzt aussah. Von der abgewarzten Kahlheit, die das Foyer bei ihrem ersten Besuch ausgestrahlt hatte, war nichts mehr zu sehen. Alle Messingtürrahmen und -lampen blitzten, üppige Deko-Elemente hatten das Foyer in eine Art von Südseehotel verwandelt. All die Palmwedel, Bambusrohre und Kokosnüsse waren tatsächlich echt, und er fragte sich, auf welchen Wegen die wohl nach Berlin gekommen waren. Nur die riesigen Kakteen waren aus Pappmaché und Zahnstochern. Die Türen zum Zuschauerraum waren verschlossen, vor jeder stand eine junge Frau in Fantasieuniform und weißen Handschuhen.

»Wann geht es los?«, fragte Fred eine von ihnen.

»In wenigen Minuten, der Herr«, antwortete sie freundlich, und er unterhielt sich noch eine Weile mit ihr, bis eine Glocke ertönte.

»Wenn Sie eintreten wollen, bitte sehr«, sagte sie und öffnete gleichzeitig mit den anderen Türsteherinnen die Eingänge. Sofort strömten die Besucher mit ihren Eintrittskarten in den Saal. Ellen tippte ihm auf die Schulter.

»Und, haben Sie sich gut unterhalten?«

»Und Sie?«, fragte Fred.

»Die beiden, das sind Conny Wegner und seine Frau Doro. Ihnen gehören praktisch alle Varietétheater in Berlin.«

Fred nickte abwesend, hielt Ausschau nach ihrem Tisch und entdeckte ihn in der Mitte der ersten Reihe. Um ihn herum standen vier Stühle. Bevor Fred sich die Frage beantworten konnte, ob er nicht Ellens Stuhl für sie zurechtrücken musste, so machten es doch die Kavaliere im Kino, setzte sie sich.

»Für Conny geht es nur ums Geld«, sagte sie. »Für Doro nicht. Sie war früher selbst Tänzerin, im Wintergarten, sagt Ihnen das was?«

»Nie gehört.«

»Fred, was sind Sie nur für ein Landei! Der Wintergarten war in den Zwanziger- und Dreißigerjahren *die* Adresse für Varieté, für Artistik, für Jazz, und zwar nicht nur hier in Berlin, sondern weltweit.«

»Lassen Sie mich raten. Dann kamen die Nazis an die Macht, und es war vorbei damit.«

Ellen zuckte mit den Schultern. »Dann sang dort eben nicht mehr Josephine Baker, sondern Lale Anderson.« Ellen summte leise den Refrain von deren Schlager »Lili Marleen«. »Jedenfalls saß Conny fast jeden Abend vor der Bühne und verschlang Doro mit seinen Augen. Ihr gefiel das, aber sie ließ ihn nicht an ihre Unterwäsche.«

Fred errötete, auch das noch … Hoffentlich bemerkte Ellen es nicht, aber vergeblich, ihr Lächeln wurde noch breiter.

»Wollen Sie den Fortgang der Geschichte hören?« Ohne eine Antwort abzuwarten, fuhr sie fort. »Auch am 21. Juni

1944 war Conny zur Stelle und schmachtete sie an. Und, o Wunder!, Doro gestattete ihm nach der Vorstellung zum ersten Mal, sie nach Hause zu begleiten. Die beiden hatten kaum das Theater verlassen, da gab es Fliegeralarm. Doro wollte zurück, aber Conny war dagegen. Er zog sie hinter sich her zum nächsten Bunker. Als der Angriff vorüber war, gingen sie zurück zum Wintergarten, und da war nichts mehr, die Bomben hatten ihn plattgemacht. In dem Moment gab Doro jeden Widerstand auf und zog in derselben Nacht noch bei Conny ein.« Ellen lachte leise und fing wieder Freds Blick ein. »Wahrscheinlich wurde ihr Sohn Holger in ebendieser Nacht gezeugt.«

Dieses Mal wurde er nicht rot. Ellen wirkte fast ein wenig enttäuscht.

»Spannende Geschichte«, sagte Fred. »Wieso war Conny kein Soldat?«

Ellen ließ sich in den Stuhl zurücksinken, offensichtlich unschlüssig, ob sie die Frage beantworten oder ignorieren sollte. »Er war der Inhaber eines kriegswichtigen Betriebs. Stahl.«

»Welcher Betrieb?«

Für einen Moment sah es so aus, als wollte sie die Frage beantworten, doch dann winkte sie ab. »Unwichtig.«

Ellen lächelte über seine Schulter hinweg jemandem zu. Fred drehte sich um und sah, wie sich Conny und Doro näherten.

»Sie wissen immer noch nicht, warum ich Sie gefragt habe, ob Sie mich begleiten, stimmt's?«

»Stimmt.«

Die Wegners setzten sich und wurden sogleich von einem Kellner nach ihren Wünschen gefragt.

Ellen brachte ihren Mund ganz nah an Freds Ohr. »Damit Mirna Laake sieht«, flüsterte sie, »mit wem sich die beiden Ermittler des LKA im Fall Obermann bestens verstehen. Das wird sie in jeder Hinsicht beflügeln.« Sie hielt kurz inne und roch an seinen Haaren. »Sweet Georgia Brown Pomade, wetten?« Sie lachte und wandte sich ihren Tischnachbarn zu, die beim Kellner eine Flasche Champagner bestellen wollten, sich jedoch nicht auf die Marke einigen konnten.

»Wir nehmen beide«, beschied Doro Wegner. »Ellen, wir trafen gestern im Golfclub Ihre Frau Mutter. Wie immer wurde es ein unterhaltsamer Abend.« Ihr Blick nahm etwas Lauerndes an.

»Das glaube ich gerne«, erwiderte Ellen reserviert.

»Vor allem ihre Freundin, die Prinzessin von Isenburg, hat wieder mal alle mit ihren Geschichten«, sie wedelte mit ihren Händen durch die Luft, als wollte sie Fliegen vertreiben, »was soll ich sagen, aufgemuntert?«

»Glauben Sie denn, was die Prinzessin erzählt?«

»Da halte ich es mit Aristoteles: Nicht die Wahrheit einer Geschichte ist entscheidend, sondern die Wahrscheinlichkeit.«

»Ach, Püppi!«, ging ihr Mann dazwischen. »Wir wollen hier doch Spaß haben und nicht in der alten Nazi-Scheiße quirlen.«

Ellen lachte übertrieben. »Er hat recht.«

In Fred regte sich ein heftiger Widerwille. Am liebsten

hätte er auf die Gesellschaft der Wegners verzichtet. Und nicht nur auf deren, auch auf Ellens.

...

Die Coco Strand Revue war ein Erfolg. Die Besucher sprangen nach der dritten Zugabe begeistert auf und wollten gar nicht mehr aufhören zu applaudieren. Als der Vorhang herabgelassen wurde, erschien der Intendant auf der Bühne, bedankte sich, lud zum großen Büfett ein, das im Foyer vorbereitet war, und bat darum, den Künstlern und Künstlerinnen ein wenig Zeit zu geben, bevor sie sich dann später zu den Gästen gesellten.

»Jetzt sind wir dran«, sagte Ellen. »Kommen Sie.«

»Sie wollen doch jetzt nicht etwa zur Laake?«

»Genau das will ich.«

»Es gibt keinen drängenden Grund. Die Frau ist erschöpft. Was soll das?«

»Fluchtgefahr. Was halten Sie davon?«

»Warum soll die abhauen? Wo ist der dringende Verdacht?«

»Wenn Sie nicht mitkommen wollen, kein Problem.« Ellen wandte sich an die Wegners. »Wir sehen uns gleich zur Schlacht am Büfett.«

Die beiden winkten ihr lachend zu.

»Schade. Kann sein, dass sie bald das Weite suchen.« Ellen schob sich durch die Menschenmenge. Fred folgte ihr widerstrebend.

»Wieso?«, fragte er.

»Conny ist sich absolut sicher, dass die Russen bald wieder alle Verbindungen nach Berlin kappen werden. So wie '48. Noch eine Blockade.«

»Das werden die Alliierten kaum zulassen«, erwiderte Fred.

Ellen senkte ihre Stimme, um die von Conny zu imitieren. »Die lassen uns dieses Mal wie eine heiße Kartoffel fallen. Chruschtschow gibt erst Ruhe, wenn er Berlin komplett verschluckt hat. Sagt Conny. Dann wird ganz Berlin kommunistisch, eine lustige Vorstellung, finden Sie nicht auch?«

Fred antwortete nicht, die Vorstellung war alles andere als lustig.

Ellen steuerte auf den Gang zu den Garderoben zu. Zwei kräftige Männer in Livree wollten sie nicht durchlassen. Wortlos zog sie einen Ausweis aus ihrer kleinen Handtasche, woraufhin die beiden den Weg freigaben. An Mirna Laakes Garderobentür musste sie mehrmals klopfen, bevor von drinnen ein mattes: »Ja, was denn?« erklang.

»Von Stain und Lemke vom Landeskriminalamt, Berlin.«

Wieder verging sehr viel Zeit, bis die Tänzerin die Tür aufschloss und sie vorwurfsvoll ansah. »Das darf doch nicht wahr sein, dass Sie mich jetzt, in diesem Moment, stören.«

»Dürfen wir reinkommen?«, fragte Ellen und trat ein, ohne eine Antwort abzuwarten.

Fred folgte ihr. Sein erster Blick galt dem Wandschränkchen, dessen Tür offen stand. Es war leer. Mirna Laake sah aus wie der Tod, sie schwitzte, ihr Make-up hatte sie teilweise schon entfernt, der andere Teil war verlaufen, und es war offensichtlich, dass sie große Schmerzen hatte.

Ellen hievte sich mit einem leichten Schwung auf den Schminktisch und ließ ihre Beine locker vor und zurück baumeln. Mirna Laake setzte sich vor den Spiegel und fuhr mit dem Abschminken fort. Ihr Atem ging kurz und schnell, ihre Augen waren fiebrig. Sie war bis ans äußerste Limit ihrer Kräfte gegangen und schien kurz davor zu kollabieren. Zu viel Pervitin.

»Frau Laake, wir glauben, Sie haben nicht alles gesagt, was Sie wissen.«

»Ach ja?«

»Jetzt haben Sie die Gelegenheit, das nachzuholen.«

»Nett von Ihnen, aber ich wüsste nicht, was ich Ihnen noch sagen könnte«, entgegnete Laake.

»Wir sind sicher, da gibt es noch etwas.«

Das »Wir« störte Fred, obwohl er dasselbe wie Ellen dachte. Er kam sich wie ein Feigling vor, eine Befragung zu diesem Zeitpunkt empfand er als unmenschlich, zugleich war ihm klar, es nicht verhindern zu können. Welche Funktion Ellen von Stain auch immer innerhalb des LKA hatte, ihr Rang war deutlich höher als seiner.

»Und ich sage: Nein. Was nun? Wollen Sie jetzt ein Gottesurteil erzwingen, wie früher, bei den Hexenprozessen?«

»Interessant! Wie geht das?«

»Die vermeintliche Hexe wird gefesselt ins Wasser geworfen. Schwimmt sie oben, ist sie mit dem Teufel im Bund, und sie wird, wenn man sie wieder getrocknet hat, auf dem Scheiterhaufen verbrannt. Geht sie unter und ersäuft, war sie doch keine Hexe und der Herrgott hat sie zu sich gerufen.«

»Charmant.«

»Ich nenne so etwas Vorverurteilung.«

»Was die Hexen betrifft, sehe ich das auch so. Nur, was Sie betrifft, Frau Laake: Sie sind nicht wegen Mordes angeklagt und, ich bin ehrlich zu Ihnen, ich glaube nicht, dass Sie den Gestapo-Hauptmann Heinz Obermann erschossen haben.«

Laake warf Ellen durch den Spiegel einen schnellen, wachen Blick zu, bevor sie wieder in ihre Mattigkeit zurückfiel. »War er wirklich bei der Gestapo?«

Ellen nickte. »Er hat Schwule ausfindig gemacht und ins KZ geschickt. Die meisten dürften dort ermordet worden sein. Ist Ihr Regisseur nicht schwul? Fragen Sie ihn mal, wie er es geschafft hat, nicht vergast worden zu sein.«

Die Tänzerin starrte Ellen an. War sie geschockt oder war es Schauspiel?

»Wir sind sicher, dass Obermann aus Rache ermordet wurde. Jemand wollte ihn zur Rechenschaft ziehen. Die Frage ist: Wer?«

»Herrgott noch mal, ich weiß es nicht!«

»Frau Laake, haben Sie gesehen, neben wem wir während der Vorführung saßen?«

»Conny und Doro Wegner, ja.«

»Sie wissen, wer die beiden sind?«

»Wer kennt die nicht?«

Ellens Blick wurde eisig. »Okay, jetzt mal Schluss mit den verschlüsselten Botschaften, liebe Frau Laake.«

Ihre Augen blitzten. Wieder sah Fred darin diese Euphorie eines Jägers, diese Lust, seinem Opfer an die Kehle zu gehen und es zu erlegen.

»Klartext, und passen Sie gut auf, den kriegen Sie nur einmal zu hören«, fuhr Ellen fort. »Wenn Sie nicht in den nächsten fünf Minuten alles auf den Tisch legen, was Sie wissen, werde ich diesen Raum verlassen, Conny Wegner, einen alten Freund meiner Familie, beim Büfett zur Seite nehmen und ihm ein paar vertrauliche Worte ins Ohr flüstern. Sie können sicher sein, dass schon morgen Ihre Ersatztänzerin Ihren Part in der Coco Strand Revue übernehmen wird. Und Sie können auch sicher sein, dass Sie weder in dieser Stadt noch irgendwo anders eine Zukunft als Tänzerin haben werden.«

Fred traute seinen Ohren nicht. Das war dasselbe Spiel, das sie auch mit Konrad Stehr getrieben hatte.

»Frau von Stain, ich möchte mit Ihnen unter vier Augen reden.«

»Später.«

»Nein, jetzt.«

Ellen sah ihn zornig an und brauchte gefühlt eine halbe Minute, eine Entscheidung zu treffen.

Sie sprang von dem Schminktisch herunter und stapfte wütend an ihm vorbei hinaus auf den Gang.

»Fangen Sie jetzt schon wieder mit Ihren Moralpredigten an?«, blaffte sie ihn an, als er die Tür hinter sich geschlossen hatte.

»Ich weiß, ich bin nur Kriminalassistent und Sie sind«, er wedelte mit den Händen, »irgendwas, ein hohes Tier mit besten Beziehungen, unantastbar. Aber das ist mir egal.

Hier geht es um etwas Grundsätzliches. Was Sie machen, ist Erpressung. Das geht nicht. Wir sind Polizisten.«

Ellen fixierte ihn, wieder dieser Blick, dem schwer standzuhalten war. Sie ließ sich Zeit. »Sie haben recht, Sie sind nur Kriminalassistent.«

»Ja und?«

»Sie glauben mich zu kennen, weil Sie vermeintlich Kompromittierendes über meine Familie herausbekommen haben.«

»Was hat das mit der Sache hier zu tun?«

»Es steht Ihnen nicht zu, so mit mir zu reden.«

»Ja, ich weiß.« Fred hatte das Gefühl, dass seine Körpertemperatur schlagartig um ein paar Grad absank. »Wissen Sie, dass ich das zweitschlechteste Abschlusszeugnis meines Jahrgangs hatte?«

»Glaube ich sofort.«

»Nicht, was Sie jetzt denken. Ich war gut. Nur in einer Sache nicht. Mir wurde vorgeworfen, ich hätte Probleme mit Autoritäten und könnte meine Klappe nicht halten. Den Ausbildern war das wichtiger als alles andere. Mir nicht. Ich verstehe mein schlechtes Zeugnis als Auszeichnung.«

Sie antwortete nicht. Er konnte in ihrem Gesicht nicht lesen, was in ihr vorging.

»Sie sitzen auf einem sehr hohen Ross«, sagte sie schließlich.

»Nein, ich will nur anständig sein. Mehr nicht.«

»Eben.« Ellen deutete auf die Tür. »Ich mache weiter. Sie können mitkommen, Sie können hierbleiben.«

Fred zögerte. Nicht mitgehen bedeutete, den Kopf in

den Sand zu stecken, mitzugehen, sich mit ihren Methoden gemein zu machen.

»Ich werde meine Drohung aufrechterhalten«, fuhr Ellen fort. »Sollte sie uns nichts erzählen, werde ich allerdings nichts unternehmen, und sie kann weiter in ihre Zukunft hüpfen und tanzen. Kommen Sie damit klar?«

Damit kam Fred klar, auch wenn es für ihn immer noch Erpressung war.

»Gut.« Ellen öffnete die Tür und ging hinein. Fred folgte ihr.

»Von den fünf Minuten sind vier vorbei, Frau Laake. Bleibt noch eine.«

Mirna Laake saß vor dem Spiegel, ihren Kopf in die Hände gestützt. Als sie sich ihnen zuwandte, sah Fred, dass ihr Gesicht noch fahler geworden war, ernst und ernüchtert, so als hätte sie sich damit abgefunden, dass ihr bisheriges Leben heute Abend ein Ende fand. Sie atmete schwer. »Kennen Sie das? Es gibt keinen Schritt, den ich machen kann, ohne einen Fehler zu begehen. Schweigen, Lügen, die Wahrheit sagen, ganz egal.«

»Dann wäre es klug, den kleineren Fehler zu begehen und nicht den größeren«, sagte Fred.

Mirna lächelte ihn an, sanft und gleichzeitig verwundet, wie ein Tier, das weiß, dass es sterben muss. »Ich weiß nicht, welcher der kleinere und welcher der größere ist.«

»Das Gefühl kenne ich gut«, sagte Fred. »Ein furchtbares Gefühl. Aber ich glaube, unterm Strich ist die Wahrheit immer der kleinere.«

Mirnas Augen wurden tränenfeucht. »Sie sind ein sehr

besonderer Mensch, Herr Lemke. Sie sollten nicht Polizist sein.«

»Ich glaube, ich bin genau da, wo ich hingehöre.« Aus dem Augenwinkel sah er, wie Ellen ihn sehr genau beobachtete. »Wie hoch ist der Einsatz, Frau Laake? Was können Sie verlieren?«

»Meine Arbeit. Mein Leben.«

»Ihr Leben?«, sagte Ellen. »Wir haben in Deutschland keine Todesstrafe mehr, Frau Laake.« Offenbar erwartete sie Mirna Laakes Geständnis, den Mord begangen zu haben.

»Ist das so?«, entgegnete die Tänzerin. »Sie sind ganz schön naiv, Frau Kommissarin.« Sie zog einen Kajalstift aus dem überquellenden Fundus verschiedener Schminkutensilien und malte ein Symbol auf die Tischplatte, eine Art liegendes Z mit einem senkrechten Strich in der Mitte. »Schon mal gesehen?«

»Nein«, antwortete Fred.

»Und Sie?« Laake wandte sich an Ellen, die nicht reagierte.

»Eine Wolfsangel, das Symbol der Organisation Werwolf«, erklärte Laake, »einer SS-Freischärlerbewegung. Und das?« Sie schrieb das Wort ODESSA in Großbuchstaben daneben.

»Auch nicht«, sagte Fred.

»Und Sie?«, wiederholte die Tänzerin ihre Frage an Ellen.

»Was soll das Spielchen? Können Sie nicht einfach nur eine Aussage machen?«

»ODESSA steht für Organisation der ehemaligen SS-Angehörigen.«

»Wollen Sie jetzt mit uns einen Ausflug in die Welt der Märchen und Fantasien machen?«, blaffte Ellen sie an.

»Sie sind wirklich sehr naiv.« Laakes Stimme vibrierte vor unterdrückter Wut.

»Was können Sie uns über diese beiden Organisationen sagen?«, beeilte Fred sich zu fragen, bevor Ellen auf Angriff schalten konnte.

»Nicht viel. Nur das, was Heinz mir erzählt hat. In beiden fanden sich SS-Leute zusammen, die sich nicht mit dem Ende des Nationalsozialismus abfinden wollten. Die Werwölfe haben sich kurz vor Ende des Krieges organisiert, ODESSA in den ersten Jahren danach. Heinz war bei beiden dabei.«

Fred wollte etwas fragen, aber Laake hob abwehrend die Hand.

»Wissen Sie, Heinz war süchtig nach Bewunderung. Er hatte immer das Gefühl, dass man seine wahre Größe nicht erkennt. In jeder Lebenslage war es ihm wichtig, allen klarzumachen: Ich bin die Nummer eins. Meine Firma ist die größte in Berlin, mein Auto ist das neueste und teuerste, ich krieg jede Frau, die ich haben will. Wenn er feierte, war er bis zur Lächerlichkeit spendabel, jeder sollte wissen: Heinz lässt es krachen wie kein anderer. Das hat ihm aber nicht genügt, zumindest nicht mir gegenüber. Er gehörte zu den Männern, die nach dem Sex sehr gesprächig werden. Nach seinem Orgasmus, den er auch schon jedes Mal zelebrierte wie ein Weltwunder, drehte er auf und plapperte wie ein Waschweib. Dabei ging es immer darum, wie großartig, wie einzigartig, wie geheimnisvoll, wie klug er war. Es war entsetzlich anstrengend. Ich habe es dennoch in Kauf genommen. Ich weiß nicht, ob Sie sich vorstellen können, wie das ist, wenn man so viele große und wertvolle Geschenke bekommt, wie Heinz sie mir gemacht hat. Wenn man in die teuersten Restaurants ausgeführt, wenn man in Clubs eingelassen wird, von denen Normalsterbliche nicht einmal wissen, dass es sie gibt.«

»Das kommt mir jetzt nicht so wahnsinnig interessant vor, Frau Laake.« Ellen deutete auf das Werwolf-Symbol und ODESSA. »Wo ist der Zusammenhang? Außer, dass Obermann da mal mitgemischt hat, vor mehr als zehn Jahren, wenn ich das richtig verstanden habe.«

»Heinz traf sich einmal die Woche mit Gleichgesinnten, alles ehemalige SS-Männer, sie bezeichneten sich als ›Werwolf II‹. Einen von ihnen nannte er nur Zerke, seinen vollen Namen weiß ich nicht, nur dass er früher bei der Gestapo ein Untergebener von Heinz war. Heinz hat ihn oft mitgebracht, hier in den Cactus oder wenn wir zum Segeln gegangen sind oder zum Sechstagerennen im Sportpalast. Mir ist der Mann furchtbar auf die Nerven gegangen, Spaß konnte man mit dem keinen haben. Heinz hat gerne geprahlt, was er mit seinen Werwölfen alles zuwege gebracht hat. ›Zerke ist nach mir der Härteste‹, war sein Standardspruch, ›ein Tier, den willst du nicht zum Feind haben.‹ Ich habe immer gesagt: Ich will's nicht wissen, lass mich damit in Ruhe. Trotzdem hat er mir das eine oder andere aufgedrängt. Was ist eigentlich, wenn ich das mal jemandem erzähle, habe ich ihn mal gefragt. Dann bist du tot, hat er geantwortet, ganz freundlich, aber ich war mir sicher, er meint es ernst.

In den letzten Monaten haben sich die beiden nicht mehr so häufig getroffen und wenn, hatten sie Streit. Heinz hat aufgehört, mir Dinge zu erzählen, alles wurde so geheimnisvoll, keine Ahnung, warum. Vorletztes Wochenende dann, am Sonntag, wir waren mitten auf der Havel, im Segelboot, da hat es zwischen den beiden gekracht. Ich saß hinten am Steuer und habe nur gehört, wie Heinz irgendwann brüllte: Aus, Schluss, ich bin nicht mehr dabei, die Wölfe sind Vergangenheit! Und Zerke hat zurückgebrüllt: Du kannst nicht aufhören, niemand kann aufhören. Und dann sind sie aufeinander losgegangen wie Stiere. Heinz hat den Kampf für sich entschieden, Zerke ging halb bewusstlos zu Boden, er sah übel aus, die Nase gebrochen. Dafür wirst du bezahlen, waren seine letzten Worte, dann ist er einfach von Bord gesprungen und weggeschwommen. Seitdem habe ich ihn nicht mehr gesehen.«

Mirna Laake schloss müde die Augen. Ellen wollte etwas sagen, doch Fred hob die Hand und schüttelte den Kopf. Sie warteten, bis Laake die Augen wieder öffnete.

»Ich habe mich für die Wahrheit entschieden. Und für meine Arbeit.« Laake warf Ellen einen fragenden Blick zu.

Ellen ging nicht darauf ein. »Sie wollen also sagen, Sie haben gesehen, wie dieser Zerke Heinz Obermann erschossen hat?«

»Nein, das nicht. Aber ich bin mir fast sicher, dass er es war. Oder jemand, den er beauftragt hat.«

Ellen schwieg. Fred sah ihr an, dass sie die ganze Geschichte für ausgemachten Blödsinn hielt, eine Fantasiegeschichte, geboren aus der Furcht Laakes vor dem Verlust ihrer Arbeit.

»Angenommen, es war dieser Zerke. Warum hat er Sie verschont?«, fragte Ellen. »Sie sind der einzige Zeuge des Mordes.«

»Ich habe doch schon mal gesagt, ich habe nicht gesehen, wer geschossen hat!«

»Davon konnte der Täter nicht ausgehen, Sie waren hautnah dabei. Ich an seiner Stelle würde auf Nummer sicher gehen. Also: Warum hat er Sie verschont?«

Mirna Laake zupfte einen Wattebausch aus einem Kästchen, tränkte ihn mit einer Flüssigkeit und rubbelte das Wolfsymbol und ODESSA weg. »Ich weiß es nicht. Ich habe mich das natürlich auch gefragt.«

»Und? Eine Antwort gefunden?«

»Man kann einen Menschen aus Wut töten, ja. Jemanden zu töten, weil es vernünftiger wäre, ist etwas anderes.«

»Weiß denn dieser Zerke«, fragte Fred, »wie viel Obermann Ihnen erzählt hat?«

»Keine Ahnung.«

»Glauben Sie, Obermanns Frau weiß von alledem?«

»Die? Die weiß alles. Und noch mehr. Deswegen hätte er sich niemals scheiden lassen.« Laake machte eine Faust. »Die hätte ihn fertiggemacht, die hatte ihn bei den Eiern.«

Das drastische Bild ließ Fred zusammenzucken, was, wie er aus dem Augenwinkel sah, Ellen mit einem Grinsen quittierte.

»Sie haben gesagt, er hätte Ihnen einen Heiratsantrag gemacht. Das passt nicht zusammen.«

»Heinz wollte nie wahrhaben, dass sie ihn fest im Griff hatte. Weil das nicht zu seinen Allmachtsfantasien passte. Der große Obermann saß in einem goldenen Käfig, aus dem es kein Entrinnen gab. Den Schlüssel hatte seine Frau.«

Laake zupfte einen neuen Ballen Watte aus dem Kästchen und entfernte die letzten Reste Schminke aus ihrem Gesicht.

»Wissen Sie, wo Zerke wohnt?«, fragte Fred.

»Nein.«

»Wie sieht er aus? Beschreiben Sie ihn.«

»Runde Nickelbrille, der Mund immer wie ein waagerechter Strich, auch wenn er lacht, der Kopf fast kahl, eine gewaltige Nase, nicht dick, sondern lang und dünn. Und eine für einen Mann ungewöhnlich hohe Stimme.« Laake warf Ellen einen kurzen Blick zu. »Haben Sie jetzt genug gehört, um mir meine Arbeit zu lassen?«

Fred sah Ellen an, würde sie sich an ihren eigenen Kompromissvorschlag halten?

»Danke, Frau Laake«, erwiderte Ellen. »Ich bin froh, dass Sie diesen Weg gewählt haben. Ich werde bei Conny und Doro ausschließlich über Ihren fantastischen Auftritt schwärmen.«

»Und was ist mit meinem Leben?«

»Wir werden diesen Zerke finden und in die Mangel nehmen, ohne Ihre Identität preiszugeben«, sagte Fred. »Das wird sich erst dann nicht mehr vermeiden lassen, wenn wir genug Beweise haben, um ihn vor Gericht zu bringen. Bis dahin sind Sie sicher.«

»Ich habe schon bessere Scherze gehört«, entgegnete Laake.

...

Als sie ins Foyer zurückkehrten, war die Premierenfeier schon in vollem Gang. Das Büfett war grandios, überwältigend, fast irreal. Einiges von dem, was auf den langen, schmalen Tischen auf Tabletts, in chromglänzenden Warmhalteschalen und auf vielstöckigen Etageren kredenzt wurde, hatte Fred in seinem Leben noch nie zuvor gesehen, geschweige denn gegessen. Riesige Früchte lagen da – oder waren es Arten von Gemüse? Eine sah aus wie ein in sich zusammengerollter, grüner Igel. Eine andere schimmerte violett und hatte weißes Fruchtfleisch, das mit kleinen dunklen Kernen durchsetzt war. Wieder eine andere sah aus wie ein Kaktus mit wenigen, pinselartig zusammengefassten Stacheln.

»Jackfrucht, Drachenfrucht, Kaktusfrucht«, sagte Ellen, die ihn spöttisch lächelnd beobachtet hatte. »Noch nie gesehen?«

Fred ignorierte ihre Ironie. Allein die Variationen von Käsehäppchen, aufgespießt mit langen Holzstäbchen! Und diese schwarzen kleinen Perlen in einer dunkelblauen Blechdose mit persischer Schrift an der Seite – war das womöglich Kaviar? Wieder kam Fred seine eigene Welt so unglaublich klein, grau und eng vor. Nicht, dass ihn der Luxus und der Reichtum an sich reizte, nein, es war die Helligkeit, die Farbe, das Lebendige, das Optimistische. Sein Leben erschien ihm auf einmal grotesk, diese vielen Jahre, die er nachts durch die Straßen gestreift war, die vielen Tage, die er nicht gelebt, sondern nur versucht hatte, irgendwie herumzukriegen, bis er am nächsten Abend wieder mit seinem Werkzeug losziehen konnte, um die Flamme der Gaslaternen hochzudrehen, Straßenzug um Straßenzug, oft sehnsüchtig zu den Fenstern blickend, hinter deren Scheiben noch Licht brannte. Und dann der Moment, als er die junge Frau, Ilsa hatte er sie genannt, so wie Ingrid Bergman in »Casablanca«, zum ersten Mal gesehen hatte. Wie sie sich in ihrem Zimmerchen aufs Zubettgehen vorbereitete. Nur dieses magere Licht einer nackten Glühbirne. Er hatte schnell wieder weggesehen, hatte den Gashahn der Straßenlaterne aufgedreht und war von seiner Leiter gestürmt, es war ihm peinlich gewesen, wie ein Spanner einem unschuldigen Menschen aufzulauern. Doch seine Sehnsucht war Nacht um Nacht größer geworden. Er wollte Ilsa wiedersehen. Weil sie so einsam war wie er? Nein, das war es nicht, viele Menschen waren einsam, der Krieg hatte zahlreiche Familien ausgedünnt, gerade nachts sah er die Einsamen vor ihren Radiogeräten sitzen, vor ihren Schallplattenspielern oder einfach nur so ins Leere starren, gefangen in ihren Erinnerungen, die nicht mehr zu ihrem Leben passen wollten. Es war etwas anderes, ein eigenartiges Vertrautsein, so, als würde er sie schon ewig kennen. Jedes Mal, wenn er sie sah, hüpfte sein Herz, und jedes Mal, wenn es in ihrem Zimmer dunkel oder der Vorhang zugezogen war, überfiel ihn die bange Angst, sie könnte ausgezogen sein und er würde sie nie wiedersehen.

Ein scharfes Schnippen an seinem Ohr riss ihn aus seinen Erinnerungen.

»Wo sind Sie gewesen, Fred?« Ellens Stimme klang sanft, oder bildete er sich das ein, weil er vor seinen Augen noch das Mädchen sah?

»Erinnerungen.«

Sie sah ihn prüfend an. »Spannende?«

Fred verdrehte die Augen. »Weder spannend noch langweilig.«

»Sondern?«

»Was denken Sie über die Laake?«, wich er einer Antwort aus und deutete in Richtung von Mirna Laakes Garderobe.

Für einen winzigen Moment verengten sich ihre Augen, und Wut blitzte auf. »Warum antworten Sie nicht?«

»Weil es etwas Privates ist.«

»Meine Familiengeschichte ist auch privat und trotzdem haben Sie sich brennend dafür interessiert.«

»Und Sie haben mich rausgeschmissen, nachdem ich Ihnen eine Frage dazu gestellt habe.«

Sie reagierte nicht sofort. »Okay«, erwiderte sie zögernd, nahm einen Teller vom Stapel, reichte ihn Fred und nahm sich selbst auch einen. »Lügt die Laake oder lügt sie nicht?«

»Sie sagt die Wahrheit«, erwiderte Fred und begann, seinen Teller zu füllen, die eine Hälfte mit Speisen, die ihm vertraut waren, die andere mit ihm unbekannten.

»Schaffen Sie das alles?«, fragte Ellen sie süffisant.

»Ich ja, Sie auch?«, fragte er finster zurück. Auf ihrem Teller waren nur winzige Portionen gelandet.

»Man kann ja mehrmals gehen.«

»Meine Güte, immer dieses blasierte Getue! Ich habe Hunger, also esse ich.« Er ging zu einem freien Stehtisch. Besteck. Er hatte vergessen, es mitzunehmen.

»Bitte sehr.« Ellen legte Messer, Gabel und eine Serviette neben seinen Teller und stellte sich ihm gegenüber.

Für einen Moment war Fred versucht zu erzählen, was er von der Soziologie-Professorin Sara Feldknecht über den Reichtum der von Stains erfahren hatte: Ellens Mutter Theodora hatte 1938 die Gummifabrik eines jüdischen Industriellen zu einem Spottpreis übernommen, ihr Patenkind Hermann Göring hatte diesen Zwangsverkauf zu ihren Gunsten erwirkt. Zu Beginn des Kriegs war sie dann auf Görings Anraten in die Produktion von Kondomen eingestiegen, und ihr größter Kunde wurde die deutsche Wehrmacht. Wie sie ihren Reichtum in die Zeit nach dem Krieg hinüberretten konnte, wusste niemand, wahrscheinlich hatte sie kontinuierlich Gold gekauft und es an einem sicheren Ort versteckt.

»Tut mir leid, das war blöd von mir«, sagte Ellen.

Fred sah ihr in die Augen, ihr Blick wirkte aufrichtig. »Wie finden wir heraus, wer Zerke ist?«, fragte er.

»Telefonbuch, Einwohnermeldeamt. Nur wenn er in Ost-Berlin lebt, wird es schwer«, antwortete Ellen.

»Soviel ich weiß, gibt es im Meldeamt einen Wochenenddienst. Allerdings darf ich als Kriminalassistent selbstständig keine Anfrage machen.«

»Kommissar Leipnitz hat Wochenenddienst im Dezernat. Der kann das für Sie machen.«

»Sie und ich könnten uns doch morgen früh im Dezernat

treffen und gleich zu Zerke fahren. Falls wir seine Adresse bekommen.«

»Haben Sie so eine Sehnsucht nach mir, Fred?«

Fred verdrehte die Augen.

»Machen Sie das mit Zerke mal allein.«

»Ist der Fall Ihnen mal wieder nicht unterhaltsam genug?«, fragte er zurück. »Oder haben Sie Angst, bei Zerke auf Freunde Ihrer Familie zu treffen?«

Sie warf ihm einen gelassenen, ruhigen Blick zu. Fred merkte, dass er langsam Übung darin bekam, ihn auszuhalten.

»Genießen Sie Ihr Essen, Lemke. Schlagen Sie sich den Bauch voll. Und probieren Sie ruhig auch den Kaviar, das sind diese kleinen schwarzen Perlen in der blauen Dose. Es ist persischer, der ist noch besser als der russische.«

Sie nahm ihren Teller und gesellte sich zu Conny und Doro Wegner, die an einem großen, runden Tisch mit einigen anderen Gästen saßen und Ellen überschwänglich begrüßten.

Fred schob seinen fast vollen Teller zur Seite. Warum musste er sich ständig mit Ellen von Stain reiben?

Eine Kellnerin hielt ihm ein Tablett voller Wein- und Sektgläser hin. »Bedienen Sie sich!« Es war die junge Frau in der Fantasieuniform von vorhin.

»Schwierig. Bei der Auswahl.«

Sie beugte sich vor und flüsterte: »Nur der rote ist wirklich gut.«

Er nahm ein Glas und lachte auf. Sie sah ihn fragend an.

»Heute ist mein Geburtstag. Hab ich ganz vergessen.«

»Herzlichen Glückwunsch«, sagte sie, lächelte, zögerte einen Moment und ging mit einem bedauernden Schulterzucken weiter.

Fred sah ihr hinterher. Nein, er hatte keine Lust mehr, in dieser großen, aufregenden Stadt wie ein Grottenolm zu leben.

Sonntag, 6. Juli 1958

Fred hatte wie ein Stein geschlafen. Kein Wecker hatte ihn gepeinigt und selbst die unermüdlich ratternden Bahnen vor seinem Fenster hatten nichts gegen seinen erschöpften Tiefschlaf ausrichten können. Erst als sein Magen heftig und laut zu knurren angefangen hatte, war er wach geworden. Am Abend hatte er bloß noch das Glas Rotwein getrunken und war dann gegangen, ohne das Essen auf seinem Teller noch einmal anzurühren. Mehr oder weniger verstohlen hatte er Ellen von Stain beobachtet, wie sie sich augenscheinlich bestens amüsierte, nicht nur mit den Wegners, ständig waren andere Gäste an ihren Tisch gekommen und hatten sie begrüßt und umarmt. Als er gegangen war und ihr zum Abschied zugewinkt hatte, hatte sie ihn nur mit ihren dunklen Augen verfolgt, ohne eine Miene zu verziehen, und er war heilfroh gewesen, als er das Theater endlich verlassen hatte. Er wurde aus ihr einfach nicht schlau. Was hatte eine Frau wie sie bei der Polizei verloren? Eine Frau aus reicher Familie, mit besten Kontakten, ein Mitglied der höheren Gesellschaft, privilegiert und verwöhnt. Allein die Polizeiausbildung war eine mühevolle Angelegenheit, und der Weg in der Hierarchie nach oben nicht weniger beschwerlich. Beides passte weder zu ihr noch zu ihrem Auftreten.

Der Duft von frischem Kaffee stieg Fred in die Nase. Er warf die Decke zurück, streckte sich und sah sich im Zimmer um. Sein Zimmer ... Noch immer, obgleich heute schon sein fünfter Tag als Mieter in der Pension »Duft der Rose« war, konnte er es nicht glauben, welch ein Glück er hatte. Der wunderschöne Raum, so geschmackvoll eingerichtet, wie er es im Leben selbst nie hinbekäme. Ein richtiges Zuhause. Nichts hier war vergleichbar mit den billigen Absteigen und Löchern, die er seit seiner Ankunft in Berlin vor fünf Jahren bewohnt hatte. Und dieser allmorgendliche Kaffee, das Frühstück – was für ein Luxus!

Über dem Stuhl vor dem kleinen Schreibtisch hing seine Anzugjacke, darunter die Hose. Nicht ein Fleck zeichnete sich auf dem einen oder dem anderen ab. Ein Diolen-Anzug, hatte Hanna ihm erklärt, ist nicht so edel wie einer aus Leinen, dafür musst du ihn nie bügeln und er ist schmutzabweisend. Fred zog die Hose über und nahm ein frisches Hemd aus dem Schrank. In der Küche saßen bereits zwei der anderen Mieter und begrüßten ihn freundlich. Hanna war nicht da, aber wie jeden Morgen stand das reichhaltige Frühstück bereit. Fred setzte sich, goss sich Kaffee ein, tat einen Schuss Milch dazu, trank den ersten Schluck und schloss glücklich die Augen. Im Radio lief die neue Nummer eins der deutschen Hitparade, das schmalzige Instrumentalstück »Sail Along Silvery Moon« von Billy Vaughn & Orchestra, das den nicht weniger unerträglichen bisherigen Spitzenreiter »River Kwai March« von Mitch Miller auf den zweiten Platz verwiesen hatte, ein gepfiffenes Liedchen, das einen in den letzten Monaten wie eine vom Sahnekuchen angelockte Wespe verfolgte und das, lief es nicht in irgendeinem Radio, garantiert von irgendjemandem auf der Straße gepfiffen wurde. Zum Glück war »Sail Along Silvery Moon«

nach weniger als einer Minute vorbei. Der Moderator, natürlich lief AFN, was sonst?, kündigte mit großer Euphorie den nächsten Song an. Soweit Fred den englischen Worten einen Sinn entlocken konnte, ging es um »That's All Right, Mama« von Elvis Presley und darum, dass der König des Rock'n'Roll vor genau vier Jahren, am 5. Juli 1954, seine Karriere mit genau diesem Song begonnen hatte.

Nach dem Frühstück überflog Fred die Meldungen und Artikel in der *Berliner Morgenpost*, die wie immer im Aufenthaltsraum auslag. Und bevor er sich auf den Weg ins LKA machte, blätterte er durch die beiden Berliner Telefonbücher, West und Ost. Einen Eintrag Zerke fand er nicht.

Draußen war es nicht mehr so heiß und stickig wie in den letzten Tagen. Ein perfektes Wetter, um zu Fuß zu gehen. Wenn er einige kleine Umwege in Kauf nahm, könnte er einen Teil des Weges durch Parks und entlang des Landwehrkanals gehen, das hätte zumindest ein wenig von einem Spaziergang in der Natur. Dennoch entschied er sich, die Bahn zu nehmen. Die Geduld für die mehr als sechzig Minuten Fußweg hatte er nicht.

Im Dezernat für Delikte am Menschen, Mordkommission I, brütete Edgar Leipnitz bereits über seinem immer noch gewaltigen Aktenstapel. Den Fall, an dem er arbeitete, hatte während seiner Krankheit ein Kollege von der Mordkommission II kommissarisch betreut, allerdings nur das Allernötigste getan, da er seinerseits einen eigenen Fall zu bearbeiten hatte. Wie lange Leipnitz krank gewesen war, wusste Fred nicht, dessen gesundheitliche Anfälligkeit, das hatte er mittlerweile von verschiedenen Seiten mitbekommen, war groß, etwa so groß wie seine Belastungsfähigkeit gering zu sein schien.

»Können Sie mir in einer Sache helfen, Herr Kommissar?«, fragte Fred, nachdem er den Ventilator angeschaltet hatte. »Ich bräuchte eine Auskunft des Einwohnermeldeamtes.«

Er erwartete jetzt eine lange Reihe von Rückfragen und Einwänden, stattdessen griff Leipnitz nach einem Bleistift und einem Blatt Papier. »Was genau?«

»Den Wohnsitz eines Mannes namens Zerke. Den Vornamen kenne ich nicht. Im Telefonbuch steht er nicht.«

Leipnitz griff ohne Zögern zum Telefon, gab die Daten durch und legte wieder auf. »Die Antwort wird schnell kommen, es gibt nicht viele, deren Namen mit Z beginnen«, sagte er. »Kann es sein, dass es sich um eine Art Spitzname handelt, vielleicht eine Zusammensetzung von Vor- und Nachname?«

»Sie meinen, der Vorname beginnt mit Z und der Nachname ist Erke oder so ähnlich?«

Leipnitz nahm sein Telefonbuch und ließ seinen Zeigefinger über die Seite gleiten. »Kein Erke. Nur ein Eintrag Rolf Erker & Heinrich Wassermann, Textilhandel, Kottbusser Damm 51. Und ...« Er drehte das Buch um und tippte auf einen Eintrag.

»Erkner, Zacharias«, las Fred und grinste. So einfach?

Leipnitz lächelte knapp zurück. »Haben Sie eine Personenbeschreibung von dem Mann?«

Fred nickte. »Ich fahre hin und überprüfe, ob es sich um den Gesuchten handelt.«

»Sie dürfen als Kriminalassistent ohne direkte Anweisung Ihres betreuenden Kommissars nicht eigenständig ermitteln, Herr Lemke. Sie verstehen? Ich muss Sie darauf hinweisen.«

»Heißt das, ich soll warten, bis Kommissar Auweiler am Montag wieder da ist?«

Leipnitz sah ihm in die Augen. Zum ersten Mal hatte Fred das Gefühl, den Menschen hinter der fahrigen, nervösen Fassade des Mannes zu sehen, der oft den Eindruck machte, nur körperlich anwesend und mit den Gedanken woanders zu sein, der sich ständig wegduckte, um den Gegenwind auszuhalten.

»Erzählen Sie mir, wie es gegenwärtig um den Fall steht«, forderte Leipnitz ihn auf. »Was ist bei der Anfrage im Militärarchiv herausgekommen?«

Fred versuchte, alles so knapp wie möglich auf den Punkt zu bringen, und hatte auch das Gefühl, dass ihm das heute erstaunlich gut gelang, bis er Leipnitz' gerunzelte Stirn und zunehmende Nervosität bemerkte. Beides verschwand erst, als er mit seiner Schilderung fertig war.

»Falls Zacharias Erkner dieser Zerke ist, werden Sie eine erneute Anfrage beim Militärarchiv machen müssen. Sie brauchen einen Beleg, dass er und Obermann früher Kollegen bei der Gestapo waren.«

»Hauptkommissar Merker hat mir verboten, in Richtung Gestapo weiter zu ermitteln«, sagte Fred.

»Eben.« Leipnitz sah ihn lange an, bevor er zögernd weitersprach. »Das werden Sie in dieser Abteilung noch öfter erleben.« Sein Gesicht zuckte nervös.

»Und jetzt?«

Leipnitz' Telefon klingelte, er hob ab und legte nach kurzer Zeit wieder auf. »Das Einwohnermeldeamt. In West-Berlin ist niemand mit dem Namen Zerke gemeldet. Und jetzt?«, nahm er Freds Frage auf. »Ich kann Sie als diensthabender Kommissar nicht begleiten, dafür fehlt die Dringlichkeit. Der Mord ist jetzt wie viele Tage her?«

»Heute sind es fünf.«

»Wenn Zerke bis dato nicht das Weite gesucht hat, wird er am Montag auch noch da sein.«

»Was ist, wenn ich mit der Sonderermittlerin von Stain zusammen zu Zerke fahre? Vielleicht unterstützt sie ja eine Anfrage beim Militärarchiv«, fügte er hinzu und dachte: Wahrscheinlich nicht.

»Wo ist sie?«

»Nicht da, aber vielleicht kann man sie herholen.«

»Ich kenne weder ihre Telefonnummer noch ihre Adresse. Sie?«

»Ihre Telefonnummer, ja«, sagte Fred.

Leipnitz signalisierte: Na, dann tun Sie es. »Nur noch ein Letztes«, sagte er. »Die Tänzerin ist die Einzige, die den Streit auf dem Segelboot bezeugen kann. Zerke wird folglich sofort wissen, wer ihn als Verdächtigen ins Spiel gebracht hat.«

»Ich könnte sagen, sein Name wäre in den Unterlagen von Heinz Obermann aufgetaucht und es handele sich um eine Routinebefragung.«

»Offiziell werden Sie von mir nur ein Nein hören«, erwiderte Leipnitz und widmete sich wieder seinen Akten.

Fred griff zu seinem Telefon und wählte Ellens Nummer. Es klingelte endlos, niemand hob ab.

...

Fred kehrte zur U-Bahn-Station Wittenbergplatz zurück, die er erst vor einer halben Stunde verlassen hatte, und nahm die Linie B. Es war ein Fehler, Zacharias Erkner allein aufzusuchen, das war Fred bewusst. Andererseits war es durchaus möglich, dass Auweiler Mirna Laakes Aussage als weiteren Ablenkungsversuch werten würde. Vielleicht würde er eine Gegenüberstellung veranlassen, aber ohne Beleg für Zerkes gemeinsame Nazivergangenheit mit Heinz Obermann war Laakes Aussage über ihn wertlos und eine Anfrage beim Militärarchiv würde Auweiler nicht unterstützen, im Gegenteil, und damit wäre dieser Ermittlungsstrang tot; dass Ellen von Stain sich dafür starkmachen würde, war zwar möglich, jedoch viel zu unsicher.

Am Halleschen Tor stieg Fred in die Linie C um. Nein, alles in allem war es das Beste, Zerke direkt anzugehen. Je mehr er über ihn herausfand, je mehr er ihn unter Druck setzen und aus ihm herausholen konnte, desto größer war die Chance, am Montag doch das Okay für weitere Nachforschungen zu bekommen.

Nach einer Station verließ er die U-Bahn am Mehringdamm, gleich neben dem riesigen Dreifaltigkeitsfriedhof, dessen Mauern aus roten Ziegelsteinen immer noch einige Lücken aufwiesen, den Friedhof selbst hatte keine Bombe getroffen. Er wandte sich nach Süden und folgte der breiten, doppelspurigen Straße. Kreuzberg, Bergmann-Kiez, hier standen große Mietshäuser, die Aufteilung wie immer: vorne die Betuchteren, in den Hinterhäusern die Ärmeren in kleinen, finsteren Wohnungen. Fred kannte die Gegend, auch hier hatte er einmal gearbeitet, wenn auch nur kurz. Es gab viele preiswerte Geschäfte, sogar einen Kuhstall im Hinterhof des Hauses gegenüber dem Allotria Kino. Morgens drängten vor allem Kinder mit ihren blechernen Milchkannen dorthin, immer auch auf eine Art ängstlich, Kühe waren für Berliner nun mal etwas Exotisches. Fred erinnerte sich noch an den Geschmack der manchmal noch warmen Milch, auf der sich oben schnell der fettige Rahm absetzte. Als er klein war, in Buckow, hatten seine Schwester und er immer versucht, heimlich davon zu trinken, bevor ihre Mutter die Schicht abschöpfte, um daraus Butter zu schlagen.

Der Mehringdamm 67 war das vorletzte Haus vor der Bergmannstraße, ein schmuckloser, grauer Bau aus den Zwanzigerjahren. Schon von Weitem stieg Fred der Geruch der kleinen Kaffeerösterei in die Nase, die gleich neben der Destille, einer Kneipe, lag, die, so viel hatte er mitbekommen, bei den Ehefrauen hier ringsherum nicht den besten Ruf genoss, weil viele Männer dort nach getaner Arbeit nicht wenig Geld für Bier und Hochprozentigeres ließen. Auf dem Klingelschild für das Vorderhaus fand Fred den Namen Erkner, vierte Etage. Er klingelte mehrmals, doch niemand öffnete. Die Haustür war verschlossen. Trotzdem wollte Fred sich nicht mit dem Gedanken abfinden, umsonst hierhergekommen zu sein. Er drückte verschiedene andere Klingeln und wartete vergeblich auf das Summen des Türöffners. Offenbar funktionierten die Klingeln nicht. Natürlich konnte er warten, bis jemand das Haus verließ, aber die Geduld hatte er nicht.

Er betrat die Destille, in der trotz der frühen Stunde Hochbetrieb herrschte. Der Wirt hinter dem Tresen, ein verschwitzter, praller Kerl mit keulenartigen Armen, zapfte acht Gläser Bier gleichzeitig, immer reihum gab er einen kleinen Schuss hinein, weil sich der Schaum nur sehr langsam absetzte und es lange dauerte, bis die Gläser voll waren. Und während er damit beschäftigt war, kamen schon die nächsten Bestellungen herein: Bier, Schnaps, Bockwürste, Schrippen mit Mett und Käse, ein Gast wollte einen Wein und wurde von den am Tresen sitzenden Männern ausgelacht. Trotz des Trubels schwatzte der Wirt mit beneidenswerter Seelenruhe mit den Männern vor ihm an der Theke und nickte Fred freundlich zu, als der sich zu ihm vorbeugte.

»Können Sie mir helfen?«, fragte Fred. »Ich wollte zu Herrn Erkner hier im Haus. Mir scheint, die Klingel ist kaputt, keiner im Haus reagiert.«

Die Freundlichkeit des Wirtes verpuffte, er warf ihm einen kurzen, scharfen Blick zu. »Was habe ich mit gewissen Leuten hier im Haus zu tun?«

»Vielleicht könnten Sie mir die Tür öffnen?«

»Gibt's wieder Beschwerden?«

»Ich weiß nicht, was Sie meinen.«

»Der ist harmlos, Kalle, siehste das nicht?«, fragte einer der Männer am Tresen und lachte. »Der hat noch die Eierschalen hinterm Ohr.«

»Ich weiß nicht, wovon Sie reden«, erwiderte Fred. Das mit den Eierschalen ärgerte ihn.

»Die Destille ist nichts für Halbstarke und Rock'n'Roll-Futzis.«

Fred zog seine Dienstmarke aus der Tasche und hielt sie dem Wirt hin. »Ich will einfach nur ins Treppenhaus. Geht das?«

Der Wirt zapfte in aller Ruhe weiter, seine Augen ruhten auf der Dienstmarke. »Hat der jetzt schon die Kripo eingespannt?«

»Eingespannt wofür?«

»Zum Beispiel für sein ständiges Gejammer, dass wir zu laut sind.«

»Das interessiert mich nicht. Ich bin aus einem anderen Grund hier.«

»Nichts für ungut, Herr Kommissar«, sagte der Wirt. »Dieser Erkner ist wie 'ne Hämorrhoide am Arsch, die braucht auch kein Mensch, und trotzdem macht sie einem das Leben schwer.« Er deutete auf den Gang, der zum Klo führte. »Da ist 'ne Stahltür, die führt direkt ins Treppenhaus. Aber passen Sie auf, da ist 'ne Stufe.«

»Danke«, sagte Fred, stieß sich von der Theke ab und wollte gehen.

»Isses wegen der Nase?«

Die Männer lachten, offenbar handelte es sich um ein Thema, über das viel geredet wurde.

»Was ist mit der Nase?«, fragte Fred elektrisiert. Er schien auf der richtigen Spur zu sein.

»Der Erkner erzählt überall rum, ein paar Sozis hätten

ihn überfallen und in die Mangel genommen.« Der Wirt stellte die fertig gezapften Biere vor die Männer. »Wär ja glatt 'n Grund, die das nächste Mal zu wählen. Statt den ollen Adenauer.«

»Hast du etwa den Schrumpfkopf gewählt?«, fragte einer der Männer.

»Schon mal was von Wahlgeheimnis gehört?«

»Wenn einer von Wahlgeheimnis redet, dann wählt er meistens die Kommunisten.«

»Woher willst du das denn wissen, wenn's ein Geheimnis ist?«

Fred zog die Eisentür auf und stolperte über die ungewöhnlich hohe Stufe, die in der Dunkelheit nicht zu erkennen gewesen war, genauso wenig wie das kleine Schild »Vorsicht Stufe«.

Im Treppenhaus schlug ihm der säuerliche Geruch von abgestandenem Bier entgegen, der sich mit dem von geröstetem Kaffee mischte. Mit jeder Stufe, die Fred hinaufstieg, verdrängte dieser den muffigen Bierdunst mehr und mehr, und als er im vierten Stock ankam, duftete es nur noch so einladend wie frühmorgens in seiner Pension. Hinter der Tür, auf die ein Emailleschild mit dem Namen Erkner geschraubt war, hörte er laute Männerstimmen, sie klangen wütend und aggressiv. Für einen Moment zog ein flaues Gefühl durch seinen Bauch. Dass Zacharias Erkner nicht allein war, verunsicherte ihn.

Er atmete tief durch, straffte seinen Körper und klopfte. Die Stimmen verstummten augenblicklich. »Wer ist da?«, fragte jemand.

»Kriminalpolizei.«

Lange passierte nichts. Fred sah, wie sich das Guckloch verdunkelte, und er meinte hinter der Tür Geflüster zu hören. Ein Schlüssel wurde zweimal im Schloss gedreht und die Tür aufgezogen.

»Kriminalpolizei?«

Fred hielt dem Mann seine Dienstmarke hin. Mirna Laakes Beschreibung passte perfekt auf ihn. Runde Nickelbrille, der Mund waagerecht wie ein Strich, der Kopf fast kahl, die lange, dünne Nase war noch ein wenig geschwollen, vor allem bot sie ein Farbenspiel zwischen grün und gelb und zeigte den deutlichen Knick einer Nase, die gebrochen worden und nicht richtig zusammengewachsen war. Und der Mann hatte eine ungewöhnlich hohe Stimme.

»Lemke, LKA, Mordkommission. Ich muss Ihnen einige Fragen im Zusammenhang mit der Ermordung von Heinz Obermann stellen.«

»Was habe ich damit zu tun?«

»Können wir das Gespräch drinnen führen statt im Treppenhaus?«

Zerke zögerte, dann öffnete er die Tür weit. »Kommen Sie. Aber nur ein paar Minuten.«

Vor Fred erstreckte sich ein langer Flur, von dem viele Türen abgingen und der am Ende L-förmig um die Ecke bog. Die Wohnung musste riesig sein. Die Wände waren bis auf Brusthöhe mit dunklem Holz vertäfelt. Darüber klebte eine Tapete in undefinierbarer Farbe, auf der ineinander übergehende Kreise in langen parallelen Reihen aufgedruckt waren.

»Dort hinein.« Zerke wies auf die erste Tür links.

Fred trat ein. Das Zimmer war vollgestellt mit klobigen Eichen- und bunten modernen Möbeln und machte den Eindruck einer Abstellkammer.

»Sie sind mit Heinz Obermann befreundet und im permanenten Kontakt gewesen«, griff Fred das Gespräch wieder auf.

»Wie bitte? Wer sagt das?«

»Das haben wir Unterlagen entnommen, die wir bei ihm gefunden haben«, log Fred und hoffte, es klang überzeugend.

»Das will ich sehen!«, lachte Zerke.

»Können Sie gerne. Ich kann Sie ins Dezernat in die Keithstraße vorladen.«

Zerke überlegte kurz. »Dieser Mann und ich sind weder befreundet noch in permanentem Kontakt. Ich wüsste nicht mal, wie er aussieht, wenn es da nicht dieses Foto in der Zeitung vor ein paar Tagen gegeben hätte.«

Fred spürte, wie sein Puls beschleunigte. »Sie sind vorletztes Wochenende zusammen mit ihm auf dem Wannsee gesegelt.«

Zerke sah ihn konzentriert an. »Wer sagt das?«

»Ein Eintrag in Obermanns Terminkalender.«

»Unmöglich.«

Fred überlegte fieberhaft. Natürlich gab es diesen Eintrag nicht, er brauchte einen Vorwand, um Mirna Laake nicht ins Spiel bringen zu müssen. Irritierend war, wie sicher Zerke wirkte, dass es keine Einträge gab. Wenn allerdings stimmte, was Laake über die Organisation Werwolf

II erzählte, dann hatten sich die beiden mit Sicherheit bemüht, möglichst keine Spuren zu hinterlassen.

»Sie behaupten also, Heinz Obermann nicht persönlich zu kennen?«, fragte er.

»Ich habe diese Frage bereits beantwortet«, erwiderte Zerke.

»Ich habe Informationen, dass Sie Heinz Obermanns direkter Untergebener in der Reichszentrale zur Bekämpfung der Homosexualität und der Abtreibung im Reichssicherheitshauptamt waren.«

Zerkes Augen wurden kalt. »Wie alt sind Sie?«

»Das tut nichts zur Sache.«

»Das ist eine üble Unterstellung.« Zerke verschränkte die Arme vor der Brust und fixierte ihn. Er wirkte kein bisschen nervös, und das verunsicherte Fred noch mehr.

»Sagt Ihnen die Organisation Werwolf etwas? Und deren Nachfolgeorganisation Werwolf II?«

»Was soll das sein, Werwolf II?«

»Erklären Sie es mir.« In Freds Nase stieg der Geruch, den Menschen ausstoßen, wenn sie unter Druck stehen oder sogar Angst haben. Sein eigener, nicht Zerkes.

»Werwölfe gibt es nicht. Das ist ein Märchen.« Zerke trat nah an ihn heran. »So eine Dienstmarke kann jeder Spengler nachmachen. Zeig mir doch mal deinen Dienstausweis, Bursche.«

Fred sah, wie sich Zerkes Körper anspannte, ein muskulöser, durchtrainierter Körper, der gar nicht zu seinem teigigen Gesicht passte.

»Ich habe nur meine Dienstmarke dabei«, erwiderte Fred. »Das muss genügen.«

Zerke tastete ihn mit schnellen Bewegungen um die Hüfte herum ab.

»Keine Dienstwaffe.« Er stieß Fred nach hinten. Fred prallte gegen einen Sessel, verlor das Gleichgewicht und fiel zu Boden.

»Wer bist du, Bürschlein. Und was willst du wirklich?«

»Ich habe Ihnen gesagt, wer ich bin und was ich will.« Fred sprang auf.

»Wer schickt dich?«

»Ich kann es gerne noch mal wiederholen. Lemke, LKA Berlin, Mordkommission.«

»Dafür bist du zu jung. Wer schickt dich?«

Fred verfluchte seinen Übereifer. Hätte er doch besser bis Montag gewartet. Warum war er allein hierhergekommen?

»Wir werden Sie ins Präsidium vorladen«, sagte Fred, es klang ängstlicher, als ihm lieb war.

»Die Scharade ist vorbei, du Schwuchtel. Du bist in meine Wohnung eingedrungen, ich habe dich gestellt, es kam zum Kampf...« Zerke packte ihn mit einer schnellen, unerwarteten Bewegung. »Mal sehen, ob du fliegen kannst.« Er drängte Fred in Richtung des offenen Fensters.

Fred stemmte sich vergeblich dagegen, Zerkes Griff war eisenhart und drückte ihn gegen die Fensterbank. Fred nutzte den Widerstand, drehte seinen Oberkörper zur Seite, um besser ausholen zu können, und setzte einen kurzen Hieb auf Zerkes Nase. Mit einem Aufschrei ließ der ihn los.

Fred rannte zur Tür. Aus dem hinteren Ende des Flurs stürmten zwei Männer herbei. Fred riss die Eingangstür auf, stolperte hinaus und hastete die Treppen hinab. Von oben hörte er, wie Zerke Kommandos brüllte. Kurz darauf waren hektische Schritte zu vernehmen.

Draußen wandte Fred sich nach links, bog an der nächsten Ecke in die belebte Bergmannstraße ein, sprintete an den Geschäften und Handwerksbetrieben vorbei. Bei einer Tischlerei sprang er in einen offenen Eingang zum Hof und lugte vorsichtig zurück in die Straße. Die beiden Männer kamen um die Ecke geschossen, blieben stehen und sahen sich suchend um. Fred wartete. Die beiden sprachen kurz miteinander, dann setzten sie sich langsam wieder in Bewegung. Fred rannte los, mitten auf der Straße, den wenigen Autos dort konnte er ausweichen. Er war schnell, schneller als seine Verfolger, wie er feststellte, als er zurückblickte. Alles gut, bis aus der Nostitzstraße eine Kreidler Florett herausgeschossen kam und ihn voll erwischte. Er stürzte, während es der Mopedfahrer mit einem abenteuerlichen Manöver schaffte, die Balance wiederzuerlangen und sofort wieder Gas gab. Freds Hose war aufgerissen, ein Glück, dass du nicht den Anzug angezogen hast, blitzte es durch seinen Kopf, was für ein bescheuerter Gedanke in diesem Moment … Eine schmerzhafte Schürfwunde, sein Unterschenkel blutete. Fred versuchte, sich aufzurappeln, aber sein Bein knickte weg. Zwei Hände packten ihn und rissen ihn hoch. Fred wollte schreien, Passanten auffordern, die Polizei zu rufen. Eine Hand legte sich auf seinen Mund.

»Ich habe ein Messer. Ein Ton, und das war's dann für

dich, Freundchen«, flüsterte ihm einer der beiden Männer ins Ohr.

»Wir bringen ihn zum Arzt«, sagte der andere in Richtung der Passanten, die neugierig herbeigekommen waren.

Fred wehrte sich nicht, auch weil sein Bein höllisch brannte. Die Wunde war tief, und in seiner Hüfte hatte sich irgendetwas verzogen, mit jedem Schritt knackte es und ein stechender Schmerz durchfuhr ihn bis in seine Zehenspitzen. Die Männer zogen ihn mit sich und bogen nach links in den Mehringdamm ein. Nach ein paar Metern stießen sie ihn gegen einen nagelneuen Opel Kapitän. Einer holte einen Schlüsselbund hervor, öffnete die Beifahrertür und griff nach dem Verriegelungsknopf der hinteren Tür. Fred erkannte die winzige Chance, die sich ihm bot. Er rammte dem Mann, der ihn festhielt, sein Knie in den Magen. Der japste nach Luft und hatte Mühe, auf den Beinen zu bleiben. Das Messer, ein Hirschfänger mit kunstvoll geschnitztem Griff, entglitt ihm. Der andere Mann sprang aus dem Wagen heraus, Fred griff sich das Messer vom Gehweg und richtete es gegen ihn. Der Mann hob beide Hände und bewegte sich langsam hin und her. Er wollte einen guten Moment erwischen, sich auf Fred zu stürzen, und er wollte Zeit gewinnen, bis der andere wieder kampffähig war.

»Die Schlüssel!«

Der Mann ließ sie fallen.

»Zurück!« Fred stieß mit dem Messer in seine Richtung, der Mann sprang zurück. Im gleichen Moment hob Fred die Schlüssel auf. Ihm war klar, die beiden würden ihn früher oder später überwältigen, er konnte nicht zwei Männer gleichzeitig in Schach halten, nicht mit einem Messer. Mit der Linken tastete er in das Auto hinein und drückte den Knopf der hinteren Tür wieder hinunter. Noch einmal stach er in die Richtung des Mannes, und noch während dieser zurücksprang, warf Fred sich auf den Beifahrersitz, zog die Tür hinter sich zu und verriegelte sie. Der Mann rüttelte an dem Griff, vergeblich. Er rammte seinen Ellbogen gegen die Scheibe, doch sie hielt stand. Fred hangelte sich auf den Fahrersitz. Welcher der Schlüssel war der für die Zündung? Ein dumpfer Schlag ließ ihn herumfahren. Die Seitenscheibe zeigte Risse. Der Mann hatte einen Pflasterstein dagegen geschleudert und holte erneut aus. Der dritte Schlüssel passte. Der Stein schlug ein Loch in die Scheibe, das jedoch nicht groß genug war, um hineinzugreifen. Wieder holte der Mann aus. Fred trat die Kupplung, er hatte noch nie ein Auto gefahren, nur Traktoren, in Buckow, wo er aufgewachsen war, und drehte den Schlüssel. Der Wagen sprang an. Die Handbremse, wo war die Handbremse? Der Griff, der aussah wie der eines Krückstocks, befand sich rechts neben dem Lenkrad gleich unter dem Armaturenbrett. Fred hatte gesehen, wie Hohlfeld, der Fahrer der Mordkommission, ihn gelöst hatte: ziehen, drehen, reinschieben. Der Ziegelstein durchschlug die Scheibe und landete auf dem Beifahrersitz. Der Mann griff hinein, entriegelte die Tür und riss sie auf. Fred haute den ersten Gang rein und ließ die Kupplung kommen. Zu schnell, der Wagen machte einen Satz nach vorne, die Beifahrertür schlug zu, der Motor wurde abgewürgt. Der Mann nahm einen neuen Anlauf, Fred drehte den Schlüssel, der Anlasser orgelte, und in dem Moment, als der Mann die Tür wieder geöffnet hatte, jaulte der Motor auf. Fred ließ die Kupplung dieses Mal vorsichtiger kommen, der Opel Kapitän spurte los, der Mann schaffte es nicht, in den Wagen hereinzuspringen. Er hielt sich an ihm fest und lief nebenher, doch nach ein paar Metern verlor er den Halt und stürzte auf die Straße.

Fred blieb im ersten Gang, er war unsicher, ob er den Wechsel hinbekam. Mit hochdrehendem Motor jaulte er den Mehringdamm entlang, Passanten sahen ihm hinterher, kopfschüttelnd. 150 Meter weiter bog er nach links in die Hagelberger Straße ab, die zur Yorckstraße führte. Erst hier riskierte er hochzuschalten, was erstaunlich einfach gelang. Vor ihm tauchte der S-Bahnhof Großgörschenstraße auf. Er fuhr rechts ran. Allmählich verschwand seine Anspannung und machte dem Schmerz seiner Beinwunde Platz. Er schaltete den Motor aus, stieg aus und humpelte die Stufen zum Bahnsteig hinauf.

...

Die Aktion bei Zerke war der reine Schwachsinn gewesen. Was hatte er damit erreicht? Nichts, außer dass er ihn als Zacharias Erkner identifiziert hatte. Na und? Um ihn als Mörder von Obermann zu überführen, brauchte es Beweise. Der Kampf auf dem Segelboot und die Drohungen, die Zerke gegenüber Obermann ausgesprochen hatte, reichten nicht für eine Anklage. Zerke würde einfach alles abstreiten, dann stünde seine Aussage gegen die von Mirna Laake. Eine winzige Chance lag noch darin, dass Konrad Stehr möglicherweise Zerke am Tatort gesehen hatte, auch wenn er bisher bestritten hatte, mehr zu wissen, als er schon zu Protokoll gegeben hatte. Fred nahm sich vor, Auweiler von einer Gegenüberstellung zu überzeugen, obgleich er sich nicht vorstellen konnte, dass Stehr nach der Nummer, die Ellen von Stain mit seinem Hundchen abgezogen hatte, kooperieren würde.

Fred nahm die Treppe hinauf zur S-Bahn-Station. Viele Blicke trafen seine zerrissene Hose und die blutende Wunde. Er ignorierte sie, versuchte lediglich, möglichst wenig zu humpeln. Er ging ans Ende des Bahnsteigs, und als die S 1 von Norden kommend einfuhr, stieg er in den hintersten Waggon in der Hoffnung, dort mehr oder weniger allein zu sein. Aber es war Samstag, es war Sommer und die halbe Stadt schien auf dem Weg zum Wannsee zu sein, zum Sonnen, zum Schwimmen, zum Promenieren. Alle Plätze waren besetzt. Immerhin überließ ihm ein kleines Mädchen ihren Sitz, als sie seine Verwundung sah. Er bedankte sich und lächelte der Mutter zu, die als Antwort das Kind auf ihren Schoß zog und ihm etwas zuflüsterte, was das Mädchen dazu brachte, jeden weiteren Blickkontakt mit ihm zu vermeiden.

Mit geschlossenen Augen zählte Fred die Haltestellen, die Strecke war ihm sehr vertraut. Dreizehn Stationen bis zum S-Bahnhof Wannsee. Der Lärm in dem Waggon war unbeschreiblich, Lachen, Kindergeschrei, klirrende Flaschen, dazu das Rumpeln und Quietschen der Waggons. Überall standen Taschen mit Badetüchern, einer hatte sogar eine große, aufgeblasene Gummiente dabei, die Kinder trugen

Kappen, die Eltern Hüte und nicht wenige schleppten Luftmatratzen und Blasebälge mit sich. Alle freuten sie sich auf einen unbeschwerten Badetag, das konnten die Berliner, sich mit aller Kraft an dem erfreuen, was gerade anlag, wer wusste denn, was morgen kommen würde. Eine erneute Blockade Berlins durch die Russen wie 1948 und '49? Womöglich gar ein Einmarsch der Roten Armee, um dieses »kapitalistische Krebsgeschwür West-Berlin« endlich auszulöschen? Das Gefühl der Bedrohung war in Berlin in den Jahren nach Kriegsende nie verschwunden, im Gegenteil, mit dem rasanten wirtschaftlichen Aufschwung vermehrten sich Tag für Tag die Dinge und Vorzüge und Bequemlichkeiten, die die Berliner fürchteten, wieder verlieren zu können. Und jeder spürte, dass irgendetwas Einschneidendes passieren würde, ja, passieren *musste*. Die Zahl derer, die sich aus der DDR nach West-Berlin absetzten, stieg unaufhaltsam, immer mehr Menschen entschieden sich gegen das graue, rigide, sozialistische Regime, das sich in alle Lebensbereiche einmischte, und für die glitzernde, lebendige Welt im Westen. Viele erwarteten zu viel und wurden enttäuscht, aber alle bekamen etwas, was sie im Osten nicht hatten: Freiheit.

Im Grunde war es Unsinn, hier herauszufahren. Das wurde Fred mit jedem Schritt bewusster, den er in Richtung der Feuerwache Wannsee humpelte. Zugleich wusste er nicht, was er sonst machen sollte. In seinem Zustand mochte er nicht in der Pension herumhängen, und für andere Aktivitäten reichte seine Energie nicht aus.

Kaum zu glauben, Harald Ringer hatte Dienst.

»Hast du nie Freizeit?«, fragte Fred und warf sich in den

Stuhl neben dem Pult mit Telefonen, Schaltern und anderen technischen Geräten.

»Mal so, mal so. Das nennt man Wechselschicht. Ist reiner Zufall, dass ich gerade jetzt Dienst habe.« Harald starrte auf Freds Bein. »Das sieht nicht gut aus.« Er drückte einen Knopf auf dem Pult.

»Wie geht es Hugo?«, erkundigte sich Fred.

Harald deutete unter das Pult. Da lag er, platzsparend zusammengerollt, und schlief. »Du willst ihn doch nicht etwa abholen?«

Fred winkte ab.

»Heißt das, ich kann ihn behalten?«

»Schwer zu sagen. Vorerst ja.«

»Wie ist das passiert?« Harald zeigte auf Freds Bein.

»Bei der Arbeit.«

»Hast du auch Schichtdienst?«

»Eigentlich habe ich heute gar keinen Dienst. Zu kompliziert zu erklären. Es gab Probleme mit einem Verdächtigen.«

»Habe ich immer gesagt. Polizei ist nicht gut.«

»Ich weiß«, erwiderte Fred und reckte sich. »Ich setz mich mal für 'ne Stunde ins Boot.«

Harald hielt ihn am Arm fest. »Hier«, rief er jemandem hinter Fred zu, »der braucht mal Erste Hilfe.«

»Dafür holst du mich her?«, sagte ein Feuerwehrmann, den Harald offenbar mit seinem Knopfdruck herbeigerufen hatte.

»Der Mann ist von der Kripo und wurde während seiner Pflichtausübung von einem fliehenden Psychopathen verletzt.«

Fred verkniff sich ein Grinsen, Harald und er waren im letzten Jahr öfter ins Kino gegangen, und sie liebten Filme mit Verrückten, Psychopathen, wie es bei den Amis hieß, Krimis von Hitchcock, Krimis mit Humphrey Bogart, natürlich alle Dashiell-Hammett-Verfilmungen. Und auch die lustigen »Dünner Mann«-Filme mit William Powell und Myrna Loy, in denen die Psychopathen eher wie Clowns wirkten.

Der Feuerwehrmann holte einen Erste-Hilfe-Koffer und verarztete Freds Bein mit Jod und einem Verband.

»Schon mitbekommen?«, fragte Harald. »›Pal Joey‹ läuft jetzt im Kino. Mit Rita Hayworth, mit Frank Sinatra und, halt dich fest, mit deinem Schnuckelchen Kim Novak. Sollen wir? Gerade heute hätte ich Zeit.«

»Morgen vielleicht«, wich Fred einer Verabredung aus. »Ich bin etwas geschafft.«

Harald nickte. »Obwohl«, er kräuselte besorgt die Stirn, »was mach ich mit Hugo? Den kann ich ja schlecht mitnehmen.«

»Willst du jetzt nie mehr ins Kino wegen der Töle?«, wandte Fred ein.

»Er pinkelt, wenn ich ihn allein lasse.« Harald grinste. »Auch ein Psychopath.«

Fred raffte sich auf. »Ich zieh mal los.«

»Kriegst du das Boot denn überhaupt ins Wasser mit deinem Bein?«

Fred hatte »Ja« geantwortet, aber einfach war es nicht gewesen, und als er sich endlich vom Ufer abstieß, hatte er kaum noch Lust zu rudern. Er legte sich auf den Rücken, die Beine angewinkelt, und ließ sich treiben. Da war ein Gefühl, noch kein Gedanke, das ihn unruhig machte, er kannte das schon, irgendetwas Wichtiges, was es noch nicht geschafft hatte, in sein Bewusstsein vorzudringen.

Über ihm segelten vor dem blauen Himmel vereinzelt wunderbar kontrastreiche Quellwolken, Schönwetterwolken. Hin und wieder verdunkelten sie die Sonne und schufen eine angenehme Abwechslung zu deren gnadenlosem Brennen. Ein Sommertag konnte nicht schöner sein. Über das ruhige Wasser verbreitete sich das Quieken und Schreien der Kinder, die im Strandbad Wannsee ein paar hundert Meter weiter in der Havel planschten und tobten. Wahrscheinlich war am Strand nicht einmal mehr Platz für ein Handtuch, außer in dem Bereich, wo man Strandkörbe gegen teures Geld mieten konnte.

Zerke. Fred fragte sich, wie es wohl aus dessen Perspektive ausgesehen hatte, dass da ein ihm Unbekannter, einer mit einer Kripodienstmarke auftauchte und ihm Fragen zu dem ermordeten Obermann stellte. An Zerkes Stelle würde er sich fragen, woher Fred von seiner Verbindung zu Obermann wusste. Und von seinem Ausflug auf dem Segelboot. Da sich Zerke so sicher war, dass nirgendwo etwas existierte, das auf dieses Treffen hätte hinweisen können, konnte es für ihn nur eine Antwort geben: Mirna Laake.

Und woher hatte er, Fred, von Zerkes und Obermanns gemeinsamer SS-Vergangenheit gewusst haben können? Von ihrer Mitgliedschaft in der illegalen Organisation Werwolf II? Mirna Laake.

Als Nächstes würde Zerke an seine Auseinandersetzung und den erbitterten Faustkampf mit Obermann auf dem Segelboot denken, an die Drohungen, die er gegen ihn ausgesprochen hatte und die ihn zu einem Mordverdächtigen machten. Dafür gab es nur einen einzigen Zeugen: Mirna Laake.

Weiter. Fred wischte sich den Schweiß von der Stirn, der ihm in die Augen lief, und schöpfte sich mit beiden Händen Wasser ins Gesicht.

Er konzentrierte sich. Zwei Szenarien galt es durchzuspielen.

Nummer eins: Zerke hat Obermann nicht ermordet. Was muss er befürchten, wie gefährlich kann ihm Mirna Laake werden? Nicht sehr. Eine Mordanklage würde sich aus Laakes Aussage jedenfalls nicht ableiten lassen. Es könnte allerdings unangenehm werden, wenn die Polizei Fragen nach Werwolf stellte.

Szenario Nummer zwei: Zerke ist Obermanns Mörder. Dann wäre Laakes Aussage für ihn gefährlich. Was würde er dann tun? Würde er sie zum Schweigen bringen? Ermorden, sagte die Stimme in seinem Kopf, nenn es beim Namen, Fred.

Ein kalter Schauer zog über seine verschwitzte Haut. Er hatte einen Fehler gemacht, er hatte unterschätzt, in welche Gefahr er Mirna Laake gebracht hatte.

Er zog sich auf den Sitz, packte die Ruderblätter und erreichte das Ufer in Rekordgeschwindigkeit. Er schleppte das Skiff zurück zur Wache, hievte es in die Halterung und rannte so schnell es sein Bein zuließ zum S-Bahnhof.

Da war ein Gedanke, der ihn nicht losließ, ein kleines Steinchen wollte sich nicht ins Szenario Nummer zwei einfügen: Wenn Zerke der Täter war, warum hatte er die Laake nicht gleich am Fennsee getötet?

Fred vermutete, dass Laake noch zu Hause war. Die Premierenfeier gestern dürfte für sie sehr anstrengend gewesen sein. Er studierte den Streckenplan. Die Bahnverbindung zum Viktoria-Luise-Platz, in dessen Nähe Mirna Laake wohnte, war umständlich, er müsste zweimal umsteigen, am Bahnhof Schöneberg in die Ringbahn bis Innsbrucker Platz, dort in die U-Bahn Linie B. Eine lange Fahrt, die sich jetzt schon, nur zwei Stationen nach Wannsee, endlos anfühlte. Er entschied sich, in Schöneberg ein Taxi zu nehmen, das erste Mal in seinem Leben.

Der schwarze Mercedes 170D hielt genau vor dem Eingang des herrschaftlichen Miethauses, in dem Mirna Laake wohnte. Nervös stieg Fred aus.

»Moment, der Herr, das macht 3 Mark 70«, erinnerte ihn der Taxifahrer.

Fred betätigte die Klingel. Niemand öffnete. Er nahm an, dass die Tänzerin irgendwann auf dem Balkon erscheinen würde, um herauszufinden, wer der penetrante Störenfried war. Er klingelte immer wieder, trat zurück und peilte nach oben, sie wohnte im dritten Stock. Tatsächlich reckte sie ihren Kopf über die Brüstung.

»Ach, Sie sind's. Muss das sein?«, rief sie herunter.

»Ja, es muss«, rief Fred zurück und drückte die Tür auf, als der Summer ertönte.

»Wollen Sie einen Kaffee?«, fragte Mirna Laake. Anders als Fred es erwartet hatte, wirkte sie kein bisschen kratzbürstig, sondern eher sanft und nachdenklich. Sie trug einen Morgenmantel aus seidigem rotem Stoff, verziert mit goldenen Stickereien und japanischen oder chinesischen Schriftzeichen, um die Taille hatte sie einen Gürtel geschlungen, der vorne mit einer großen Schleife zusammengeknotet war. Unter dem Saum des Mantels lugten eine Pumphose aus demselben Stoff und an den Füßen orientalisch anmutende Pantoffeln hervor.

Fred bejahte, und sie forderte ihn mit einer Handbewegung auf, ihr in die Küche zu folgen. Dort hantierte sie mit einer seltsamen achteckigen Kanne aus Aluminium, die sie auseinanderschraubte, Wasser in den unteren Teil und Kaffeepulver in ein kleines Sieb einfüllte, alles wieder zusammenschraubte und auf die Flamme des Gasofens stellte.

»Eine Caffettiera«, erklärte sie lächelnd. »Hat mir ein italienischer Verehrer geschenkt. Man braucht einen speziellen Kaffee dafür. Ist nicht leicht zu bekommen.« Sie lehnte sich an den Herd und stützte sich mit den Händen ab. Ihre steingrauen Augen wirkten müde, aber sie strahlten dennoch eine kämpferische Energie aus.

»Was macht Ihre Verletzung?«, fragte Fred.

Sie warf ihm einen misstrauischen Blick zu.

»Die Frage habe ich als Mensch gestellt, nicht als Polizist.«

»Den Menschen hätte ich nicht hereingelassen.«

Fred nickte. »Verstehe. Aber als Polizist hätte ich die Frage nicht gestellt.«

»Ich habe nichts gegen Sie, Herr Lemke, verstehen Sie mich nicht falsch.«

»Sie müssen sich nicht erklären. Sie sind Zeugin in einem Mordfall, zugleich besteht ein gewisser Verdacht, dass Sie die Täterin sind, und insgesamt stehen Sie nicht gerade gut da, als vorbestrafte Erpresserin, die vielleicht für zwei Jahre ins Gefängnis muss, weil sie ihre Bewährungsauflagen verletzt hat.«

Sie schlug die Augen nieder. »Danke, dass Sie mich daran erinnern«, sagte sie mit matter Ironie. »Da fühle ich mich gleich viel besser.«

»Deswegen bin ich nicht gekommen.«

»Das denke ich mir. Und um einen Espresso zu trinken, wohl auch nicht.«

Die Caffettiera hatte angefangen, gurgelnde Geräusche von sich zu geben und mit zunehmender Intensität Wasserdampf herauszublasen.

»Espresso, das klingt gut, finden Sie nicht? Die Italiener sind etwas sehr Spezielles. Wenn sie sprechen, ist das wie ein einschmeichelndes Singen. A me piace molto un caffè forte al mattino.« Sie lächelte. »Männer verstehen in der Regel nicht, was ich damit meine.«

»Hören Sie manchmal AFN?«

»Ja. Wieso?«

»Wenn ich die amerikanischen Moderatoren reden höre, verstehe ich kein Wort. Und trotzdem fühle ich mich sofort auf eine Art frei und so, als wäre die Zukunft das Tollste, was überhaupt kommen kann. Als würde alles immer gut ausgehen.«

Die Tänzerin sah ihn für einen Moment schweigend an.

»Ich sagte es ja schon einmal. Sie sind ein sehr besonderer Mensch.«

»Und ich sollte nicht Polizist sein«, ergänzte Fred den Satz, den sie ihm gestern gesagt hatte.

»Ich bin gerade dabei, meine Meinung zu ändern«, sagte sie.

»Warum?«

Sie zuckte mit den Schultern und nahm die zischende Kanne vom Herd. »Wollen Sie Zucker in Ihren Espresso? Er ist stark, den meisten zu stark.«

»Ich probiere ihn so.«

»Als würde alles immer gut ausgehen«, zitierte sie ihn und goss den Espresso in zwei kleine Tassen. »Das gefällt mir.« Sie reichte ihm eine. »Also, worum geht's?«

Sie rührte in ihre Tasse zwei Löffel Zucker und beobachtete, wie Fred vorsichtig einen kleinen Schluck nahm. Stark war kein Ausdruck für das, was da mit bitterem und trockenem Nachgeschmack seinen Gaumen herausforderte. Fred spürte ihren prüfenden Blick.

»Sehr speziell.« Er tat etwas Zucker hinein. »Hat dieser Mann namens Zerke Sie heute aufgesucht?«

Laakes Lider zuckten. Ja, er war da gewesen, Fred war sich sicher. Sie nahm einen Schluck, den sie, anders als er, offensichtlich genoss.

»Ja, das war er. Und bevor Sie jetzt viele Fragen stellen, erzähle ich Ihnen haargenau, wie das abgelaufen ist. Können wir das so machen?«

»Können wir.«

Sie legte ihre gefalteten Hände auf den Tisch. »Heute

Vormittag klopft es an meiner Wohnungstür, ich dachte, es sei einer meiner Nachbarn und machte auf. Dann steht da Zerke. Mich trifft regelrecht der Schlag, ich denke, das war's, jetzt ist es aus. Er hat Heinz erschossen und mich entkommen lassen, jetzt hat er es sich anders überlegt und ich bin dran. Ich habe furchtbare Angst, wie wird er es machen? Mich erdrosseln? Mit einem Messer? Ich zittere, er greift nach meinem Arm, ich zucke zurück und schreie auf. Du Arme, sagt er, sein Tod hat dich fertiggemacht, das verstehe ich, ihr wart euch doch so nah, mich zerreißt es auch, er war einer meiner besten Freunde. Ich sage nichts. Er sieht mich so merkwürdig an und fragt, du glaubst, dass ich es war, wegen dem Streit, den wir auf dem Boot hatten? Was soll ich antworten? Ich sage, nein, das glaube ich nicht. Er sagt, er hat mir die Nase gebrochen, ja, und das hätte ich ihm nicht so leicht verziehen, aber deswegen bringe ich einen alten Freund und Weggefährten nicht um, das musst du mir glauben. Meine Gedanken überschlagen sich: Was will er? Ich weiß ja nicht, wer der Mörder ist! Will er einfach nur ein wenig mit mir spielen, bevor er mich umbringt?« Laake wiegte ihren Oberkörper vor und zurück. »Es war wie ein Katz-und-Maus-Spiel. Ich dachte, wenn er Heinz erschossen hat, dann ist es wichtig, ihm zu sagen, dass ich zwar bei dem Mord dabei war, aber den Mörder nicht gesehen habe, dass er von mir nichts zu befürchten hat. Also habe ich ihm erzählt, was ich weiß und wie es sich zugetragen hat. Er war sehr mitfühlend, wollte alles genau wissen, sogar welches Kleid ich anhatte, weil das doch jetzt ein Loch hätte, von der Kugel, die mich getroffen hat.« Sie zögerte, offenbar erst in diesem

Moment erstaunt, warum er das hatte wissen wollen. »Ich glaube, er war es nicht.« Sie schüttelte den Kopf. »Nein, ich glaube, nicht.« Sie lehnte sich mit geschlossenen Augen in ihren Stuhl zurück. »Bitte, sagen Sie nicht, ich hätte einen Fehler gemacht, ihm das alles zu erzählen. Ich habe getan, was ich in dem Moment für das Beste gehalten habe.«

Fred schwieg eine Weile. Was um Himmels willen sollte Zerke mit diesem Besuch bezweckt haben? Und wenn dieser Besuch heute gar nicht stattgefunden hatte, wenn Laake ihn nur vortäuschte – warum? Was bezweckte sie damit? Log sie? Schauspielerte sie? Er musste an seine eigenen Worte denken, die er Ellen von Stain gegenüber geäußert hatte: Mirna Laake ist eine von den Menschen, die alles richtig machen wollen, denen das aber aus irgendeinem Grund nicht gelingt.

»Haben Sie ihm gesagt, dass Sie den Streit in Ihrer Aussage bei der Polizei erwähnt haben?«

»Nein, das habe ich nicht.«

»Hat er meinen Besuch bei ihm heute Morgen erwähnt?«

Sie sah ihn entsetzt an. »Nein, hat er nicht. Haben Sie ihm etwa von mir erzählt?«

»Nein, aber es wird sich nicht vermeiden lassen. In dem Moment, wo wir Zerke offiziell befragen, wird Ihre Aussage die Grundlage dafür sein. Außerdem werden wir eine Gegenüberstellung machen, um sicherzugehen, dass wir von demselben Mann reden.«

»Das will ich nicht, nein, das will ich auf keinen Fall!«

Fred ließ sich Zeit mit seiner Antwort. »Denken Sie an Ihre Bewährung, Frau Laake. Nur wenn Sie kooperieren, haben Sie die Chance, mit einem blauen Auge davonzukommen.«

Fred musste an den Rüffel von Hauptkommissar Merker denken. Zugleich an die Worte von Laakes Bewährungshelfer: »Dann soll ein Richter entscheiden, ob er ihre Bewährung kassiert. Meine Prognose für die Frau ist positiv.«

»Ich habe Angst, Herr Kommissar.«

Ja, mit Recht, dachte Fred.

Laake sah ihn besorgt an. »Ich hätte ihm das alles nicht erzählen sollen, oder?«

Irgendetwas war faul an Zerkes Neugierde, das spürte Fred genau, ohne einen Schimmer zu haben, was.

»Falls er Ihnen etwas hätte antun wollen, dann hätte er es vorhin getan«, antwortete Fred. »Sie haben also nichts zu befürchten.«

Mirna Laake starrte ihn an, in ihren Augen Angst und Verzweiflung, und ihr Atem zeugte von ihrer Anstrengung, beides nicht fühlen zu wollen. »Dann habe ich ja keinen Fehler gemacht.«

»Nein, haben Sie nicht«, erwiderte er und dachte: Hoffentlich nicht. »Ich danke Ihnen, Frau Laake, ich werde mich wieder auf den Weg machen.«

Sie nickte stumm.

»Wissen Sie, was ich kürzlich dachte? Dass Ihr Name ein Künstlername ist und Sie sich von Myrna Loy, der Schauspielerin, haben inspirieren lassen. Das ist natürlich Unsinn, im Einwohnermeldeamt sind Sie ja als Mirna Laake eingetragen.«

Sie lächelte knapp, ihre Selbstbeherrschung kehrte langsam wieder zurück. »Ich bin Tänzerin, Herr Lemke, keine Schauspielerin.«

Fred erhob sich. »Ich glaube, Sie können beides sehr gut.«

• • •

Draußen folgte Fred der Regensburger Straße bis zum Viktoria-Luise-Park. Aus dem Becken in der Mitte schoss die oberschenkeldicke Fontäne in den Himmel und erzeugte einen feinen Nieselregen, in dem Kinder herumsprangen, um sich abzukühlen. Fred suchte sich eine Bank in der Nähe und versuchte, seine Gedanken zu sortieren.

Nein, es war kein Fehler gewesen, Zerke aufzusuchen, er hätte das nur nicht allein tun dürfen. Was er jetzt brauchte, war das, was ihm am wenigsten lag, nämlich kühle Logik. Aber Logik braucht Fakten und davon gab es zu wenige, um ein einigermaßen klares Bild zu bekommen. Es gab zu viele Unbekannte in dieser Rechnung. Jedem der Verdächtigen konnte man ein Motiv unterstellen, Heinz Obermann getötet zu haben, nur war keines wirklich zwingend.

Was konnte er tun, um Mirna Laake zu schützen? Es gab nur einen Weg: Zacharias Erkner alias Zerke musste einsehen, dass Fred kein Hochstapler war, er musste wissen, dass er unter der Beobachtung des LKA stand.

Fred durchsuchte seine Hosentaschen nach Kleingeld, am Eingang zur U-Bahn gab es eine Telefonzelle, daran erinnerte er sich noch. Er durchquerte den Park, blieb für einen

Moment im Nieselregen der Fontäne stehen und genoss mit geschlossenen Augen das kühlende Nass.

In der Telefonzelle roch es nach Urin. Fred blockierte die geöffnete Tür mit einem Stein, damit frische Luft hereinkam, warf zwanzig Pfennige ein und wählte Ellens Nummer. Anders als am Morgen hob sie nach kurzem Klingeln ab.

»Hallo?«

»Hier ist Fred Lemke, guten Tag.« Fred hörte Geräusche im Hintergrund.

»Aah, Sie stören, Lemke. Es ist Wochenende.«

»Das tut mir leid, es ist dringend.«

»Kann ich mir nicht vorstellen.« Sie lachte, aber das Lachen galt nicht ihm. Jemand war bei ihr.

»Ich brauche Ihre Hilfe.« Fred hörte ein Rascheln und Schaben, Ellens Stimme wurde dumpf und undeutlich, offenbar deckte sie die Sprechmuschel ab und redete mit jemandem.

»Weil Sie irgendwas angestellt haben?«, meldete sie sich zurück.

»Ich war bei Zerke. Die Sache ist ein wenig aus dem Ruder gelaufen.«

»Sagte ich Ihnen nicht, das müssen Sie allein regeln?«

»Das habe ich versucht, und es ist schiefgegangen.«

Sie schwieg. Fred wusste genau, warum. Einerseits war sie neugierig, andererseits wollte sie es ihm nicht leicht machen.

»Hören Sie, was ich vorhin zu Ihnen gesagt habe, war dumm. Das tut mir leid.«

»Was meinen Sie?«, fragte sie und flüsterte »Lass das!«, was nicht ihm galt.

»Dass Sie nicht mit zu Zerke wollen, weil Sie Angst haben, da auf Freunde Ihrer Familie zu treffen.«

»Stimmt, das war bescheuert. Ich fürchte, das können Sie nicht mehr gutmachen.«

»Es tut mir wirklich leid.«

»Das reicht nicht.«

»Was soll ich machen? Auf den Knien angekrochen kommen?«

»Was hätte ich denn davon?«

Fred nickte zerknirscht. »Ich verstehe. Ehrlich gesagt, hätte ich auch wenig Lust, mich für die Vergangenheit meiner Familie in die Pflicht nehmen zu lassen. Ich wünsche Ihnen noch ein schönes Wochenende.«

»Als da wäre?«

»Ich verstehe nicht.«

»Sie verstehen, Sie verstehen nicht – was denn jetzt? Welche Vergangenheit hat Ihre Familie?«

»Nichts Besonderes.«

»Das ist doch toll! Dann kann Sie auch niemand in die Pflicht nehmen.«

Fred musste an seinen Vater denken, der erst viele Jahre nach Kriegsende aus russischer Gefangenschaft nach Hause zurückgekehrt war, gebrochen, zerstört, ein seelisches Wrack. Welche Schuld hatte er wohl im Krieg auf sich geladen?

»Wissen Sie, warum ich nicht mit zu Zerke wollte?«, fragte sie.

»Weil Sie am Wochenende nicht arbeiten?«

»Genau, mehr nicht. Und das gilt immer noch.«

»Ich verstehe. Dann bis Montag. Oder irgendwann.«

»Fred, Fred, Fred. Sie übertreiben es gerade ein wenig mit Ihrem Verstehen. Also, was liegt an? Warten Sie.« Wieder deckte sie die Sprechmuschel ab und sprach mit der Person, die gerade bei ihr war. Dieses Mal klang sie sehr bestimmt, fast befehlend. »Erzählen Sie«, sagte sie endlich.

Fred konzentrierte sich. Er wollte stringent und präzise sein, kein Herumgeeiere, keine umständlichen Umwege.

Als er fertig war, stöhnte Ellen auf. »Ich hatte schon befürchtet, dass Sie bis zum Einbruch der Dunkelheit brauchen. Ich helfe Ihnen. Warten Sie auf mich, ich hole Sie ab.«

Zwanzig Minuten später fuhr sie hupend mit offenem Verdeck vor und winkte ihm fröhlich zu. Er stieg ein, und sie gab Gas.

»Meine Rückendeckung für Sie sieht folgendermaßen aus, Fred«, sagte sie und strahlte ihn vergnügt an. »Schreiben Sie am Montag in Ihren Bericht: Sonderermittlerin von Stain und ich wollten zu Zacharias Erkner alias Zerke blablabla. Unerwartet wurde von Stain zu einem dringenden Termin gerufen und gab mir den Auftrag, die Befragung allein durchzuführen. Und schreiben Sie, was dann passiert ist. Wie klingt das?«

»Gut, danke.«

»Ich finde, Sie haben alles richtig gemacht. Sie haben nur ein grundsätzliches Problem: Ihr Dienstgrad passt nicht zu Ihrem Handeln.«

Fred sah hinaus. Die Häuser flogen vorbei, Ellen fuhr

sehr schnell. Sie bog in die Goebenstraße ein, auf deren nördlicher Seite sich Neubauten und Baustellen aneinanderreihten, während auf der gegenüberliegenden Straßenseite noch fast alle Vorkriegsaltbauten unversehrt erhalten geblieben waren. Berlin würde auf ewig ein Flickenteppich bleiben. Sie näherten sich der Yorckstraße.

»Am S-Bahnhof da vorne steht der Opel Kapitän«, sagte er.

»Wir rufen einen Streifenwagen, die Schupos sollen ihn abschleppen lassen und den Halter ermitteln.« Sie verlangsamte ihr Tempo. »Wo?«

Fred sah die Straße entlang. Da parkten verschiedene Autos, nur kein Opel Kapitän.

»Er ist weg.«

»Weg?«

»Er ist nicht mehr da.«

»Hm. Nicht gut.«

»Vielleicht geklaut. Ich habe die Schlüssel stecken lassen.«

»Ich korrigiere mich: Sie haben nicht alles richtig gemacht. Das Auto wäre ein Beweis gewesen, dass Ihre Geschichte mit der Verfolgung stimmt.« Ellen gab wieder Gas. »Vielleicht lassen Sie die in Ihrem Bericht besser weg.«

Ellen parkte vor der »Destille«, alle Plätze an den Tischen vor der Kneipe waren besetzt, auch drinnen ging es hoch her. Ellen fasste Fred am Arm.

»Wir werden Mirna Laake als Zeugin nennen müssen. Es geht nicht anders.«

Fred nickte. »Ich denke, sie ist sicher, wenn er sieht, dass die Mordkommission im Rennen ist. Dass er niemanden herumschubsen kann, wie es ihm passt.«

Sie gingen hinauf in den vierten Stock und klingelten. Es dauerte eine Weile, sie hörten Schritte und die Tür wurde aufgerissen.

»Du schon wieder, Bürschlein! Willst du noch mal ...«, erst jetzt sah Erkner, dass Fred nicht allein war. Ellen hielt ihm ihren Dienstausweis unter die Nase.

»Sonderermittlerin von Stain, LKA. Meinen Kollegen Fred Lemke kennen Sie ja schon. Wir haben ein paar Fragen an Sie.«

Erkner zögerte lange, bevor er die Tür öffnete. »Bitte sehr.«

»Oh, was haben Sie mit Ihrem Bein gemacht?«, fragte er, als Fred an ihm vorbeihumpelte.

Fred antwortete nicht. Erkner führte sie in denselben Raum, in dem Fred heute Morgen schon mit ihm gesprochen hatte. Ellen ging zum offenen Fenster.

»Hier wollten Sie meinen Kollegen hinunterwerfen?«

»Also bitte, auf so eine Idee käme ich im Leben nicht. Ihr Kollege konnte sich nicht ausweisen, und die Marke, die er mir zeigte, die kann sich ja nun jeder selbst machen. Er machte auf mich den Eindruck, als wolle er mich erpressen. Mit irgendwelchen aus der Luft gegriffenen Behauptungen. Runterwerfen? Nein. Höchstens deutlich machen, dass ich nicht mit mir spielen lasse.« Er lächelte Fred an, als erwarte er von ihm einvernehmliche Zustimmung.

»Fangen wir noch mal von vorne an, Herr Erkner«, sagte

Fred. »Sie haben behauptet, Heinz Obermann nicht persönlich zu kennen. Wir haben Zeugen, dass das nicht stimmt.«

»Hören Sie, ich sagte es doch schon. Sie kamen mir äußerst verdächtig vor, ich sah keinen Grund, Ihre Fragen wahrheitsgemäß zu beantworten.«

»Wir wissen«, fuhr Fred fort, »dass Sie mit Heinz Obermann vor zehn Tagen auf dessen Segelboot einen heftigen Streit hatten, es kam zu einer Schlägerei, bei der Obermann Ihnen die Nase brach. Worum ging es bei dem Streit?«

Erkner verzog sein Gesicht und schüttelte heftig den Kopf. »Wer erzählt denn so was? Wir waren Segeln, ja, Heinz, Mirna Laake und ich. Es war ein sonniger Tag, ich habe mir einen Sonnenbrand geholt, es hat Spaß gemacht. Schlägerei? Unsinn.«

Fred deutete auf Erkners lädierte Nase. »Auch von der Sonne?«

»Vom Boxen. Im Verein. SPARTA 58. Gegenüber vom Schloss Charlottenburg. Ein Kumpel von mir. Der kann das auch bezeugen.«

»Einer von den beiden Männern, die mich verfolgt haben?«

Erkner gab sich fassungslos. »Sie wurden verfolgt? Von wem?«

»Von zwei Männern, die hier bei Ihnen in der Wohnung waren.«

»Tut mir leid, da müssen Sie sich irren. Als Sie heute Morgen hier waren, war ich allein.« Erkner sah Fred ohne ein Zeichen von Unsicherheit an.

Unglaublich, wie gut dieser Mann log. Wenn Fred es

nicht besser gewusst hätte, würde er ihm glauben. »Nein, da waren zwei Männer. Und die haben mich verfolgt.«

»Unmöglich.«

»Wollen Sie sagen, dass mein Kollege lügt?«, fragte Ellen.

»Nein, ich will sagen, dass er sich irrt. Das kann jedem passieren.«

»Woher kannten Sie Heinz Obermann?«, fragte Fred.

»Aus dem Verein. Der hat auch geboxt.«

»Warum waren Sie heute bei Mirna Laake?«, fragte Ellen.

»Ich habe vor ein paar Tagen von Heinz' Tod gehört und wollte eigentlich sofort zu ihr, hatte aber in der Woche keine Zeit.« Er machte eine nachdenkliche Pause. »Vielleicht hatte ich auch nicht den Mut, vielleicht wollte ich mich drücken. Ich habe keine Erfahrung mit dem Tod.«

Fred spürte, wie Wut in ihm hochkroch. Wenn stimmte, was Mirna Laake gesagt hatte, hatte Erkner so wie Obermann viele Menschen in den Tod geschickt.

»Und dann haben Sie von Frau Laake erfahren, dass sie Zeugin des Mordes war.«

»Ist das nicht furchtbar? Die Arme.«

»Warum haben Sie sie so detailliert über den genauen Hergang des Mordes ausgefragt?«

Erkner gab sich erstaunt. »Ausgefragt? Nein, das habe ich nicht. Im Gegenteil, sie wollte nichts erzählen, und das konnte ich gut verstehen. So etwas Grauenhaftes will man doch so schnell wie möglich vergessen.«

»Sie hat uns die Sache anders geschildert, sowohl was

Ihren Besuch bei ihr betrifft als auch den Streit auf dem Segelboot.«

»Warum sollte sie das tun? Nein, es war so, wie ich Ihnen sage.«

»Wo waren Sie letzten Montag, am 30. Juni morgens zwischen halb sechs und acht Uhr?«, fragte Fred.

»Wollen Sie etwa behaupten, ich hätte Heinz …«

»Beantworten Sie die Frage.«

»Lassen Sie mich nachdenken.« Erkner faltete die Hände, nur die Zeigefinger, mit denen er sich an die Nase tippte, zeigten nach oben, die Augen hatte er geschlossen. »Ich war mit meinem Koch unterwegs, um Fleisch zu kaufen, Wildschwein, aus dem Tegeler Forst. Ich betreibe hier in Kreuzberg ein Gasthaus, den Goldenen Hirsch.«

»Wie heißt Ihr Koch?«

»Gernot Bieger.«

»Wo wohnt er?«

»Das kann ich Ihnen so nicht sagen, da müsste ich in meinen Unterlagen nachsehen. Nicht hier, ich glaube, in Reinickendorf.«

»Von wem haben Sie das Fleisch gekauft?«

Erkner wiegte seinen Kopf peinlich berührt hin und her. »Der Mann, der die Schweine schießt, darf sie eigentlich nicht jagen. Sie wissen ja, in Berlin ist Jagen verboten. Ich kenne seinen Namen nicht. Aber Gernot Bieger war die ganze Zeit dabei. Der kann das bezeugen.«

»Haben Sie eigentlich für alles einen Zeugen«, fragte Fred.

»Leider nicht«, antwortete Erkner ironisch. »Zum Beispiel keinen für Ihren Besuch bei mir heute Vormittag. Dann wäre eine Dienstaufsichtsbeschwerde fällig.«

»Fahren Sie einen Opel Kapitän?«, fuhr Ellen fort.

»Einen Kapitän? Kann ich mir nicht leisten.«

»Wir werden das am Montag in der Kfz-Zulassungsstelle überprüfen.«

»Können Sie gerne. Ich fahre einen Ford Taunus.«

»Obermann hat für die Gestapo gearbeitet, er war Hauptmann in der Reichszentrale zur Bekämpfung der Homosexualität und der Abtreibung«, übernahm Fred wieder. »Sie sollen sein direkter Untergebener gewesen sein.«

Erkners Gesicht wurde hart. »Nein, das stimmt nicht.«

»Auch das werden wir am Montag nachprüfen.« Für einen winzigen Moment meinte Fred in Erkners Gesicht einen Hauch von Unsicherheit zu erkennen.

»Das sei Ihnen unbenommen.«

»Einer von beiden lügt«, sagte Ellen, als sie wieder im Auto saßen. »Die Laake oder Erkner.«

»Oder beide.«

»Für mich klingt das, was die Laake sagt, weitgehend frei erfunden«, sagte Ellen. »Sie versucht, ihren Kopf zu retten.«

»Das kann sein. Aber nicht, weil sie den Mord begangen hat, sondern weil sie Angst hat.«

»Ist das jetzt wieder Ihr Bauch, der hier spricht, Fred?«, fragte Ellen mit süffisanter Ironie.

Fred schwieg, er wollte sich nicht streiten.

Ellen sah auf ihre Armbanduhr. »Ich denke, ich mache wieder Feierabend.« Sie lachte ausgelassen. Ein unangenehmes Gefühl durchzuckte Fred. Neid. Diese Unbekümmertheit, diese genießerische Energie. Ihr ganzes Leben schien ein einziges Vergnügen zu sein. »Soll ich Sie irgendwo absetzen?«

»Vielleicht vorne am Halleschen Tor? Ich nehme dann die Bahn.«

»In Ihre Pension? Ich fahr Sie hin, das liegt auf dem Weg.«

»Auf dem Weg wohin?«, fragte Fred. Was für eine merkwürdige Frage.

Sie warf ihm einen kecken Seitenblick zu. »Sie sind notorisch neugierig, Fred.«

»Tut mir leid«, antwortete er und hoffte, dass sie nicht bemerkte, wie er rot wurde.

Die Fahrt dauerte genau drei Lieder im Radio. Drei Lieder, die Ellen alle mitsingen konnte: »Der lachende Vagabund« von Fred Bertelmann, »Diana« in der deutschen Version von Conny Froboess und »Buona Sera« von Ralf Bendix, in Freds Ohren drei musikalische Brechmittel. Wie konnte eine junge Frau wie sie solche Musik gut finden? Er war froh, als endlich die Pension in Sicht kam.

»Da sind wir!«, rief sie und bremste mit quietschenden Reifen. »Der ›Duft der Rose‹. Wie schön!«

»Danke noch mal«, sagte Fred. »Dann bis Montag.«

»Vielleicht«, antwortete sie und gab Gas.

Er sah ihr hinterher, sie winkte, und einen Moment lang hatte er das Gefühl, dass er gerne neben ihr sitzen würde, trotz ihres miserablen Musikgeschmacks.

...

Er zögerte. Sonntag, später Nachmittag. Was sollte er jetzt in seinem Zimmer? Das Wetter war warm und einladend. Vor halb zehn würde es nicht dunkel werden. Noch einmal an den Wannsee fahren und rudern? Nein, lieber nicht.

Probte am Sonntag nicht Lolles Rock'n'Roll-Band? Freitags und sonntags, wenn er sich recht erinnerte. Sie hatten einen Raum im Keller des Jugendfreizeitheims »Die Burg« in Friedenau. Wie kamen sie wohl ohne ihren Bassmann klar? Wahrscheinlich hatten sie längst einen neuen. Seit Wochen übten sie für ihren ersten großen Auftritt in der »Eierschale«, einem Jazzclub in Dahlem, und träumten von dem großen Sprung nach oben: einem Auftritt im Olymp aller Clubs, der »Badewanne« in Schöneberg, wo die Helden des Rock'n'Roll – Bill Haley, Little Richard oder Jerry Lee Lewis – legendäre Konzerte gegeben hatten. Wenn gerade keine großen Stars auf der Bühne standen, durften dort Berliner Bands auftreten, denn das Publikum wollte nicht warten, es lechzte nach tanzen, tanzen und nochmals tanzen.

Fred drehte um, überquerte die Skalitzer Straße und nahm die ersten Stufen hinauf zur Haltestelle Görlitzer Bahnhof. Mit jedem Schritt wurde er langsamer, und die Vorstellung, wie weit die Fahrt hinaus nach Friedenau war, wurde abschreckender. Vier Stationen mit der Linie B bis zum Gleisdreieck, dann ungefähr einen Kilometer zu Fuß zum S-Bahnhof Großgörschenstraße, zwei Stationen später wieder raus und noch mal einen Kilometer zu Fuß – und das nur, um sich womöglich die Wut der Band abzuholen?

Vom Bahnsteig aus konnte Fred sein Zimmer sehen, das Fenster stand offen, gleich daneben die beiden Küchenfenster, auch sie weit geöffnet. Hanna saß mit einer anderen Frau am Tisch, er meinte Sara Feldknecht, die Soziologie-Professorin, zu erkennen, aber sicher war er sich nicht. Auf dem Balkon entspannten sich die beiden Mieter, die er bisher nur als Menschen wahrgenommen hatte, die viel lasen und wenig redeten, aber immer freundlich zu ihm waren. Den vierten Mieter hatte er bisher noch nicht kennengelernt. Er wusste nicht einmal, ob es eine Frau oder ein Mann war. Vier Mieter. Wenn jeder hundert D-Mark Miete bezahlte, machte das für Hanna vierhundert im Monat. Davon konnte sie wohl kaum ihren Lebensunterhalt und die Unterhaltskosten für die riesige Wohnung bestreiten, zumal sie nebenbei auch noch studierte. Fred wurde klar, wie wenig er über seine Vermieterin wusste. Wieso auch? Er hatte sie erst vor genau einer Woche kennengelernt.

Er sah, wie Hanna aufstand und sich dem Fenster näherte. Sie sah hinaus, stutzte, erkannte ihn und winkte ihm zu.

Eine Bahn fuhr auf dem gegenüberliegenden Gleis ein und verdeckte die Sicht. Fred wollte sich die Einzelheiten der Nacht mit Hanna in Erinnerung rufen, doch stattdessen tauchten wieder und wieder Bilder von Ilsa vor seinem inneren Auge auf. Zum ersten Mal spürte er einen Unwillen dagegen. Weil es Zeit war, sich endlich davon zu befreien? Sich damit abzufinden, was passiert war, und dass er sie in der großen, chaotischen Stadt niemals finden würde? Bislang war ein solcher Gedanke undenkbar gewesen. Weil die Erinnerung an Ilsa wie ein Leuchtturm gewesen war, das einzige Licht am dunklen Horizont, das wurde ihm plötzlich klar. So schmerzlich sie auch war, so sehr hatte er sie gebraucht, um seinem Leben eine Richtung zu geben.

Der Zug fuhr weiter. Hanna stand noch immer am Fenster. Sie machte eine Geste für »Schwimmen« und zeigte auf ihn und sich selbst. Fred nickte begeistert.

Eine Viertelstunde später stiegen sie im Görlitzer Bahnhof in die U-Bahn Linie B. Fred blieb gleich neben der Tür stehen.

»Eh, Freddie-Boy?«

»Ja?«

»Es sind neun Stationen. Die willst du doch wohl nicht im Stehen verbringen.«

Zögernd folgte er Hanna zu einem Zweiersitz. Bis zum Gleisdreieck verlief die Strecke der U-Bahn überirdisch, das war problemlos. Sein Herz schlug normal, nur zu schwitzen hatte er begonnen, es war sehr warm in der Bahn, wahrscheinlich deshalb.

»Sara Feldknecht war eben bei mir.«

»Habe ich gesehen. Durch das Fenster.«

»Sie hat noch ein bisschen mehr über die Familie von Stain nachgeforscht.«

Fred sah sie neugierig an.

»Sara ist Jüdin, und die Nazis haben ihre gesamte Familie vergast. Sie selbst hat nur durch einen Zufall überlebt.«

»Diese Scheiß-Nazis.«

In Freds Wut auf die braune Pest mischte sich immer auch ein Gefühl der Beklemmung, dem er sich hilflos ausgeliefert fühlte: Er fühlte sich schuldig und schämte sich zutiefst für das, was die Nazis den Juden angetan hatten, und zugleich hatte er nichts damit zu tun. Als Hitlers Schergen im November 1938 mit den deutschlandweiten Pogromen den ersten Schritt für ihr grausiges millionenfaches Morden machten, war er gerade mal vier Jahre alt gewesen, und als es 1945 endete, war er zehn.

»Durch welchen Zufall?«, fragte er mit belegter Stimme.

»Als die SS ihre Eltern hier in Berlin verhaftete, war sie mit ihrem Bruder in einem Ferienlager in Österreich. Einer der Erzieher dort hat sie auf einem Bauernhof in Linz versteckt, bis nach dem Krieg, bis die Amis dort auftauchten. Ein tapferer Mensch. Beide verdanken ihm ihr Leben. Saras späterer Doktorvater, ein Professor für Soziologie und ehemaliger Kollege ihres Vaters, hat sie und ihren Bruder dann nach Berlin zurückgeholt und sie bei sich aufgenommen. Du kannst dir sicher denken, was sie von Leuten wie die von Stains hält.«

Fred hatte das Gefühl, Ellen in Schutz nehmen zu müssen, auch sie war wie er zu jung gewesen. Und doch war da ein Unterschied. Bei ihr hatte er das Gefühl, dass sie sich nicht völlig von der Nazi-Ideologie ihrer Familie distanziert hatte. All die Privilegien, ihre gesellschaftliche Bedeutung, ihre Beziehungen und der aus der Nazizeit stammende Reichtum ihrer Familie, der offenkundig auch ihr zugutekam, all das schien sie nicht zu hinterfragen.

»Viel zu viele sind nach dem Krieg mit einem blauen Auge davongekommen«, sagte er. »Das Opfer in dem Mordfall, an dem wir gerade arbeiten«, Fred fühlte sich unsicher, das klang so gewichtig, und er kam sich vor wie ein Hochstapler, »hat früher als SS-Hauptmann Homosexuelle in KZs geschickt. Ein tausendfacher Mörder. Ich habe Informationen über ihn beim Militärarchiv besorgt und dafür vom Chef der Mordkommission eins auf den Deckel bekommen. Und er hat mir verboten, weitere Auskünfte über die Vergangenheit des Opfers einzuholen. Warum wohl?«

»Und? Hältst du dich daran?«

»Soweit es geht, nicht. Aber ich bin nur Kriminalassistent. Offizielle Anfragen wie die beim Militärarchiv darf ich nicht machen.«

Hanna nickte. »Ich bringe euch beide noch mal zusammen. Sara hat viele Freunde und Helfer, die so denken wie sie. Und wie du. Sara kann dir eine Menge Informationen beschaffen.«

»Gerne, danke«, antwortete Fred kurz angebunden. Die Bahn war am Bahnhof Gleisdreieck in den Tunnel eingefahren. Sein Herzschlag erhöhte sich mit beängstigender Geschwindigkeit, und auf seiner Stirn bildete sich kalter Schweiß.

»Fred?« Hanna fasste ihn am Arm. »Was ist los?«

Fred wollte antworten. Es ging nicht, sein Brustkorb verhärtete sich, und er brauchte alle Kraft, um wenigstens mit flachen Atemzügen Luft in die Lunge zu bekommen. Panisch zog er sich an einer Haltestange hoch, sie fühlte sich in seiner Hand an, als wäre sie aus Gummi. Er torkelte zur Tür. Durch die Fenster war nur die Schwärze des unbeleuchteten Tunnels zu sehen. Das verschlimmerte seine Atemnot noch. Er schloss die Augen, manchmal half das. Dieses Mal nicht. Von allen Seiten bedrängten ihn dunkle Wände, die sich unaufhaltsam auf ihn zu bewegten und drohten, ihn zu zerquetschen. Er riss die Augen wieder auf, starrte auf die Leuchtstofflampe an der Decke. Ein Arm legte sich um seine Hüften.

»Fred, sieh mich an.«

Er konnte nicht, er hatte das Gefühl, dass alles in und um ihn herum zusammenbrechen würde, wenn er seine Augen von der Lampe löste.

»Wir sind gleich an der nächsten Haltestelle. Versuch zu atmen.«

Fred nickte, ja, das schaffe ich ... Doch der Druck in seinem Brustkorb nahm zu, immer weniger Luft fand den Weg in seine Lunge. Die Haltestange entglitt seinen schweißnassen Fingern. Hanna stützte ihn, er spürte ihren Willen, ihn zu halten, und zugleich das Zittern ihrer Muskeln, lange würde sie es nicht schaffen. Aus dem Augenwinkel nahm er wahr, wie die Menschen um ihn herum auf Abstand gingen. Niemand war geschockt oder überrascht, es gab immer noch viele Kriegsheimkehrer, die unter Psychosen litten und in der Öffentlichkeit Anfälle hatten. Allerdings kam auch niemand auf die Idee zu helfen, man hatte zu viel Angst davor, was ein zitterndes Bündel Mensch als Nächstes tun könnte. Fred spürte, wie die Bahn langsamer wurde. Seine Beine gaben nach, Hanna konnte ihn nicht mehr halten, er sank zu Boden. Statt der Glühbirne sah er den schmutzigen Boden, die Tür, die Seitenverkleidungen – all das begann sich zu bewegen, sein Atem, seine Versuche zu atmen klangen wie das Würgen eines Hundes, der Gras gefressen hat, um sich zu übergeben. Das metallische Quietschen der Bremsen schnitt durch seinen Kopf. Hanna kniete neben ihm und hielt seinen Kopf mit beiden Händen.

»Wir sind da. Nur noch ein paar Sekunden.«

Der Zug hielt, jemand öffnete die Tür von außen und wich zurück, als er Fred am Boden hocken sah.

»Zurück!«, schrie Hanna. »Macht Platz!«

Sie versuchte, Fred hochzuziehen. Er sah nur die geöffnete Tür und kroch hinaus. Der Boden war voller Betonsplitter und Sand, es schmerzte an den Knien und Händen. Baustelle. Die Menschen vor ihm sprangen zur Seite und gaben den Blick auf den hell erleuchteten Bahnsteig in seiner ganzen Länge frei. Plötzlich bekam er wieder Luft. Ein Stöhnen, war es sein eigenes? Er spürte Hannas Hände, und dann noch andere und wie er hochgezogen wurde. Er sah in das Gesicht eines Mannes, ein Gesicht voller Härte, mit tiefen Falten. »Du schaffst das, Kamerad«, sagte der und Fred nickte. Er fixierte einen Punkt am Ende des Bahnsteigs, sah die Treppe, die nach oben führte, und rannte los – er hatte das Gefühl zu rennen, tatsächlich aber kam er nur langsam vorwärts, von Hanna gestützt. »Halte durch, Kamerad!«, rief ihm der Mann hinterher. Schützengrabensolidarität.

»Mach ich«, murmelte Fred. »Kurfürstenstraße« las er an der Wand. Sein Herzschlag begann sich zu beruhigen.

»Das nennt man Klaustrophobie«, sagte Hanna, als sie draußen auf einer kleinen Mauer saßen. Sie zitterte, als hätte sie den Anfall gehabt.

»Ich weiß.«

»Ich fasse es nicht. Ich studiere Psychologie, Phobien sind sogar mein Spezialgebiet, aber wie man damit im echten Leben umgeht – keinen Schimmer.«

»Alles gut, Hanna. Du hast mir geholfen. Keine Ahnung, wie es mir ohne dich ergangen wäre.«

Hanna wischte sich mit fahrigen Bewegungen den Schweiß von der Stirn, immer wieder, auch als keiner mehr da war. »Wie oft hast du das?«

»Zuletzt vor ein paar Monaten. Ein paarmal war ich kurz davor. Ist dann aber doch gut gegangen.«

»Armer Fred.« Sie sah ihn an, prüfend und warmherzig. Sie betrachtete ihre zitternden Hände, holte tief Luft und schlug sie mit einem lauten Klatschen zusammen. »Genug. Aus. Wir gehen schwimmen, Freddie-Boy, jetzt erst recht.«

Er nickte dankbar und lächelte. Erstaunlicherweise schämte er sich Hanna gegenüber nicht.

...

Zwanzig Minuten später verließen sie den Bahnhof Grunewald. Hanna hatte ein Taxi bis zum Zoologischen Garten bezahlt, von dort waren sie vier Stationen mit der S-Bahn gefahren. Hanna hatte keine Fragen gestellt, und Fred war froh gewesen, nicht mehr über seine Attacke sprechen zu müssen. Sie unterquerten die Gleise und die Avus-Autobahn, auf der wieder, wie vor dem Krieg, regelmäßig Auto- und Motorradrennen ausgetragen wurden. Das Röhren der Rennwagenmotoren war laut und schrill. Längs der Strecke hatte sich eine riesige Zuschauermenge postiert und johlte bei jedem vorbeifahrenden Auto.

Je weiter sie in den Wald hineingingen, desto stiller wurde es, und als sie den Teufelssee erreichten, hörten sie nur die Vögel zwitschern und das fröhliche Schreien von Kindern, die an der flachen sandigen Badestelle an der Stirnseite des Sees im Wasser tobten. Fred und Hanna legten sich abseits des allgemeinen Trubels ans Ufer. Hanna hatte eine Decke mitgebracht, knallrot mit weißen Punkten, in die sie ein paar Butterbrote, Obst und eine Flasche Wasser eingewickelt hatte. Sie streifte ihr Kleid ab, darunter trug sie schon einen Bikini, und warf sich auf die Decke. Fred knotete umständlich ein Handtuch um die Hüften und tauschte darunter seine Unterhose gegen die Badehose.

»Na, endlich«, murmelte Hanna ironisch, als er fertig war und neben ihr lag. »Weißt du, woher du deine Klaustrophobie hast?«, fragte sie so beiläufig, als ginge es um das Rezept für einen Zitronenkuchen.

»Können wir das Thema vielleicht lassen?«

»Ja, können wir. Sag mir nur zuerst, wo du sie herhast.« Sie lachte so entwaffnend, dass Fred mitlachen musste. Vielleicht war es ja das Beste, die Schwere aus dem Thema zu nehmen, vielleicht half das.

»Die Kurzform der Geschichte, in Ordnung? Ich erzähl sie dir, du fragst nicht weiter nach, und dann gehen wir schwimmen.«

Hanna verzog ihr Gesicht. »Ich studiere Psychologie und
--«

»Und Phobien sind dein Spezialgebiet, ich weiß. Und ich bin kein Versuchskaninchen, Hanna.«

Hanna sah ihn eine Weile an, gespielt missmutig, wie er schnell merkte. »Gut. Also.«

»Kurzform.«

»Ja, doch.«

Fred setzte sich neben sie und schlang seine Arme um seine Knie. »Mein Vater kam sehr spät aus der russischen Kriegsgefangenschaft zurück, völlig kraftlos, schweigsam, gebrochen. Meine Mutter hatte längst einen anderen geheiratet und wollte dieses Wrack von einem Mann nicht zurückhaben. Mein Vater hatte nicht die Kraft, um um seine Frau, um seine Familie zu kämpfen. Aber er hatte auch keine Kraft, ein neues Leben zu beginnen. Er nistete sich in seiner ehemaligen Werkstatt ein, vor dem Krieg war er Stellmacher gewesen. Monatelang habe ich stundenlang neben ihm gesessen, er hat nicht gesprochen, nur dumpf und leblos wie ein waidwundes Tier ins Leere gestarrt. Es war furchtbar, ich hatte ihn so anders in Erinnerung.«

Fred stockte. Er pickte ein paar Steine auf, warf sie ins Wasser und beobachtete, wie sich die kleinen Wellen kreisförmig um den Punkt verteilten, wo der Stein auf die Wasseroberfläche getroffen war. Er spürte Hannas Blick. In ihm war keine Ungeduld.

»Irgendwann bin ich ausgerastet. Ich hab ihn angebrüllt und geschlagen, damit er wenigstens irgendeine Reaktion zeigt. Nichts. Er hat sich nicht einmal geduckt und die Schläge eingesteckt. Das machte mich noch wütender. Ich weiß nicht, wie oft ich zugeschlagen habe. Irgendwann bin ich abgehauen. Und als ich drei Tage später zurückkam, war er weg. Ich suchte ihn. Fand ihn in einer winzigen Kammer neben seiner Werkstatt. Er baumelte an einem Strick.« Freds Stimme versagte für einen Moment. »Ich starrte ihn an, wollte rausgehen, rückwärts. Aus Versehen drückte ich die Tür zu, der Schlüssel steckte draußen, und ich kam nicht mehr raus. Es dauerte einen ganzen Tag, bis jemand mich fand.«

Fred vermied es, Hanna anzusehen. Seine Gedanken wirbelten durcheinander. Er konzentrierte sich auf die Schwimmer mit den schwarzen Badehauben, die weiter draußen im See mit asketischer Strenge und disziplinierter Gleichförmigkeit ihre Runden zogen.

Er hatte kein Gefühl dafür, wie viel Zeit vergangen war, als zwei Hände seinen Kopf fassten und sanft zur Seite drehten.

»Sieh da hin.«

Sein Blick richtete sich auf die Badestelle, auf die Kinder in ihren aufgeblasenen Gummireifen, auf die Frauen in ihren bunten Badeanzügen, auf die lachenden Gesichter der Väter, die mit ihren Sprösslingen herumalberten. Der Satz, den Hanna gestern gesagt hatte, kam ihm in den Sinn: »Du hast Glück, dass du mich getroffen hast, Cäsar. Auch wenn du es jetzt noch nicht so siehst.«

Ja, er hatte Glück. Er entwand sich ihrem Griff und sprang auf.

»Schwimmen?«

Hanna nickte, dann lachte sie. Ohne zu antworten, stürmte sie ins Wasser. Fred sprang hinterher.

Montag, 7. Juli 1958

»Wie geht es Ihnen, Herr Lemke?«, fragte Moosbacher gut gelaunt, als er Fred im Treppenhaus begegnete. »Wie war Ihr Wochenende?«

»Sehr aufregend«, stöhnte Fred.

»Meins auch.« Er grinste breit.

»Da ist einiges passiert. Im Fall Obermann. In Kürze kann ich es gar nicht zusammenfassen.«

»Das scheint sowieso nicht Ihre Stärke zu sein.« Moosbacher lachte so entwaffnend herzlich, dass Fred nicht gekränkt war. Er hatte ja recht.

»Lassen Sie uns bei Gelegenheit wieder mal zur Riese gehen, da können Sie mich ja ins Bild setzen.«

»Gerne. Von mir aus auch heute.«

Fred mochte Moosbachers Gesellschaft, auch wenn er mindestens zehn Jahre älter war als er. Moosbacher hatte etwas Jugendliches an sich, etwas, was ihn fast wie einen Gleichaltrigen erscheinen ließ.

»Melden Sie sich einfach. Wenn nichts Akutes reinkommt, pendele ich heute den ganzen Tag zwischen Mikroskop und Labor hin und her.«

Im Gang zum Büro kam Fred Josephine Graf entgegen, eine Zigarette in der Linken, und wieder trug sie ein enges, perfekt sitzendes Kostüm.

»Herr Lemke«, sagte sie, mehr nicht, und nahm einen Zug.

»Guten Morgen. Ich habe übrigens ›Das Schloss‹ von Kafka inzwischen gelesen. Oder besser, versucht zu lesen. Bis zum Ende habe ich es nicht geschafft.«

Sie blies ihm den Zigarettenrauch ins Gesicht. »Und?«

»Der Landvermesser K. ist mir gehörig auf die Nerven gegangen. Wie er sich herumschubsen und behindern lässt, wie er ständig in seinen Überlegungen um seine Situation kreist, wie er jammert und schimpft, aber nichts wirklich daran ändert.«

»Das Schloss ist übermächtig, nicht wahr?«

»Ich glaube, er kämpft zu wenig für seine Interessen.«

»Sie glauben, er hätte eine Chance?«

»Ich glaube, er scheut die Konfrontation, und deshalb hat er keine.«

»Interessant. Was würden Sie an seiner Stelle tun?«

»Wenn niemand mich will, das Schloss nicht, die Leute im Schloss und aus dem umliegenden Dorf auch nicht, dann würde ich selbst nicht dazugehören wollen und gehen.«

Graf lachte, warf ihre federnden Locken zurück und sah Fred mit milder Nachsichtigkeit an. »Ich bin gespannt, wie lange Sie uns erhalten bleiben.« Sie tippte ihm mit ihren lackierten Fingernägeln auf den Arm, beiläufig und unendlich lässig. »Denken Sie nicht, dass man Sie nicht will. Das wäre zu einfach.«

Fred sah sie fragend an.

»Viel Glück weiterhin«, sagte sie und wollte in Richtung Treppenhaus gehen.

»Kann ich vielleicht Hauptkommissar Merker kurz sprechen?«

»Merker? Sie werden von Auweiler betreut.«

»Es geht um eine Anfrage beim Militärarchiv in dem laufenden Fall.«

Graf taxierte ihn mit einem langen, ironischen Blick. »Und das halten Sie für eine gute Idee?«

»Ich versuche, das zu machen, was ich für nötig halte.«

Sie warf einen Blick auf ihre Zigarette, an deren Spitze die Asche gefährlich kurz vor dem Abfallen war. »Dann kommen Sie mal mit.«

In ihrem Büro drückte sie die Zigarette in einem Roulette-Aschenbecher aus. Sie deutete auf einen der Besuchersessel, verschwand in Merkers Büro und kehrte nach kurzer Zeit wieder zurück.

»Sie müssen warten. Hauptkommissar Merker holt Sie herein, wenn er Zeit hat.«

Gemessenen Schrittes verließ sie das Büro. Eine Diva, dachte Fred, eine sympathische Diva. Sie war verheiratet, zumindest sah einer ihrer Ringe aus wie ein Ehering. Was für einen Mann sie wohl hatte? Fred nahm sich vor, Hanna danach zu fragen.

Merker starrte Fred böse an. »Hatte ich Ihnen nicht klare Anweisungen gegeben? Sie haben alle Ermittlungen über irgendwelche Gestapo-Hintergründe zu unterlassen.«

»Wir haben nach Mirna Laakes Aussage vom Samstag einen neuen Verdächtigen, der wahrscheinlich mit dem Mordopfer eine gemeinsame Vergangenheit im Reichssicherheitshauptamt hat. Außerdem besteht der Verdacht, dass beide in einer Nazi-Organisation namens Werwolf tätig sind oder waren. Daraus ergibt sich ein mögliches Mordmotiv, denn so wie es scheint, wollte Heinz Obermann bei den Werwölfen aussteigen und ...«

»Jetzt reicht's!«, brüllte Merker und sprang auf. »Sie scheinen alles darauf anzulegen, einen Verweis in Ihrer Personalakte zu kassieren.«

»Sonderermittlerin von Stain und ich sind uns einig, dass eine Anfrage beim Militärarchiv nötig ist.«

Merker tigerte hinter seinem Schreibtisch hin und her. »Sie gehen jetzt an Ihren Schreibtisch und schreiben den detailliertesten Bericht, den diese Behörde je gesehen hat. Ich will darin jede kleinste Einzelheit Ihrer Ermittlungen vom Wochenende lesen. Ich will einen Bericht, den Frau von Stain in allen Punkten bestätigen kann. Haben Sie mich verstanden?«

Fred erhob sich. »Ja.«

»Und jetzt raus!«

In Josephine Grafs Büro schloss Fred die Verbindungstür zu Merkers Büro hinter sich. Sie sortierte gerade Dokumente in eine Unterschriftenmappe, auf der Nase eine rote Schmetterlingsbrille.

»Jetzt aber raus«, sagte sie, ohne ihn anzusehen. Um ihren Mund spielte ein feines Lächeln. Fred verstand ihre Ironie und grinste zurück, mehr als eine verkrampfte Grimasse kam dabei allerdings nicht heraus.

...

»Da sind Sie ja«, empfing ihn die Sekretärin der Mordkommission I, Sonja Krause. »Der Herr Kommissar Auweiler fragte nach Ihnen, und ich konnte ihm nicht sagen, wo Sie sind.« Sie betonte das »nicht« so, dass es zu einem schwerwiegenden Vorwurf wurde.

Herrgott im Himmel, betete Fred, obwohl er mit Religion nichts am Hut hatte, gib mir starke Nerven!

»Ich war beim Chef.«

»Meinen Sie Herrn Hauptkommissar Merker oder Herrn Kriminaloberrat Dr. Mayer?«, fragte sie spitz.

»Merker. Was wollte Auweiler von mir?«

»Es haben sich zwei Zeugen im Fall des ermordeten Klempners Heinz Obermann gemeldet. Kommissar Auweiler befragt einen im Verhör 1, der andere wartet in der 2.«

Fred verschlug es die Sprache. Zeugen? Wo kamen die denn plötzlich her? Der Bericht für Merker musste warten. Er klopfte an die Tür des Verhörraums 1 und trat ein. Auweiler saß an dem schmalen Tisch, vor ihm stand ein Mikrofon, das so ausgerichtet war, dass es sowohl ihn als auch sein Gegenüber aufnahm, und eine Nagra, deren Spulen sich langsam drehten. Auf der anderen Seite des Tisches saß ein vielleicht 40-jähriger Mann, schwitzend und nervös, einer, den man auf der Straße leicht übersehen konnte, das schüttere Haar straff zurückgekämmt und mit Pomade an den Kopf geklebt. Auweiler warf Fred einen triumphierenden Blick zu.

»Sie kommen in tempore, Herr Lemke. Dies hier ist Herr Wolfgang Groszik, er und sein Bekannter Siegfried Döbling haben die Tötung von Obermann beobachtet und können nach eigener Aussage den Täter identifizieren. Ich habe schon einen Beamten losgeschickt, den Verdächtigen beizubringen.« Er wandte sich an Groszik. »Abschließend, Herr Groszik: Sie haben, unabhängig von Ihren persönlichen Gründen, eine Straftat begangen, weil Sie sich erst jetzt als Zeuge gemeldet haben. Als Staatsbürger sind Sie verpflichtet, bei der Polizei vorstellig zu werden, wenn Sie Zeuge eines Gewaltverbrechens geworden sind. Gleichwohl, und das wird gerichtlich für Sie mildernd zu Buche schlagen, haben Sie sich letztendlich zu Ihrer Verantwortung bekannt. Das ist durchaus anerkennenswert.« Er stoppte das Tonbandgerät. »Ihre Zeugenaussage wird im Folgenden von meiner Sekretärin ins Schriftliche konvertiert, die Sie dann bitte unterschreiben.«

»Selbstverständlich«, antwortete der Mann.

»Lemke, der zweite Zeuge«, Auweiler warf einen Blick auf einen Zettel, »Herr Siegfried Döbling ist in der 2. Holen Sie ihn und verbringen Sie stattdessen Herrn Groszik in die 2.«

Fred geleitete den Mann hinaus. In dem anderen Verhörraum saß ein dicklicher Mann in einem viel zu großen Anzug, seine Haare waren auf dieselbe Art frisiert wie Grosziks. Als wären sie beide kurz zuvor beim selben Friseur gewesen, dachte Fred.

»Würden Sie bitte mitkommen, Herr Döbling?«

Der Mann sprang auf. »Aber sicher doch!«, schrie er fast, auch er angespannt und nervös.

Döbling setzte sich, Fred zog einen Stuhl herbei und platzierte sich ans Kopfende des Tisches. Der Kommissar startete die Nagra.

»Nennen Sie bitte Ihren Namen und Wohnort.«

»Siegfried Döbling, Kottbusser Damm 23, Berlin-Kreuzberg.«

»Geboren am?«

»Am 20. April 1916 in Köln.«

»Ihr Beruf?«

»Sachbearbeiter in der Stadtverwaltung Ortsteil Kreuzberg, Fachbereich Bauaufsicht.«

»Zuerst beantworten Sie mir bitte die Frage, warum Sie sich erst jetzt, acht Tage nach dem Mord, als Zeuge melden.«

Döblings Blick flitzte umher. »Es hat uns furchtbar zugesetzt, Groszik und mir, ich meine, Sie sehen, wie jemand kaltblütig ermordet wird. Wir hatten Angst, in etwas hineingezogen zu werden. Wolfgang meinte, auch Mörder kommen irgendwann wieder frei und dann? Dann sind wir womöglich dran.«

»Und warum haben Sie nach acht Tagen Ihre Meinung geändert?«

Döblings Kopf glühte rot, und er starrte auf einen imaginären Punkt auf der Tischplatte. »Am Samstag stand es ja in der Zeitung: Die Polizei tappt in dem Mord am Fennsee immer noch im Dunklen. Das hat uns nicht losgelassen. Da will man doch nicht, dass ein Mörder seiner gerechten Strafe entgeht. Und wir haben gedacht, Scheiß drauf, Entschuldigung, Herr Kommissar, wir haben gedacht, wir sind wohl die einzigen Zeugen, wir müssen, wir müssen uns melden!« Wieder fixierte Döbling die Tischplatte vor sich.

Fred warf Auweiler einen erstaunten Blick zu, der Mann log, das stand für ihn außer Frage. Was er sagte, klang auswendig gelernt. Fred würde wetten, dass der andere Zeuge ähnliche Worte benutzt hatte. Auweiler erwiderte seinen Blick, allerdings las Fred darin das genaue Gegenteil: Triumph, der Fall ist gelöst!

»Gut. Schildern Sie nun, was Sie am ...?« Auweiler sah ihn fragend an.

»Am Montag, den 30. Juni, also letzte Woche.«

»Um wie viel Uhr?«

»Exakt um 6 Uhr 49 nach meiner Armbanduhr.« Döbling zeigte zuerst Auweiler, dann Fred seine Uhr. »Sie ist zuverlässig, wenn ich sie jeden Morgen aufziehe. Und an dem Morgen hatte ich sie aufgezogen. So wie jeden Tag.«

»Gut, ja. Schildern Sie, was Sie beobachtet haben.«

»Also, Herr Groszik und ich hatten uns ans Ufer des Fennsees gesetzt, also nicht auf eine der Bänke, sondern auf einen Baumstamm gleich am Wasser. Wir hatten uns vor der Arbeit verabredet, an einem Ort, wo um die Zeit normalerweise niemand ist, weil wir, also, wir haben einen Bekannten in Oranienburg, in der DDR. Der will in den Westen, aber die Grenzen nach Berlin sind ja bekanntlich dichtgemacht. Wir wollten einen Plan entwickeln, wie wir ihn nach Ost-Berlin bekommen, von da aus wäre es dann leichter, ihn hierherzukriegen. Wir hörten Stimmen von einem Mann und einer Frau. Wir haben uns nicht weiter darum gekümmert, die konnten uns nicht sehen. Plötzlich fangen die an zu streiten, es wird immer lauter und auch böser. Ich sage zum Wolfgang: Lass uns mal gucken, vielleicht braucht die Frau Hilfe. Wir stehen auf, sehen die beiden auf der Bank sitzen, er in so einem hellen Dandy-Anzug, sie sah aus wie eine Frau aus dem Kino, schlank, kurze Haare. Und dann ging es ganz schnell. Sie springt auf, geht hinter die Bank, zieht eine Pistole und schießt. Der Mann ist an der Hand verletzt, versucht ihr trotzdem die Waffe wegzunehmen, ein Schuss löst sich, mit dem sie sich selbst erwischt, an der linken Seite, da ist Blut. Und dann, peng peng peng, schießt sie das Magazin auf ihn leer. Siegfried und ich, wir gehen in Deckung und sehen nur noch, wie sie in Richtung Barbrücke verschwindet.«

»Was war mit der Pistole? Hatte sie die noch bei sich, als sie wegging?«

»Das weiß ich nicht, Herr Kommissar. Aber die ging nicht, die rannte, als wäre der Teufel hinter ihr her.«

»Was hatte die Frau an?«

»So ein graues Kleid, würde ich sagen, aber sicher bin ich mir nicht.«

»Sie könnten die Frau eindeutig identifizieren?«

»Absolut sicher. Ihre Haare, ihr Gesicht. Außerdem müsste sie ja diese Verletzung haben.«

Auweiler lehnte sich in seinen Stuhl zurück. Sehr langsam zog er eine Panatella aus der Brusttasche seines Hemdes, steckte sie in den Mund, holte ein Feuerzeug hervor und zündete den Zigarillo an. Döbling beobachtete ihn nervös, mehrmals sah er Fred fast flehend an, als wollte er, dass wenigstens er etwas sagte.

»Kann es Ihrer Einschätzung nach sein«, Auweiler nahm einen tiefen Zug und ließ den Rauch mit quälender Langsamkeit durch die Nase entweichen, »kann es sein, dass die Frau in Notwehr handelte? Wurde sie attackiert?«

»Nein, ganz sicher nicht. Die haben sich angebrüllt, die

waren wütend, sehr wütend, ja. Aber er hat sie nicht angerührt.«

»Wie konnte er nach ihr greifen, um ihr die Waffe wegzunehmen, wenn sie hinter der Bank stand?«

»Er langte zu ihr hinüber, es ging alles sehr schnell. Mehr kann ich nicht sagen. Das ist das, was ich gesehen habe.«

»Hat einer von den beiden geraucht?«, fragte Fred und kassierte einen unwilligen Seitenblick von Auweiler.

»Geraucht?« Döblings Augen blinzelten, als würde ihn Auweilers Zigarilloqualm plötzlich zu schaffen machen. »Das weiß ich nicht.«

»Heißt das, Sie haben die beiden erst in dem Moment gesehen, als die Schüsse fielen?«

Döbling dachte angestrengt nach, Fred meinte regelrecht zu spüren, wie seine Gehirnzellen nach der besten Antwort suchten.

»Nein, kurz vorher, als sie noch auf der Bank saßen.«

»Dann ging alles sehr schnell. Richtig?«

»Sehr schnell, ja.«

»Und trotzdem sind Sie sich sicher, die Frau eindeutig identifizieren zu können?«

»Bin ich, ja.«

»Wie weit waren Sie entfernt?«

»Das kann ich nicht sagen, Herr Kommissar. Das müssten Sie nachmessen.«

»Gut.« Auweiler signalisierte Fred, keine weiteren Fragen zu stellen und beendete die Tonbandaufnahme.

»Herr Döbling, meine Sekretärin wird Ihre Aussage und

die von Herrn Groszik transkribieren und Ihnen beiden dann zur Unterschrift vorlegen. Und wir werden eine Gegenüberstellung organisieren, bei der Sie die Person, die Sie glauben gesehen zu haben, identifizieren. Der gesamte Vorgang wird einige Zeit in Anspruch nehmen, was Sie bitte ohne Murren hinnehmen.«

»Selbstverständlich, Herr Kommissar.«

»Sie bekommen daher von uns eine Bescheinigung für Ihren Arbeitgeber über die Notwendigkeit Ihrer Abwesenheit vom Arbeitsplatz.«

»Die lügen«, sagte Fred, nachdem er das Transkript beider Aussagen durchgelesen hatte. »Ich bin sicher.«

»Lemke, ich bin wahrlich bisher zu nachsichtig mit Ihnen. Sie sind jung. Wie viele Jahre waren es gleich noch, die Sie nun schon auf der Welt wandeln?«

»Dreiundzwanzig.«

Auweiler verdrehte die Augen und schnippte ein Ascheflöckchen von seinem Ärmel. »Sie haben kaum Lebens- und praktisch keine Berufserfahrung. Exercitatio artem parat. Übung macht den Meister, Herr Lemke. Jedoch eben nur, wenn man übt und nicht meint, alles schon zu wissen.«

»Ich bewerte das, was ich hier lese. Mehr nicht.«

»Sie sind subjektiv. Und Sie meinen, Ihre Meinung wöge schwerer als Fakten.«

»Für mich klingen die Aussagen so, als hätten sich die beiden abgestimmt.«

»Sie haben dasselbe gesehen, ergo müssen sich ihre Aussagen gleichen. Andernfalls wäre es bedenklich.«

»Warum haben die so lange mit ihrer Aussage gewartet?«

»Beide haben deutlich gemacht, warum.«

»Was hätten sie denn zu befürchten gehabt, wenn sie gleich nach dem Mord zu uns gekommen wären? Nichts.«

»Menschen verhalten sich selten rein logisch, Lemke. Das müsste Ihnen doch sehr vertraut sein.«

»Und umgekehrt gefragt: Wieso kommen sie ausgerechnet jetzt mit ihrer Aussage?«

»Tut man etwas, tut man es immer ausgerechnet in dem Moment, da man es tut.«

Fred starrte den Kommissar an. Wieder einmal fragte er sich, ob Auweiler wegen seiner langjährigen Berufserfahrung unsäglich souverän oder einfach nur ein fauler Ignorant war.

»Die Zeugen sind doch für uns wie ein Geschenk des Himmels, ein göttlicher Zufall, der dazu führt, in der Sache nicht weiter zu bohren und keine Fragen mehr zu stellen.«

»Der Zufall ist ein Zufall, das ist das Wesen des Zufalls, Lemke.«

Fred hatte Mühe, sich zu beherrschen. »Es gibt einen Mann, der in diese Geschichte verwickelt ist, dem sehr daran gelegen sein dürfte, dass wir nicht allzu tief bohren.«

»Wer soll das sein? Der Ermordete?« Auweilers Augen hatten sich zu kleinen Schlitzen verengt.

»Sonderermittlerin von Stain und ich haben Samstagnacht eine sehr wichtige Aussage von Mirna Laake bekommen. Daraufhin haben wir gestern einen gewissen Zacharias Erkner aufgesucht. Ich bin noch nicht dazu gekommen, den Bericht zu schreiben. Es geht um Folgendes.«

Fred sandte ein Stoßgebet zum Himmel, dass er es dieses Mal fertigbrachte, prägnant, kurz und präzise zu formulieren, und tatsächlich gelang es ihm weitgehend. Während er sprach, wandelte sich Auweilers zorniger Gesichtsausdruck sehr schnell in eine wache, alarmierte Aufmerksamkeit, so als müsste er auf der Hut sein, dass ihm als verantwortlicher Kommissar später niemand Vorhaltungen machen konnte, seiner Verantwortung nicht gerecht geworden zu sein. Nachdem Fred fertig war, schwieg er eine Weile, bevor er den Faden aufnahm.

»Ich füge die Fakten für Sie zu einem schlüssigen Bild zusammen: Das alles klingt so, als würde diese Tänzerin mit allen Mitteln versuchen, ihren Kopf zu retten. Mit leeren Behauptungen. Sie haben diesen Zacharias Erkner befragt. Er hat ein Alibi für die Tatzeit. Lassen Sie sich das von dem Zeugen, den er genannt hat, schriftlich geben, und dann ist gut! Mit welcher Begründung soll denn der Staatsanwalt gegen diesen Mann Anklage erheben? Selbst wenn Heinz Obermann ihm die Nase eingeschlagen hat.«

»Ich sage nicht, dass er der Mörder ist. Aber finden Sie es nicht merkwürdig? Wir nehmen Erkner in die Mangel, kurz darauf taucht er bei Mirna Laake auf, fragt sie äußerst detailliert über den Hergang des Mordes aus, und am nächsten Tag sitzen hier plötzlich zwei Zeugen mit einer Aussage, die nur das Allernötigste enthält, um die Laake ans Messer zu liefern.«

»Lemke, Lemke, Lemke! Wenn dieser Erkner nicht der Mörder ist, und das scheint mir durch ein Alibi bestätigt, was hat er dann davon, die Laake ans Messer zu liefern? Was, bitte sehr?«

»Vielleicht hat er Angst, dass sie mit ihrer Aussage schlafende Hunde weckt. Vielleicht geht es ihm nur darum, ihre Glaubwürdigkeit zu torpedieren. Vielleicht will er sie aus dem Verkehr ziehen, weil sie ihm schaden könnte. Weil sie zu viel über ihn weiß. Zum Beispiel über die Organisation Werwolf.«

»Was ist das denn nun schon wieder für ein Blödsinn! Da soll es Männer geben, die dreizehn Jahre nach Kriegsende den alten Adolf wieder zurückhaben wollen und sich umbringen, wenn einer nicht mehr mitspielen will? Kann es sein, dass Sie besessen sind von diesem Altnazithema?«

»Ich sage nicht, dass das der Grund ist. Ich sage nur, da ist eine Spur, die wir weiterverfolgen müssen. Der Mord hat etwas mit Obermanns Vergangenheit zu tun, ich bleibe dabei.«

»Wissen Sie was? Und jetzt hören Sie genau zu: Müssen wir nicht. Wir haben zwei Zeugen, deren Aussagen stimmig sind und übereinstimmen. Warum, glauben Sie, kann die Laake, die bei dem Mord offenkundig und nach eigener Aussage am nächsten dran war, nicht sagen, wer da geschossen hat? Weil sie es selbst getan hat. Die Frau ist vorbestraft, das scheinen Sie ständig ignorieren zu wollen. Wenn die beiden Zeugen sie eindeutig identifizieren, ist das Thema durch.«

»Wir sollten wenigstens herausfinden, ob die beiden Zeugen in irgendeiner Verbindung zu Erkner stehen und …«

»Nichts dergleichen«, unterbrach ihn Auweiler. »Schluss jetzt! Bis repetita non placent, heißt es bei Horaz, Lemke, ständige Wiederholungen gefallen nicht, und ich füge hinzu: Sie werden nicht wahrer, wenn man sie wieder und wieder auf den Tisch bringt.«

Er zog eine Mappe aus seiner Schreibtischschublade, auf der in dicken Buchstaben »Gegenüberstellungen/Frauen« geschrieben stand, und hielt sie Fred hin.

»Hier finden Sie Fotos von allen weiblichen Mitarbeiterinnen hier im LKA. Suchen Sie sechs, die vom Typus der Laake irgendwie ähnlich sind. Die sollen sich bereithalten, wir holen sie, sobald die Laake hier ist.«

...

Fred hatte keine Gelegenheit, mit Mirna Laake zu sprechen. Justizbeamte führten sie umgehend hinunter in einen Kellerraum, in dem die Gegenüberstellung stattfinden sollte. Sie und sechs LKA-Mitarbeiterinnen wurden an einer Wand aufgereiht, ihnen gegenüber ein durch eine Glasscheibe abgetrennter Raum. Die Frauen wurden von Scheinwerfern angestrahlt und so stark geblendet, dass sie die Personen hinter der Fensterscheibe nicht erkennen konnten. Ohne zu zögern, identifizierten die beiden Zeugen Laake unabhängig voneinander als die Täterin. Daraufhin wurde sie offiziell verhaftet und von Auweiler über ihre Rechte als des Mordes Angeklagte informiert. Der Kommissar hatte darauf bestanden, dass Fred im Zeugenraum blieb, und so blieb Fred nichts anderes übrig, als die Szene durch die Glasscheibe hindurch zu beobachten. Er sah, wie die Tänzerin in sich zusammensackte, blass und kraftlos. Sie weinte nicht, sie schrie nicht, sie sagte kein Wort. Ihr Blick klebte am Boden. Dann gab sie sich einen Ruck, richtete sich wieder auf, kerzengerade, stolz und gefasst. Ohne Auweiler eines Blickes zu würdigen, ließ sie sich abführen. Fred fühlte sich so elend wie selten in seinem Leben. Auweiler kam in den Zeugenraum. Bestens gelaunt rieb er sich die Hände.

»So, Lemke, jetzt gibt's viel zu tun. Berichte schreiben, alle Beweise noch mal zusammenfassen, was man eben so macht, wenn der Täter überführt ist.« Er sah Fred übertrieben freundlich an, fast als wollte er ihn ermuntern, irgendetwas Kritisches anzumerken, um ihn dann mit der Keule seiner Logik niederzuschlagen.

Fred schwieg.

»Alldieweil werde ich Kriminalhauptkommissar Merker informieren.«

»Wir wissen nicht, ob die Staatsanwaltschaft unsere Beweise für ausreichend hält, Anklage zu erheben.«

»Das wird sie, glauben Sie mir. Ohne Zweifel.« Auweiler klatschte in die Hände. »Wissen Sie was? Gönnen wir uns doch zuvörderst unsere wohlverdiente Mittagspause. Wollen Sie mich in die Kantine begleiten?«

Damit du dich weiter an dir selbst berauschen kannst? Fred schüttelte den Kopf. »Ich geh ein wenig vor die Tür.«

Auweiler nickte lächelnd. »Frische Luft macht einen klaren Kopf, ich verstehe. Nur zu.« Er schloss für einen Moment die Augen. »Nova caeli facit in cerebrum aerated, Lemke.«

Fred stürmte hinaus. Er hatte das Gefühl, versagt zu haben. Irgendwo verbarg sich ein Fehler, den er nicht erkannte. Nur wo? Was hatte er übersehen?

Moosbacher hockte im Labor vor einem Mikroskop und machte sich nebenher Notizen.

»Oh, schon Mittagszeit«, sagte er, als Fred ihn begrüßte. »Sie erlösen mich im richtigen Moment. Textilprobenvergleich von einem Tatort, an dem es nur so wimmelt von verschiedenen Spuren.«

Die Portionen von Metzgerin Riese waren wieder fürstlich, und obwohl Fred keinen rechten Hunger hatte, aß er alles auf. Magda Riese nahm es einfach zu persönlich, wenn ihr Essen nicht komplett verputzt wurde.

»Ich verstehe Ihre Bedenken, Herr Lemke«, sagte Moosbacher, nachdem er sich alles angehört hatte. »Lassen Sie es mich so sagen, und ich bitte Sie, mich nirgendwo zu zitieren. Die Hintergründe, die Sie vermuten, Gestapo, SS, werden von vielen hier im Haus als rotes Tuch angesehen. Sie erinnern sich, was ich Ihnen kürzlich über die Entnazifizierung gesagt habe?«

»Natürlich.«

»Es ist nicht so, dass die durch die Amnestie Beglückten aufgeatmet und gedacht hätten: Puh, das ist ja noch mal gut gegangen, ab jetzt halten wir uns bedeckt und lassen die Vergangenheit Vergangenheit sein. Nein, es gibt einige, und das sind nicht wenige, die sehen es als ihre Aufgabe an, die Gesinnungsgenossen von früher zu schützen oder gar aktiv zu unterstützen. Diese Unverbesserlichen, glauben Sie mir, die werden uns noch Jahrzehnte beschäftigen.«

»Sie meinen Hauptkommissar Merker?«

»Sie werden von mir keine Namen hören. Aber Sie werden immer wieder feststellen, dass Sie bei bestimmten Themen an eine Gummiwand stoßen. Da prallen Sie ab und kommen nicht durch.«

»Wie der Landvermesser K. im ›Schloss‹ von Kafka.«

Moosbacher sah ihn erstaunt an. »Wie kommen Sie denn darauf?«

Fred zuckte mit den Schultern. »Nur so.« Er hätte sich unwohl gefühlt, Josephine Graf ins Gespräch zu bringen.

»Ja, wie im ›Schloss‹. Die Frage ist, wie man damit umgeht.«

»Wie gehen Sie damit um?«

Moosbacher ließ sich sehr viel Zeit mit seiner Antwort. »Ich bin vorsichtig. Weil ich angreifbar bin. Ich versuche, die zu unterstützen, die weniger angreifbar sind.«

»Was macht Sie angreifbar?«

»Kein Kommentar«, lachte Moosbacher. »Sonst werde ich noch angreifbarer.«

Fred fragte sich, ob das sein Vertrauen beeinträchtigte, das er in den sympathischen Bayern hatte.

»Ich habe etwas übersehen. Irgendetwas.« Fred sah hinaus auf die Straße. Dasselbe Bild wie immer um diese Zeit. Viele Menschen, ihrer Kleidung nach Büromenschen, grau, braun und blau waren ihre Farben, und nur hin und wieder einige Farbtupfer, fast immer Frauen. Seltsam, dachte er, Berlin war bunt, lebendig, expressiv, nur hier nicht.

»Manchmal ist es nicht, dass man etwas übersehen, sondern dass man das Gesehene falsch interpretiert hat. Dass man die falsche Perspektive eingenommen hat.«

Vor dem Fenster schlenderten zwei junge Männer in James-Dean-Uniform: Jeans, die Hosenbeine zu einem breiten Rand umgekrempelt, Lederjacke, weißes T-Shirt, in der Hand ein Kamm, bereit, ihn so oft wie möglich durch die mit Pomade getränkten Haare zu ziehen. Zwei Fremdkörper in diesem Umfeld. Plötzlich empfand Fred sich selbst als einer: ein angehender Kommissar im Landeskriminalamt Berlin, umgeben von Mitarbeitern, die bis auf wenige Ausnahmen das Alte, das Gewohnte, das Spießige repräsentierten.

Aus dem Augenwinkel sah er, wie der ausgemergelte Hund, den er schon vor ein paar Tagen beobachtet hatte, die Straße überquerte. Sehr vorsichtig und wie von einem Magnet gezogen, die hin und her zuckende Nase weit vorgereckt, näherte er sich der Eingangstür der Metzgerei. War er beim letzten Mal noch vor jedem Kunden, der die Metzgerei verließ, weggesprungen und nur mit größter Vorsicht zurückgekehrt, setzte er sich jetzt geradewegs vor den Eingang, leckte sich die Lefzen und starrte hinein. Bis Magda Riese ihn sah, hinausstürmte und ihn davonjagte. Doch es dauerte nicht lange, da kehrte er wieder zurück, unwiderstehlich von dem Duft angezogen.

Moosbacher folgte Freds Blick und sah ihn fragend an.

»Hugo hat am Tatort eine Witterung aufgenommen, die ihn zu dem Petticoat im Gebüsch geführt hat«, sagte Fred. »Es gibt da eine Verbindung. Ich muss irgendetwas übersehen haben.«

»Wer ist noch mal Hugo?«

»Der Hund von Konrad Stehr. Der Mann mit den Frauengesichtern an den Wänden.«

Fred breitete den Petticoat auf dem Arbeitstisch im Fotolabor aus. Der Assistent des Polizeifotografen hatte ihm drei der großen Scheinwerfer so ausgerichtet, dass keine Stelle des Rocks Schatten warf. Fred untersuchte Falte für Falte, zuerst mit bloßen Augen, dann mit einer Lupe. Nichts, es blieb bei dem, was er schon wusste. Da war altes, getrocknetes Blut, da waren gelblich-weiße Flecken, eiweißhaltig, wahrscheinlich Sperma, ebenfalls hart und alt. Sehr viele an verschiedenen Stellen. Das Etikett. Eine mit einem Kugelschreiber notierte 6 oder 9. Warum hatte jemand eine Zahl an dieser Stelle notiert? Naheliegend war, dass jemand verschiedene Petticoats besaß und sie durchnummeriert hatte. Würde er, wenn er mehrere weiße Hemden besäße, diese durchnummerieren? Sicherlich nicht. Na und? Das brachte ihn keinen Millimeter weiter. Infrage kamen: Theaterfundus, Zweite-Hand-Geschäfte, Tanzschulen, Flohmarktverkäufer. Aussichtslos: Allein in West-Berlin gab es praktisch jeden Tag irgendwo einen Flohmarkt, auf dem gebrauchte Kleidungsstücke verkauft wurden, im Osten wahrscheinlich noch einmal genauso viele.

Fred sah sich das Etikett noch einmal näher an. Es war aus grobem, dickem Stoff, der Name des Herstellers, Mode Heimers, war darin eingenäht. Es dürfte nicht einfach gewesen sein, auf diesem Grund etwas mit dem Kugelschreiber zu notieren. Fred sah sich um.

»Haben Sie ein Stück Stoff, das diesem hier ähnlich ist?« Er hielt dem Assistenten das Etikett hin.

»Einen Leinensack vielleicht?«, antwortete dieser und kam kurz darauf mit einer Art Seesack zurück. »Damit decken wir die Scheinwerfer ab.«

In einer Schublade des Tisches fand Fred einen Kugelschreiber. Er fixierte einen Ausschnitt des Stoffes mit zwei Fingern auf der Tischplatte und versuchte, eine 6 darauf zu notieren. Die Spitze der Mine blieb immer wieder hängen. Erst nach einigen Versuchen war die 6 als solche zu erkennen. Die anderen Versuche hätten alles Mögliche sein können. Einer sah aus wie ein G.

Fred spürte, wie ihm eine Gänsehaut den Rücken hochkroch, langsam, dafür umso intensiver. War das die Kleinigkeit, die er nicht übersehen, aber falsch interpretiert hatte?

Er raffte den Rock zusammen, steckte ihn in die Plastiktüte und stürmte ins Labor.

»Ich muss ihn noch mal mitnehmen«, rief er Moosbacher im Vorbeigehen zu.

Der sah von seinem Mikroskop auf. »Ein Wechsel der Perspektive?«

»Eher ein Zufall.«

Moosbacher lächelte. »Gibt es nicht.« Er wandte sich wieder seiner Arbeit zu. »Sonderermittlerin von Stain hat gerade eben nach Ihnen gefragt. Sie wird in ein paar Minuten hier sei.«

»Können Sie ihr sagen, dass ich schon weg war?« Ihre robuste, unberechenbare Art konnte Fred jetzt gar nicht gebrauchen.

»Mach ich. Viel Glück.«

Fred sprintete die Treppe hinauf ins Erdgeschoss und hinaus in den Innenhof. Egon Hohlfeld, der Fahrer der Mordkommission, lehnte an dem Mercedes und las einen Comic.

»Wir haben kein Blaulicht, Herr Lemke. Wenn Sie es richtig eilig haben, rufen Sie besser einen Streifenwagen.«

»Können wir sofort los?«

»Der Chef braucht den Wagen.«

»Das Motorrad?«

»Wenn Sie selbst fahren.« Er widmete sich wieder seinem Comic. »Sie müssen einen Zettel ausfüllen. Ich hab 'nen Rüffel gekriegt, wegen letztem Mal.«

Fred warf sich auf das fünfsitzige Motorrad, zog den Choke und trat den Anlasser. Die BMW startete mühelos, und als der Motor zu pöttern begann, schob Fred den Zug für die Starterklappe Stück für Stück hinein, bis er rund drehte. Hohlfeld sah von seinem Comic auf und hob anerkennend den Daumen.

»Ein Notfall«, sagte Fred zum Pförtner. »Mordkommission I. Im Auftrag von HK Merker.«

Der Pförtner öffnete die Schranke. »Das Formular bitte nachliefern. Ich verlasse mich auf Sie.«

Fred gab Gas. Im Rückspiegel sah er, wie Ellen von Stain in den Hof hinaustrat. Sie winkte ihm zu. Er tat so, als hätte er sie nicht bemerkt.

...

Schon nach dem ersten Klingeln öffnete Gisela Bernau, die Haushälterin von Ida Obermann. Als sie Fred erkannte, huschte ein warmes Lächeln über ihr Gesicht.

»Guten Tag, Herr Lemke.«

»Guten Tag, Frau Bernau.«

»Kommen Sie herein, ich melde Sie gleich der gnädigen Frau.«

Fred trat ein. »Ich bin gekommen, um mit Ihnen zu sprechen.«

Bernau sah ihn erstaunt an. »Ja, dann folgen Sie mir bitte. In die Küche, einen anderen Raum kann ich Ihnen nicht anbieten.«

»Die Küche ist gut. Danke.«

Sie ging voran. »Es ist wohl wieder wegen …« Sie sprach nicht weiter und warf ihm einen Blick über die Schulter zu.

»Ja, da sind noch Fragen offen.«

»Ich hoffe, ich kann Ihnen helfen.« Sie hielt ihm die Küchentür auf und schloss sie hinter ihm. »Wollen Sie vielleicht einen Kaffee?« Sie deutete auf einen Stuhl am Küchentisch.

Fred nickte, die Glaskanne im Wigomat war halb voll, wie bei seinem letzten Besuch. »Gerne.« Er setzte sich und legte die Tüte mit dem Petticoat neben sich auf den Boden.

»Mit Milch, habe ich recht?«

»Normalerweise, ja, aber heute trinke ich ihn schwarz.« Er tippte auf seinen Bauch. »Linseneintopf mit Schweinefleisch.«

Sie lachte auf. »Wissen Sie, wie er leichter verdaulich ist? Wenn Sie eine Prise Natron hineingeben.«

»Das werde ich weitergeben.«

Fred wartete, bis sie die Tasse abgestellt und sich gesetzt hatte. Sie faltete ihre Hände und sah ihn an. In ihren Augen konnte er nichts lesen, das Einzige, was sie ausdrückten, war diese tiefe Traurigkeit, die sich in ihr nach dem Verschwinden ihrer Tochter wahrscheinlich auf ewig festgesetzt hatte. Fred musste an seine Mutter und seine Schwester denken. Für sie war er auch von einem Tag auf den anderen verschwunden, und sie hatten nie wieder etwas von ihm gehört.

»Herr Lemke, was kann ich für Sie tun?« Sie klang ein wenig ungeduldig.

»Entschuldigung, ich war gerade mit meinen Gedanken woanders.«

»Weit weg?«

»Nicht sehr. In der Märkischen Schweiz.«

Sie sah ihn fragend an.

»Meine Familie lebt da. Der Rest meiner Familie, meine Schwester und meine Mutter.«

»Ich verstehe. Man kann ja nicht mehr so ohne Weiteres in die DDR reisen und wenn, weiß man nicht, ob sie einen wieder zurückkehren lassen.«

»Mich würden sie dabehalten. Frau Bernau, wir haben den Mörder von Heinz Obermann gefasst. Eine Frau. Die Täterin und Heinz Obermann hatten Streit, sie hat eine Pistole gezogen und ihn getötet.«

Die Haushälterin sah ihn starr an. »Wie ... also ...«

»Sie meinen, wie wir sie überführt haben? Es gibt zwei Zeugen, die sie eindeutig als Täterin identifiziert haben.«

»Was ist das für eine Frau?«

»Vorbestraft, wegen Erpressung, zwei Jahre Gefängnis auf Bewährung.«

Gisela Bernau schluckte schwer und auch nach mehrmaligem Räuspern hatte sie Mühe zu sprechen. »Was heißt, auf Bewährung?«

»Solange man sich nichts zuschulden kommen lässt, muss man die Gefängnisstrafe nicht antreten. Damit ist es für die Täterin natürlich vorbei, sie wird den Rest ihres Lebens hinter Gittern verbringen.«

»Wie alt ist sie?«

»Dreißig.«

»Und diese Zeugen, die sind sich ganz sicher?«

Fred nahm einen Schluck Kaffee und deutete auf den Wigomat. »Diese Maschine macht wirklich guten Kaffee. Ja, sie sind sich sicher.«

»Mein Gott, das ist ja furchtbar.«

Fred nahm einen weiteren Schluck und stellte die Tasse zurück. »Wissen Sie, was das Furchtbarste ist? Ich glaube, sie ist unschuldig.«

»Aber ...«

»Ich glaube, die Zeugen lügen. Wissen Sie, ich denke, wenn man für etwas bestraft wird, was man getan hat, kann man mit dieser Strafe leben. Irgendwie. Wenn man allerdings unschuldig ist ...«, Fred zuckte mit den Schultern. »Ich würde daran kaputtgehen.«

Bernau schwieg. Sie sah zum Fenster hinaus. Ihr Gesicht war hart und abweisend, ihre Lippen schmal und grau, vollkommen anders, als Fred sie bisher wahrgenommen hatte. Er zog den Rock aus der Tüte und breitete ihn vor ihr auf dem Tisch aus.

»Ich glaube, dieser Petticoat gehört Ihnen, Frau Bernau. Die 6 auf dem Etikett ist ein misslungenes G für ›Gisela‹. Der Hund, der diesen Rock gefunden hat, hat am Tatort Ihre

Witterung aufgenommen, ist der Spur gefolgt und hat den Rock im Gebüsch gefunden. Sie waren da. Warum?«

Ihr Blick streifte Freds Haare, seine Augen, seinen Mund.

»Und Sie? Wie alt sind Sie?«

»Dreiundzwanzig.«

»Sie haben noch viel Leben vor sich, so viel Leben.«

»Die Frau, die wegen des Mordes an Heinz Obermann verurteilt wird, hat auch noch viel Leben vor sich. Ein Leben im Gefängnis. Bis zu ihrem Tod.«

Zwischen Gisela Bernaus geschlossenen Lidern drückten sich Tränen heraus, quälend langsam und widerständig, als wären die Augen es leid zu weinen. Ihr Atem wurde schwerer, ging stoßweise, immer wieder hielt sie die Luft an und gab sie erst nach langen Sekunden wieder frei.

Fred wartete ab. Sie öffnete ihre Augen wieder. Der tiefe Schmerz darin mischte sich mit ... Erleichterung? Sie stützte sich auf dem Tisch ab und erhob sich. Freds Blicke folgten ihr, als sie zum Küchenschrank ging. Er machte sich bereit aufzuspringen, was hatte sie vor? Sie zog eine Schublade vollständig heraus, legte sie zur Seite, griff durch die Öffnung tief in den Schrank hinein und brachte einen großen braunen Umschlag zum Vorschein. Sie kehrte zum Tisch zurück, hielt ihn Fred wortlos hin und setzte sich.

Fred bog die beiden Metallklammern zusammen, die die Lasche hielten, griff hinein und zog einen Stoß Fotos hervor, Farbfotos in bestechend guter Qualität. Er blätterte die ersten durch, ließ sie auf den Tisch fallen, kämpfte gegen die aufkommende Übelkeit an. Erneut griff er zu den Fotos.

Zwei weitere konnte er sich ansehen, dann rebellierte sein Magen. Er stürzte zur Spüle und übergab sich, einmal, zweimal, immer wieder, bis nur noch flüssige, bittere Galle herauskam. Er drehte den Hahn auf und spritzte sich Wasser ins Gesicht. Er spürte eine Hand auf seinem Rücken und drehte sich um. Gisela Bernau stand hinter ihm und streckte ihm die Fotos entgegen.

»Sie müssen sich alle ansehen.«

Fred nickte, ja, das musste er.

Er nahm die Fotos, kehrte zum Tisch zurück und legte sie nebeneinander aus.

Das Mädchen auf den Fotos trug den gepunkteten Petticoat. Er war ihr zu groß und mit Klebestreifen an ihrem nackten Körper befestigt. Ihr Oberkörper war von zahlreichen Schnittwunden übersät, grauenhafte Verletzungen, die sich nur ein Sadist ausdenken konnte, Verletzungen, die nicht töteten, sondern deren Ziel es war, etwas Schönes zu zerstören. Einige Fotos waren mit Selbstauslöser gemacht und zeigten Heinz Obermann, wie er das gefesselte Mädchen misshandelte, mit einem Messer, mit einer Rasierklinge, mit einer Zange, wie er sie mit einem Lächeln im Gesicht quälte, sie vergewaltigte. Die Bilder waren durchnummeriert und in einer grauenhaften Reihenfolge angeordnet, an deren Ende das geschundene Kind tot dalag. Ihren Gesichtsausdruck würde Fred niemals wieder vergessen.

»Ihre Tochter.«

»Eva. Sie war dreizehn Jahre alt.«

Die Haushälterin hatte sich still wieder an den Tisch gesetzt. Fred legte die Fotos zu einem Stapel zusammen und schob sie zurück in den Umschlag. Sie sahen sich an, wortlos und lange. Bernau wirkte gefasst, ja, auf eine Art erlöst. Welche Qualen mussten ihr diese Fotos bereitet haben? Wie grauenhaft mussten ihre Nächte sein, wenn der Schlaf nicht kommen wollte, wenn sie mit ihren Gedanken allein war? Und wenn er kam, der Schlaf, riss früher oder später das Bollwerk auf, mit dem sie sich tagsüber den Schmerz vom Leib hielt.

»Letzten Montag war er schon aus dem Haus, als ich meine Arbeit begann. Er wollte ja nach Köln, mit dem Flugzeug.« Die Haushälterin sprach mit leiser, fester Stimme. »Ich wollte die Gelegenheit nutzen und in seinem Büro staubwischen. Auf seinem Schreibtisch lag ein Zettel, welchen Flug er nehmen würde, die Abflugzeit, und daneben hatte er handschriftlich notiert: »vorher Mirna, Fennsee«. Ich wusste, dass er ein Verhältnis hatte, ich weiß nicht, wie viele es in all den Jahren waren. Aber das ging mich nichts an.«

Sie stockte, ihr Atem ging schneller. Fred wartete ab.

»Die Tür zu seinem Safe war nicht verschlossen, sonst ist sie immer zu. Der Schlüssel steckte. Ich wollte sie zudrücken und sehe ein Stück Stoff herausgucken. Ich kann nicht erklären, warum, ich konnte nicht anders, ich musste die Tür öffnen. Es war mein Petticoat. Dieser Petticoat«, sie tippte auf eines der Fotos. »Das Etikett, ich hatte ein ›G‹ darauf geschrieben, weil ich ihn öfter einer Freundin geliehen hatte. Damit sie sich erinnert. Was macht dein Petticoat in seinem Safe, dachte ich, und …«, ihre Stimme versagte. »Da lag auch eine Pistole. Geld. Und mehrere große Briefumschläge. Auf dem obersten stand ›Eva‹. Wahrscheinlich ist da das Geld drin, das Herr Obermann dem Erpresser geben wollte, dachte ich, und es rührte mich, wie anständig er zu mir gewesen war. Dann sah ich, dass auch auf den anderen Umschlägen Mädchennamen standen. Warum nur? Ich öffnete den Umschlag mit Evas Namen ...«

Die Haushälterin konnte ihre Tränen nicht mehr zurückhalten, sie weinte, und ihr Wimmern ging Fred durch Mark und Bein. Auch ihm kamen die Tränen, Tränen der Wut über widerliche Scheusale wie Heinz Obermann, die sich für berechtigt halten, das Leben anderer zu zerstören, die Lust dabei empfinden, andere zu quälen und zu töten. Was hätte er selbst an Gisela Bernaus Stelle getan? Dasselbe wie sie?

Fred wusste nicht, wie viel Zeit vergangen war, bis die Haushälterin sich wieder gefasst hatte.

»Ich konnte nicht mehr denken, es schmerzte so furchtbar, so furchtbar ... Und der Mann, der ihr das angetan hat, vergnügte sich gerade mit seiner Gespielin am Fennsee. Er hat gesagt, er will mir helfen. Hat das Geld für den Erpresser bereitgestellt. Aber es gab keinen Erpresser, es gab keine Entführung. Er hat meine Tochter getötet und mich jeden Tag freundlich angelächelt. Was ist das für ein Mensch?«, schrie sie und fügte flüsternd hinzu: »Was ist das für ein Mensch?«

Fred schwieg und wartete ab.

»Ich habe die Pistole genommen – auch den Petticoat, ich weiß nicht, warum. Bin zum Fennsee, mit dem Fahrrad. Da sitzt er, auf der Bank, mit dieser Frau. Ich schieße und schieße, bis es nicht mehr geht.«

Lass sie laufen, dachte Fred, sag ihr, sie soll niemandem erzählen, was sie ihm gerade erzählt hat. Warum sollte sie für eine Bestie wie Obermann ins Gefängnis gehen? Seine Gedanken überschlugen sich. Mirna Laake ... Sein Gefühl war richtig gewesen, diese Frau zog das Unglück förmlich an, aber sie war unschuldig. Wenn es ihm gelang, diese verdammten falschen Zeugen als Lügner zu überführen, würde die Tänzerin ungeschoren davonkommen. Der Fall Obermann wäre nichts als ein weiterer ungelöster Mordfall in Berlin. Fred spürte den wilden Rhythmus seines Herzschlags, es pochte in seinen Ohren, ihm war heiß. Er drückte seine Finger gegen die Schläfen. Diese Stimme, er hasste sie ... Das darfst du nicht, flüsterte sie, du bist Polizist, du musst dem Recht Geltung verschaffen, und niemand hat das Recht, einen anderen zu töten, ganz gleich, warum.

» ... meine Tat büßen muss.«

»Was?«

»Ich will nicht, dass eine Unschuldige für meine Tat büßen muss«, wiederholte Gisela Bernau.

Müssen Sie nicht, wollte er antworten, das krieg ich hin, geben Sie mir ein paar Tage ...

Als hätte sie seine Gedanken gelesen, fuhr sie fort. »Die letzten Tage habe ich viel nachgedacht, Herr Lemke. Ich war noch nicht so weit, aber ich denke, irgendwann wäre ich ohnehin zu Ihnen gekommen.« Sie öffnete zwei Knöpfe ihrer Bluse und zog eine Halskette hervor, an der ein Schlüssel hing. »Der Schlüssel zu seinem Tresor. Er hat ihn gehütet wie seinen Augapfel und immer bei sich getragen. Nur eben an diesem Morgen nicht.« Sie hielt ihn Fred hin. »Die Umschläge mit den Namen der anderen Mädchen – es gibt andere Mütter, die nicht wissen, was mit ihren Töchtern geschehen ist. Jeder muss wissen, was für eine Bestie Heinz Obermann gewesen ist.«

»Was weiß seine Frau von alledem?«

Gisela Bernau schwieg lange. »Ich glaube, sie weiß viel mehr über ihren Mann, als sie zugibt. Aber das?« Sie deutete auf den Petticoat und zuckte mit den Schultern.

Fred erhob sich. »Ich werde Sie mitnehmen müssen, Frau Bernau, und ich befürchte, Sie werden so bald nicht wieder hierher zurückkehren.«

»Ich werde nie wieder hierher zurückkehren«, erwiderte sie, schloss die Knöpfe ihrer Bluse, zog ihre weiße Schürze aus und legte sie ordentlich über die Stuhllehne. »Wir alle müssen sterben. Der Tod macht genauso viel Sinn wie das Leben. Aber der Tod meiner Tochter war sinnlos. Ein paar Tage lang dachte ich, dass wenigstens Obermanns Tod Sinn macht. Aber das ist falsch. Er ist auch sinnlos, weil ich meine Eva dadurch nicht zurückbekomme.«

...

Fred hatte einen Streifenwagen kommen lassen, der die Haushälterin in die Keithstraße brachte. Er hatte Moosbacher informiert und gewartet, bis der zusammen mit einem weiteren Kollegen gekommen war. Er hatte die Wartezeit genutzt, um sich Notizen zu machen, auch wenn er wusste, dass sie nicht nötig waren, er würde kein Detail vergessen. Im Gegenteil. Dieser Fall, sein erster in der Mordkommission I, war wie eine Bestätigung, den richtigen Weg eingeschlagen zu haben, als er sich vor zwei Jahren entschieden hatte, zur Polizei zu gehen. Und er nahm sich vor, neben diesem und allen anderen Fällen, die kommen würden, das zu tun, wovon er seit zwei Jahren träumte: Die Ermittlungen in der Fechnerstraße 30 aufzunehmen, herauszufinden, wie Ilsa wirklich hieß und sich auf die Suche nach ihr zu machen; und die beiden Männer zu finden, die in der »Roten Laterne«, einer Bar, einem Bordell auf der Uhlandstraße arbeiteten. Jetzt hatte er eine Dienstmarke, eine Dienstwaffe und einen Dienstausweis.

Merker hatte Auweiler und ihn in sein Büro beordert. Fred war der Aufforderung nur mit Widerwillen gefolgt, und schon nach Merkers ersten Worten bestätigte sich, wie berechtigt sein Widerwille war.

»Unserem jungen Kollegen ist die Lösung dieses Falles in den Schoß gelegt worden. Die Täterin hätte ihr Geständnis, wie sie selbst bekundet hat, ohnehin abgegeben. Zudem sind nutzlose Umwege beschritten worden, wie ich sie in Zukunft nicht mehr hinnehmen werde. Außerdem hat Kriminalassistent Lemke mit seinem Übereifer unbescholtene Bürger ohne Not in ein schlechtes Licht gesetzt.«

Unbescholtene Bürger? Erkner, den SS-Mann, der genauso viel Blut an den Händen kleben hatte wie Obermann?

Merker fixierte Fred streng und angriffslustig. Auweiler hingegen hielt sich auffallend zurück, keine hämischen Sprüche, keine Zustimmung, auch keine Zeichen, anderer Meinung als Merker zu sein. Ellen war nicht anwesend, sie hatte nur abgewinkt, als Merker alle mit dem Fall Obermann Betraute in sein Büro zitieren ließ.

»Der Petticoat«, sagte Fred, er hatte Mühe, das Zittern in seiner Stimme zu unterdrücken. »Er war das Bindeglied zwischen der Tat und der Täterin. Die handschriftliche Notiz auf dem Etikett, als ich ihn ...«

»Noch einmal: Ohne das Geständnis der Täterin wäre nichts dabei herausgekommen, Sie haben keine ausreichende Beweislast erarbeitet«, unterbrach ihn Merker harsch. »Es hat keinen Sinn, sich Meriten ans Revers zu heften, die man sich nicht verdient hat. Ihr Ziel sollte sein, durch solide Arbeit zum Erfolg zu kommen und nicht durch Spielereien.«

Ganz ruhig, Fred ...

Durch die Nase sog er den Duft der Sweet Georgia Brown Pomade ein, mit der er am Morgen sein Haar regelrecht getränkt hatte. Besser gesagt, Hanna hatte es für ihn übernommen, als er in Gedanken versunken die Pension verlassen wollte. Cäsar, hatte sie ihm hinterhergerufen, so wie du aussiehst, kommst du nicht mal am Pförtner vorbei. Mit sanften Bewegungen hatte sie ihn frisiert, und er hatte sich in dem Moment gewünscht, sie würde nicht mehr damit aufhören.

»Kollege Auweiler, ich verlasse mich darauf, dass Sie unseren jungen, erfahrungsarmen Kriminalassistenten in Zukunft an einer kürzeren Leine führen.«

»Selbstverständlich, Herr Hauptkommissar. Sie wissen, dass mein neuer Fall einen erheblichen Teil meiner Aufmerksamkeit in Anspruch genommen hat. Zudem fehlte

Kollege Leipnitz. Wie schon des Öfteren in der Vergangenheit.«

»Ich mache Ihnen mitnichten einen Vorwurf«, antwortete Merker und schlug mit seinen Händen auf den Schreibtisch. »Schlussstrich, heißt nun die Devise. Jetzt gilt es aufzuräumen. Also. Was ist mit den beiden Zeugen?«

»Die haben ihre Aussage selbstredend widerrufen, und sie haben versucht, sich mit abenteuerlichen Begründungen aus der Affäre zu ziehen. Der Staatsanwalt sieht selbstverständlich den Tatbestand der Irreführung der Justiz gegeben, hat jedoch durchblicken lassen, es bei einem Ordnungsgeld bewenden zu lassen.« Auweiler hob beide Hände und zuckte mit den Schultern. »Es ist nicht an uns, das zu kritisieren.«

»Die falschen Zeugen kannten exakte Einzelheiten über den Tathergang«, wandte Fred ein. »Woher?«

»Sie haben ihre Aussage widerrufen, das genügt.«

»Mirna Laake hat mit niemandem darüber geredet außer mit Zacharias Erkner. Wir sollten herausfinden, ob es eine Verbindung zwischen den falschen Zeugen und Erkner gibt«, warf Fred ein. »Ich denke, er hat die beiden Männer geschickt. Ihm ging es darum, die Glaubwürdigkeit von Mirna Laake zu beschädigen. Weil er Angst hat, wir könnten von ihr Belastendes über ihn selbst erfahren. Und über die Organisation Werwolf.«

»Sehen Sie, das ist es, was ich meine«, sagte Merker an Auweiler gewandt, ohne Fred eines Blickes zu würdigen.

»Lemke, Sie torkeln schon wieder einem Esel gleich aufs Glatteis«, sagte Auweiler. »Fave linguis, wie ich Ihnen schon einmal nahegelegt habe. Hüten Sie Ihre Zunge. In Ihrem eigenen Interesse.«

»Wir sollten wenigstens ...«, versuchte Fred es erneut.

»Schweigen Sie!«, brüllte Merker. »Das ist meine letzte Warnung. Der nächste Schritt wird ein Eintrag in Ihrer Personalakte sein.«

Fred biss die Zähne zusammen. Das würde nichts anderes bedeuten als das endgültige Ende seiner Probezeit.

Merker wandte sich erneut an Auweiler. »Ist das Material, das sich in Obermanns Tresor befand, ausgewertet worden?«

»Fünf weitere bedauernswerte Fälle, fünf Vermisstenfälle der letzten vier Jahre konnten dadurch aufgeklärt werden. Aus einem unerfindlichen Grund hatte Obermann alle Personendaten fein säuberlich aufgeführt, Name, Alter, Größe, Gewicht, Augenfarbe, dann den Wohnort, den Beruf der Eltern.«

Fred hatten diese bürokratischen Listen schaudern lassen. Sie wirkten auf ihn, als hätte Obermann sich eine Art Legitimation für seine grauenhaften Taten verschaffen wollen, indem er seine Opfer zu seelenlosen Bestandteilen einer Statistik machte, die es galt, wie eine Reihe von Aufträgen abzuarbeiten. So wie Konrad Stehr seine Hinrichtungen im polnischen Przemyśl. Obermann hatte selbst die Fotos seiner Taten durchnummeriert, sie einzelnen Tagen zugeordnet und mit sachlichen, knappen Worten in einer Art von Kommentarrubrik wie Laborversuche beschrieben. Jedem der Mädchen hatte er den Petticoat übergezogen und mit Klebeband an den viel zu kleinen Körpern fixiert.

»Das war er von seiner Zeit bei der Gestapo gewohnt«, warf Fred sarkastisch ein. »Wahrscheinlich hat er es nach dem Krieg vermisst, Menschen in den Tod zu schicken.«

Beide, Auweiler und Merker, taten so, als hätte er nichts gesagt.

»Konnten Sie etwas über den Verbleib der Leichen in Erfahrung bringen?«, fragte Merker.

»Auch das hat der Täter auf vorbildliche Weise ...« Auweiler unterbrach sich, offenbar wurde ihm selbst bewusst, wie absurd seine Formulierung war. »Also, auch das hat er detailliert aufgeführt.«

»Einzelheiten, Herr Kollege«, mahnte Merker.

Auweiler deutete auf Fred. »Diese Aufgabe habe ich an unseren Kriminalassistenten delegiert.«

»Heinz Obermann«, übernahm Fred, »hatte mit seiner Klempnerfirma viele Großaufträge bearbeitet, Bauvorhaben, bei denen sehr viel Schutt anfiel. Dafür hatte er schon Anfang der Fünfzigerjahre eine kleine Transportfirma gegründet, die auch Fuhren für andere übernahm. Am 14. November 1957 wurde sogar über ihn in der Wochenschau berichtet, als einer seiner Laster den zehnmillionsten Kubikmeter Schutt zum Teufelsberg angefahren hatte.«

»Sehr interessant, Lemke«, warf Merker mit spotttriefender Freundlichkeit ein. »Sie sind hier nicht zum Geschichten erzählen.«

»Obermanns LKWs konnten Tag und Nacht anliefern, ohne dass irgendjemand das verdächtig fand. Die Leichen der Mädchen hat er in Säcke gesteckt und mit dem Schutt abgeladen. Auch den Tag und die genaue Uhrzeit dieser Transporte hat er minutiös in einer Liste festgehalten.«

»Dann könnte man ja nachvollziehen, in welchem Teil des Teufelsbergs sie liegen«, sagte Merker.

»Unmöglich, wie denn? Dort werden jeden Tag bis zu 7.000 Kubikmeter Schutt angeliefert und wo genau der abgeladen wird, wird jedes Mal vor Ort entschieden.«

»Gut, Kollege Auweiler«, sagte Merker, als hätte der Kommissar und nicht Fred gesprochen. »Gibt es andere lose Enden, die verknüpft werden müssen?«

»Die Tatwaffe hat die Täterin in den Fennsee geworfen, erinnert sich allerdings nicht, wo. Wir haben Taucher losgeschickt, die sie im Umfeld der Stelle suchen, wo auch der Petticoat gefunden wurde. Das wird eingedenk des sumpfigen Schlicks nicht unbedingt erfolgreich sein. Doch in Anbetracht des eindeutigen Geständnisses dürfte das ein zu vernachlässigender Faktor sein.«

»Gut. Und weiter?«

»Konrad Stehr wird auf Antrag des Staatsanwalts auf seinen Geisteszustand hin untersucht, dürfte jedoch ansonsten mit einer geringen Strafe davonkommen. Unerlaubter Waffenbesitz und Widerstand gegen die Staatsgewalt. Dann haben wir noch die vorübergehend in Verdacht geratene Ehefrau Ida Obermann, sie ist natürlich vollständig entlastet. Gleiches gilt für die Tänzerin Mirna Laake, bis auf einen Punkt: Sie hätte sich als Zeugin eines Kapitalverbrechens umgehend der Polizei zur Verfügung stellen müssen. Der Staatsanwalt scheint mir da, auch auf Betreiben ihres Bewährungshelfers, Nachsicht walten lassen zu wollen, da die

Dame sich bisher ansonsten an die Bewährungsauflagen gehalten und einiges zur Aufklärung des Falles beigetragen hat.«

Fred war heilfroh, Laakes Drogenkonsum verschwiegen zu haben. Rechtsbeugung und Machtmissbrauch? Ja, in gewisser Weise war es das. Zumal Laake keine unbescholtene Person, sondern eine verurteilte Verbrecherin war. Und doch hatte er kein schlechtes Gefühl dabei. Nicht mehr. Was die beiden Kommissare Merker und Auweiler unter den Teppich kehrten, war weitaus gravierender. Fred spürte ihre Blicke und sah auf.

»Hier spielt die Musik, Herr Kriminalassistent«, sagte Merker mit deutlicher Missbilligung.

»Tut mir leid, ich war gerade abgelenkt.«

»Was kann in einer wichtigen Besprechung Ihrem Geist wichtiger erscheinen als die wichtige Besprechung? Ich erwarte Ihren abschließenden Bericht zur Überprüfung in zwei Tagen. Und nun gehen Sie.«

Fred erhob sich und verließ Merkers Büro.

»Und, Herr Lemke?«, fragte Josephine Graf, als er die Tür hinter sich zuzog. »Immer noch guter Dinge?«

»Na klar«, antwortete Fred entgegen seinem wahren Gefühl.

Sie lachte. »Man merkt, dass Sie Kafkas ›Schloss‹ nicht bis zum Schluss gelesen haben.«

»Soviel ich weiß, hat der Roman gar keinen richtigen Schluss, Kafka hat ihn nie vollendet.«

»Stimmt. Ich glaube, er ist über die Auswegslosigkeit für den armen Landvermesser verzweifelt.«

»Er hätte ja ein positives Ende schreiben können.«

»Nein, *er* nicht.« Sie zog eine Lucky Strike hervor und entzündete sie. Fred sah ihr dabei zu, was sie zu motivieren schien, sich noch mehr Zeit damit zu lassen. Genüsslich blies sie den Rauch aus und beobachtete mit einem sanften Lächeln, wie sich der Zigarettenqualm langsam in der Luft auflöste.

»Was ist das Wichtigste, wenn Sie mitten in einem riesigen See zu ertrinken drohen?«

»Den Kopf über Wasser zu halten?«

Graf nickte. »Manche Menschen brauchen dafür ihre gesamte Kraft. Mehr geht nicht. Das ist ihr Happy End.«

Das konnte Fred gut verstehen. So hatte er sich vor allem in den ersten Jahren hier in Berlin gefühlt. Einmal mehr fragte er sich, was diese Frau hier im LKA als Sekretärin verloren hatte. Ihre Interessen und Fähigkeiten schienen weit über das hinauszugehen, was dieser Beruf von ihr verlangte.

»Ellen von Stain hat nach Ihnen gefragt.«

»Wo ist sie?«

Graf deutete auf die Tür, die zu Kriminaloberrat Mayers Büro führte. »Ich sage ihr, dass Sie an Ihrem Schreibtisch sitzen.«

»Danke.« Fred winkte ihr zu und ging hinüber ins Gemeinschaftsbüro. Der Bericht ... Anders als sonst grauste ihm nicht davor, im Gegenteil. Der Fall war gelöst, das Mosaik zusammengesetzt, und jeder einzelne Stein hatte eine Rolle gespielt, war von Bedeutung gewesen. Das noch einmal Revue passieren zu lassen, würde ihm helfen zu verstehen, was er richtig und was er falsch gemacht hatte.

Er nahm ein Blatt Papier und begann zu schreiben. Mit der Hand und mit Bleistift, den Radiergummi griffbereit, erst wenn er damit fertig war, würde er den Bericht in Sonja Krauses Schreibmaschine diktieren. Konzentriert füllte er Seite um Seite.

...

»Ein fleißiges Bienchen, würde ich sagen.«

Fred hatte Ellen nicht kommen hören.

»Bienchen?«, sagte er und warf ihr einen spöttischen Blick zu. »Klingt nach Kindergarten.«

Sie lachte und ihre Augen blitzten. »Sie haben recht, das passt nicht.«

»Sie müssen nie Berichte schreiben, Frau von Stain. Warum eigentlich nicht?«

»Nennen Sie mich Ellen.«

»Sie müssen nie Berichte schreiben, Ellen. Warum nicht?«

»Weil Sie das machen.«

Fred widmete sich wieder seinem Text. Inzwischen hatte er sich daran gewöhnt, dass Ellen von Stain nichts über sich selbst preisgab. Und irgendwann würde er schon herausbekommen, wer sich hinter der Fassade wirklich verbarg.

Er lehnte sich in seinen Stuhl zurück, schloss die Augen und räkelte sich wohlig. Zum ersten Mal seit vielen Jahren hatte er eindeutig und ohne irgendeinen Zweifel das Gefühl, nicht nur auf dem richtigen Weg zu sein, sondern auch voranzukommen.

»Worüber freuen Sie sich so, Fred?«

»Über mich.«

Als Ellen nicht antwortete, öffnete er die Augen wieder. Ihr Blick war ernst.

»Ich beneide Sie«, sagte sie.

»Ich Sie auch, Frau von Stain.«

»Bestimmt für etwas vollkommen anderes als ich Sie.«

»Ganz sicher.«

Sie fixierte ihn mit ihren dunklen Augen, und das erste Mal verunsicherte ihn ihr Blick nicht.

»Und? Gibt es schon einen neuen Fall?«

»Noch nicht«, erwiderte Fred und dachte: Doch, es gibt einen, einen neuen alten Fall. Ilsa. Er hatte eine Dienstmarke, einen Dienstausweis, eine Dienstpistole. Er würde sich auf die Suche nach ihr machen.